环球网校
移动学习 职达未来 hqwx.com

全国经济专业技术资格考试应试教材

经济基础知识

中级

环球网校经济师考试研究院 编

SPM 南方出版传媒 广东人民出版社
·广州·

图书在版编目（CIP）数据

经济基础知识：中级 / 环球网校经济师考试研究院编. —广州：广东人民出版社，2021.1（2022.2 重印）

全国经济专业技术资格考试应试教材

ISBN 978-7-218-14754-3

Ⅰ. ①经…　Ⅱ. ①环…　Ⅲ. ①经济学—资格考试—自学参考资料　Ⅳ. ①F0

中国版本图书馆 CIP 数据核字（2020）第 250396 号

JINGJI JICHU ZHISHI（ZHONGJI）

经济基础知识（中级）

环球网校经济师考试研究院　编

出 版 人：肖风华

责任编辑：陈泽洪

责任技编：吴彦斌

出版发行：广东人民出版社

地　　址：广州市海珠区新港西路 204 号 2 号楼（邮政编码：510300）

电　　话：（020）85716809（总编室）

传　　真：（020）85716872

网　　址：http：//www. gdpph. com

印　　刷：三河市中晟雅豪印务有限公司

开　　本：787 mm×1092 mm　1/16

印　　张：25　　　**字　　数**：600 千

版　　次：2021 年 1 月第 1 版

印　　次：2022 年 2 月第 3 次印刷

定　　价：79.00 元

全国经济专业技术资格考试应试教材
经济基础知识(中级)

编 委 会

总 主 编　伊贵业

主　　编　槐俊升

副 主 编　张　蓓

编写人员　蔡斌健　王小伟

高　超　姜亚芹

张　欣

前言

近年来，随着经济师职称评选制度的不断完善与深入，全国经济专业技术资格考试热度的持续升温，考试难度逐年加大，每年的通过率较低。据统计，全国经济专业技术资格考试平均通过率仅在20%左右。

据环球网校调查统计，大约有30%的考生可以完整地看完教材，只有不足10%的考生能够真正完成第二遍复习。90%以上的考生则因自身工作原因，学习时间极其有限。因此，在短时间内快速抓住复习要点成为所有考生的一种奢望。为满足广大考生的应试备考需求，使其只需用别人30%的备考时间即可掌握考试大纲80%以上的考点，并顺利通过经济专业技术资格考试，环球网校经济师考试研究院结合全新经济专业技术资格考试大纲要求，在深入研究历年考试真题的基础上，总结分析考点，剖析命题规律，倾力打造了《全国经济专业技术资格考试应试教材》(以下简称应试教材)。本书主要有以下几个特点：

◆**真正的"懒人"备考秘籍**——本教材着眼于考试的实际情况，根据考试的特点和内容，通过对关键词句进行重点标注、配合真题演练形成完整的学习体系，让您坐享名师和成功学员的宝贵经验。

◆**全方位应试**——知识脉络、大纲解读、考点详解和小试牛刀四位一体。在编写过程中，编者分析整理研究了近4年考试真题的出题思路，考点讲解内容紧扣考试趋势，并配套真题练习，使考生对各知识点的考查频率、命题呈现形式及常考的关键词句一目了然，帮助考生快速掌握考试重点、抓住命题规律和趋势、准确把握复习方向。

◆**创新知识架构**——打破一般经济师考试教材的知识框架，重新优化整合知识结构，精心组织写作内容，去芜存精，在保留考试大纲知识点的基础上，将教材内容进行适当精简、整合，从而帮助考生缩小复习范围，减少备考时间，提高学习效率，并结合最新的学科知识、法律、法规、标准以及近几年专业知识与实务考试的实际情形，进行了内容拓展和补充。本册《经济基础知识（中级）》应试教材出于优化教学逻辑，对考试大纲的章节调整具体为：①将考试大纲第三部分货币与金融，第十九章"中央银行与货币政策"、第二十章"商业银行与金融市场"合并为"商业银行、中央银行与金融市场"；②考试大纲第五部分会计，第三十二章"政府会计"的内容，拆解放到会计部分的其他章节。综上，本册教材共三十五章。

◆**名副其实的名师讲堂**——本教材汇集业内顶级辅导名师的教学研究成果。应试教材的编者均为环球网校特聘的具有较高理论水平和丰富实践经验的业界资深专家讲师，集环球网校多年考试教学研究成果与经济师教学考试辅导经验于一体，融合了各名师多年潜心研究的智慧结晶。通过学习应试教材，可以帮助各位考生在备考之路上少走弯路，在较短时间内顺利通过考试。

虽然编者一再精益求精，但书中难免存在疏漏和不足之处，敬请广大考生斧正。最后，衷心地祝愿广大考生能够考出好的成绩，顺利通关。

环球网校经济师考试研究院

第一部分　经济学基础

第二部分 财 政

第三部分　货币与金融

第四部分　统　计

第五部分　会　计

第六部分　法　律

第一部分 经济学基础

【大纲再现】

1. 市场需求、供给与均衡价格。理解市场需求、市场供给与均衡价格，运用均衡价格模型分析市场需求、市场供给和市场价格之间关系。
2. 消费者行为分析。理解经济人假设、效用理论、预算约束和消费者均衡，掌握消费者偏好、预算约束、消费者均衡条件和需求曲线的推导、价格变动的效应，理解消费者行为理论，解释生活中的消费现象。
3. 生产和成本理论。理解生产函数和成本函数，掌握生产者的组织形式、企业形成的相关理论，辨别成本函数的基本形式和短期成本函数各种曲线的基本形状和特征。
4. 市场结构理论。理解市场结构的分类及其依据，掌握市场结构和生产者决策理论，辨别不同类型市场结构及其生产者行为。
5. 生产要素市场理论。理解生产者使用生产要素的原则，掌握生产要素市场理论基本内容，理解劳动供给曲线和均衡工资决定方式。
6. 市场失灵和政府的干预。理解资源最优配置的标准和帕累托最优状态，掌握市场失灵理论和政府对微观经济活动干预的基本理论，解释市场垄断、公共产品、外部性、信息不对称和资源配置效率的关系，辨别政府干预市场的方式和措施。
7. 国民收入核算和简单的宏观经济模型。理解国内生产总值和国民收入，辨别国民收入核算方法，掌握消费、储蓄、投资、总需求和总供给等宏观经济基本理论，理解消费、储蓄、投资与国民收入之间关系。
8. 经济增长和经济发展理论。理解经济增长和经济发展的基本原理，理解经济增长的影响因素，掌握我国经济新发展阶段、新发展理念、新发展格局的特征。
9. 价格总水平和就业、失业。掌握价格总水平、就业和失业的含义和相关指标，理解失业和经济增长及价格总水平之间的相互关系。
10. 国际贸易理论和政策。掌握国际贸易的基本理论，辨别影响国际贸易的主要因素，辨别政府对进出口贸易的调控和干预方式。

【大纲解读】

经济学基础部分的考试分值在六部分中最高，近些年来一直稳定在29分，其中，单项选择题考查15道题，每题1分，共15分；多项选择题考查7道题，每题2分，共14分。

中级经济基础知识里面的经济学，主要是西方经济学，包括微观经济学、宏观经济学和国际经济学，涉及的图形、模型、理论比较多，考试出题也比较灵活。

在学习这部分内容时，需要一些数学知识作为基础。在学习的过程中，最好是理论联系实际，结合现实情况来加强对基本概念、基本理论的理解和运用，同时做适量的高质量的练习题来巩固和提高水平。本部分内容以理解为主，理解后，拿分相对比较容易，性价比很高，对于本部分内容要尽量少丢分，拿高分。

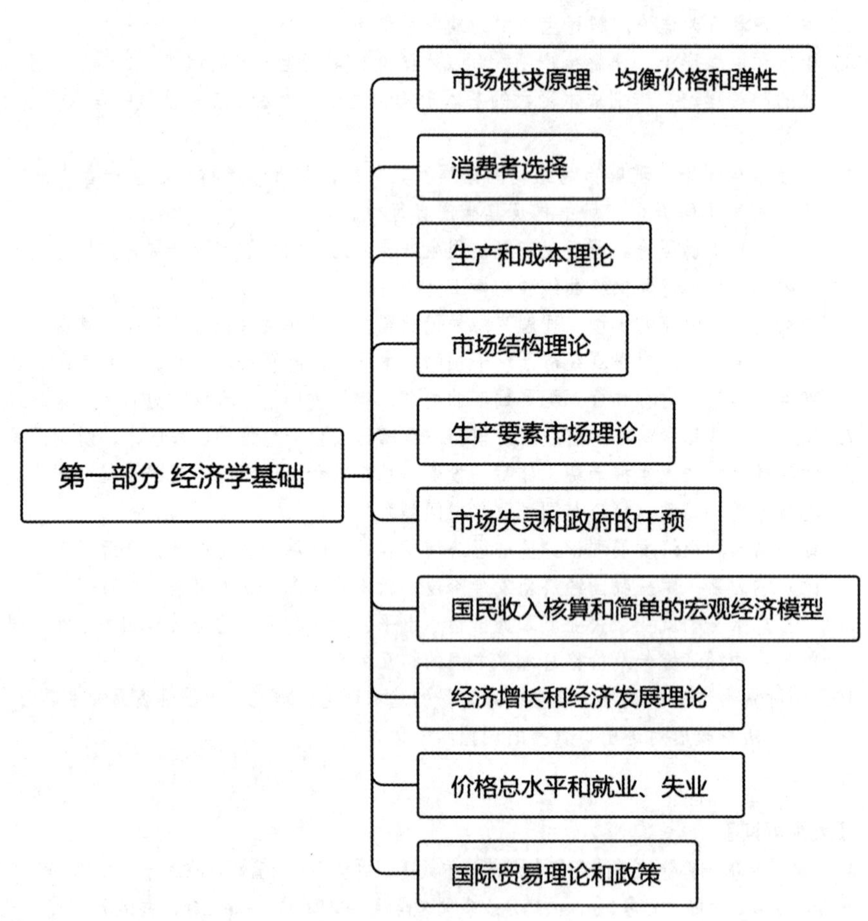
第一部分 经济学基础
市场供求原理、均衡价格和弹性
消费者选择
生产和成本理论
市场结构理论
生产要素市场理论
市场失灵和政府的干预
国民收入核算和简单的宏观经济模型
经济增长和经济发展理论
价格总水平和就业、失业
国际贸易理论和政策

第一章　市场供求原理、均衡价格和弹性

知识脉络

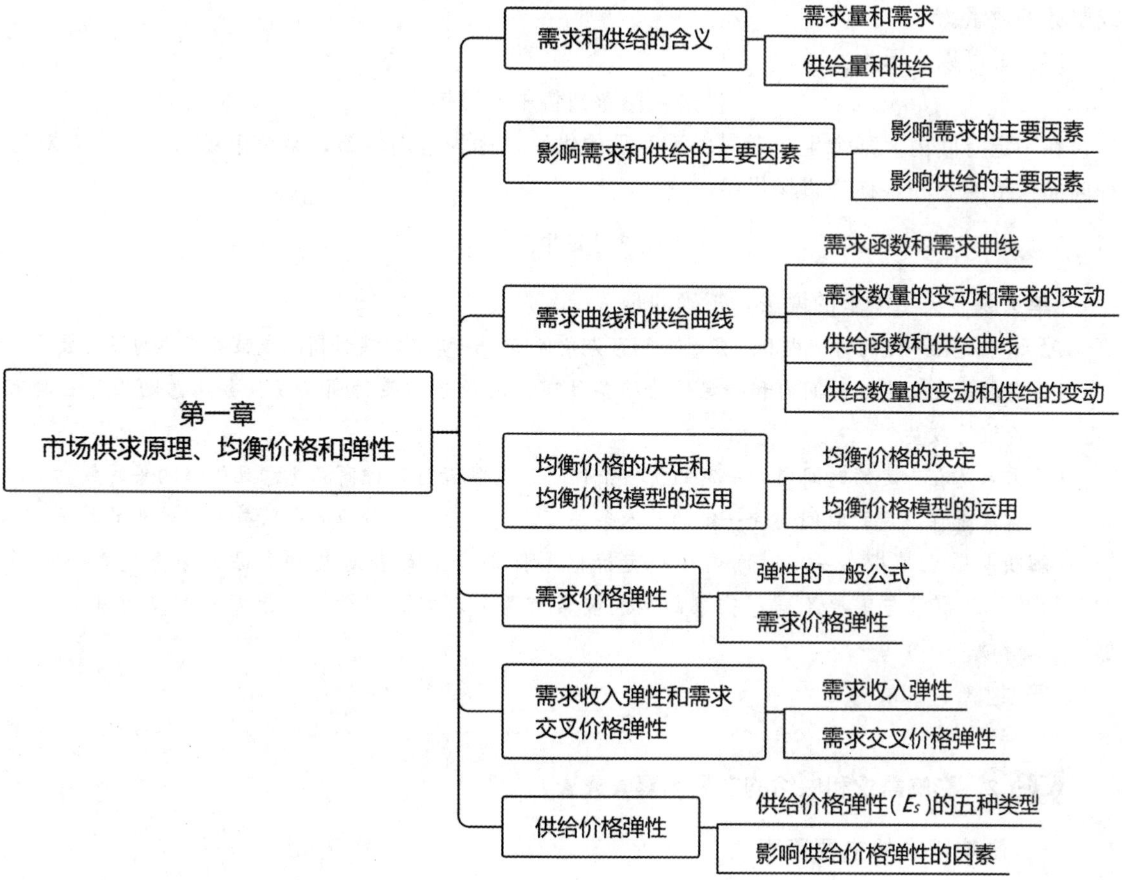

- 第一章 市场供求原理、均衡价格和弹性
  - 需求和供给的含义
    - 需求量和需求
    - 供给量和供给
  - 影响需求和供给的主要因素
    - 影响需求的主要因素
    - 影响供给的主要因素
  - 需求曲线和供给曲线
    - 需求函数和需求曲线
    - 需求数量的变动和需求的变动
    - 供给函数和供给曲线
    - 供给数量的变动和供给的变动
  - 均衡价格的决定和均衡价格模型的运用
    - 均衡价格的决定
    - 均衡价格模型的运用
  - 需求价格弹性
    - 弹性的一般公式
    - 需求价格弹性
  - 需求收入弹性和需求交叉价格弹性
    - 需求收入弹性
    - 需求交叉价格弹性
  - 供给价格弹性
    - 供给价格弹性(E_s)的五种类型
    - 影响供给价格弹性的因素

考点1 需求和供给的含义★

一、需求量和需求

需求量，是指消费者在一定时间内和某一个确定的价格条件下，对某种商品或服务愿意而且能够购买的数量。

需求，是指消费者在一定时间内和各种可能的价格条件下，对某种商品或服务愿意而且能够购买的数量。

需求的构成要素包括购买欲望和支付能力，用公式可以表示为：

需求＝购买欲望（愿意购买）＋支付能力（能够购买）

在一定时间内，某个消费者对一种商品的需求，称为个别需求；某个市场所有消费者对这种商品需求的总和，称为市场需求。

二、供给量和供给

供给量，是指生产者在一定的时期内和某一个确定的价格下，愿意而且能够提供出售某种商品或服务的数量。

供给，是指生产者在一定的时期内和各种可能的价格下，愿意而且能够提供出售某种商品或服务的数量。

用公式可以表示为：

供给＝愿意销售＋能够销售

在一定时间内，某个生产者对一种商品的供给，称为个别供给；某个市场所有生产者对这种商品供给的总和，称为市场供给。

小试牛刀

[**单选题**] 关于需求的说法，正确的是（　　）。

A. 需求是在一定的时间内和一定的市场预期条件下，消费者对某种商品或服务实际购买的数量

B. 需求是在一定的时间内和一定的价格条件下，消费者对某种商品或服务愿意购买并且具有价值的数量

C. 需求是在一定的时间内和一定的价格条件下，消费者对某种商品愿意且能够购买的数量

D. 需求是在一定的时间内和一定的收入条件下，消费者对某种商品或服务能够购买的数量

[**解析**] 需求是指在一定时间内和一定价格条件下，消费者对某种商品或服务愿意且能够购买的数量。需求与需要不同，需求的构成要素有两个，即购买欲望（愿意）和支付能力（能够），二者缺一不可。

[**答案**] C

考点② 影响需求和供给的主要因素★★★

一、影响需求的主要因素

一种商品的需求数量是由许多因素共同决定的，其主要因素见表1-1。

表1-1　影响需求的主要因素

主要因素	具体影响
商品自身的价格（简称价格）	（1）价格是影响需求最重要、最关键的因素 （2）一般情况下，商品的需求与价格是反向变化的，即某商品价格越高，其需求量越小
替代品的价格	（1）替代品是诸如煤气和电力、米饭和馒头等使用价值相近，在满足人们同一需要时可以相互替代的商品 （2）一般情况下，某商品的需求与其替代品的价格是同向变化的。在替代品之间，一种商品（如米饭）价格下降，其自身的需求会增加，替代品（如馒头）的需求会减少

续表

主要因素	具体影响
互补品的价格	(1) 互补品是诸如汽车和汽油、家用电器和电等使用价值上需要互相补充才能满足人们某种需要的商品 (2) 一般情况下，某商品的需求与其互补品的价格是反向变化的。在互补品之间，一种商品（如汽油）价格下降，其自身需求量会增加，互补品（如汽车）的需求量也会增加
预期（如预期价格）	如果消费者预期某商品价格将上涨，很多消费者会提前购买该商品，增加现期需求量；如果消费者预期某商品价格将下跌，很多消费者则会推迟购买该商品，减少现期需求量
消费者的个人收入	一般情况下，商品的需求与消费者的收入是同向变化的。收入下降，需求会减少
消费者偏好	消费者在使用价值相同或接近的替代品之间进行消费选择时，起着支配作用的因素就是其偏好。消费者对某商品的偏好程度增强，则该商品的需求量会增加
其他因素	如消费者的人数、国家政策、广告宣传、季节、地理位置、商品的品种以及质量等

二、影响供给的主要因素

一种商品的供给数量取决于多种因素的影响，其主要因素见表 1-2。

表 1-2 影响供给的主要因素

主要因素	具体影响
商品自身的价格（简称价格）	一般情况下，价格与供给的变动是同向变化的。商品价格上升，供给会增加
相关商品的价格	例如，同一块土地上，可以种大葱，也可以种茉莉花，如果大葱的价格上涨，农民会多种大葱，那么茉莉花的供给就会减少
预期（如预期价格）	一般情况下，如果生产者对未来的预期看好，如预期价格上升，供给会增加
生产成本	一般情况下，生产成本与供给的变动是反向变化的。生产成本上升，供给会减少
生产技术	一般情况下，技术水平提高可以降低生产成本，增加生产者的利润，供给会增加
其他因素	如国家政策以及生产要素的价格等

小试牛刀

[多选题] 下列选项中，影响需求的因素有（ ）。

A. 消费者收入　B. 消费者偏好　C. 替代品的价格　D. 生产成本

E. 税率

[解析] D 项“生产成本”属于影响供给的因素。E 项“税率”不属于影响需求的主要因素。

[答案] ABC

[单选题] 某月，因替代品价格上升，甲商品需求量变动 500 千克，同期互补品价格上升，导致甲商品的需求量变动 800 千克，那么，在相关产品价格变动的共同作用下，该月甲商品需求量的实际变动量是（ ）。

A. 增加 300 千克　B. 增加 1 300 千克

C. 减少 300 千克　D. 减少 1 300 千克

[解析] 替代品价格上升，导致甲商品需求量增加 500 千克；互补品价格上升，导致甲商品需求量减少 800 千克。二者共同影响是甲商品需求量减少 300 千克。

［答案］C

［多选题］下列关于影响需求的主要因素的说法中，正确的有（　　）。

A. 一般来说，商品的需求和消费者的收入呈同向变动

B. 价格是影响需求的最重要、最关键的因素

C. 如果预期价格将下跌，许多消费者将提前购买

D. 互补商品中，一种商品价格上升，会引起另一种商品的需求随之上升

E. 一般来说，商品的需求与替代品的价格呈同方向变化

［解析］如果预期价格将下跌，许多消费者将推迟购买，C 项错误。互补商品中，一种商品价格上升，会引起另一种商品需求随之降低，D 项错误。

［答案］ABE

［单选题］影响供给的主要因素是（　　）。

A. 消费者偏好　　B. 生产成本　　C. 消费者预期　　D. 消费者收入

［解析］A、C、D 三项是影响需求的因素，B 项“生产成本”是影响供给的因素。

［答案］B

考点3 需求曲线和供给曲线★★★

一、需求函数和需求曲线

（一）需求函数

需求函数表示一种商品的需求数量与影响该需求数量的各种因素之间的相互关系。如果价格之外的其他因素保持不变，需求函数可以表示为：$Q_d=Q_d(P)$。式中，P 是价格，Q_d 是需求量。需求函数表示一种商品的需求量和该商品的价格之间存在着一一对应的关系。

（二）需求曲线

需求曲线是表示需求和价格之间关系的曲线。在一般情况下，需求曲线向右下方倾斜，斜率为负。实际上，需求曲线可以是直线型的，也可以是曲线型的。

（三）需求规律

商品的需求和价格之间呈反方向变化的关系。不过，需求规律也有特例，如钻石等炫耀性物品的需求与价格之间是同方向变化的。

二、需求数量的变动和需求的变动

（一）需求数量变动

需求数量变动是指在其他条件不变的情况下，由于某商品的价格变动所引起的该商品需求数量的变动。需求数量变动在图形上表现为点移动，即需求量的变化沿着一条既定的需求曲线运动，见图 1-1（A 点→B 点）。

（二）需求变动

需求变动是指在价格不变时，由于消费者偏好和消费者收入等价格以外的因素变化所导致的市场需求数量的变化。需求变动在图形上表现为线移动，即需求曲线发生位移，见图1-1（需求曲线 DD→需求曲线 $D'D'$），需求减少，需求曲线向左下方平移；需求增加，需求曲线向右上方平移。

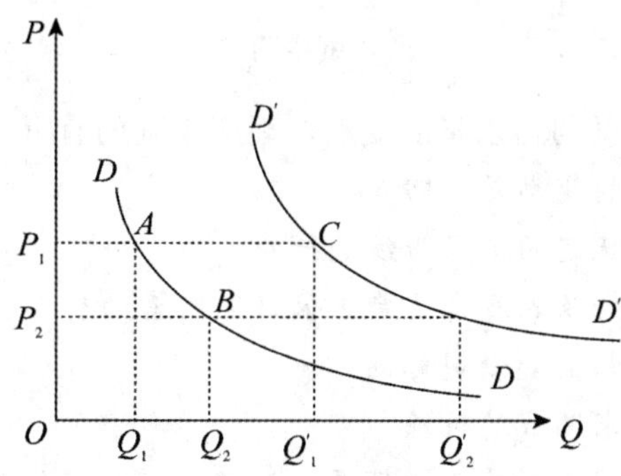

图 1-1　需求数量变动和需求变动的区别

三、供给函数和供给曲线

（一）供给函数

供给函数表示一种商品的供给数量与影响该供给数量的各种因素之间的相互关系。如果价格之外的其他因素保持不变，供给函数可以表示为：$Q_S=Q_S$（P），式中，P 是价格，Q_S是供给量。供给函数表示一种商品的供给量和该商品的价格之间存在着一一对应的关系。

（二）供给曲线

供给曲线是表示供给和价格之间关系的曲线。供给曲线向右上方倾斜，斜率为正。

（三）供给规律

商品的供给和价格之间呈同方向变化的关系。

四、供给数量的变动和供给的变动

（一）供给数量变动

供给数量变动是指在其他条件不变的情况下，由于某商品的价格变动所引起的该商品供给数量的变动。供给数量变动在图形上的表现为点移动，即供给量的变化沿着一条既定的供给曲线运动，见图 1-2（A 点→B 点）。

（二）供给变动

供给变动是指在价格不变时，由于生产成本等价格以外的因素变化所导致的市场供给数量的变化。供给变动在图形上表现为线移动，即供给曲线发生位移，见图 1-2（供给曲线 SS→供给曲线 $S'S'$），供给减少，供给曲线向左平移；供给增加，供给曲线向右平移。

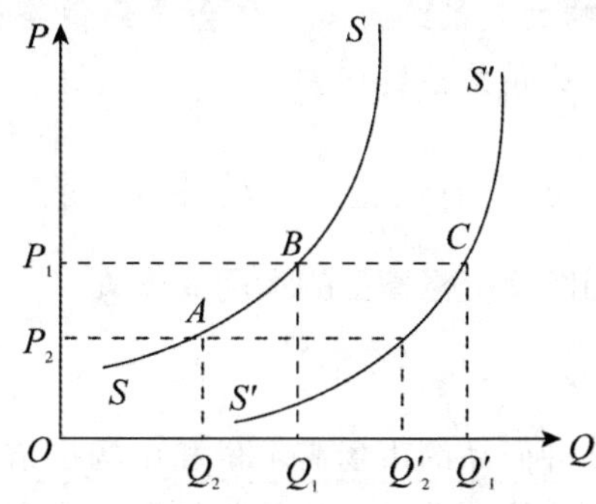

图 1-2　供给数量变动和供给变动的区别

小试牛刀

[多选题] 对于需求的变动与需求量的变动，理解正确的有（　　）。

A. 需求的变动与需求量的变动是一回事

B. 需求量的变动是沿着既定的需求曲线进行的

C. 需求的变动是由消费者收入或者消费者偏好等因素的变动引起的

D. 需求量的变动是由价格的变动引起的

E. 需求的变动表现为需求曲线的位移

[解析] 需求的变动与需求量的变动并不是一回事。需求量的变动，是假定其他因素不变，价格变动对需求的影响，所以需求量的变动是由价格的变动引起的，这种变动表现为点移动，即需求量的变动沿着一条既定的需求曲线运动。需求变动是由消费者收入或消费者偏好等因素的变化引起需求的相应变化，这种变化表现为需求曲线的位移。A 项错误。

[答案] BCDE

[单选题] 近年来，国内彩电的需求曲线有向左平移趋势，你认为可能的原因是（　　）。

A. 彩电的价格提高了

B. 消费者对彩电的预期价格上升了

C. 消费者对彩电的偏好下降了

D. 消费者的收入水平提高了

[解析] A 项引起的是需求量的变动，在图形上表现为点移动，故错误。B、D 两项都会使彩电的需求增加，需求曲线向右平移，故错误。C 项会使彩电的需求减少，需求曲线向左平移，故正确。

[答案] C

[单选题] 假设纵轴是商品价格，横轴是数量，绘制出某种香烟的供给曲线和需求曲线。当政府实行增税措施，使得香烟的生产成本增加，在坐标图上的曲线变化是（　　）。

A. 香烟的需求曲线将向左移动

B. 香烟的供给曲线将向右移动

C. 香烟的供给曲线将向左移动

D. 香烟的需求曲线将向右移动

[解析] 首先，生产成本影响的是供给，其变化会导致供给曲线发生位移。其次，生产成本的提高会导致供给量下降，因此供给曲线向左平移。

[答案] C

考点4 均衡价格的决定和均衡价格模型的运用★★★

一、均衡价格的决定

一种商品的均衡价格是指该种商品的市场需求量和市场供给量相等时的价格。在均衡价格水平下，供求相等时的数量被称为均衡数量。均衡价格也可以说是市场需求力量和市场供给力量相互抵消时所达到的价格水平。在图形上，市场需求曲线和市场供给曲线的交点被称为均衡点，此时对应的价格和数量就是均衡价格和均衡数量，见图 1-3。

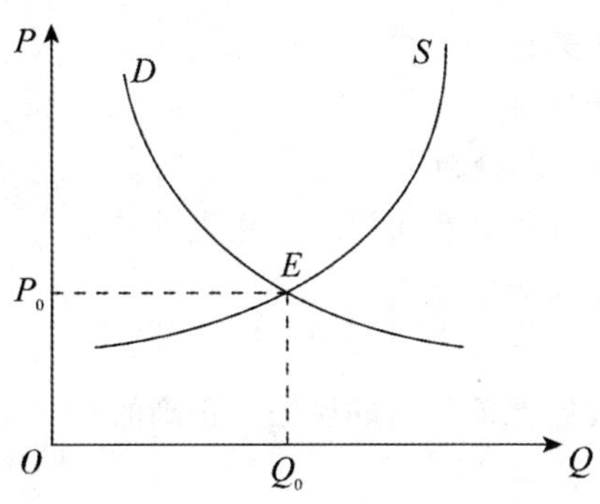

图 1-3　均衡价格模型

二、均衡价格模型的运用

政府对市场价格的干预措施有两种：最高限价和最低限价。均衡价格模型的运用见表 1-3。

表 1-3　均衡价格模型的运用（最高限价和最低限价）

项目	最高限价	最低限价（即保护价格、支持价格）
含义	政府规定某种产品的一个具体价格（最高价格），市场交易只能在这一价格之下进行	政府规定某种产品的一个具体价格（最低价格），市场交易只能在这一价格之上进行
目的	抑制价格上涨，降低某些生产者的生产成本或者保护消费者（买方）的利益	扶持某些行业或产业的发展或者保护生产者（卖方）的利益
适用情况	某些产品价格上涨幅度过大，可能影响生产的正常进行或居民的基本生活需要时	某些产品价格下降幅度过大，减少了生产者的收入，可能影响生产的正常进行时
影响	最高限价低于均衡价格，会导致需求增加，供给减少，市场供给短缺，供不应求	保护价格高于均衡价格，会导致供给增加，需求减少，市场供给过剩，供大于求
不良影响	出现短缺时可能导致： （1）消费者严重的排队抢购现象 （2）黑市交易和黑市高价（若政府监管不力） （3）走后门（可以买到或者多买定量供应品） （4）生产者（或卖方）变相涨价（如缺斤短两、以次充好等）	若没有政府的收购可能导致： （1）生产者变相降价 （2）黑市交易和黑市低价
保障措施	行政措施或分配措施（如配给制——按家庭人口或职业定量供应或者凭证供应）	（1）强有力的行政措施 （2）建立政府的收购和储备系统
缺陷	最高限价对市场机制（或价格机制）的正常运行会产生严重的影响，所以，该政策只适合在短期或局部地区实行，不应长期化	如果市场供给过剩，需要政府收储过剩的产品（如建立一个专门的基金和专门的机构），财政支出势必会因此而增加，所以保护价格只宜在粮食等少数农产品上实行

小试牛刀

[多选题] 关于对某些产品实行最高限价的说法，正确的有（　　）。

A. 最高限价可能会导致变相涨价现象

B. 最高限价可能会导致市场过剩现象

C. 最高限价只宜在短期内实施

D. 最高限价总是高于均衡价格

E. 最高限价可能会导致市场短缺现象

[解析] 最高限价低于均衡价格会刺激消费、限制生产，导致供给减少、需求增加，结果是市场供给短缺，B、D两项错误。

[答案] ACE

[多选题] 关于政府实施最低保护价格的说法，正确的有（　　）。

A. 保护价格总是高于均衡价格

B. 保护价格总是低于均衡价格

C. 实施保护价格有可能导致市场过剩

D. 实施保护价格有可能导致配给制

E. 保护价格的顺利实施需要政府建立收购和储备系统

[解析] 保护价格总是高于均衡价格，B项错误。实施最高限价有可能导致配给制，D项错误。

[答案] ACE

考点5 需求价格弹性★★★

一、弹性的一般公式

只要两个经济变量之间存在着函数关系，如 $Y=f(X)$，就可以建立两者之间的弹性关系。可以用弹性来表示因变量对自变量变动的敏感程度。弹性的一般公式为：

$$弹性系数=\frac{因变量的变动比例（变化率）}{自变量的变动比例（变化率）}$$

弹性公式表示：当自变量变化百分之一时，因变量变化的百分率。弹性系数是一个具体的数字，它与函数的自变量和因变量的度量单位无关。

二、需求价格弹性（简称需求弹性）

需求价格弹性表示在一定时期内一种商品的需求量变动对该商品价格变动的反应程度，也就是商品的需求量变动率与价格变动率之比。

（一）需求价格弹性系数的计算公式

需求价格弹性可以分为点弹性和弧弹性。

1. 点弹性

$$E_d=\left|\frac{\Delta Q\ /\ Q}{\Delta P\ /\ P}\right|=\left|\frac{\Delta Q}{\Delta P}\cdot\frac{P}{Q}\right|$$

在实际计算中，点弹性的计算可以采用以下简化公式：

$$E_d=\frac{\Delta Q}{\Delta P}\cdot\frac{P}{Q}$$

2. 弧弹性

$$E_d=\left|\left[\frac{\Delta Q}{(Q_1+Q_2)\ /\ 2}\right]\Big/\left[\frac{\Delta P}{(P_1+P_2)\ /\ 2}\right]\right|$$

在实际计算中，弧弹性的计算可以采用以下简化公式（P_1、Q_1 指的是起点的价格和数量）：

$$E_d=\frac{\Delta Q}{\Delta P}\cdot\frac{P_1+P_2}{Q_1+Q_2}$$

（二）影响需求价格弹性的因素

（1）商品的可替代性（包括替代品的数量和相近程度）。

一般说来，一种商品的替代品越多，相近程度越高，则该商品的需求价格弹性往往就越大。

（2）商品用途的广泛性或用途的多少。

一般说来，一种商品的用途越多、越广泛，它的需求价格弹性就越大。

（3）商品对消费者生活的重要程度或重要性。

一般说来，生活基本必需品（如馒头）的需求价格弹性较小，非必需品（如高档商品）的需求价格弹性较大。

（4）消费者调节需求量的时间。

一般说来，消费者调节需求量的时间越长，需求价格弹性就可能越大；时间越短，需求价格弹性可能越小。

【例如】石油价格上升，消费者在短期内不会大幅度地减少需求量，但是从长期看，消费者可能找到替代品，于是石油的需求量会大幅度地减少。

（三）需求价格弹性（E_d）的基本类型及其与总销售收入的关系

（1）如果 $E_d>1$，即需求富有弹性（或高弹性），销售收入与价格呈反向变动：降价→收入增加。

（2）如果 $E_d<1$，即需求缺乏弹性（或低弹性），销售收入与价格呈同向变动：降价→收入减少。

（3）如果 $E_d=1$，即需求单一弹性，价格变动不会引起销售收入的变动：降价→收入不变。

企业可以对需求富有弹性（即需求弹性系数大于1）的商品使用薄利多销的方法。

小试牛刀

［多选题］决定某种商品需求价格弹性大小的因素主要有（　　）。

A. 该种商品的替代品的数量和相近程度

B. 时间

C. 该种商品的用途多少

D. 该种商品在生活消费中的重要性

E. 该种商品的生产周期和自然条件

［解析］决定某种商品需求价格弹性大小的因素主要有替代品的数量和相近程度、商品的重要性、商品用途的多少和时间。

［答案］ABCD

［单选题］已知某商品的需求价格点弹性系数为－0.5，当价格为每年32元时，其市场销售量为1 000件，如果该商品价格下降10%，在其他因素不变的情况下，其销售量应为（　）件。

A.1 200　　B. 1 050

C. 950　　D. 1 100

［解析］需求价格点弹性系数＝－0.5＝需求量变动率/10%＝－5%，即价格下降10%，需求量上升5%，所以销售量＝1 000×（1＋5%）＝1 050（件）。

［答案］B

考点6 需求收入弹性和需求交叉价格弹性★★★

一、需求收入弹性

需求收入弹性表示在一定时期内需求量的变动对于消费者收入变动的反应程度，也就是商品的需求量的变动率与引起这一变动的消费者收入量的变动率之比。

（一）需求收入弹性（E_y）的五种类型

（1）$E_y>1$，需求数量的相应增加大于收入的增加，收入弹性高。

（2）$0<E_y<1$，需求数量的相应增加小于收入的增加，收入弹性低。

（3）$E_y<0$，收入降低时买得多，反之买得少。

（4）$E_y=1$，收入的变动与需求数量的变动成相同比例。

（5）$E_y=0$，无论收入怎么变动，需求数量都不变。

（二）需求收入弹性的大小可以作为商品分类的标准

商品一般可以分为正常品和低档品，正常品又可进一步分为高档品和必需品。

（1）需求收入弹性系数大于1的商品为“高档品”。

（2）需求收入弹性系数大于0小于1的商品为“必需品”。

（3）需求收入弹性系数小于0（或负值）的商品为“低档品”。

（三）恩格尔定律

恩格尔定律指出：在一个家庭或在一个国家（经济体）中，食物支出在收入中所占的比例随着收入的增加而减少。

恩格尔定律用弹性概念表述：对于一个家庭或一个国家（经济体）来说，富裕程度越高，则食物支出的需求收入弹性就越小；反之，则越大。

二、需求交叉价格弹性（简称需求交叉弹性）

需求交叉弹性表示在一定时期内一种商品需求量的变化对它的相关商品价格变化的反应程度，也就是该商品的需求量变动率和它的相关商品的价格变动率的比值。

需求交叉弹性的大小可以作为确定两种商品是否具有替代关系或互补关系的标准。

（1）如果需求交叉弹性系数等于0，两种商品之间是无关的。

（2）如果需求交叉弹性系数大于0（或正数），两种商品之间存在替代关系。

（3）如果需求交叉弹性系数小于0（或负数），两种商品之间存在互补关系。

小试牛刀

［单选题］假设某一时期消费者的收入增加了20%，该消费者对商品A的需求增加了

10%，说明商品属于（　　）。

A. 边际商品　　B. 低档品

C. 吉芬商品　　D. 正常品

[解析] 0<需求收入弹性系数<1，表明收入弹性低，需要数量的相应增加小于收入的增加，这种商品属于正常品中的必需品。

[答案] D

[单选题] 根据恩格尔定律，如果人们收入水平提高，则食物支出在收入中所占的比例将会（　　）。

A. 大大增加　　B. 稍有增加

C. 减少　　D. 不变

[解析] 恩格尔定律指出，在一个家庭或一个经济体中，食物支出在收入中所占的比例随着收入的增加而减少。

[答案] C

[单选题] 如果商品 X 与商品 Y 的需求交叉弹性系数是−2，则可以判断（　　）。

A. X 和 Y 均属于高档奢侈品

B. X 和 Y 存在替代关系

C. X 和 Y 均属于生活必需品

D. X 和 Y 存在互补关系

[解析] 需求交叉弹性系数为负值，说明两种商品存在互补关系。

[答案] D

考点7 供给价格弹性★★

供给价格弹性表示在一定时期内一种商品供给量的变动对该商品价格变动的反应程度，也就是商品的供给量变动率与价格变动率之比。

一、供给价格弹性（E_S）的五种类型

（1）$E_S>1$，供给价格富有弹性。

（2）$E_S<1$，供给价格缺乏弹性。

（3）$E_S=1$，供给价格弹性系数为 1。

（4）$E_S=\infty$，供给完全有弹性，现实市场少见。

（5）$E_S=0$，供给完全无弹性，现实市场少见。

二、影响供给价格弹性的因素

（一）时间

决定供给价格弹性的首要因素是时间。在短时间内，生产者难以及时调整产量，供给价格弹性一般是比较小的；但是，在长期内，生产者可以调整产量甚至是转产，供给价格弹性就比较大。

（二）投入品替代性的大小和相似程度

若用于生产某商品的投入品替代性大，相似程度高，则供给价格弹性大。相反，若投入品

难以加入或脱离某种特定行业，则供给价格弹性小，即缺乏弹性。

（三）生产周期和自然条件

在一定的时期内，对于生产周期较长的产品，生产者不能够及时地调整产量，供给价格弹性相应比较小；相反，生产周期较短的产品，供给价格弹性往往比较大。例如，农产品受自然条件的约束较大，生产周期较长（价格对供给的影响往往需要一年左右的时间才能表现出来），在短期内供给价格弹性系数几乎是零。

小试牛刀

［多选题］下列关于价格弹性的说法，正确的有（　　）。

A. 企业实行薄利多销策略的理论基础是需求价格弹性

B. 供给价格弹性可以用于判断一种商品是否属于“高档品”

C. 需求交叉弹性可用于判断两种商品是否具有替代关系或互补关系

D. 需求收入弹性为负值的商品称为“奢侈品”

E. 需求价格弹性的计算公式有点弹性和弧弹性两种

［解析］收入弹性的大小，可以作为划分“高档品”“必需品”“低档品”的标准，B项错误。需求收入弹性系数小于0的商品，称为“低档品”，需求收入弹性系数大于1的商品，称为“高档品”，D项错误。

［答案］ACE

［多选题］下列关于影响供给价格弹性的因素的说法，正确的有（　　）。

A. 时间是决定供给弹性的首要因素

B. 该种商品替代品数量和相近程度对供给弹性的影响很大

C. 投入品替代性大小和相似程度对供给弹性的影响很大

D. 供给弹性受该商品的重要性的影响

E. 供给弹性受生产周期和自然条件的影响

［解析］B、D两项是影响需求价格弹性的因素。

［答案］ACE

第二章 消费者选择

知识脉络

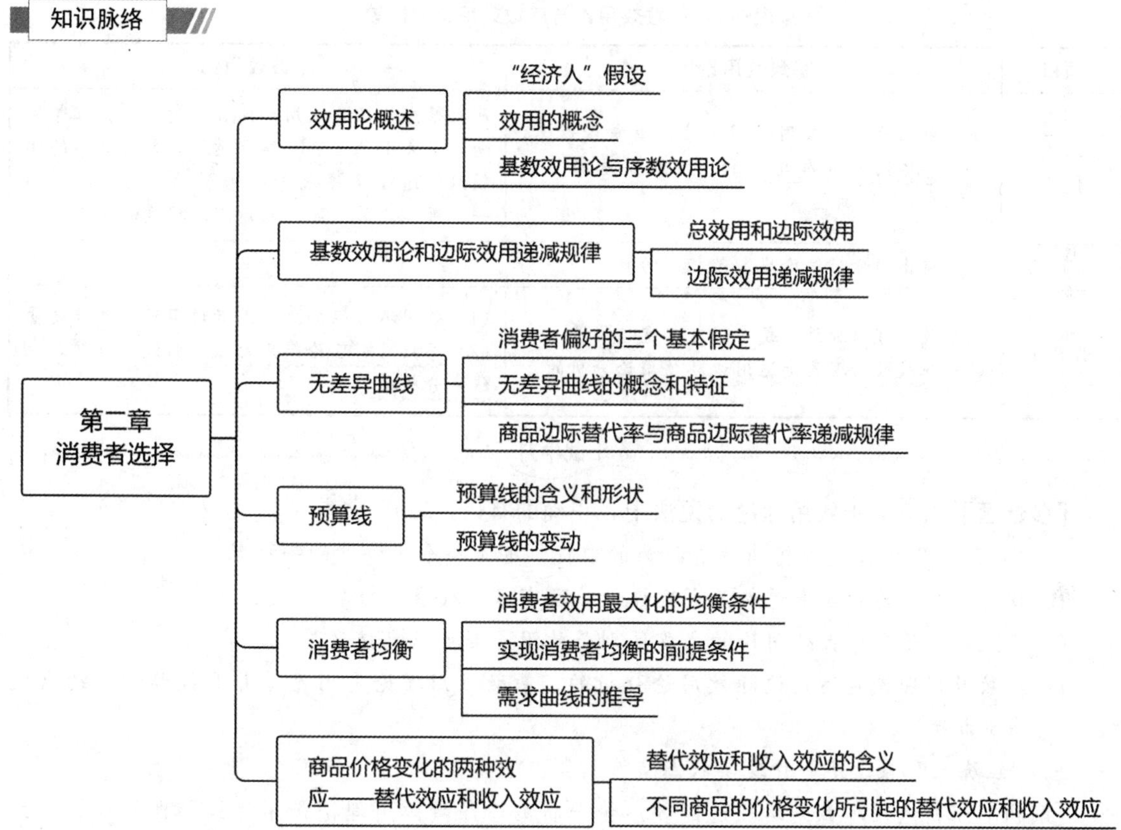

考点1 效用论概述★★

一、"经济人"假设

西方经济学家指出，所谓的"理性人"或者"经济人"的假设，是对在经济社会中从事经济活动的所有人的基本特征的一般性的抽象。这个被抽象出来的基本特征就是：每一个从事经济活动的人都是利己的。也可以说，每一个从事经济活动的人所采取的经济行为都是力图以自己的最小经济代价去获得自己的最大经济利益。

"合乎理性的人"的假设条件是微观经济分析的基本前提，它存在于微观经济学的所有不同的理论之中。当然，"经济人"的假设也是分析消费者行为的基本前提。

在现实生活中，人们不能做到一直是理性的，也并不总是利己的，比如有很多英雄人物，他们舍己为人，所以“经济人”或“理性人”假设只能是一种理想化状态，而不是现实状态。

二、效用的概念

效用，是指消费品（包括商品和服务）满足人们的欲望的能力。或者说，效用是指消费者在消费商品或服务时的满足程度。效用没有客观标准，是人们的心理感觉，是一种主观心理评价。

三、基数效用论与序数效用论

分析消费者的行为有两种方法：基数效用论与序数效用论，二者的比较见表 2-1。

表 2-1 基数效用论与序数效用论的比较

项目	基数效用论	序数效用论
理论概述	基数效用论认为效用如同长度、重量等概念，可以具体衡量并加总求和。可以用基数（1、2、3、4 等）衡量	序数效用论认为效用如同香、臭、美、丑等概念，其大小是无法具体衡量的，效用之间的比较只能通过顺序或等级来表示。用序数（第一、第二、第三等）表示满足程度的高低
相同点	二者得出的分析结论基本是相同的	
不同点	（1）效用可以加总，或者说可以直接度量 （2）基数效用理论是运用边际效用论分析的	（1）效用不可以加总，或者说不可以直接度量 （2）序数效用理论是用无差异曲线和预算约束线来分析的

小试牛刀

［多选题］以下关于效用理论的说法中，正确的有（　　）。

A. “经济人”假设是分析消费者行为的前提，也是整个经济学的一个基础

B. 效用是人们的心理感觉，是主观评价，没有客观标准

C. 基数效用论和序数效用论的主要区别是效用是否可以直接度量

D. 序数效用理论是运用边际效用论分析的，基数效用理论是用无差异曲线和预算约束线来分析的

E. “经济人”假设是一种现实状态

［解析］基数效用理论是运用边际效用论分析的，序数效用理论是用无差异曲线和预算约束线来分析的，D 项错误。“经济人”假设是一种理想化状态，人们在从事经济活动时，并不总是利己的，也不能做到总是理性的，E 项错误。

［答案］ABC

考点② 基数效用论和边际效用递减规律★★

一、总效用和边际效用

在基数效用论下，效用是可计量的，所以效用分为总效用和边际效用。

（一）总效用（TU）

总效用，是指消费者在一定时间内，从一定数量的商品或服务的消费中所得到的效用量（或满足程度）的总和。一般说来，总效用的大小与消费者的消费数量有关，在一定范围内，消费者的消费数量越大，总效用也就越大。

（二）边际效用（*MU*）

边际效用，是指消费者在一定时间内增加一个单位商品的消费所得到的效用（或满足程度）的增量。

从数学意义上讲，如果效用曲线是连续的，则每一消费量上的边际效用值就是总效用曲线上相应点的斜率。

【注】边际量＝$\frac{\text{因变量的变化量}}{\text{自变量的变化量}}$。后文中提到的边际量（如边际成本、边际产量等），都可以用这个公式理解记忆。

二、边际效用递减规律

基数效用论者提出了边际效用递减规律的假定。其内容是：在一定时间内，随着消费者对某种商品消费量的增加，消费者从该商品连续增加的每一消费单位中所得到的效用增量（即边际效用）是递减的。

当边际效用为正数时，总效用处于递增状态；当边际效用为零时，总效用达到最大；当边际效用为负数时，总效用处于递减状态。

小试牛刀

［**单选题**］以下关于基数效用理论的说法中，错误的是（　　）。

A. 边际效用一般情况下是递减的

B. 总效用达到最大值时，边际效用为零

C. 从数学的意义上看，边际效用就是总效用函数的斜率

D. 在一定范围内，消费量越大，边际效用就越大

［**解析**］一般来说，总效用（*TU*）取决于消费数量的大小，在一定范围内，消费量越大，则总效用就越大，而边际效用一般情况下是递减的，D项错误。

［**答案**］D

考点3 无差异曲线★★★

一、消费者偏好的三个基本假定

偏好，是指消费者对一种商品或者商品组合的喜好程度。假设有A、B、C三个商品组合：

（1）偏好的完备性。消费者总是可以作出，而且也只能作出以下三种判断中的一种：A＞B、A＜B或A＝B，消费者总是可以把自己的偏好评价准确地表达出来。

（2）偏好的可传递性。如果A＞B，B＞C，那么A＞C。可传递性保证了消费者偏好的一致性，因而也是理性的。

（3）偏好的非饱和性（也就是“多比少好”）。如果两个商品组合的区别仅在于其中一种商品的数量不同，那么消费者总是偏好于含有这种商品数量较多的那个商品组合，即消费者对每一种商品的消费都没有达到饱和点。或者说，对于任何一种商品，消费者总是认为数量多比数量少好。

二、无差异曲线的概念和特征

（一）无差异曲线的概念

无差异曲线是用来表示消费者偏好相同的两种商品的所有组合的曲线。或者说，它是表示

能够给消费者带来相同满足程度的两种商品的所有组合的曲线。见图 2-1。

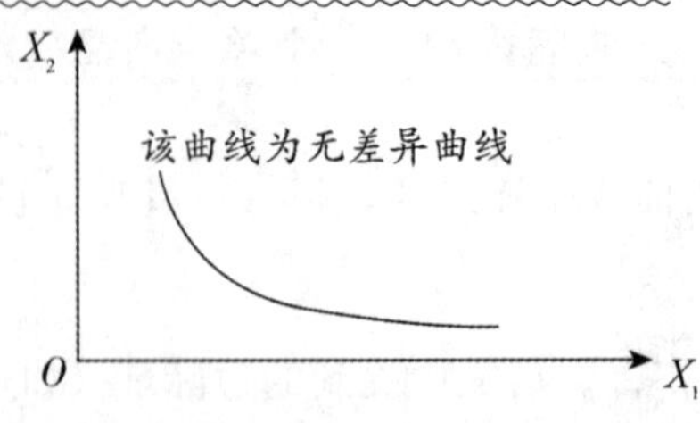

图 2-1　某消费者的一条无差异曲线

（二）无差异曲线的特征

（1）在同一平面坐标图上的任何两条无差异曲线均不会相交，这是根据偏好的可传递性的假定得出的。

（2）无差异曲线是凸向原点的。这就是说，无差异曲线不仅向右下方倾斜，即无差异曲线的斜率为负值。而且，无差异曲线是以凸向原点的形状向右下方倾斜的，即无差异曲线的斜率的绝对值是递减的，这取决于商品边际替代率递减规律。

（3）在同一平面坐标图上的任何两条无差异曲线之间，可以有无数条无差异曲线。离原点越远的无差异曲线代表的效用水平越高，离原点越近的无差异曲线代表的效用水平越低，这是根据“多比少好”的假定得出的。

三、商品边际替代率与商品边际替代率递减规律

（一）商品边际替代率

商品边际替代率（MRS），是指在维持效用水平不变的前提下，消费者增加一单位某种商品的消费数量时所需要放弃的另一种商品的消费数量。

商品边际替代率$MRS=-\frac{\Delta X_2}{\Delta X_1}$，$\Delta X_1$是商品 1 的增加量，$\Delta X_2$是商品 2 的减少量，加负号是为了使边际替代率成为正数。上面的公式可以理解为：1 个商品 1 可以换多少个商品 2。

当商品数量变化趋于无穷小时，公式变为：

$$MRS=-\frac{\Delta X_2}{\Delta X_1}=-\frac{\mathrm{d}X_2}{\mathrm{d}X_1}$$

无差异曲线上某一点的边际替代率就是无差异曲线在该点的切线斜率的绝对值。

（二）商品边际替代率递减规律

商品边际替代率递减规律，是指在维持效用水平不变的前提下，随着一种商品的消费数量的连续增加，消费者为得到一单位的这种商品所需要放弃的另一种商品的消费数量是递减的。发生商品的边际替代率递减现象的原因在于：随着一种商品消费数量的逐渐增加，消费者想要获得更多这种商品的愿望就会递减，从而，他为了多获得一单位的这种商品而愿意放弃的另一种商品的数量就会越来越少。

小试牛刀

[多选题] 下列关于无差异曲线特征的说法中，正确的有（　　）。

A. 无差异曲线从左上向右下倾斜

B. 无差异曲线斜率为正

C. 任意两条无差异曲线都不能相交

D. 无差异曲线是凸向原点的

E. 离原点越远的无差异曲线，消费者的偏好程度越高

[解析] 无差异曲线从左上向右下倾斜，凸向原点，斜率为负，B项错误。

[答案] ACDE

[多选题] 下列关于无差异曲线的说法中，正确的有（　　）。

A. 在分析消费者行为时，无差异曲线的形状与商品价格变动的关系密切

B. 离原点越远的无差异曲线，消费者的偏好程度越高，这是根据偏好的“多比少好”的假定来判定的

C. 任何两条无差异曲线不能相交是由偏好的可传递性假定决定的

D. 无差异曲线从左上向右下倾斜，斜率为负，这是由商品边际替代率递减规律决定的

E. 在同一个平面直角坐标系中，可以绘出无数条无差异曲线

[解析] 在分析消费者行为时，无差异曲线的形状是由消费者偏好决定的，与商品的价格、消费者的购买力、预期等无关，A项错误。

[答案] BCDE

[单选题] 如果无差异曲线上任何一点的斜率为 $dy/dx=-1/3$，则意味着当消费者拥有更多的商品 x 时，愿意放弃（　　）单位商品 x 而获得1单位的商品 y。

A. 3　　B. 1

C. 3/2　　D. 1/3

[解析] 根据题干 $dy/dx=-1/3$，加上负号表示商品边际替代率 MRS 为1/3，即表示放弃1单位 x 可以获得1/3单位的 y，也就是放弃3单位的 x 可以获得1单位的 y。

[答案] A

考点4 预算线★★★

一、预算线的含义和形状

（一）预算线的含义和公式

在购买商品时，消费者的选择一方面取决于消费者的偏好，另一方面还要受到自己的收入水平（或支付能力）和市场上商品价格的限制。

预算线又称为预算约束线、消费可能线和价格线，预算线表示在消费者的收入和商品的价格给定的条件下，消费者的全部收入所能购买到的两种商品的各种组合。

假如消费者可以支配的收入金额是 m，两种商品消费数量分别为 X_1、X_2，两种商品价格分别为 P_1、P_2，则此消费者的预算约束公式为：

$$P_1X_1+P_2X_2\leqslant m$$

预算线的斜率是两种商品价格之比的负值（或两种商品价格的负比率），斜率的大小表明在不改变总支出数量时，两种商品可以相互替代的比率。

（二）预算线的形状

预算线的形状见图2-2。

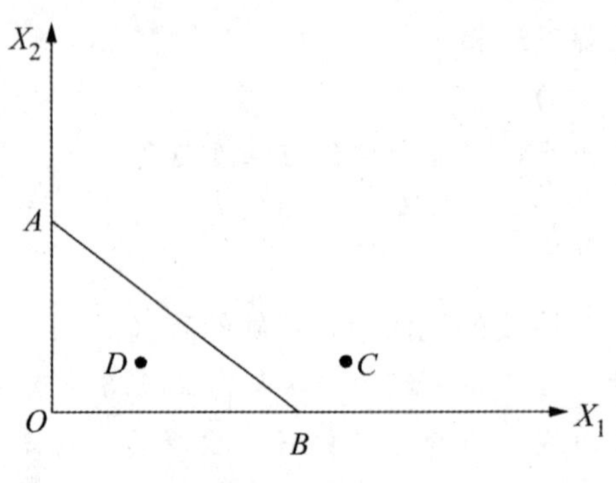

图 2-2 预算线

图 2-2 中，A 点坐标（0，m/P_2），B 点坐标（m/P_1，0），预算线 AB 把平面坐标图划分为三个部分：预算线 AB 以外的区域中的任何一点，如 C 点，表示消费者利用全部收入不可能实现的商品购买的组合点；预算线 AB 以内的区域中的任何一点，如 D 点，表示消费者的全部收入购买该点的商品组合以后还有剩余；唯有预算线 AB 上的任何一点，才是消费者的全部收入刚好用完所购买到的商品组合点。所以，消费者的预算空间（或预算可行集）也就是消费者决策时可以选择的区间，在图形上表现为预算线自身以及其左下方的区域（包括预算线线内和线上的点），表示消费者受到的支付能力的限制。

二、预算线的变动

影响预算线变动的因素是消费者可支配的收入 m 以及两种商品的价格P_1、P_2。

（1）平移：①两种商品的价格不变，消费者的收入发生变化，相应的预算线的位置会发生平移，见图 2-3。消费者收入增加，使预算线向右平移；消费者收入减少，使预算线向左平移。②消费者的收入不变，两种商品的价格同比例同方向发生变化，相应的预算线会发生平移。因为两种商品的价格同比例同方向发生变化，不影响预算线的斜率，而只能使预算线的横、纵截距发生变化。

若消费者的收入不变，两种商品的价格同比例上升，使预算线向左平移；两种商品的价格同比例下降，预算线向右平移。

（2）旋转：在收入不变的情况下，如果只是其中一种商品X_1的价格上升或下降，预算线中另一种商品X_2的截距固定不变，表现为预算线在纵轴上的端点不变，而横轴上的端点发生旋转，见图 2-4。如果商品X_1的价格下降，A 点不变，B 点向右旋转到B_2点；如果商品X_1的价格上升，A 点不变，B 点向左旋转到B_1 点。

（3）不变：消费者的收入与两种商品的价格都同比例同方向发生变化，预算线不发生变化。

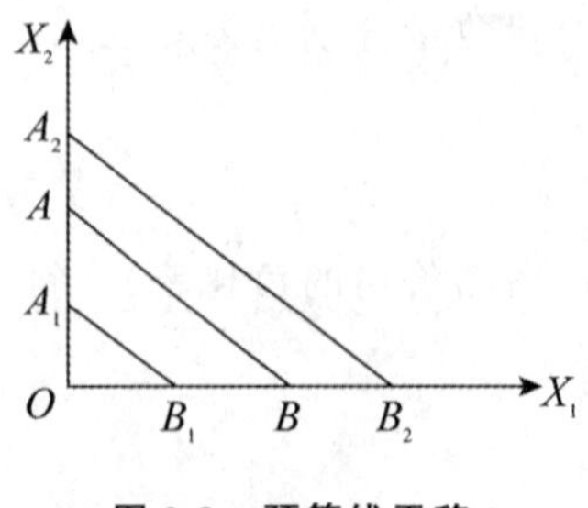

图 2-3 预算线平移

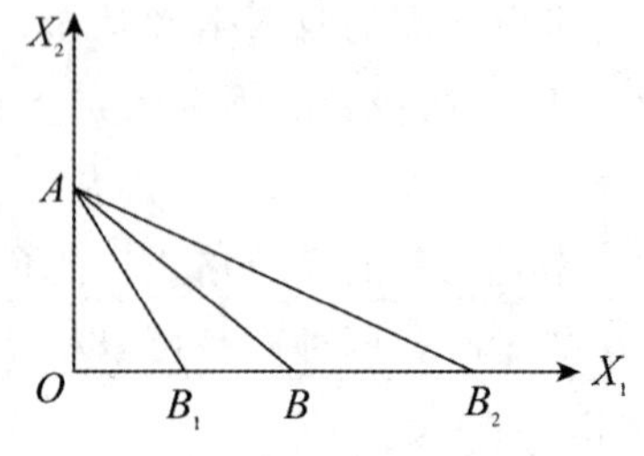

图 2-4 预算线旋转

小试牛刀

[**多选题**] 下列关于预算约束线的说法中，正确的有（　　）。

A. 预算约束线表示在既定的收入和既定的价格条件下能够购买的两种商品的商品组合

B. 预算约束线的斜率是两种商品价格的负比率或两种商品价格比率的负值

C. 预算约束线斜率的大小表明在不改变总支出数量的前提下，两种商品可以相互替代的比率

D. 预算约束线本身及其右上方区域为消费者预算可行集

E. 预算约束线内的点表示在两种商品上的花费并未用尽全部收入

[**解析**] 预算线本身及预算线内的点（即预算约束线本身及其左下方区域）是消费者预算可行集，或预算空间，表示消费者受到的支付能力的限制，是消费者决策时可以选择的区间，D 项错误。

[**答案**] ABCE

[**多选题**] 下列关于预算约束和预算约束线的说法中，正确的有（　　）。

A. 影响预算线变动的因素是消费者可支配的收入和两种商品的价格

B. 在相对价格不变的情况下，收入改变，会使预算线平移，收入增加会使预算线向左平移

C. 在收入不变的情况下，两种商品的价格同比例同方向变化，会使预算线旋转

D. 在收入不变的情况下，如果只是两种商品中某一种商品的价格变动，预算线表现为旋转

E. 两种商品的价格以及收入都同比例同方向变化，预算线不动

[**解析**] 在相对价格不变的情况下，收入改变，会使预算线出现平移。收入增加会使预算线向右平移，收入减少会使预算线向左平移。B 项错误。在收入不变的情况下，两种商品的价格同比例同方向变化，会使预算线平移。同比例上升会使预算线向左移，同比例下降会使预算线向右移。C 项错误。

[**答案**] ADE

考点5 消费者均衡★★

一、消费者效用最大化的均衡条件

无差异曲线与预算线相切的 C 点就是满足消费者效用最大化的均衡点，见图 2-5。

无差异曲线斜率的绝对值就是商品的边际替代率，预算线斜率的绝对值可以用两商品的价格之比来表示，所以在均衡点 C 有：

$$MRS=\frac{P_1}{P_2}$$

这就是消费者效用最大化的均衡条件。它表示：在一定的预算约束下，为了实现最大的效用，消费者应该选择最优的商品组合，使得两商品的边际替代率等于两商品的价格之比。

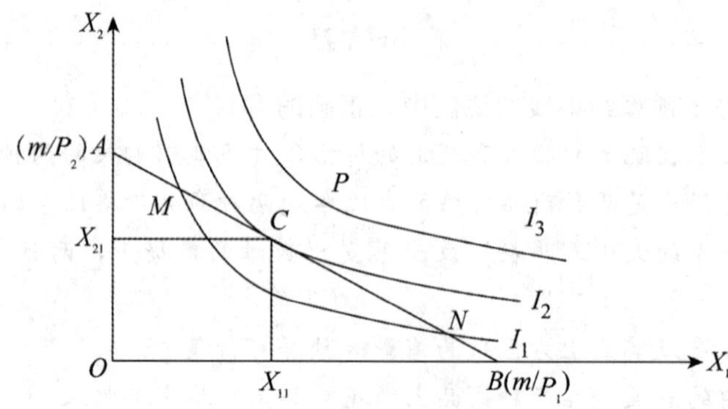

图 2-5　消费者的均衡

在图 2-5 中，AB 是预算线，I_1、I_2、I_3 是三条无差异曲线。I_1 与预算线 AB 相交，I_2 与预算线 AB 相切，I_3 与预算线 AB 相离。

二、实现消费者均衡的前提条件

（1）收入不变。

（2）价格不变。

（3）偏好不变。

三、需求曲线的推导

需求曲线是通过价格—消费曲线推导出来的。消费者在需求曲线上消费可以实现效用最大化。

价格—消费曲线表示在消费者的偏好、收入以及其他商品价格不变的条件下，与某一种商品价格变化相联系的两种商品的效用最大化组合。

某一种商品价格发生变动而消费者的偏好、收入不动，会导致预算线的位置发生变动，进而使预算线与无差异曲线的切点（消费者均衡点）发生移动，把这些消费者均衡点连接起来就可以得到一条价格—消费曲线。

小试牛刀

[单选题] 下列有关消费者均衡和需求曲线的说法中，错误的是（　　）。

A. 消费者效用最大化的均衡条件是商品边际替代率等于商品的价格之比

B. 按照序数效用理论，消费者均衡实现的前提条件包括价格不变、收入不变、偏好不变

C. 满足消费者效用最大化的商品组合位于预算线与无差异曲线相切的点上

D. 需求曲线是通过收入—消费曲线推导出来的

[解析] 需求曲线是通过价格—消费曲线推导出来的，D 项错误。

[答案] D

考点 6　商品价格变化的两种效应——替代效应和收入效应

一、替代效应和收入效应的含义

（1）替代效应，是指在实际收入不变的情况下，由商品的价格变动引起相对价格的变动，进而由商品的相对价格变动引起商品需求量的变动。所有商品的替代效应都与价格呈反方向的

变化。

(2) 收入效应，是指在名义收入不变的情况下，由商品价格变动引起实际收入水平的变动，进而由实际收入水平变动引起商品需求量的变动。正常物品的收入效应与价格呈反方向的变化；低档物品的收入效应与价格呈同方向的变化。

(3) 总效应公式为：总效应＝收入效应＋替代效应。

在多数情况下，低档物品替代效应的作用大于收入效应的作用，所以，低档物品总效应与价格呈反方向变化，相应的需求曲线向右下方倾斜。

在某些场合，低档物品的收入效应的作用大于替代效应的作用，这类特殊的低档物品被称为吉芬物品。

二、不同商品的价格变化所引起的替代效应和收入效应

不同商品的价格变化所引起的替代效应和收入效应是不同的，见表 2-2。

表 2-2 不同商品价格变化所引起的替代效应和收入效应

商品类别	与价格的关系			需求曲线的形状
	替代效应	收入效应	总效应	
正常物品	反向变化	反向变化	反向变化	右下方倾斜（更平缓）
低档物品	反向变化	同向变化	反向变化	右下方倾斜（更陡峭）
吉芬物品	反向变化	同向变化	同向变化	右上方倾斜

小试牛刀

[单选题] 下列关于收入效应和替代效应的说法中，不正确的是（　　）。

A. 正常物品的收入效应与价格呈反方向的变化，低档物品的收入效应与价格呈同方向的变化

B. 所有商品的替代效应都与价格呈反方向的变化

C. 正常物品的需求曲线是向右下方倾斜的，低档物品的需求曲线是向右上方倾斜的，正常物品的需求曲线更平缓，低档物品的需求曲线更陡峭

D. 对低档物品而言，大多数情况下，收入效应的作用小于替代效应的作用，总效应也与价格呈反方向变动

[解析] 正常物品和低档物品的需求曲线都是向右下方倾斜，正常物品的需求曲线更平缓，对价格变化的反应大；低档物品的需求曲线更陡峭。C 项错误。

[答案] C

[单选题] 正常品价格上升导致需求减少的原因是（　　）。

A. 替代效应使需求减少，收入效应使需求增加

B. 替代效应使需求增加，收入效应使需求增加

C. 替代效应使需求减少，收入效应使需求减少

D. 替代效应使需求增加，收入效应使需求减少

[解析] 正常品收入效应与价格呈反向变动，替代效应与价格也呈反向变动。

[答案] C

第三章　生产和成本理论

知识脉络

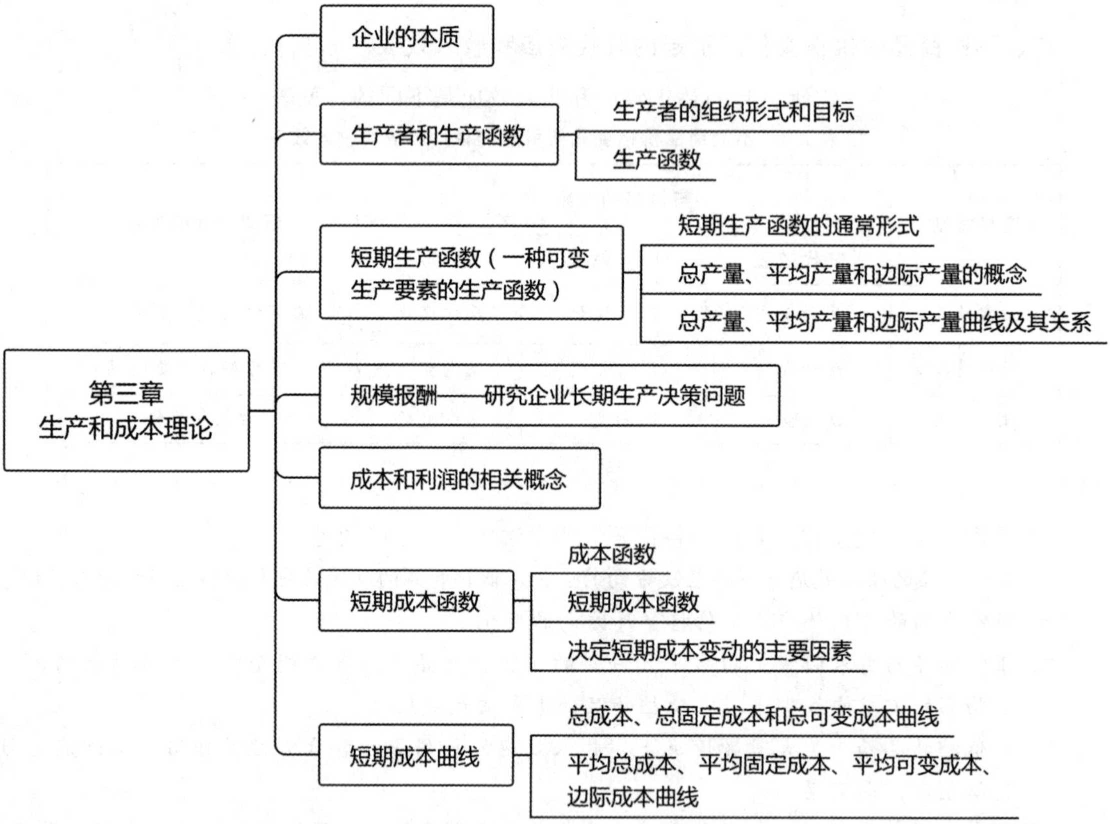

- 第三章 生产和成本理论
  - 企业的本质
  - 生产者和生产函数
    - 生产者的组织形式和目标
    - 生产函数
  - 短期生产函数（一种可变生产要素的生产函数）
    - 短期生产函数的通常形式
    - 总产量、平均产量和边际产量的概念
    - 总产量、平均产量和边际产量曲线及其关系
  - 规模报酬——研究企业长期生产决策问题
  - 成本和利润的相关概念
  - 短期成本函数
    - 成本函数
    - 短期成本函数
    - 决定短期成本变动的主要因素
  - 短期成本曲线
    - 总成本、总固定成本和总可变成本曲线
    - 平均总成本、平均固定成本、平均可变成本、边际成本曲线

考点1 企业的本质★★★

交易成本（或交易费用）是指围绕交易契约所产生的成本或费用。有的交易在企业内部进行成本更小，有的交易在市场进行成本更小，当企业交易方式的交易费用小于市场交易费用时，企业就产生了，可以说企业是市场交易费用节约的产物。企业作为一种组织形式减少了需要签订的契约数量，节约了交易成本或费用。自企业产生后，市场和企业便是两种不同的资源配置方式或协调生产的方式，社会上也形成了企业外部的市场交易和企业内部交易。

对企业的本质属性的认识如下：

（1）美国经济学家科斯认为，企业的本质（或者显著特征）是价格机制或市场机制的替代物。

（2）企业存在的根本原因是交易成本的节约。

（3）导致交易成本或费用在市场和企业这两个组织之间不相同的主要因素在于信息的不完全性。

小试牛刀

［多选题］下列关于科斯的企业形成理论的说法，正确的有（　　）。

A. 企业的本质或者显著特征是作为市场机制或价格机制的替代物

B. 企业与市场机制是两种不同的协调生产和配置资源的方式，同时社会上就形成了两种交易：企业外部的市场交易和企业内部交易

C. 企业作为生产的一种组织形式大大增加了需要签订的契约数量

D. 企业存在的根本原因是交易成本的节约

E. 导致市场机制和企业交易费用不同的主要因素在于信息的不完全性

［解析］企业作为生产的一种组织形式大大减少了需要签订的契约数量，C 项错误。

［答案］ABDE

［单选题］根据美国经济学家科斯的理论，导致市场机制和企业的交易费用不同的主要因素是（　　）。

A. 信息的不对称　　B. 城乡差别的存在

C. 信息鸿沟的存在　　D. 信息的不完全性

［解析］导致市场机制和企业的交易费用不同的主要因素是信息的不完全性。

［答案］D

考点2　生产者和生产函数★★

一、生产者的组织形式和目标

生产者即企业或厂商，是产品生产过程中的主要组织形式，主要包括个人独资企业、合伙制企业和公司制企业。

一般假设生产者的目标是追求利润最大化（“经济人假设”在生产理论中的应用）。

生产者追求利润最大化目标的现实情况：

（1）在现实经济生活中，企业有时并不一定选择实现最大利润的决策，并不是把追求利润最大化作为生产和交易活动的唯一动机。由于信息不对称的存在，公司经理在一定程度上会偏离利润最大化目标，甚至是追求其他有利于自身的目标。

（2）在信息不完全的条件下，企业所面临的市场需求可能是不确定的，而且企业经营者可能对具体情况也缺乏准确了解，难以利用现有资料计算出最大利润。

（3）长期来看，生产者的经营活动很接近于追求最大利润。一个不以利润最大化为目标的企业终将被市场竞争所淘汰，所以实现利润最大化是一个企业在竞争中求得生存的基本准则和关键。

二、生产函数

生产的过程就是从投入生产要素到生产出产品的过程。生产要素一般划分为劳动、资本、土地和企业家才能四种类型。一般假设生产要素在生产过程中是可以相互替代的。当某种或几种要素不可变时，一般是研究企业的短期行为；当各种投入要素都可变时，一般是研究企业的长期行为。

生产函数表示一定时期内，在一定技术条件下，生产中所使用的各种生产要素的数量与所能生产的最大产量之间的函数关系。

【特别注意】①任何生产函数都以一定时期内的生产技术水平作为前提条件，一旦技术水平发生变化，原有的生产函数就会发生变化；②生产函数强调的是“最大产量”；③每一家企业都有一个生产函数。

小试牛刀

[单选题] 关于生产和生产函数的说法，正确的是（　　）。

A. 当技术水平发生变化时，生产函数不会发生变化

B. 研究企业短期行为的前提是各种投入要素都是可变的

C. 生产函数是最大产量与投入要素之间的函数关系

D. 一般假设生产要素在生产过程中不可相互替代

[解析] 任何生产函数都以一定时期的生产技术水平为条件，当技术水平发生变化时，生产函数也会发生变化。A项错误。当各种投入要素都可变时，一般是研究企业的长期行为；当某种或几种要素不可变时，一般是研究企业的短期行为。B项错误。一般假设生产要素在生产过程中是可以相互替代的。D项错误。

[答案] C

考点3 短期生产函数（一种可变生产要素的生产函数）★★★

一、短期生产函数的通常形式

短期生产函数的通常形式为：

$$Q=f(L,\bar{K})$$

其中，Q 表示产量，$\bar{K}$ 表示不变要素资本的投入量，L 表示可变要素劳动的投入量，此时总产量的变化只取决于劳动量。随着劳动量的连续变化，会引起劳动的总产量、劳动的平均产量和劳动的边际产量的变动。

二、总产量、平均产量和边际产量的概念

（1）劳动的总产量（TP_L）：一定的可变要素劳动的投入量相对应的最大产量。

$$TP_L=f(L,\bar{K})$$

（2）劳动的平均产量（AP_L）：平均每一单位可变要素劳动的投入量所生产的产量。

$$AP_L=\frac{TP_L}{L}$$

（3）劳动的边际产量（MP_L）：增加一单位可变要素劳动的投入量所增加的产量。

$$MP_L=\frac{\Delta TP_L}{\Delta L}$$

三、总产量、平均产量和边际产量曲线及其关系

（一）总产量、平均产量和边际产量曲线

总产量、平均产量和边际产量曲线都是先上升，各自达到最高点以后再下降，见图3-1。

1. 总产量曲线（见图 3-1）

在L_1之前，总产量曲线的斜率是递增的，表现为向上倾斜并凸向 L 轴，此时总产量以递增的速度增加。

在 L_1 与 L_3 之间时，总产量曲线的斜率是递减的，表现为向上倾斜并凸向 Q 轴，此时总产量是以递减的速度增加。

在 L_3 之后，总产量曲线向下倾斜，总产量开始减少。

2. 平均产量曲线（见图 3-1）

在 L_2 之前，平均产量是递增的，平均产量曲线向上倾斜；在 L_2 之后，平均产量是递减的。

3. 边际产量曲线（见图 3-1）

在 L_1 之前，边际产量是递增的，边际产量曲线向上倾斜；在 L_1 之后，边际产量是递减的。

边际产量递减规律也称为边际报酬递减规律，是指在技术水平和其他投入不变的条件下，在连续等量地增加一种可变生产要素的投入时，这种可变要素的边际产量先是递增的，达到最大值（一般可称为临界点）以后，边际产量是递减的，直到出现负值。其原因在于，对于任何一种产品的生产来说，可变要素投入量和不变要素投入量之间都存在一个最佳的组合比例。

（二）总产量、平均产量和边际产量曲线的关系——“三点三线”（见图 3-1）

（1）在 L_1 时，边际产量（MP）达到最大值，总产量（TP）到了拐点。

（2）在 L_2 时，平均产量（AP）达到最大值，此时，平均产量（AP）和边际产量（MP）相交。

只要边际产量大于平均产量（即边际产量曲线在平均产量曲线的上方），平均产量就是递增的。

（3）在 L_3 时，总产量达到最大值，边际产量（MP）为零。边际产量为正数，总产量递增；边际产量为负数，总产量递减。

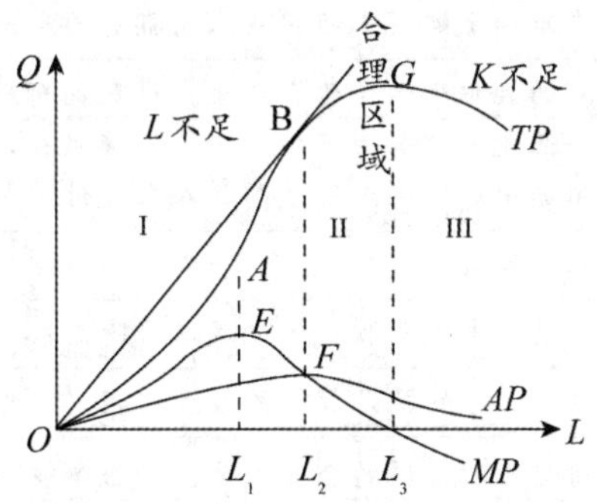

图 3-1　总产量、平均产量和边际产量曲线及其关系图

小试牛刀

[多选题] 下列关于总产量（TP）、边际产量（MP）、平均产量（AP）的说法，正确的有（　　）。

A. 当边际产量为零时，总产量最大

B. 边际产量曲线与平均产量曲线相交之前，边际产量大于平均产量，平均产量上升

C. 边际产量曲线与平均产量曲线相交之后，边际产量小于平均产量

D. 边际产量递减规律说明边际产量曲线是一直是递减的

E. 边际产量曲线与平均产量曲线交于平均产量曲线的最高点，即平均产量曲线和边际产量曲线相交时，平均产量达到最大值

[**解析**] 边际产量递减规律也称为边际报酬递减规律，是指在技术水平和其他投入保持不变的条件下，连续追加一种生产要素的投入量，总是存在着一个临界点，在这一点之前，边际产量递增，超过这一点，边际产量将出现递减的趋势，直到出现负值，D项错误。

[**答案**] ABCE

考点4 规模报酬——研究企业长期生产决策问题★

规模报酬也称为规模收益，是指在其他条件不变的情况下，企业内部各种生产要素按相同比例变化时所带来的产量变化。企业只有在长时期中才能改变全部生产要素的投入，进而影响生产规模。

根据生产规模和产量的变化比例的比较，划分的规模报酬的类型有：

（1）规模报酬递增：产量增加的比例大于各种生产要素增加的比例。

（2）规模报酬不变：产量增加的比例等于各种生产要素增加的比例。

（3）规模报酬递减：产量增加的比例小于各种生产要素增加的比例。

考点5 成本和利润的相关概念★★★

企业的生产成本（也叫生产费用），通常被看成是企业对所购买的生产要素的货币支出。

成本和利润的相关概念见表3-1。

表3-1 成本和利润的相关概念

项目	具体含义和内容
机会成本	是指生产者在其他生产用途中放弃的使用相同的生产要素所获得的最高收入
显成本	是指厂商在生产要素市场上购买或租用他人所拥有的生产要素的实际支出
隐成本	是指厂商自己所拥有的且被用于自己企业生产过程的那些生产要素的总价格。隐成本实际上属于机会成本。企业使用自有生产要素时，也应该得到报酬，这笔报酬必须按照企业自有生产要素在其他用途中所能得到的最高收入来支付
总成本	企业总成本＝显成本＋隐成本
经济利润	经济利润＝总收益－总成本＝总收益－显成本－隐成本
	企业所追求的最大利润，指的就是最大的经济利润（也称超额利润）
正常利润	通常指厂商或企业对自己所提供的企业家才能的报酬支付。正常利润是厂商生产成本的一部分，它是以隐成本（隐成本的一部分）计入成本的 【特别注意】由于正常利润属于成本，因此，经济利润中不包含正常利润，所以，当厂商的经济利润为零时，厂商仍然得到了全部的正常利润

小试牛刀

[**多选题**] 下列关于成本和利润的说法，正确的有（　　）。

A. 成本是企业在生产经营过程中所支付的物质费用和人工费用，生产成本可分为显成本和隐成本两部分

B. 显成本是指由企业购买或租用任何生产要素所发生的成本

C. 隐成本是指企业本身所拥有的、并且被用于该企业生产过程的那些生产要素的总价格，是自己拥有并使用的资源的成本，它实际上是机会成本

D. 机会成本是指当一种生产要素被用于生产单位某产品时所放弃的使用相同要素在其他生产用途中所得到的最高收入

E. 企业的经济利润包括正常利润

[解析] 经济利润是总收益减去总成本（显成本加隐成本）。正常利润是指企业对自己所提供的企业家才能的报酬支付，是作为隐成本的一部分计入成本的，E 项错误。

[答案] ABCD

考点6 短期成本函数★★

一、成本函数

成本函数是在技术水平和要素价格不变的条件下，总成本与产出（或产量）之间的函数关系。

成本函数与生产的短期、长期分析相对应，可以分为短期成本函数和长期成本函数。

短期成本函数和长期成本函数的区别在于是否有固定成本和可变成本之分。

二、短期成本函数

（1）短期总成本（TC）——厂商在短期内为生产一定数量的产品对全部生产要素所支出的成本总和。

$$短期总成本(TC)=总固定成本(TFC)+总可变成本(TVC)$$

①固定成本，是指在短期内不随产量变化而变化的那部分成本，如管理人员的工资费用、厂房和设备的折旧等。

②可变成本，是指随着产量变化而变化的那部分成本，如厂商对生产工人的工资费用，原材料、燃料和动力的支付等。

（2）平均总成本（ATC，也叫平均成本、单位产品成本）——厂商在短期内平均每生产一单位产品所支付的全部成本。

平均总成本$(ATC)=TC/Q=TFC/Q+TVC/Q=$平均固定成本$(AFC)+$平均可变成本(AVC)

（3）边际成本（MC）——厂商在短期内增加一单位产量时所增加的总成本。

$$MC=\frac{\Delta TC}{\Delta Q}$$

三、决定短期成本变动的主要因素

决定短期成本变动的主要因素包括劳动、资本等生产要素的价格。

工资、租金、原材料、机器设备等价格上升，生产率下降，都会提高厂商的成本。

小试牛刀

[单选题] 当某企业的产量为 5 个单位时，其总固定成本、总可变成本分别是 1 200 元和 800 元，则该企业的平均总成本是（　　）元。

A. 150　　B. 200　　C. 350　　D. 400

[解析] 平均总成本＝总成本/产量＝（1 200＋800）/5＝400（元）。

[答案] D

考点7 短期成本曲线★★★

一、总成本（TC）、总固定成本（TFC）和总可变成本（TVC）曲线

总成本、总固定成本和总可变成本曲线的变动规律见图 3-2。

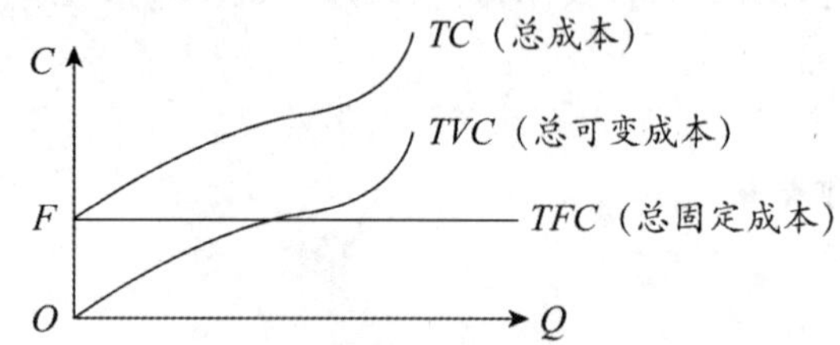

图 3-2 总成本、总固定成本和总可变成本曲线的变动规律

（1）总成本曲线是从纵轴一个截点即产量为 0 时总成本等于固定成本的那一点开始，随产量的增加而逐步上升，开始以递减的速度上升，产量达到一定水平之后，以递增的速度上升。

（2）总固定成本是一条平行于横轴的直线。总固定成本曲线和总可变成本曲线相交于某一点。

（3）总可变成本曲线从原点出发，之后随产量增加而上升。刚开始以递减的速度上升，产量达到一定水平之后以递增的速度上升。

（4）总可变成本曲线和总成本曲线的变动规律是一致的。总成本曲线与总固定成本曲线随着产量增长渐行渐远。

二、平均总成本（ATC）、平均固定成本（AFC）、平均可变成本（AVC）、边际成本（MC）曲线

平均总成本、平均固定成本、平均可变成本和边际成本的变动规律和关系见图 3-3。

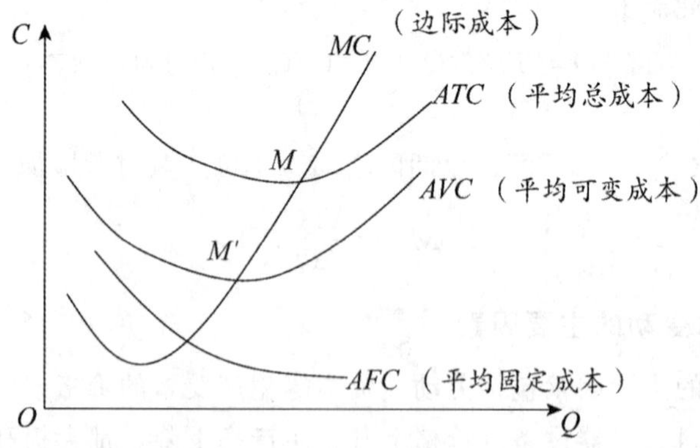

图 3-3 平均总成本、平均固定成本、平均可变成本和边际成本的变动规律和关系

平均总成本 ATC 、平均可变成本 AVC 、边际成本 MC 曲线的特点总结：

(1)U 型特征，即三条曲线都是先下降后上升的。

（2）“一箭穿心”。MC 曲线最早达到最低点，然后先后穿过 AVC 曲线、ATC 曲线的最低点。

(3)MC 曲线变化最快，然后是 AVC 曲线、ATC 曲线。ATC 曲线的最低点最晚出现，但高

于 AVC 曲线和 MC 曲线的最低点。

(4) 一般情况下，只要边际量大于平均量，平均量就递增；只要边际量小于平均量，平均量就递减（平均固定成本 AFC 除外）。

【注】平均固定成本曲线随产量的增加而递减，逐渐向横轴接近。

小试牛刀

[**多选题**] 关于短期成本曲线的说法，正确的有（　　）。

A. 总固定成本曲线和总可变成本曲线相交于某一点

B. 总成本曲线从纵轴一个截点即产量为零时总成本等于固定成本的那个点开始，并随产量的增加而逐步上升

C. 总可变成本曲线从原点开始，并随产量的增加而逐步上升

D. 总成本曲线和总固定成本曲线随着产量增长逐渐靠近

E. 总固定成本曲线是平行于横轴的一条直线

[**解析**] 总成本曲线和总固定成本曲线随着产量增长渐行渐远，D 项错误。

[**答案**] ABCE

[**多选题**] 下列关于平均总成本、平均固定成本、平均可变成本、边际成本曲线的表述，正确的有（　　）。

A. 平均总成本、平均可变成本、平均固定成本、边际成本曲线都是先下降后上升的曲线

B. 边际成本曲线与平均可变成本曲线交于平均可变成本曲线的最低点，此时 $MC=AVC$

C. 当边际成本（MC）＝平均总成本（ATC）时，边际成本曲线与平均总成本曲线交于边际成本曲线的最低点

D. 边际成本曲线最早达到最低点，其次是平均可变成本曲线，总成本曲线的最低点出现得最慢，且高于边际成本曲线及平均可变成本曲线的最低点

E. 无论是上升还是下降，边际成本曲线的变动都快于平均可变成本曲线

[**解析**] 平均固定成本曲线随产量的增加而递减，逐渐向横轴接近，A 项错误。边际成本曲线与平均总成本曲线交于平均总成本曲线的最低点，C 项错误。

[**答案**] BDE

第四章　市场结构理论

知识脉络

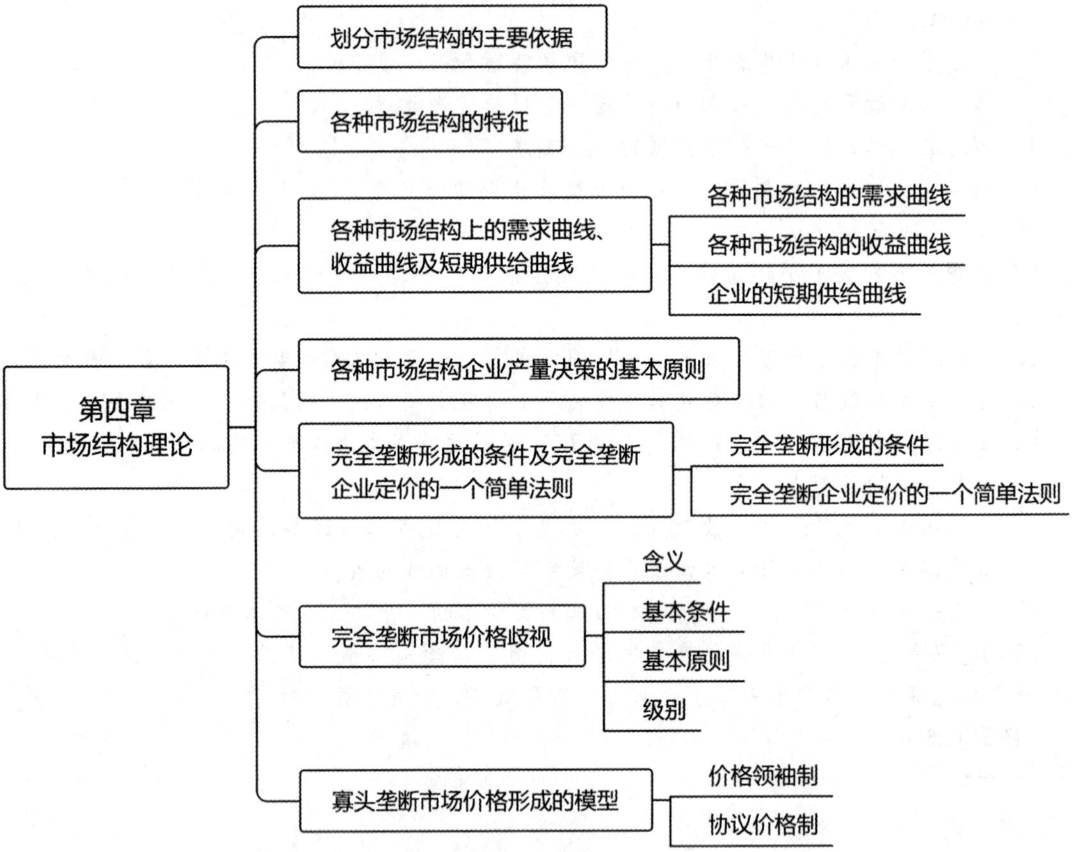

- 第四章 市场结构理论
  - 划分市场结构的主要依据
  - 各种市场结构的特征
  - 各种市场结构上的需求曲线、收益曲线及短期供给曲线
    - 各种市场结构的需求曲线
    - 各种市场结构的收益曲线
    - 企业的短期供给曲线
  - 各种市场结构企业产量决策的基本原则
  - 完全垄断形成的条件及完全垄断企业定价的一个简单法则
    - 完全垄断形成的条件
    - 完全垄断企业定价的一个简单法则
  - 完全垄断市场价格歧视
    - 含义
    - 基本条件
    - 基本原则
    - 级别
  - 寡头垄断市场价格形成的模型
    - 价格领袖制
    - 协议价格制

考点1 划分市场结构的主要依据★

（1）生产者（或企业）所生产的产品的差别程度（区分垄断竞争市场和完全竞争市场的主要判断依据）。

（2）市场上生产者（或厂商、企业）的数目。

（3）生产者（或企业）进入或退出一个行业的难易程度或障碍的大小（或者说资源流动的难易程度）。

考点2 各种市场结构的特征★★★

各种市场结构的特征见表4-1。

表 4-1　各种市场结构的特征

市场类型	企业数目	产品差别程度	对价格控制的程度	进出行业的难易程度	举例
完全竞争市场	很多	产品是同质的，即完全无差别	价格的接受者	资源可自由流动，买卖双方对市场信息有充分的了解	一些农业产品，如小麦
垄断竞争市场	很多	有差别	一定程度	比较容易	一些轻工产品、零售业
寡头垄断市场	很少几个	有差别或无差别	很大程度	比较困难	钢铁、汽车、石油
完全垄断市场	唯一	独特性产品，没有合适的替代品	价格的决定者	其他企业进入非常困难	公用事业，如水、电

小试牛刀

[**多选题**] 完全竞争市场具有的特征有（　　）。

A. 同一行业中，只有一个生产者

B. 同一行业中，各企业或生产者生产的同一种产品没有质量差别

C. 买卖双方对市场信息都有充分的了解

D. 各企业或生产者可自由进出市场

E. 每个生产者都是价格的接受者

[**解析**] 完全竞争市场上有很多生产者与消费者，且生产者的规模都很小，A 项错误。

[**答案**] BCDE

考点3　各种市场结构上的需求曲线、收益曲线及短期供给曲线★★★

一、各种市场结构的需求曲线

各种市场结构的需求曲线见表 4-2。

表 4-2　各种市场结构的需求曲线

市场结构	行业的需求曲线	企业的需求曲线
完全竞争	向右下方倾斜（见图 4-1）	平行于横轴的水平线（见图 4-2）
完全垄断	向右下方倾斜，斜率为负（见图 4-4）	企业的需求曲线就是行业的需求曲线，二者完全相同
寡头垄断	—	向右下方倾斜
垄断竞争	向右下方倾斜	向右下方倾斜，与完全竞争市场上企业的水平形状的需求曲线相比比较接近，与完全垄断企业的需求曲线相比比较平坦

【注】垄断竞争企业面临主观需求曲线和市场份额需求曲线两种：

（1）主观需求曲线，又叫预期的需求曲线，表示在垄断竞争市场上，当某一个企业改变其产品价格，而其他企业的产品价格都不变时，该企业的产品价格和销售量之间的关系。

（2）实际需求曲线，表示在垄断竞争市场上，当某一个企业改变其产品价格，而其他企业也同时使自己的产品价格发生相同的变化时，该企业的产品价格和销售量之间的关系。

实际需求曲线也可称为市场份额需求曲线，表示在垄断竞争市场上单个企业在每一个市场价格水平的实际销售份额，若垄断竞争生产集团内有 n 个垄断竞争企业，不管这些企业将市场价格变动到什么水平，每个企业的实际销售份额为市场总销售量或总的需求量的 $1/n$。一般来说，主观需求曲线与市场份额需求曲线相比，更为平坦一些（或需求弹性更大一些）。

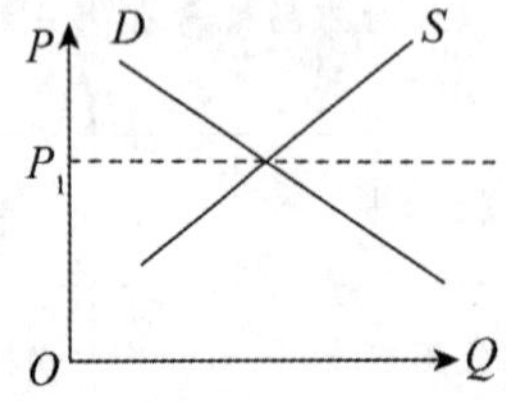

图 4-1　完全竞争行业的供求曲线

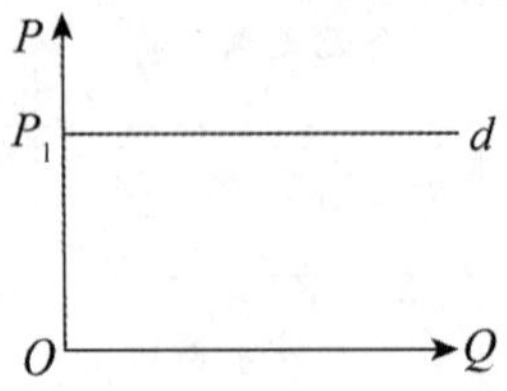

图 4-2　完全竞争企业的需求曲线

二、各种市场结构的收益曲线

（一）收益的相关概念

企业（厂商）的收益就是企业（厂商）的销售收入，分为总收益（TR）、平均收益（AR）、边际收益（MR）。

（1）总收益（TR），是企业按一定价格出售一定数量产品时获得的全部收入。

$$总收益(TR)=价格(P)\times 销售量(Q)$$

（2）平均收益（AR），是企业在平均每一单位产品销售上获得的收入。

$$平均收益(AR)=总收益(TR)/销售量(Q)$$

（3）边际收益（MR），是企业增加一单位产品销售时获得的总收益的增量。

$$MR=\Delta TR/\Delta Q$$

（二）完全竞争企业的收益曲线

在完全竞争市场上，边际收益（MR）=平均收益（AR）=单位产品价格（P），即单个企业的边际收益曲线、平均收益曲线、需求曲线是同一条线（“三线合一”，只有在完全竞争市场上才有），见图 4-3。

（三）完全垄断企业的收益曲线（见图 4-4）

（1）完全垄断企业的平均收益等于单位产品的价格，平均收益曲线与需求曲线（DD）是重合的。

（2）完全垄断企业的边际收益（MR）不等于平均收益（AR）或价格（P），而是小于平均收益（AR），边际收益曲线位于平均收益曲线的下方，而且比平均收益曲线更陡峭。

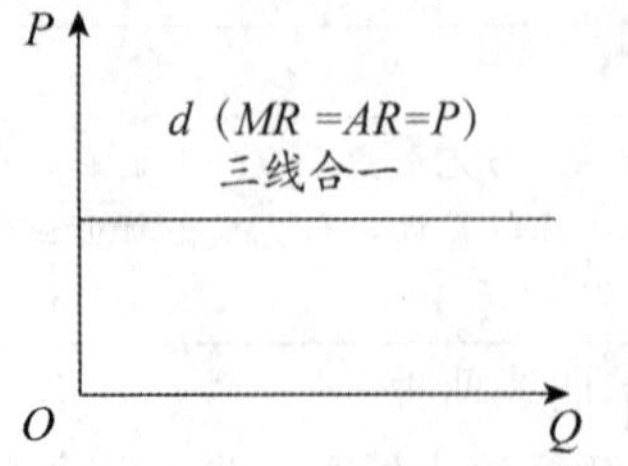

图 4-3　完全竞争企业的收益曲线

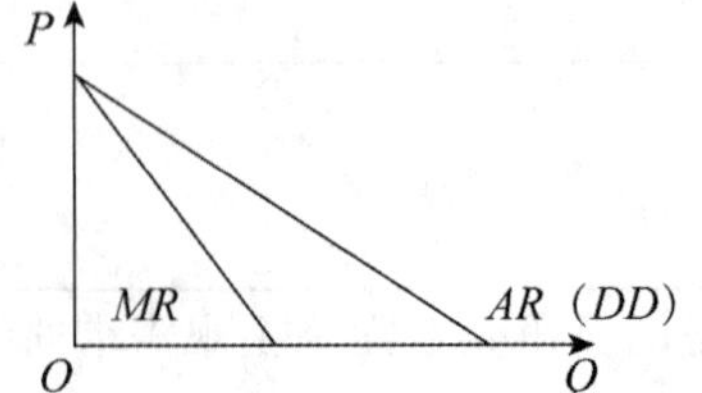

图 4-4　完全垄断企业的需求曲线和收益曲线

三、企业的短期供给曲线

（1）完全竞争企业的短期供给曲线就是其边际成本曲线（价格大于等于平均可变成本的

部分)。企业在每一个价格水平的供给量都是能够为其带来最大的利润或最小的亏损的最优产量。

(2) 在不完全竞争市场上(如垄断竞争、寡头垄断以及完全垄断),不存在供给曲线。

小试牛刀

[多选题] 下列关于完全竞争市场的说法中,正确的有(　　)。

A. 个别企业的需求曲线和整个行业的需求曲线相同

B. 每一个企业都是价格的接受者

C. 个别企业的需求曲线是一条平行于横轴的水平线

D. 完全竞争市场上不存在供给曲线

E. 整个行业的需求曲线向右下方倾斜,供给曲线向右上方倾斜

[解析] 完全竞争市场上,整个行业的需求曲线是一条向右下方倾斜的曲线;个别企业的需求曲线是一条平行于横轴的水平线,A 项错误。完全竞争市场上,企业的边际成本曲线就是其短期供给曲线,D 项错误。

[答案] BCE

[多选题] 下列关于完全垄断市场的表述中,正确的有(　　)。

A. 完全垄断企业的需求曲线与整个行业的需求曲线相同

B. 完全垄断企业的需求曲线和平均收益曲线是完全重合的

C. 边际收益曲线与平均收益曲线重合

D. 边际收益曲线位于平均收益曲线的下方,而且比平均收益曲线陡峭

E. 需求曲线向右下方倾斜,斜率为负

[解析] 完全垄断企业的平均收益曲线与需求曲线是重合的,由于单位产品价格随着销售量的增加而下降,边际收益小于平均收益,所以边际收益曲线位于平均收益曲线的下方,而且比平均收益曲线陡峭,C 项错误。

[答案] ABDE

考点④ 各种市场结构企业产量决策的基本原则★★★

不论在何种市场上,企业实现最优产量的决策原则都是边际收益(MR)=边际成本(MC)。

实际上,边际收益等于边际成本既可以作为利润最大化均衡条件,也可称为亏损最小的均衡条件。此时,企业可能盈利(盈利最大),也可能亏损(亏损最小),也可能利润为零。

在短期均衡时,完全竞争、垄断竞争、完全垄断厂商都有三种情况:盈利、利润为零或亏损。

在长期均衡时,完全竞争、垄断竞争厂商利润为零,完全垄断厂商盈利。

在企业的短期生产或产量决策中,当市场价格 P 等于平均可变成本 AVC(最小值)时,有一个停止生产(或停止营业)的临界点,即停止营业点或生产关闭点。

考点⑤ 完全垄断形成的条件及完全垄断企业定价的一个简单法则★

一、完全垄断形成的条件

(1) 独家厂商控制了生产某种商品的全部资源或基本资源的供给(如对某些特殊原料的单

独控制）。

（2）独家厂商拥有生产某种产品的专利权。

（3）政府垄断（政府特许）。政府对某一行业实行完全垄断。根据《中华人民共和国邮政法》规定，国务院规定范围内的信件寄递业务由邮政企业专营，这就是一种完全垄断。

（4）自然垄断。自然垄断和规模经济关系密切。当一个企业能以低于两个或更多企业的成本为整个市场提供一种产品时，或者说当行业中只有一家企业能够有效率地进行生产时，该行业就是自然垄断。

二、完全垄断企业定价的一个简单法则

$$边际收益(MR)=价格(P)+\frac{价格(P)}{需求价格弹性系数(E_d)}$$

依据边际收益=边际成本原则，可得简单定价法则：

$$\frac{价格(P)-边际成本(MC)}{价格(P)}=-\frac{1}{需求价格弹性系数(E_d)}$$

简单定价法则公式整理可得：

$$价格(P)=\frac{边际成本(MC)}{1+[1/需求价格弹性系数(E_d)]}$$

（1）在边际成本上的加价额占价格的比例，应该等于需求价格弹性倒数的相反数（E_d 是负数）。

（2）垄断企业索取的价格超过边际成本的程度，受制于需求价格弹性。

考点6 完全垄断市场价格歧视★★★

一、含义

完全垄断企业是价格的制定者，常常采用价格歧视的方法。价格歧视是指企业或厂商以不同价格销售同一种产品，这种做法往往会增加完全垄断企业的利润。价格歧视有时也称为差别定价。

二、基本条件

（1）必须有可能通过不同的需求价格弹性将不同购买者划分为两组或两组以上。

（2）不同的市场必须是相互隔离的，也就是说同一产品不能在不同市场之间流动，排除中间商的低买高卖。

三、基本原则

不同市场的边际收益相等并且等于边际成本是企业实行价格歧视的基本原则。

四、级别

（一）一级价格歧视（即完全价格歧视）

如果厂商或企业对每一单位产品都按消费者所愿意支付的最高价格出售，就是一级价格歧视，也就是垄断者对不同购买者购买的每一单位的产品都制定一个价格。在一级价格歧视下，垄断厂商占有了全部的消费者剩余。例如，医生给病人看病，因病人收入和保险不同，收取的价格也不同。

（二）二级价格歧视（即批量作价）

二级价格歧视是指完全垄断企业按不同价格出售不同数量等级的产品，但购买相同数量等

级产品的消费者以同样价格支付。垄断厂商占有了部分消费者剩余。例如，水、电等的阶梯价格制度。

（三）三级价格歧视

垄断厂商对同一种产品在不同的市场上（或对不同的消费群体）收取不同的价格，就是三级价格歧视。例如，“黄金时间”和“非黄金时间”的价格不一样。

垄断厂商可以根据不同的需求价格弹性把消费者或市场分成两组或更多组，在需求价格弹性小的市场上制定较高的产品价格（即少销厚利），在需求价格弹性大的市场上制定较低的产品价格（即薄利多销）。

小试牛刀

[单选题] 实施价格歧视的基本条件不包括（　　）。

A. 卖方具有垄断地位

B. 企业生产的商品或服务具有耐用品性质

C. 消费者之间存在不同的需求价格弹性

D. 不同消费者所在的市场能被隔离开

[解析] 实行价格歧视的基本条件包括：①必须有可能根据不同的需求价格弹性划分出两组或两组以上的不同购买者；②市场必须能够有效地隔离开，同一产品不能在不同市场之间流动。即不能使购买者在低价市场上买到产品再卖到高价市场上去。

[答案] B

[多选题] 下列关于价格歧视的说法，正确的有（　　）。

A. 一级价格歧视是指企业对每一单位产品都按照消费者所愿意支付的最高价格出售

B. 在垄断竞争市场上，企业经常实施价格歧视

C. 价格歧视是指企业为了获取更大的利润，对同一产品规定不同价格

D. 二级价格歧视是按不同价格出售不同批量的产品，但每个购买相同批量产品的购买者支付的价格相同

E. 企业实行价格歧视的基本原则是不同市场上的边际收益相等并且等于边际成本

[解析] 垄断竞争市场中的企业对产品价格虽然有一定程度的控制，但由于竞争产品较多，不能经常实施价格歧视，B项错误。

[答案] ACDE

考点⑦ 寡头垄断市场价格形成的模型★★

在寡头垄断市场上，每个厂商的产量都在本行业的总产量中占有一个较大的份额，从而每个厂商的产量和价格变动都会对其他竞争对手以至整个行业的产量和价格产生举足轻重的影响。正因为如此，每个寡头厂商在采取某项行动之前，首先要推测或掌握自己这一行动对其他厂商的影响以及其他厂商可能做出的反应（可称之为策略性行为），然后在考虑这些反应方式的前提下采取最有利的行动。所以，每个寡头厂商的利润都要受到行业中所有厂商的决策的相互作用的影响。

寡头垄断市场上价格形成有很多模型，本考点主要介绍价格领袖制和协议价格制这两个模型。

一、价格领袖制

在某一个行业中，既有处于支配地位的企业，也有处于追随地位的企业。价格领袖制是指先由占支配地位的企业（领导者）确定价格，然后其他企业（追随者）据此价格制定或调整自己的价格，并与领袖企业保持一致。需要注意的是：领袖企业在率先确定自己的产品价格时，必须考虑到整个行业的供给和需求状况，而不能只考虑自身利益，否则，会受到其他寡头垄断企业（追随者）的报复。

二、协议价格制

协议价格制是指少数企业（如生产者或销售者）在产品价格、销售市场等方面达成公开的联合协定或协议，也就是卡特尔，通过划分市场份额、限制产量、共同维持协议价格，使得行业边际成本＝行业边际收益，实现行业净收益最大。

（1）石油输出国组织，即欧佩克（OPEC），是世界上最著名的卡特尔。许多卡特尔都是不稳定的，它们很难长期存在下去。在我国或者其他一些国家，反垄断法律法规严格禁止企业之间的共谋或卡特尔等违法行为。

（2）一个卡特尔与完全垄断生产者的区别包括：①一个卡特尔成员并非公司的一部分，它们可能在利润诱惑下私下违背协议；②一个卡特尔很难控制整个市场，所以要考虑它们的定价决策对非卡特尔企业行为的影响。

小试牛刀

[多选题] 关于寡头垄断市场上的价格形成模型的说法，正确的有（　　）。

A. 协议价格制和价格领袖制都是寡头垄断市场上的价格形成模型

B. 价格领袖制模型下领袖企业只需要考虑本企业的利益确定价格

C. 协议价格制模型是通过限制各个生产者的产量，使行业边际收益等于行业边际成本

D. 价格领袖制是行业中某一个占支配地位的企业率先确定价格，其他企业以这个价格作参照，并与其保持一致

E. 协议价格制度非常稳定，一旦形成就不会破裂

[解析] 领袖企业在确定价格时，不能只考虑本企业的利益，还必须考虑到整个行业的供求状况，否则就会遭到其他寡头垄断企业的报复。B项错误。许多卡特尔都是不稳定的，也很难长期存在下去。卡特尔的成员可能在利润诱惑下，私下违背协议。E项错误。

[答案] ACD

第五章　生产要素市场理论

知识脉络

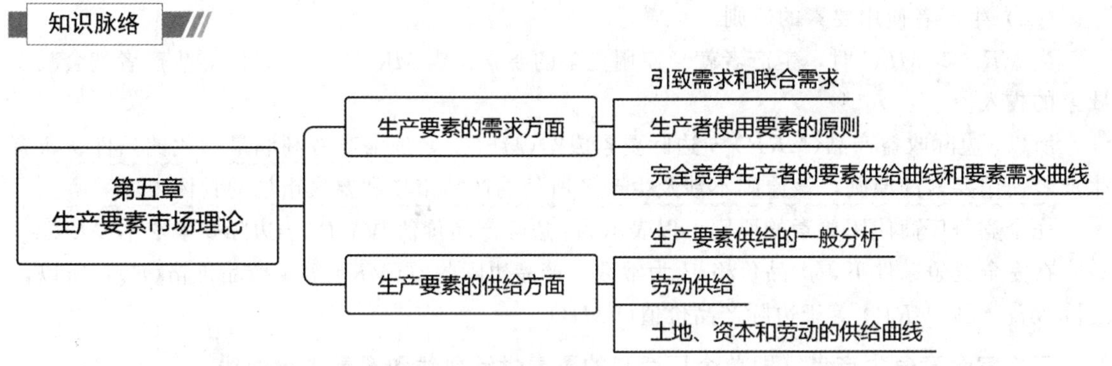

考点1 生产要素的需求方面★★★

一、引致需求和联合需求

(1) 生产者对生产要素的需求是一种引致需求（也叫派生需求），引致需求的概念反映了生产要素市场和产品市场之间的联系。

在生产要素市场上，需求不是来自消费者，而是来自生产者或厂商。厂商购买生产要素不是为了自己的直接需要，而是为了生产和出售产品以获得收益。例如，消费者对面包的直接需求引致面包厂商购买生产要素（如面粉和劳动等）去生产面包。

(2) 生产者对生产要素的需求是一种联合需求（也叫复合需求），各要素之间既有互补性，也有替代性。

只有人或者只有机器都无法创造产品，只有人与机器（还有原材料等）相互结合才能生产出最终产品，所以对生产要素的需求是一种联合需求。这也会造成一个后果，即对某种生产要素的需求，既取决于该生产要素的价格，同时也受到其他生产要素需求数量的影响。

二、生产者使用要素的原则

（一）生产要素市场中的相关概念

(1) 边际物质产品（*MPP*）：表示增加单位要素投入所带来的产量增量，也就是边际产量。

(2) 边际收益产品（*MRP*）：使用要素的“边际收益”表示增加单位要素使用所带来的收益的增量。其公式为：

$$边际收益产品(MRP)=边际物质产品(MPP)\times边际收益(MR)$$

(3) 边际产品价值（*VMP*）：表示每增加一个单位的要素投入所增加的价值。其公式为：

$$边际产品价值(VMP)=边际物质产品(MPP)\times产品价格(P)$$

（4）边际要素成本（MFC）：使用要素的“边际成本”表示增加单位要素投入所带来的成本增量。其公式为：

$$边际要素成本(MFC)=边际物质产品(MPP)\times边际成本(MC)$$

（5）平均要素成本（AFC）：表示平均每单位要素投入的成本。其公式为：

$$AFC=C/L=W$$

假设所使用的劳动要素的价格即工资为 W，则使用要素的成本就可表示为：

$$C=W\times L$$

（二）生产者使用要素的原则

当 $MRP>MFC$ 时，生产者就会使用更多的要素；当 $MRP<MFC$ 时，生产者就会减少要素的投入。

所以，边际收益产品（MRP）＝边际要素成本（MFC），是生产者利润最大化的条件、所有生产者使用要素的原则，该原则不涉及生产者所处的产品市场和要素市场的具体市场类型。

完全竞争厂商使用要素的原则可以表示为：边际产品价值（VMP）＝边际要素成本（MFC）。

在完全竞争条件下，产品价格 P 为常数，产品边际收益（MR）等于产品价格（P），所以，边际收益产品（MRP）等于边际产品价值（VMP）。

三、完全竞争生产者（即单个厂商）的要素供给曲线和要素需求曲线

（1）完全竞争生产者面临的要素供给曲线是一条水平线。

“三线合一”：完全竞争生产者的边际要素成本曲线、平均要素成本曲线及要素供给曲线重合，见图 5-1。

（2）完全竞争生产者的要素需求曲线是向右下方倾斜的。

完全竞争生产者的要素需求曲线与 $MRP=VMP$ 曲线重合，$MRP=VMP$ 曲线就是完全竞争厂商的要素需求曲线，见图 5-2。

（3）完全竞争市场（即整个市场）的要素需求曲线。

由于在完全竞争市场上存在着大量的生产者，所以，在某一价格水平下，完全竞争市场的要素需求量一般是此价格时市场所有生产者的要素需求量之和。

在考虑了多个厂商共同行动所引起的全部调整之后得到的单个厂商的要素需求曲线，不再是 $MRP=VMP$ 曲线，而是变得比 $MRP=VMP$ 曲线更陡峭的曲线。

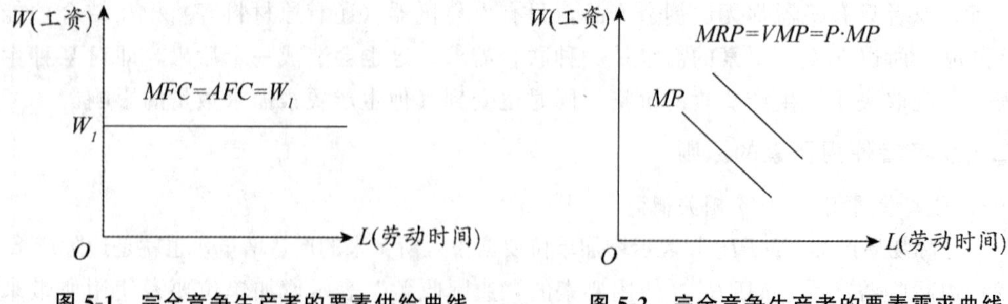

图 5-1　完全竞争生产者的要素供给曲线　　**图 5-2　完全竞争生产者的要素需求曲线**

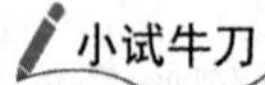

［**单选题**］在生产要素市场上，生产者实现利润最大化的条件是（　　）。

A. 平均要素成本等于边际收益产品

B. 边际要素成本等于边际产品价值

C. 边际要素成本等于边际收益产品

D. 边际物质产品等于边际收益产品

[**解析**] 在生产要素市场上，所有生产者使用要素的原则（利润最大化的条件）是边际收益产品等于边际要素成本。

[**答案**] C

[**多选题**] 关于完全竞争生产者的要素需求曲线和要素供给曲线，以下描述正确的有（　　）。

A. 完全竞争生产者的要素需求曲线是一条水平线

B. 完全竞争生产者的要素需求曲线向右下方倾斜

C. 完全竞争生产者面临的要素供给曲线是一条水平线，且与边际要素成本曲线、平均要素成本曲线重合

D. 生产者的要素需求曲线与边际收益产品曲线重合

E. 生产者的要素需求曲线与边际产品价值曲线重合

[**解析**] 完全竞争生产者的要素需求曲线向右下方倾斜，A 项错误。

[**答案**] BCDE

考点2 生产要素的供给方面★★★

一、生产要素供给的一般分析

劳动、资本、土地和企业家才能四种生产要素分别属于不同的所有者，由于要素所有者的身份不同，他们的行为目的也不相同。按照西方学者的假定，生产者和消费者的行为目的分别是利润最大化和效用最大化。

一旦局限于消费者范围之内，要素供给问题可以看成是：消费者在一定的要素价格水平下，将其全部既定资源在要素供给和保留自用两种用途上进行分配以获得最大效用。

二、劳动供给

（一）劳动和闲暇

劳动的供给可以看成是消费者如何决定其全部资源在闲暇和劳动供给两种用途上的分配。

在劳动的供给问题上，消费者的效用来自劳动的收入和闲暇，即消费者的效用是收入和闲暇的函数。

（1）劳动的效用，实际是收入的效用。

劳动的边际效用等于劳动的边际收入与收入的边际效用的乘积。

（2）闲暇的效用，既能带来直接效用，也能带来间接效用。

（二）劳动的供给原则

为获得最大效用必须满足的条件是：劳动的边际效用等于闲暇的边际效用。

三、土地、资本和劳动的供给曲线

（1）土地的供给曲线是一条垂直线。

（2）资本的供给曲线在短期内是垂直线，在长期是一条后弯曲线。

（3）劳动的供给曲线是后弯曲线，见图 5-3。

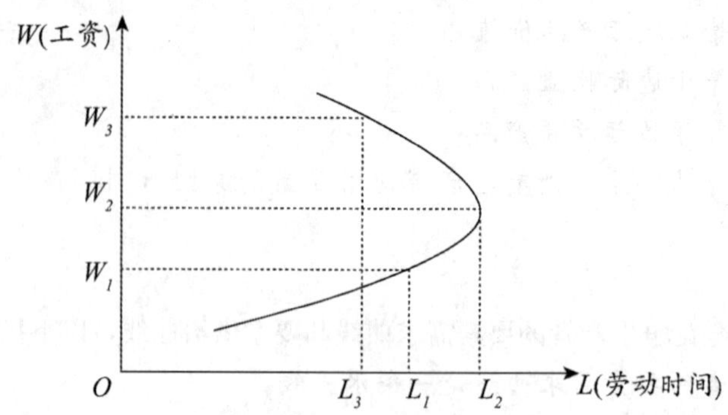

图 5-3 劳动供给曲线

①向后弯曲的劳动供给曲线表明：在工资水平较低时，提高工资，劳动供给会增加；若继续提高工资，在工资水平达到一定程度，超过 W_2 时，劳动供给会减少。

②劳动供给曲线向后弯曲的原因可以用工资增加的收入效应和替代效应来解释：a. 工资增加的替代效应。当工资提高时，收入上升，消费者愿意用劳动去代替闲暇，从而增加劳动供给。b. 工资增加的收入效应。当工资提高时，收入上升，消费者富足到一定程度后，会更加珍视闲暇，从而减少劳动供给。

一般说来，如果工资低、收入少时，工资增加的替代效应大于收入效应，劳动供给会增加，劳动供给曲线表现为向上倾斜；如果工资提高到一定程度，消费者相对比较富有时，工资增加的收入效应大于替代效应，劳动供给减少，劳动供给曲线表现为向后弯曲。

小试牛刀

［单选题］消费者的要素供给的目标是实现效用最大化。为获得最大效用必须满足的条件是（　　）。

A. 劳动的边际效用大于闲暇的边际效用

B. 劳动的边际效用等于闲暇的边际效用

C. 劳动的边际效用等于消费的边际效用

D. 劳动的边际效用小于闲暇的边际效用

［解析］为获得最大效用必须满足的条件是：劳动的边际效用等于闲暇的边际效用。

［答案］B

［单选题］劳动供给曲线向后弯曲的特性取决于（　　）。

A. 消费者的收入水平

B. 消费者对收入的需求

C. 工资增加的替代效应与收入效应的大小

D. 消费者的体力与智能的分配

［解析］一般说来，当工资低、收入少时，工资增加的替代效应大于收入效应，劳动供给会增加，劳动供给曲线向上倾斜。而当工资提高到一定程度时，消费者相对比较富有，工资增加的替代效应小于收入效应，劳动供给减少，劳动供给曲线向后弯曲。

［答案］C

［多选题］关于生产要素市场理论的说法，正确的有（　　）。

A. 工资增加的替代效应表现为劳动供给增加，工资增加的收入效应表现为劳动供给减少

B. 生产者对生产要素的需求是引致需求也是联合需求

C. 各种生产要素的供给曲线都是后弯曲线

D. 引致需求的概念反映了生产要素市场和产品市场之间的联系

E. 资本的供给在短期内是一条后弯曲线，在长期内是一条垂直线

［**解析**］土地的供给曲线是一条垂直线。C 项错误。资本的供给曲线在短期内是垂直线，而在长期来看是一条后弯曲线。E 项错误。

［**答案**］ABD

第六章　市场失灵和政府的干预

知识脉络

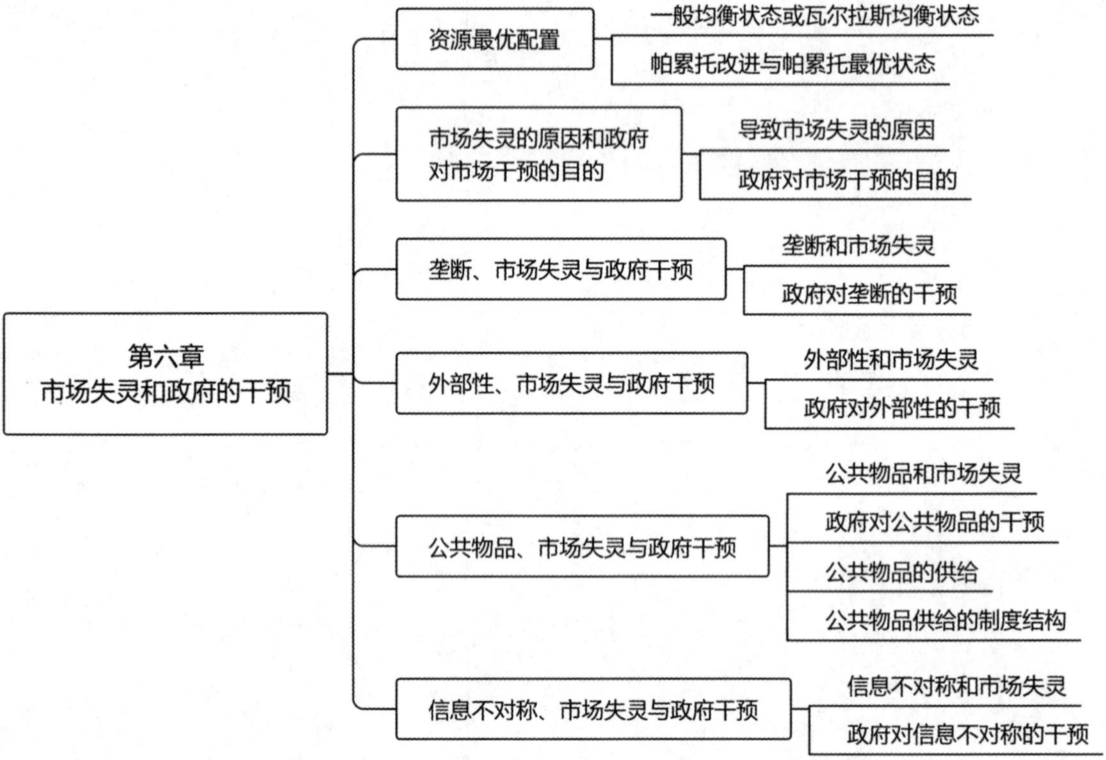

第六章 市场失灵和政府的干预
- 资源最优配置
  - 一般均衡状态或瓦尔拉斯均衡状态
  - 帕累托改进与帕累托最优状态
- 市场失灵的原因和政府对市场干预的目的
  - 导致市场失灵的原因
  - 政府对市场干预的目的
- 垄断、市场失灵与政府干预
  - 垄断和市场失灵
  - 政府对垄断的干预
- 外部性、市场失灵与政府干预
  - 外部性和市场失灵
  - 政府对外部性的干预
- 公共物品、市场失灵与政府干预
  - 公共物品和市场失灵
  - 政府对公共物品的干预
  - 公共物品的供给
  - 公共物品供给的制度结构
- 信息不对称、市场失灵与政府干预
  - 信息不对称和市场失灵
  - 政府对信息不对称的干预

考点1 资源最优配置★★

当经济处于一般均衡状态（瓦尔拉斯均衡状态）或帕累托最优状态时，就实现了资源的最优配置。

一、一般均衡状态或瓦尔拉斯均衡状态

当居民实现了效用最大化，企业实现了利润最大化，整个经济的价格体系恰好使所有的商品供求都相等时，经济就处于一般均衡状态或瓦尔拉斯均衡状态。

二、帕累托改进与帕累托最优状态

（一）帕累托改进

如果既定的资源配置状态的改变使得至少有一个人的状况变好，而没有使任何人的状况变

坏，则这种资源配置状态的改变为帕累托改进。

（二）帕累托最优状态

如果对于某种既定的资源配置状态，所有的帕累托改进均不存在，即在该状态上，任意改变都不可能使至少有一个人的状况变好而又不使任何人的状况变坏，则称这种资源配置状态为帕累托最优状态。

（三）经济效率

帕累托最优状态又称经济效率。满足帕累托最优状态是具有经济效率的；反之，不满足帕累托最优状态是缺乏经济效率的。

（四）资源配置达到帕累托最优状态的条件

（1）完全的信息。

（2）完全竞争的市场。

（3）完全理性的经济主体。

（4）经济主体的行为不受外部影响。

如果不具备这些条件，往往就不能实现帕累托最优状态或资源最优配置。

小试牛刀

[单选题] 如果既定的配置状态能够在其他人福利水平不下降的情况下，通过资源重新配置使至少一个人的福利水平有所提高，这种资源重新配置被称为（　　）。

A. 一般均衡状态　　B. 帕累托改进

C. 瓦尔拉斯均衡　　D. 帕累托最优

[解析] 既定的资源配置状态能够在其他人福利水平不下降的情况下，通过重新配置资源，使得至少有一个人的福利水平有所提高，则称这种资源重新配置为帕累托改进。

[答案] B

考点 2 市场失灵的原因和政府对市场干预的目的★

现实的资本主义市场机制在很多场合不能导致资源的有效配置，这种情况被称为“市场失灵”。

一、导致市场失灵的原因

导致市场失灵的原因有信息不对称、垄断、外部性以及公共物品等。

二、政府对市场干预的目的

为了优化资源配置，克服市场失灵，弥补市场机制的不足或缺陷，政府需要用其“看得见的手”来对市场这只“看不见的手”进行干预和调控。

考点 3 垄断、市场失灵与政府干预★★

一、垄断和市场失灵

只有在完全竞争市场上，从长期看，企业的生产成本才是最终的，才能达到市场价格最低，产量最大，实现市场机制对资源的有效配置，使得消费者得到最大满足。

在不完全竞争市场上，市场价格不再是最低的价格，产量也不是最大的产量，消费者也不再可能获取最大满足。由于垄断等不完全竞争的存在，导致了市场失灵。

二、政府对垄断的干预

（1）公共管制。主要是对垄断行业的产品或服务的价格进行管制（如规定限价或规定利润率）。

（2）法律手段。可以通过法律手段（如制定反不正当竞争法和反垄断法）来限制垄断和反对不正当竞争。

小试牛刀

［多选题］ 为了限制和消除垄断，保护和促进竞争，提高资源的配置效率，政府可对垄断进行干预，采取的做法包括（　　）。

A. 合并相关企业

B. 规定限价

C. 补贴政策

D. 规定利润率

E. 通过法律手段

［解析］ 政府对垄断进行干预的做法包括公共管制（如规定限价或利润率）和法律手段。

［答案］ BDE

考点4 外部性、市场失灵与政府干预★★★

一、外部性和市场失灵

（一）外部性的定义

外部性（也叫外部影响），是指某一经济主体（某个人或某个企业）的经济行为对社会上其他人（或其他企业）的福利造成了影响，但是却没有为此而承担后果（得到收益或付出代价）。

（二）外部性的分类

（1）依据经济活动主体是生产者还是消费者，外部性分为生产的外部性和消费的外部性。

（2）依据对他人的影响，外部性分为外部经济与外部不经济。

（三）外部性和市场失灵

（1）对于产生外部经济的生产者，私人收益小于社会收益（社会收益等于私人收益与外部收益之和），缺乏生产积极性，产出水平低于社会最优产出水平，导致市场失灵。

（2）对于产生外部不经济的生产者，边际私人成本小于边际社会成本（社会成本等于私人成本与外部成本之和），倾向于扩大生产，产出水平就会大于社会最优产出水平，导致市场失灵。

二、政府对外部性的干预

（一）消除外部性的传统方法

（1）使用补贴或津贴的方法。政府对外部经济的企业给予政府补贴或津贴，使企业的私人收益等于社会收益，鼓励企业增加产量，实现资源的优化配置。

（2）使用税收的方法。政府对外部不经济的企业应该征税，使企业的私人成本等于社会成本，实现资源的优化配置。例如，在生产污染的情况下，政府向产生严重污染的主体征税，其数额等于治理污染所需要的费用。

（3）使用企业合并（或兼并）的方法。例如，一个企业影响到了另一个企业，如果把这两个企业合并成为一个企业，外部影响就被“内部化”了。

（二）科斯的产权理论

美国经济学家罗纳德·科斯认为，从根本上说，外部性是因为产权界定不明确、不清晰或不恰当而造成的。消除外部性的一条重要途径就是要明确和界定产权。

（1）如果产权是明确界定的，而且交易成本（即谈判协商的成本）为零（或者很小），则无论初始由哪一方拥有产权，市场均衡的最终结果都是有经济效率的，都能带来资源的有效配置（这一论点被称为“科斯第一定理”）。

（2）一旦考虑到进行市场交易的成本，合法产权的初始界定就必然会对经济制度运行的效率产生影响（这一论点被称为“科斯第二定理”）。由此引出的结论是：不同的产权制度和法律制度，会导致不同的资源配置效率。

科斯定理（产权理论）为我们提供了一条通过市场机制解决外部性问题的新思路（如美国和一些国家先后实行了污染排放权或排放指标的交易）。在现实社会中，科斯定理要求的前提往往是不存在的（如空气的产权就很难确定），依靠市场机制矫正外部性有一定的困难。

小试牛刀

[多选题] 消除外部性的传统方法包括（　　）。

A. 公共管制

B. 政府对那些产生严重污染的企业征收适量的排污税

C. 政府对那些具有外部经济的企业给予财政补贴

D. 减少交易费用

E. 通过合并相关企业使外部性得以“内部化”

[解析] 消除外部性的传统方法有：①使用补贴或津贴的方法；②使用税收方法；③使用企业合并（或兼并）的方法。

[答案] BCE

[多选题] 美国经济学家科斯关于产权和外部性理论的主要观点和结论有（　　）。

A. 很多外部性的产生都是由于产权不清晰导致的

B. 只要产权是明确的，并且交易成本为零或者很小，市场均衡的最终结果都是有效率的

C. 即使产权不明确，只要交易成本为零或者很小，市场均衡的最终结果都是有效率的

D. 不同的产权制度，会导致相同的资源配置效率

E. 明确和界定产权是解决外部性问题的重要途径

[解析] 只要财产权是明确的，并且交易成本是零或者很小，那么无论在开始时将财产权赋予谁，市场均衡的最终结果都是有效率的，实现资源配置的帕累托最优。不同产权制度，会导致不同的资源配置效率。C、D 两项错误。

[答案] ABE

考点5 公共物品、市场失灵与政府干预★★★

一、公共物品和市场失灵

（一）公共物品的定义

公共物品的定义是由美国经济学家保罗·萨缪尔森首次提出来的。

公共物品是指增加一个人对该物品的消费，同时并不减少其他人对该物品消费的那类物品。

与私人物品相比，公共物品是满足社会公共需要的物品。

（二）公共物品的特点

1. 非竞争性

非竞争性是指消费者对某一种公共物品的消费并不影响其他人对该公共物品的消费。如国防、电视广播等。

2. 非排他性

非排他性是指公共物品可以由任何消费者进行消费，任何一个消费者都不会被排除在外。

（三）公共物品的两大种类

1. 纯公共物品

纯公共物品是具有完全的非竞争性和完全的非排他性的物品。最典型的纯公共物品，如国防、治安等，通常是通过纳税间接购买而被动消费，而且消费时无法分割，只能由政府提供。

消费上的非竞争性强调了集体提供公共物品的潜在收益。

消费上的非排他性指出了通过市场机制提供公共物品的潜在困难。

2. 准公共物品

准公共物品是具有有限的非竞争性和非排他性的物品，如教育、医疗卫生、收费公路等，具有一定程度的拥挤性，部分直接购买，部分间接购买，消费时可以部分分割，政府和私人都能提供。

（四）私人物品与公共物品的需求显示和需求曲线

1. 私人物品的需求显示和需求曲线

在商品和服务市场上，人们用出价多少表示对私人物品的需求强度和需求数量，私人物品的需求显示是通过自愿的市场交易实现的。

私人物品的市场需求曲线是个人需求曲线的水平相加（即数量上求和），这表明私人物品在一定价格下的市场需求是该价格下每个消费者需求数量的和。

2. 公共物品的需求显示和需求曲线

在现实生活中的商品和服务市场上，人们通过政治机制显示对公共物品的需求，公共物品的需求显示是通过具有强制性的政治交易实现的。

公共物品的市场需求曲线是个人需求曲线的垂直或纵向相加（即价格方向求和），这表明市场为一定数量的公共物品支付的货币量是市场上每个消费者为这些公共物品支付的货币量之和。

（五）公共物品和市场失灵

在理论分析上，当边际利益等于边际成本时，公共物品的数量达到最优，但是，确定公共物品的最优数量并没有实际意义。

由于纯公共物品存在非竞争性和非排他性，消费者更愿意采取“搭便车”行为（即某人不进行购买而消费某物品），低报或者隐瞒自己对公共物品的偏好。消费者表明的需求曲线一般低于其实际水平，因此无法加总消费者的需求曲线，也不能求得公共物品的最优数量。消费者支付的数量将无法弥补公共物品的生产成本，最终导致市场产量远远低于最优产量，导致市场失灵。

由于准公共物品既可以是有消费的竞争性但无排他性，也可以是有消费的排他性却无竞争性，所以，市场机制对于准公共物品可以发挥一定的作用，能够用市场机制来引导资源的配置。

二、政府对公共物品的干预

政府承担公共物品主要提供者的职责。例如，政府提供国防、治安、消防和公共卫生。

三、公共物品的供给（包括公共物品的融资与生产两重含义）

（一）公共物品的融资

公共物品的融资类型见表 6-1。

表 6-1　公共物品的融资类型

类型	具体内容
政府融资（强制融资）	政府以强制税收的形式为公共物品融资，是资金提供者
	政府融资的缺点：难以满足社会成员对公共物品多样化的需求
私人融资（自愿融资）	对自愿融资起阻碍作用的关键因素是非排他性。但在公共物品的受益结构和成本分担都比较清晰的小规模集体中，或者当提供者同时也是该公共物品的主要受益者时，公共物品有时经由收费的集体行动而被自愿提供
	私人融资的缺点：可能导致公共物品结构不平衡和供给的数量不足
联合融资	对于政府来说，最为理想的情况是：政府不用亲自提供公共物品，而是通过价格机制激励私人自愿提供（常见手段有财政补贴和税收优惠等方式）

（二）公共物品的生产

公共物品的生产类型见表 6-2。

表 6-2　公共物品的生产类型

类型	具体内容
政府生产（典型）	由代表着公众利益的政治家雇佣公共雇员并跟他们签订就业合同，在合同中具体规定所需提供的物品或服务
合同外包（典型）	公共服务提供私有化的表现
	政治家先与私人厂商签约，然后该厂商与其雇员签订劳务合同，由这个私人厂商按政府的要求提供公共物品或服务以完成公共物品或服务的生产任务
其他方式（特许经营、合同委托等）	介于政府生产和合同外包之间的公共物品供给方式，服务主体不限于政府和私人企业，还包括事业单位、慈善机构、社会组织等

四、公共物品供给的制度结构（四个方面）

（1）公共物品供给的融资制度。

（2）公共物品供给的生产制度。

（3）公共物品的受益分配制度。

（4）公共物品供给的决策制度。

公共物品供给制度结构的核心是决策问题。

我们的目标是建立一个多元的、竞争性的、有效率的、均衡发展的公共物品供给制度结构。

小试牛刀

[多选题] 下列关于公共物品的说法中，正确的有（　　）。

A. 公共物品的消费容易产生“搭便车”现象

B. 公共物品的定义是由美国经济学家萨缪尔森首次提出来的

C. 公共物品的市场需求曲线是所有消费者需求曲线的纵向加总

D. 确定公共物品的最优数量具有非常重要的现实意义

E. 纯公共物品只能由政府提供

[解析] 在理论分析上，当边际利益等于边际成本时，公共物品的数量达到最优，但是，确定公共物品的最优数量并没有实际意义，现实中也不能求得公共物品的最优数量，D 项错误。

[答案] ABCE

[单选题] 关于公共物品的说法，不正确的是（　　）。

A. 公共物品具有非竞争性和非排他性的特点

B. 市场无法供给公共物品

C. 准公共物品具有一定程度的拥挤性，如教育、医疗卫生、收费公路等

D. 纯公共物品只能由政府提供，如国防、治安等最典型

[解析] 准公共物品领域应当而且能够实行市场机制来引导资源的配置，例如，私人厂商可以通过合同外包等形式提供公共物品，B 项错误。

[答案] B

[单选题] 下列生产方式中，属于公共物品典型生产方式的是（　　）。

A. 特许经营　　B. 私人经营

C. 社会组织生产　　D. 政府生产

[解析] 公共物品的生产方式有：①政府生产（典型的）；②合同外包（典型的）；③其他方式（特许经营、合同委托等）。

[答案] D

[单选题] 公共物品供给制度结构的核心是（　　）。

A. 决策制度　　B. 融资制度

C. 生产制度　　D. 受益分配制度

[解析] 决策问题是公共物品供给制度结构的核心。

[答案] A

考点 6 信息不对称、市场失灵与政府干预★★

一、信息不对称和市场失灵

（一）信息不对称的定义

信息不对称是指在某项经济活动中，某一参与者比对方拥有更多的影响其决策的信息。

（二）信息不对称和市场失灵

当现实经济中出现信息不对称时，市场机制实现资源帕累托最优配置的功能必然受到影响，进而导致市场失灵。

（三）信息不对称的两种类型——逆向选择和道德风险

旧车市场、保险市场、劳动力市场等都存在着信息不对称的现象，一般可以总结为逆向选择和道德风险两大类。

（1）逆向选择是指由于卖方和买方之间信息不对称，市场机制会导致某些商品或服务的需求曲线向左下方弯曲（即价格越低，需求量越少），最终结果是劣质的商品或服务驱逐优质商品或服务，以致市场萎缩甚至消失。

任何可能出现信息不对称的商品和服务市场都可能存在逆向选择，故逆向选择不只是存在于旧车市场，劳动力市场或健康保险市场也都可能出现逆向选择现象。

（2）道德风险是指由于信息不对称，市场的一方不能观察到另一方的行动，则另一方就可能采取不利于对方的行动。道德风险不但存在于保险市场，也存在于一切可能出现信息不对称的商品和服务市场，如劳动力市场等。

二、政府对信息不对称的干预

为了解决因信息不对称所造成的市场失灵，政府对许多商品的广告、质量标准和说明都做出了具体的法律规定，政府还通过多种方式为消费者提供信息服务。

小试牛刀

[多选题] 关于信息不对称和市场失灵的说法，正确的有（　　）。

A. 信息不对称指的是在某项经济活动中，某一参与者比对方拥有更多的影响其决策的信息

B. 信息不对称会导致道德风险，即在买卖双方达成协议后，协议的一方利用信息不对称，通过改变自己行为来损害对方的利益

C. 政府可以制定有关商品说明、质量标准和广告等的法律法规，以解决信息不对称导致的市场失灵

D. 信息不对称会导致某些商品或服务市场出现萎缩甚至消失

E. 逆向选择仅存在于二手车市场的交易中

[解析] 逆向选择不仅存在于旧车市场，而且存在于一切可能出现信息不对称的商品和服务市场，例如，健康保险市场和劳动力市场等都会出现逆向选择问题，E 项错误。

[答案] ABCD

第七章　国民收入核算和简单的宏观经济模型

知识脉络

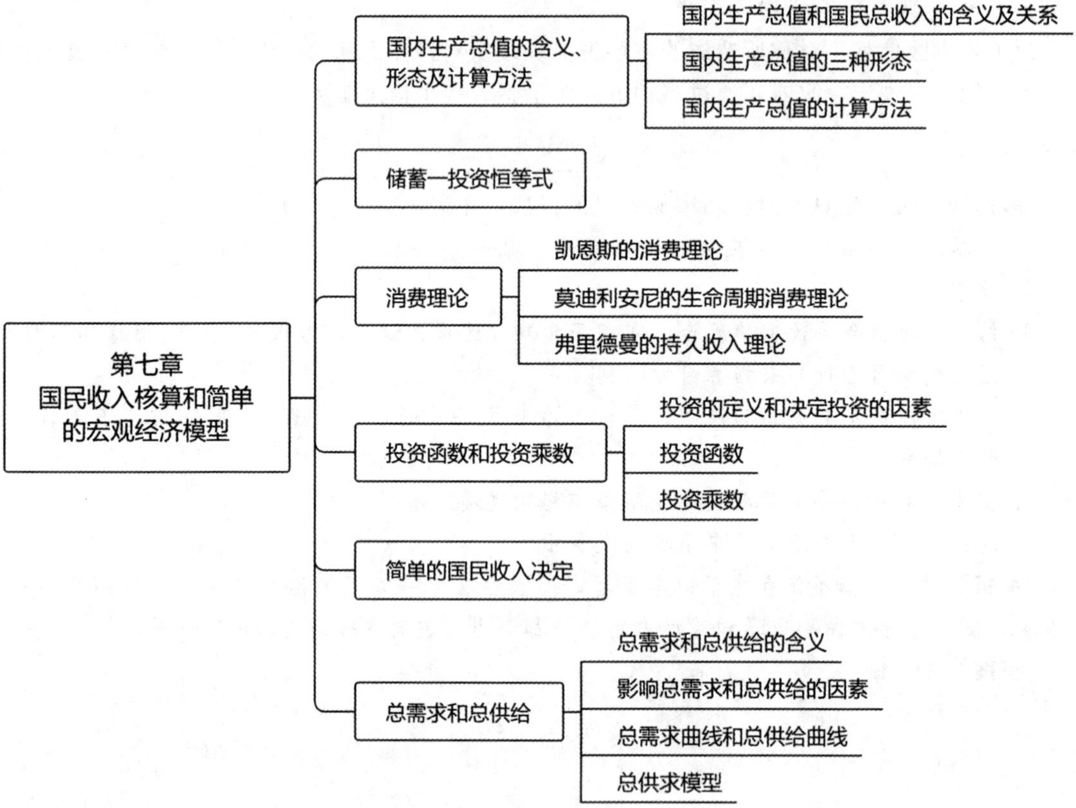

- 第七章 国民收入核算和简单的宏观经济模型
  - 国内生产总值的含义、形态及计算方法
    - 国内生产总值和国民总收入的含义及关系
    - 国内生产总值的三种形态
    - 国内生产总值的计算方法
  - 储蓄—投资恒等式
  - 消费理论
    - 凯恩斯的消费理论
    - 莫迪利安尼的生命周期消费理论
    - 弗里德曼的持久收入理论
  - 投资函数和投资乘数
    - 投资的定义和决定投资的因素
    - 投资函数
    - 投资乘数
  - 简单的国民收入决定
  - 总需求和总供给
    - 总需求和总供给的含义
    - 影响总需求和总供给的因素
    - 总需求曲线和总供给曲线
    - 总供求模型

考点1　国内生产总值的含义、形态及计算方法★★★

一、国内生产总值和国民总收入的含义及关系

（一）国内生产总值（GDP）的含义

目前，世界各国衡量经济活动总量的基本指标普遍使用的是国内生产总值。国内生产总值是一个按市场价格计算的，反映在一定时期内（例如一年）一国（或地区）常住单位生产活动最终成果的总量指标。

（二）国民总收入（GNI）的含义

国民总收入（GNI）（过去叫国民生产总值）是指一个国家或地区所有常住单位在一定时

期内所获得的初次分配收入总额。

（三）GDP 和 GNI 的关系

国民总收入是一个收入概念；国内生产总值是一个生产概念。二者的关系为：

国民总收入＝国内生产总值＋来自国外的净要素收入

二、国内生产总值的三种形态

（1）价值形态，是所有常住单位在一定时期内生产的全部货物和服务价值超过同期投入的全部非固定资产货物和服务价值的差额，即所有常住单位的增加值之和。

（2）收入形态，是所有常住单位在一定时期内创造并分配给常住单位和非常住单位的初次收入之和。

（3）产品形态，是所有常住单位在一定时期内最终使用的货物和服务价值减去货物和服务进口价值。

三、国内生产总值的计算方法

国内生产总值有生产法、收入法和支出法三种计算方法。

（一）生产法

生产法是从生产的角度，按产业部门汇总新创造出来的物品和劳务增加值来衡量国内生产总值。为避免重复计算，GDP 只按增加值计算。按增加值计算的 GDP 与最终产品计算的 GDP 是一致的。

（二）收入法

收入法是将一定时期内生产过程中各种要素收入相加，加上或减去一些非要素使用收入，再加上折旧得出国内生产总值。

我国收入法国内生产总值的公式为：

收入法国内生产总值＝所有常住单位增加值之和

＝劳动者报酬＋固定资产折旧＋生产税净额＋营业盈余

居民获得劳动者报酬；企业、单位获得固定资产折旧和营业盈余（包括从政府得到的生产补贴）；政府获得生产税净额，生产税净额是政府得到的生产税（不包括所得税）减去生产补贴后的差额。

（三）支出法

支出法是从社会最终使用的角度出发，通过核算一定时期内整个社会购买最终产品的总支出来计量 GDP 的方法。支出法国内生产总值的公式为：

支出法国内生产总值＝最终消费＋资本形成总额＋净出口

对居民和政府的支出再分开核算后，公式为：

支出法国内生产总值＝消费支出＋固定投资支出＋政府购买＋净出口

用字母表示为：

$$GDP = C + I + G + (X - M)$$

（1）最终消费包括居民消费和政府消费。可计算最终消费率（最终消费支出占 GDP 的比重）。

（2）资本形成总额包括固定资本形成总额和存货变动。可计算资本形成率（资本形成总额占 GDP 的比重）。

（3）净出口是一定时期内出口总值与进口总值的差额。

小试牛刀

[**多选题**] 关于国内生产总值的说法，正确的有（　　）。

A. 国内生产总值从价值形态看，是所有常住单位的增加值之和

B. 国内生产总值从收入形态看，是所有常住单位的增加值之和

C. 国内生产总值是一个生产概念

D. 国内生产总值从产品形态看，是所有常住单位在一定时期内最终使用的货物和服务价值减去货物和服务进口价值

E. 在实际核算中，国内生产总值有生产法、收入法和支出法三种计算方法

[**解析**] 从收入形态看，国内生产总值是所有常住单位在一定时期内创造并分配给常住单位和非常住单位的初次收入之和，B 项错误。

[**答案**] ACDE

[**多选题**] 支出法计算国内生产总值时所包含的项目包括（　　）。

A. 固定资产折旧　　　　B. 居民消费支出

C. 政府购买　　　　D. 净出口

E. 固定资产投资支出

[**解析**] 支出法国内生产总值＝消费支出＋固定投资支出＋政府购买＋净出口。

[**答案**] BCDE

考点② 储蓄—投资恒等式★

从支出角度看：$GDP=C+I+G+(X-M)$；从收入角度看：$GDP=Y=C+S+T$。根据“总支出＝总收入”，可以得到如下结论：

（1）两部门经济（包括消费者或居民和企业）中的储蓄—投资恒等式为：

$$I=S$$

（2）三部门经济（包括消费者或居民、企业和政府部门）中的储蓄—投资恒等式为：

$$I=S+(T-G)$$

（3）四部门经济（包括消费者或居民、企业、政府部门和国外部门）中的储蓄—投资恒等式为：

$$I=S+(T-G)+(M-X)$$

各字母代表的含义如下：

C——消费；I——投资；S——私人储蓄（家庭储蓄和企业储蓄之和）；T——政府税收（政府净收入＝政府的全部税收收入－政府转移支付）；G——政府购买；$(T-G)$——政府部门的储蓄；$(M-X)$——外国在本国的储蓄。

考点③ 消费理论★★★

一、凯恩斯的消费理论

（一）凯恩斯消费理论的三个假设（或三个前提）

（1）边际消费倾向递减规律（$0<MPC<1$）。

边际消费倾向（MPC 或 β）是指增加的消费和增加的收入之比，也就是增加的 1 单位收入中用于增加的消费部分的比率。在图形上表现为消费曲线的斜率。

收入增加会引起消费增加，但消费的增加总是小于收入的增加（也就是消费支出在收入中所占比重不断减小），这就是“边际消费倾向递减规律”。

（2）收入是决定消费的最重要因素。

（3）平均消费倾向会随着收入的增加而减少。

平均消费倾向是指消费支出总量在收入总量中所占的比例。消费支出总量可能大于收入总量（即入不敷出），所以，平均消费倾向可能小于 1、等于 1 或大于 1。平均消费倾向总是大于边际消费倾向。

（二）凯恩斯的消费函数和储蓄函数

（1）消费函数的公式为：

$$C = \alpha + \beta Y$$

式中，α 是必不可少的自发消费部分；β 是边际消费倾向；βY 是由收入引致的消费。

因此，凯恩斯的消费理论认为：消费＝自发消费＋引致消费 。

（2）储蓄函数的公式为：

$$S = Y - C = Y - \alpha - \beta Y = -\alpha + (1-\beta)Y$$

式中，（$1-\beta$）是边际储蓄倾向，一般用 MPS 或 s 表示。

（3）消费函数和储蓄函数的关系：消费函数和储蓄函数互为补数，两者之和总是等于收入。

平均消费倾向＋平均储蓄倾向＝1（即 APC＋APS＝1）

边际消费倾向＋边际储蓄倾向＝1（即 MPC＋MPS＝1）

二、莫迪利安尼的生命周期消费理论

（一）理论内容

美国经济学家弗兰科·莫迪利安尼提出的生命周期消费理论认为，消费者的收入以及收入与消费的关系同整个生命周期内的不同阶段有关，消费者会在很长的时间范围内规划他们的消费开支，以求得在整个生命周期内消费的最佳配置。

根据生命周期消费理论，如果社会上年轻人和老年人比例增大，则消费倾向会提高；如果社会上中年人比例增大，则消费倾向会下降。

（二）莫迪利安尼的消费函数

该理论认为，家庭的收入包括劳动收入和财产收入，一个家庭的消费函数为：

$$C = a \cdot WR + c \cdot YL$$

式中，WR 是财产收入；YL 是工作收入或劳动收入；a 、c 分别是财富、劳动收入的边际消费倾向。

（三）莫迪利安尼的生命周期消费理论与凯恩斯消费理论的比较

（1）凯恩斯的消费理论假定人们在特定时期的消费是与他们在该时期的可支配收入相联系的；而莫迪利安尼的生命周期消费理论强调人们会在更长时间范围内计划他们的生活消费开支，以达到他们在整个生命周期内消费的最佳配置。

（2）凯恩斯的消费理论以“边际消费倾向递减规律”为前提；而莫迪利安尼的生命周期消

费理论认为，从长期来看，如果人口构成没有发生实际重大变化，边际消费倾向是稳定的，如果人口构成比例发生变化，边际消费倾向也会发生变化。

三、弗里德曼的持久收入理论

（一）理论内容

美国经济学家米尔顿·弗里德曼提出的持久收入理论认为，消费者的消费支出不是根据他的当前收入决定的，而是根据他的持久收入决定的。

（二）弗里德曼的消费函数

该理论将人们的收入分为暂时性的收入和持久性的收入（消费者预期在较长时期中可以维持的稳定的收入），认为消费是持久性收入的稳定的函数：

$$C_t = c \cdot YP_t$$

式中，C_t 是现期消费支出；c 是边际消费倾向；YP_t 是现期持久收入。

小试牛刀

[多选题] 凯恩斯消费理论的主要假设有（　　）。

A. 边际消费倾向递减

B. 收入是决定消费的最重要的因素

C. 平均消费倾向会随着收入的增加而减少

D. 长期消费函数是稳定的

E. 消费取决于家庭所处的生命周期阶段

[解析] 凯恩斯消费理论是建立在三个假设（或三个前提）上的，具体包括边际消费倾向递减规律、收入是决定消费的最重要因素、平均消费倾向会随着收入的增加而减少。

[答案] ABC

[多选题] 下列关于莫迪利安尼的生命周期消费理论的说法，正确的有（　　）。

A. 消费取决于家庭所处的生命周期阶段

B. 在人口构成没有发生实际重大变化的情况下，从长期来看边际消费倾向是递减的

C. 如果社会上年轻人和老年人的比例增大，则消费倾向会提高

D. 如果中年人口的比例增大，则消费倾向会降低

E. 家庭的收入包括劳动收入和财产收入

[解析] 在人口构成没有发生实际重大变化的情况下，从长期来看边际消费倾向是稳定的，消费支出与可支配收入和实际国民生产总值之间存在一种稳定的关系。B 项错误。

[答案] ACDE

考点4 投资函数和投资乘数★★

一、投资的定义和决定投资的因素

在西方国家，人们购买证券、土地和其他财产，都被说成投资。但在经济学中，这些都不能算是投资，而只是资产权的转移。经济学中所讲的投资，是指资本的形成，即社会实际资本的增加，包括厂房、设备和存货的增加，新住宅的建设等，其中主要是厂房、设备的增加。

决定投资的因素有很多，主要的因素有实际利率、预期收益率、投资风险等。折旧和预期

通货膨胀率等也对投资有一定的影响。

二、投资函数

投资的成本取决于实际利率（实际利率越高，投资成本越高，投资就会减少）。

投资与利率之间是反向变动的关系，可称之为投资函数（投资是利率的减函数），可表示为：

$$I = I(r) = e - dr$$

式中，e 是自主投资，与利率无关；$-dr$ 是引致投资，随利率的变化呈反方向变化。

三、投资乘数

投资乘数（k）为边际储蓄倾向（1－边际消费倾向）的倒数。用公式可以表示为：

$$投资乘数(k) = \frac{1}{1-边际消费倾向(\beta)} = \frac{1}{边际储蓄倾向(s)}$$

小试牛刀

[单选题] 假设边际储蓄倾向 s 是 0.25，则投资乘数 k 应为（　　）。

A. 1.25　　　　B. 4

C. 5.5　　　　D. 5

[解析] 投资乘数 $k = \frac{1}{边际储蓄倾向} = \frac{1}{0.25} = 4$。

[答案] B

考点5 简单的国民收入决定★

两部门国民收入决定的公式为：

$$国民收入(Y) = 消费(C) + 投资(I) = \alpha + \beta Y + I$$

由此可得：

$$Y = \frac{\alpha + I}{1-\beta}$$

在投资为常数的情况下，国民收入受必不可少的自发消费部分（α）、边际消费倾向（β）的影响。

小试牛刀

[单选题] 已知：消费函数 $C = 100 + 0.8Y$，投资 $I = 460$ 亿元，均衡国民收入为（　　）亿元。

A. 560　　　　B. 700

C. 2 000　　　　D. 2 800

[解析] 直接把条件代入公式，$Y = (100 + 460)/(1 - 0.8) = 2\ 800$(亿元)。

[答案] D

考点6 总需求和总供给★★★

一、总需求和总供给的含义

简单地讲，总需求就是经济社会对产品和劳务的需求总量，通常以产出水平来表示。总需求衡量的是经济社会中各种行为主体的总支出。

简单地讲，总供给就是经济社会的总产量或总产出，它描述了经济社会的基本资源用于生产时可能有的产量。

二、影响总需求和总供给的因素

（一）影响总需求的因素

（1）影响总需求的因素主要有价格总水平、利率、税收、货币供给量、政府购买和预期等。

（2）总需求与价格总水平、利率、税收呈反方向变动，如果价格总水平上升、利率上升、税收增加，都会使得总需求减少；总需求与货币供给量、政府购买、企业对利润的预期、居民对收入的预期呈同方向变动，如果货币供给量增加、政府购买增加、企业预期利润增加、居民预期收入增加，都会使得总需求增加。

（二）影响总供给的因素

（1）价格和成本是决定总供给的基本因素。

（2）总供给的变动主要取决于企业的利润水平。

（3）决定总供给的其他因素包括："外部冲击"因素（如工资水平变动、能源及原材料价格变动、技术进步等）和预期。

三、总需求曲线和总供给曲线

（一）总需求曲线（AD）

（1）总需求曲线向右下方倾斜（原因是3个效应）。

（2）价格总水平对投资、消费和出口需求的影响如下：

对投资的影响：利率效应是由价格总水平的变动引起利率变化，利率与投资、消费及总需求的反方向变化的现象。

对消费的影响：财富效应是由价格总水平的变动引起居民收入及财富的实际购买力的反向变动，从而导致总需求变动的现象。

对出口的影响：出口效应是由价格总水平通过汇率变动影响出口需求的变化并与总需求呈反方向变化的现象。

（二）总供给曲线（AS）

（1）短期总供给曲线一般应是一条向右上方倾斜的曲线。

（2）长期总供给曲线是一条垂直于横轴的直线。从长期看，总供给变动与价格总水平无关，长期总供给只取决于技术、资本、劳动以及经济体制等因素。

四、总供求模型

（1）把短期总供给曲线和总需求曲线结合起来，可以分析短期中价格总水平的决定。

假设在短期内总供给曲线不变，总需求的增加使得总需求曲线向右平移，进而导致价格总水平上涨。这就是需求拉动型通货膨胀的基本模型。

(2) 把长期总供给曲线和总需求曲线结合起来，可以分析长期中价格总水平的决定。

从长期来看，影响价格总水平的是总需求。

小试牛刀

[多选题] 下列影响总需求的因素中，与总需求呈反方向变动的因素有（　　）。

A. 利率　　　　B. 税收

C. 政府购买　　　　D. 货币供给量

E. 价格总水平

[解析] 影响总需求的因素包括：①反向变化的价格总水平、利率、税收；②同向变化的货币供给量、政府购买、预期。其中，预期的具体影响规律是：如果企业对未来的利润预期是增长的，则会扩大投资，如果居民对未来收入预期是增长的，也会增加消费，这都导致总需求增加。

[答案] ABE

[多选题] 关于总需求、总供给和总供求模型的说法，正确的有（　　）。

A. 从长期来看，影响价格总水平的是总需求

B. 假定在短期内总供给曲线不变，总需求的增长会导致价格总水平上涨

C. 决定总供给的基本因素是价格和成本，总供给的变动主要取决于企业的利润水平

D. 从长期来看，价格总水平的变化会使得总供给相应变化

E. 长期总供给只取决于劳动、资本与技术，以及经济体制等因素

[解析] 从长期看，总供给变动与价格总水平无关，长期总供给只取决于劳动、资本与技术，以及经济体制等因素。D 项错误。

[答案] ABCE

第八章　经济增长和经济发展理论

知识脉络

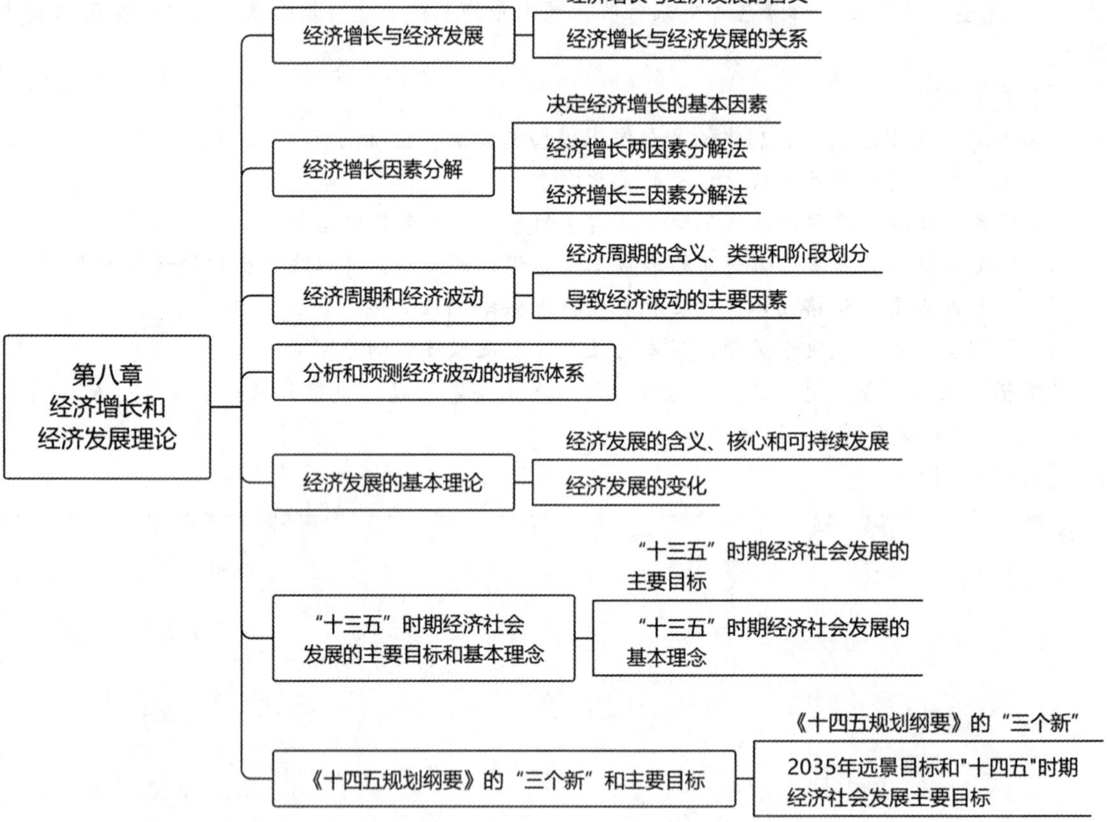

考点1 经济增长与经济发展★★

一、经济增长与经济发展的含义

（1）经济增长，简单地讲就是产量（或产出）的增加。产量既可以表示为经济的总产量（GDP），也可以表示为人均产量（人均 GDP）。经济增长的程度可以用经济增长率来描述，公式为：

经济增长率＝本年度经济总量的增量／上年所实现的经济总量

要反映一个国家或地区的经济发展规模时，可以用现价 GDP；要计算经济增长速度时，可以用不变价 GDP。

经济增长率虽然是一个国家总体经济实力增长速度的标志，但并不能全面反映一个国家或地区的经济发展的实际状况。

（2）经济发展不仅包括经济增长，还包括福利改善、技术进步、结构优化、制度变迁以及人与自然之间关系的进一步和谐等多方面的内容。

二、经济增长与经济发展的关系

经济增长是经济发展的基础，经济发展离不开经济的增长，没有一定的经济增长，就不会有经济发展，但经济增长并不等同于经济发展，如果不重视经济、政治和文化的协调发展，不重视质量和效益，不重视人与自然的和谐，就会出现增长失调、制约发展的不良后果。

小试牛刀

[单选题] 关于经济增长与经济发展之间的说法，正确的是（　　）。

A. 经济增长含义比经济发展含义更加广泛

B. 经济增长是经济发展的基础

C. 经济增长等同于经济发展

D. 经济发展制约经济增长

[解析] 经济发展是一个比经济增长含义更广的概念。A 项错误。经济增长是经济发展的基础，没有一定的经济增长，就不会有经济发展；但经济增长并不简单地等同于经济发展。C、D 两项错误。

[答案] B

考点 2 经济增长因素分解★★

一、决定经济增长的基本因素

决定经济增长的因素包括科学技术进步、社会制度、自然资源状况、经济体制与经济政策以及人口的增长情况等。

决定经济增长的基本（或具体）因素主要有：劳动的投入数量、劳动生产率、资本的投入数量和资本的利用效率。

二、经济增长两因素分解法

假定其他因素不变，把经济增长率按照劳动和劳动生产率两项因素进行分解。

假定经济增长取决于工作小时数（即劳动时间）的增加率和每小时产出的增加率（即劳动生产率的增长率）两个因素，则：

$$\text{经济增长率}(G_Q) = \text{工作小时数的增加率}(G_H) + \text{每小时产出的增加率}(G_P)$$

三、经济增长三因素分解法

（1）经济增长按照劳动投入、资本投入和全要素生产率（也就是技术进步率或索洛余值）三个因素进行分解，计算这三项因素对经济增长的贡献份额。生产函数为：$Q_t = A_t F(L_t, K_t)$。其中，A_t 是 t 时期的技术进步程度，L、K 分别是劳动、资本。

经济增长率的分解式为：

经济增长率＝技术进步率＋(劳动份额×劳动增长率)＋(资本份额×资本增长率)

即：

$$G_Y = G_A + \alpha G_L + \beta G_K$$

（2）“索洛余值”即全要素生产率（TFP），即经济增长中扣除资本、劳动等生产要素投入数量等因素对经济增长率的贡献之后的余值。其公式为：

技术进步率＝经济增长率－劳动份额×劳动增长率－资本份额×资本增长率

小试牛刀

［单选题］ 假设某国2010—2016年GDP平均增长7.5%，资本存量年均增长5%，劳动力平均增长2%，而且资本、劳动力在GDP增长中的份额分别为50%、50%。这一时期该国全要素生产率应为（　　）。

A. 4.0%　　B. 4.5%

C. 3.0%　　D. 3.5%

［解析］ 技术进步率（全要素生产率）＝经济增长率－劳动份额×劳动增长率－资本份额×资本增长率＝7.5%－50%×2%－50%×5%＝4.0%。

［答案］ A

考点3 经济周期和经济波动★★

一、经济周期的含义、类型和阶段划分

（一）经济周期的含义

经济周期（又称商业循环），指的是经济社会中有规律的总体波动，表现为国民经济扩张与收缩的不断交替运动。

（二）经济周期波动的类型

经济周期波动的类型见表8-1。

表8-1　经济周期波动的类型

分类标准	类型	含义
按照周期波动的时间长短划分	短周期	也称小循环或基钦周期，每个周期的平均长度约为3～5年
	中周期	也称大循环或朱格拉周期，每个周期的平均长度约为8年
	长周期	也称长波循环或康德拉季耶夫周期，每个周期平均长度为50～60年
	对经济运行影响较大且较为明显的，以及人们最关注的是中周期	
按照经济总量绝对下降或相对下降的不同情况划分	古典型周期	经济运行处于低谷时的经济增长为负增长，即经济总量绝对减少
	增长型周期	（1）经济运行处于低谷时的经济增长率为正值，即经济总量是相对减少而不是绝对减少 （2）我国的经济周期属于增长型周期波动

（三）经济周期的两个阶段

（1）扩张阶段。

（2）收缩或衰退阶段（最低点称为谷底），若衰退特别严重，则可称为萧条。

二、导致经济波动的主要因素

（1）消费需求的波动。消费需求不足，会导致经济增长率下降。

（2）投资率的变动。一般而言，投资与经济增长是正相关的关系。

（3）技术进步的状况。当技术进步较快时，经济增长较快。

（4）预期的变化。如果人们对今后经济增长的预期比较悲观时，就不愿意增加消费和投资，从而不利于经济增长。

（5）经济体制的变动。如在计划经济时，投资过快使经济过热。当政府调整时，又会使经济增长速度下滑。

（6）国际经济因素的冲击。如 2007 年年底的“华尔街风暴”影响了许多国家。

（7）大规模疫情等因素和冲击。如 2019 年年底、2020 年年初爆发的大规模的新冠肺炎疫情是引发当时经济波动的重要原因。

小试牛刀

[单选题] 如果一个国家或地区在某一经济周期中经济运行处在低谷时的经济增长率为负数，即经济总量绝对减少，则此种周期通常称为（　　）。

A. 增长型周期　　　　B. 中周期

C. 古典型周期　　　　D. 长周期

[解析] 古典型周期的含义为经济运行处于低谷时的经济增长为负增长，即经济总量绝对减少。

[答案] C

考点4 分析和预测经济波动的指标体系★★★

分析和预测经济波动的指标体系见表 8-2。

表 8-2　分析和预测经济波动的指标体系

指标类型	含义	举例
先行指标（领先指标）	这些指标可以预测总体经济运行的轨迹	制造业订货单、股票价格指数和广义货币 M_2
一致指标（同步指标）	是指标的峰谷出现的时间与总体经济运行的峰谷出现的时间一致，可以综合描述总体经济所处状态	社会消费品零售总额、工业总产值和固定资产投资额
滞后指标	是对总体经济运行中已经出现的峰顶和谷底的确认	库存、居民消费价格指数

小试牛刀

[多选题] 下列可用于经济波动状况分析的经济指标中，不属于一致指标的有（　　）。

A. 股票价格指数　　　　B. 商品库存

C. 固定资产投资额　　　　D. 居民消费价格指数

E. 社会消费品零售总额

[解析] A 项“股票价格指数”属于先行指标；B 项“商品库存”和 D 项“居民消费价格指数”属于滞后指标。

［答案］ABD

考点5 经济发展的基本理论★

一、经济发展的含义、核心和可持续发展

（一）经济发展的含义

经济发展不仅包括经济增长，而且还包括社会结构和经济结构的变化，主要指的是发展中国家或地区人民生活水平的持续提高、技术的进步以及人力和物质资本的增加等。

（二）经济发展的核心

经济发展的基本内核是以人为本。人民生活水平的持续的提高是经济发展的核心。

（三）可持续发展

可持续发展就是“既满足当代人的需要，又不对后代人满足其需要的能力构成危害的发展”。

二、经济发展的变化

（1）国民收入分配状况的逐步改善。

（2）广大居民生活水平的持续提高。

（3）城市化进程的逐步推进。

（4）产业结构的不断优化。我国正处于工业化的中期阶段。

考点6 “十三五”时期经济社会发展的主要目标和基本理念★★

一、“十三五”时期经济社会发展的主要目标

（1）经济保持中高速增长。

（2）人民生活水平和质量普遍提高。

（3）国民素质和社会文明程度显著提高。

（4）生态环境质量总体改善。

（5）各方面制度更加成熟、更加定型。

（6）创新驱动发展成效显著。

（7）发展协调性明显增强。

二、“十三五”时期经济社会发展的基本理念

“十三五”时期经济社会发展的基本理念是：创新、协调、绿色、开放、共享。

（1）创新是引领发展的第一动力。

（2）协调是持续健康发展的内在要求。

（3）绿色是永续发展的必要条件和人民对美好生活追求的重要体现。

（4）开放是国家繁荣发展的必由之路。

（5）共享是中国特色社会主义的本质要求。

考点7 《十四五规划纲要》的“三个新”和主要目标

一、《十四五规划纲要》的“三个新”

《中华人民共和国国民经济和社会发展第十四个五年规划和 2035 年远景目标纲要》（以下

简称《十四五规划纲要》）体现了新发展阶段、新发展理念、新发展格局的“三个新”。

（1）新阶段：开启全面建设社会主义现代化国家新征程。

（2）新理念：贯彻创新、协调、绿色、开放、共享的新发展理念。

（3）新格局：构建以国内大循环为主体、国内国际双循环相互促进的新发展格局。

【注】新发展格局的核心内容：坚持扩大内需这个战略基点，加快培育完整内需体系，把实施扩大内需战略同深化供给侧结构性改革有机结合起来，以创新驱动、高质量供给引领和创造新需求，加快构建以国内大循环为主体、国内国际双循环相互促进的新发展格局。

二、2035年远景目标和“十四五”时期经济社会发展主要目标

（一）2035年远景目标

2035年远景目标是我国将基本实现社会主义现代化，包括经济、社会、政治、文化和生态文明等各个主要方面。

（1）经济实力、科技实力、综合国力将大幅跃升，经济总量和城乡居民人均收入将再迈上新的大台阶，关键核心技术实现重大突破，进入创新型国家前列。

（2）基本实现新型工业化、信息化、城镇化、农业现代化，建成现代化经济体系。

（3）基本实现国家治理体系和治理能力现代化，人民平等参与、平等发展权利得到充分保障，基本建成法治国家、法治政府、法治社会。

（4）建成文化强国、教育强国、人才强国、体育强国、健康中国，国民素质和社会文明程度达到新高度，国家文化软实力显著增强。

（5）广泛形成绿色生产生活方式，碳排放达峰后稳中有降，生态环境根本好转，美丽中国建设目标基本实现。

（6）形成对外开放新格局，参与国际经济合作和竞争新优势明显增强。

（7）人均国内生产总值达到中等发达国家水平，中等收入群体显著扩大，基本公共服务实现均等化，城乡区域发展差距和居民生活水平差距显著缩小。

（8）平安中国建设达到更高水平，基本实现国防和军队现代化。

（9）人民生活更加美好，人的全面发展、全体人民共同富裕取得更为明显的实质性进展。

（二）“十四五”时期经济社会发展主要目标

（1）经济发展取得新成效。

（2）改革开放迈出新步伐。

（3）社会文明程度得到新提高。

（4）生态文明建设实现新进步。

（5）民生福祉达到新水平。

（6）国家治理效能得到新提升。

【提示】主要发展指标有：

①国内生产总值年均增长保持在合理区间、各年度视情提出，全员劳动生产率增长高于国内生产总值增长。

②全社会研发经费投入年均增长7%以上，力争投入强度高于“十三五”时期实际。

③常住人口城镇化率提高到65%。

④单位国内生产总值能源消耗和单位二氧化碳排放分别降低13.5%和18%，主要污染物

排放总量持续减少，森林覆盖率提高到24.1%。

⑤城镇调查失业率控制在5.5%以内，居民人均可支配收入增长与国内生产总值增长基本同步。

⑥劳动年龄人口平均受教育年限提高到11.3年。

⑦基本养老保险参保率提高到95%。

⑧人均预期寿命提高1岁。

小试牛刀

[多选题]《十四五规划纲要》体现了“三个新”，包括（　　）。

A. 新发展阶段　　B. 新发展模式

C. 新发展理念　　D. 新发展方法

E. 新发展格局

[解析]《十四五规划纲要》体现了“三个新”，即新发展阶段、新发展理念、新发展格局。新发展阶段是开启全面建设社会主义现代化国家新征程，新发展理念是贯彻创新、协调、绿色、开放、共享的新发展理念，新发展格局是构建以国内大循环为主体、国内国际双循环相互促进的新发展格局。

[答案] ACE

[单选题] 根据《中华人民共和国国民经济和社会发展第十四个五年规划和2035年远景目标纲要》，我国在“十四五”时期的发展目标是（　　）。

A. 国内生产总值（GDP）年均增长保持在合理区间，不低于6%

B. 国内生产总值（GDP）年均增长保持在合理区间，不低于“十三五”期间平均增速

C. 国内生产总值（GDP）年均增长保持在6%左右

D. 国内生产总值（GDP）年均增长保持在合理区间、各年度视情提出

[解析] 我国在“十四五”时期的发展指标：国内生产总值年均增长保持在合理区间、各年度视情提出，全员劳动生产率增长高于国内生产总值增长。

[答案] D

第九章　价格总水平和就业、失业

知识脉络

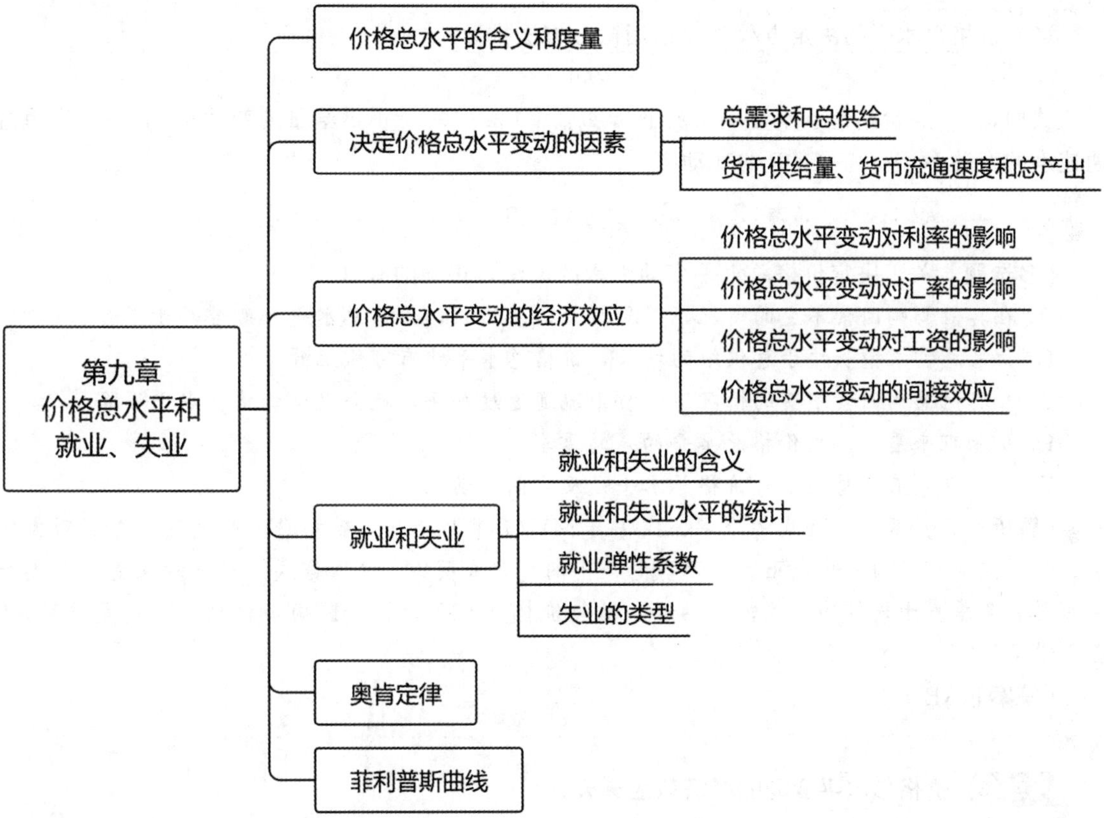

- 第九章 价格总水平和就业、失业
  - 价格总水平的含义和度量
  - 决定价格总水平变动的因素
    - 总需求和总供给
    - 货币供给量、货币流通速度和总产出
  - 价格总水平变动的经济效应
    - 价格总水平变动对利率的影响
    - 价格总水平变动对汇率的影响
    - 价格总水平变动对工资的影响
    - 价格总水平变动的间接效应
  - 就业和失业
    - 就业和失业的含义
    - 就业和失业水平的统计
    - 就业弹性系数
    - 失业的类型
  - 奥肯定律
  - 菲利普斯曲线

考点1 价格总水平的含义和度量★

（1）价格总水平即一般价格水平，一般用价格指数来度量。价格总水平是在一定时期一国或地区内全社会各类商品和服务价格变动状态的平均或综合。

（2）包括我国在内的大部分国家或地区，衡量价格总水平变动的主要指标或基本指标是居民消费价格指数（CPI）。

考点2 决定价格总水平变动的因素★★★

【特别注意】此时价格总水平是因变量，5个因素都是自变量。

决定价格总水平变动的因素包括总需求和总供给，货币供给量、货币流通速度和总产出。

一、总需求和总供给

总需求和总供给共同决定了价格总水平。一般说来，当总需求增长快于总供给的增长时，价格总水平可能会上升；当总需求增长慢于总供给的增长时，价格总水平可能会下降。

二、货币供给量、货币流通速度和总产出

根据费雪方程式（$MV=PT$）的变形公式：$P=MV/T$，可以得出：

(1) 价格总水平（P）的变动与货币供给量（M）、货币流通速度（V）的变化成正比，与总产出（T）的变化成反比。由于 V 和 T 相对稳定，所以，价格的变动主要取决于货币供给量（M）的变动。

(2) 价格总水平的决定方程为（运用微分方法推导）：

$$\pi=m+v-y$$

式中，π ——价格总水平变动率或通货膨胀率；m ——货币供给量的变动率；v ——货币流通速度的变动率；y ——GDP 的变动率。

小试牛刀

[多选题] 关于决定价格总水平变动因素的说法，正确的有（　　）。

A. 在其他影响因素不变的情况下，货币供给量增长，价格总水平一般会趋于上升

B. 如果总需求增长快于总供给的增长，价格总水平就有可能上升

C. 在其他影响因素不变的情况下，货币流通速度加快，就会促使价格总水平下降

D. 从长期来看，影响价格总水平的是总需求

E. 从长期来看，总供给与价格总水平是反方向变动

[解析] 根据费雪方程式的变形公式 $P=MV/T$ 可以看出：价格总水平的变动与货币供给量、货币流通速度的变化成正比，而与总产出的变化成反比，C 项错误。从长期来看，总供给曲线是一条垂直于横轴的直线，总供给变动与价格总水平无关，影响价格总水平的是总需求，E 项错误。

[答案] ABD

考点3 价格总水平变动的经济效应★★★

【特别注意】此时价格总水平是自变量。

一、价格总水平变动对利率的影响

名义利率（即市场利率），一般指的是银行的挂牌利率（也就是银行当时规定和发布的利率）。

实际利率剔除了价格总水平变动的影响，是在货币购买力不变时的利率。

实际利率＝名义利率－价格总水平变动率

在名义利率不变时，实际利率与价格总水平变动是反方向的。在价格总水平不变时，名义利率与实际利率相等。当名义利率低于价格总水平上涨率时，实际利率为负。

二、价格总水平变动对汇率的影响

购买力平价理论指出，两种货币的汇率应由两国货币购买力之比决定，而货币购买力又是

价格总水平的倒数，所以，汇率实际上由两国价格总水平变动之比决定。假设在美国买 1 瓶可乐需要 1 美元，在中国买同样的 1 瓶可乐需要 6 元人民币，那么外汇汇率可以表示为：1 美元＝6 元人民币。

如果本国的价格总水平上涨率高于外国的价格水平上涨率，本国货币就会贬值，在直接标价法下，以本币表示的外汇汇率就会上升。

三、价格总水平变动对工资的影响

由于价格总水平的变动，可以把工资分为名义工资和实际工资，二者的关系为：

实际工资的变动率＝名义工资的变动率 / 价格总水平的变动率

由上面的公式可知，实际工资的变动与名义工资的变动呈正比，与价格总水平的变动呈反比。一般说来，一定程度的通货膨胀有利于政府和企业，不利于劳动者和居民。

四、价格总水平变动的间接效应

价格总水平变动的间接效应主要是对经济增长、收入分配结构以及企业生产经营决策的影响。

一般说来，价格总水平大幅度的、剧烈的变动对经济增长是不利的。例如，价格总水平上涨出现的通货膨胀，虽然在一定程度上可能对经济增长有一定的促进作用，但是这种作用只能是暂时的，不可能是长期的。

小试牛刀

[单选题] 按照购买力平价理论，当本国的价格总水平上涨率高于外国的价格水平上涨率时，本国货币就会（　　）。

A. 贬值　　B. 升值

C. 可能升值也可能贬值　　D. 不变

[解析] 如果本国的价格总水平上涨率高于外国的价格水平上涨率，本国货币就会贬值，以本币表示的汇率就一定会上升。

[答案] A

[多选题] 关于价格总水平变动的经济效应的说法，正确的有（　　）。

A. 实际利率是在货币购买力上升时的利率

B. 在价格总水平上涨过程中，如果名义工资不提高或提高幅度低于价格上升幅度，实际工资就会下降

C. 在名义利率不变时，实际利率与价格总水平呈反向变动

D. 价格总水平的变动会在一定条件下影响汇率的变动

E. 任何通货膨胀都有利于促进经济增长

[解析] 实际利率是扣除了价格总水平变动影响因素的利率，也就是在货币购买力不变时的利率，A 项错误。通货膨胀在一定程度上可能有利于促进经济增长，但这种作用只能是暂时的，不可能是长期的，E 项错误。

[答案] BCD

考点4 就业和失业★★★

一、就业和失业的含义

（一）就业的含义

就业是指在法定年龄段内有劳动能力和劳动愿望的人们所从事的为获取报酬或经营收入所进行的活动。

（二）失业的含义

失业是指达到了就业年龄，有劳动能力和劳动愿望的人们愿意就业，但是在目前尚未找到工作，没有从事有报酬或收入的工作的现象。按照国际劳工组织的统计标准，凡是在规定年龄内在一定期间内（如一周或一天）存在下列情况的均属于失业人口：

（1）没有工作，即在调查期间没有从事有报酬的劳动或自我雇佣。

（2）正在寻找工作，就是在最近采取了具体寻找工作的步骤。

（3）当前可以工作，就是当前如果有就业机会，就可以工作。

（三）我国的就业和失业

我国的就业人口指的是年龄在16周岁以上，从事一定的社会劳动并取得经营收入或劳动报酬的人员。

（1）我国处于从二元经济结构向现代化经济转型的进程中，还有一定数量的农村富余劳动力将向城镇转移。所以，提高人民生活水平的重要途径就是努力扩大就业，降低失业率，使劳动力资源得到更加充分的利用。尤其是扩大城镇非农业就业，是一项具有全局性的重要任务。

（2）规划纲要草案提出，实施就业优先战略。健全有利于更充分更高质量就业的促进机制，扩大就业容量，提升就业质量，缓解结构性就业矛盾。强化就业优先政策，健全就业公共服务体系，全面提升劳动者就业创业能力。

二、就业和失业水平的统计

（1）发达国家反映一个国家或地区劳动力资源利用状况最重要的指标是失业率。其公式为：

$$失业率＝失业总人数／民用劳动力总人数\times 100\%$$

就业率公式为：

$$就业率＝就业人口／民用成年人口总数\times 100\%$$

（2）目前，我国政府部门计算和公布的失业率有两个主要指标：①城镇登记失业率；②城镇调查失业率。

【注】城镇登记失业率和城镇调查失业率的主要区别见表9-1：

表9-1　城镇登记失业率和城镇调查失业率的主要区别

区别	城镇登记失业率	城镇调查失业率
失业人员的统计范围不同	统计范围是劳动年龄内（16周岁至退休年龄）的城镇常住人口	统计范围是16周岁及以上常住人口，不考虑其户籍所在地和类型
失业人员的定义不同	失业人员指有劳动能力，有就业要求，处于无业状态，并在公共就业和人才服务机构进行失业登记的城镇常住人员	失业人员采用国际劳工组织推荐的国际标准

登记失业率中使用的就业人员指城镇单位就业人员（扣除使用的农村劳动力、聘用的离退休人员、港澳台及外方人员）、个体户主、城镇私营业主、城镇单位的不在岗职工、城镇私营企业和个体就业人员之和。

（3）劳动力市场供求处于均衡状态，价格总水平处于稳定状态时的失业率是自然失业率。自然失业率也是能够长期持续存在的最低失业率。弗里德曼认为自然失业率是充分就业时的失业率；斯蒂格利茨认为自然失业率是通货膨胀率为零时的失业率。现在一般把自然失业率称为非加速通货膨胀失业率。

三、就业弹性系数

（1）就业弹性系数的计算公式。

$$\text{就业弹性系数}=\frac{\text{就业增长速度(或就业增长率)}}{\text{经济增长速度(或经济增长率)}}$$

就业弹性系数表示经济增长变化百分之一时，就业数量变化的百分比。

（2）就业弹性的变化取决于产业结构等因素。

一般来说，若第三产业在国民经济中占比较大，那么就业弹性就会较高，生产单位产品所需投入的劳动力也就较多（因为在我国第三产业属于劳动密集型产业）。

（3）我国在计算就业弹性系数时，就业人口一般指的是城镇就业人员。

四、失业的类型

（一）自愿失业

自愿失业，简单地说就是劳动者有就业机会，但因现行的工资水平或其他原因不愿意就业。

按照西方古典经济学的观点，自愿失业包括摩擦性失业和结构性失业。

1. 摩擦性失业

在现实中，工人具有不同的偏好与能力，工作也有不同的属性。而且求职者和空缺职位的信息流动是不完全的，所以工作匹配需要时间。所以，摩擦性失业是指由于劳动者找到最适合自己偏好和能力（或技能）的工作需要一定的搜寻时间所造成的失业。摩擦性失业，也可以说是劳动者在工作转换过程中出现的失业。

2. 结构性失业

结构性失业是由于劳动者拥有的技能和现有工作岗位所需要的技能不匹配所造成的失业。从本质上看，是因为劳动力具有的某一特定技能与就业岗位实际需要的技能不一致造成的。特点是既有失业，又有职位空缺。结构性失业的产生原因比较复杂，有些时候是因为产业结构调整造成的。如旧产业的衰落、新产业的兴起，某些地区主要产业的衰落会造成大量的劳动者失去工作机会，某些地区新产业的迅猛发展又会造成这些新产业的就业需求得不到满足。

（二）需求不足型失业

根据凯恩斯的说法，需求不足型失业又叫周期性失业或者非自愿失业，是宏观经济研究关注的重点。

（1）需求不足型失业是指由于总需求相对不足，进而减少了对劳动力的派生需求所导致的失业。

（2）周期性失业是指由于经济周期波动所导致的失业。需求不足型失业和经济周期相联系。

（3）非自愿失业是指愿意接受现行工资水平但仍找不到工作的失业。

小试牛刀

[多选题] 关于我国计算和公布的就业和失业的指标，下列说法正确的有（　　）。

A. 我国政府部门计算和公布的就业和失业水平方面的指标主要有两个，分别是城镇调查失业率和城镇登记失业率

B. 调查失业人员统计范围是16周岁及以上常住人口

C. 登记失业率中使用的就业人员指城镇单位就业人员、城镇单位的不在岗职工、城镇私营业主、个体户主、城镇私营企业和个体就业人员之和

D. 城镇调查失业率和城镇登记失业率统计范围不同

E. 城镇调查失业率和城镇登记失业率就业失业人员定义相同

[解析] 城镇调查失业率和城镇登记失业率二者的区别主要有两方面，即统计范围不同、就业失业人员定义不同。E项错误。

[答案] ABCD

[多选题] 按照古典经济学观点，自愿失业的类型主要包括（　　）。

A. 摩擦性失业　　B. 周期性失业

C. 二元经济结构失业　　D. 结构性失业

E. 体制性失业

[解析] 按照西方古典经济学的观点，自愿失业包括摩擦性失业和结构性失业。

[答案] AD

[多选题] 关于就业和失业的说法，正确的有（　　）。

A. 失业是指有劳动能力并愿意就业但在目前没有从事有报酬或者收入的工作的现象

B. 努力扩大就业，减少失业，是提高人民生活水平的重要途径

C. 解决自愿失业是宏观经济调控的重点

D. 由于某些地区的主要产业的衰落导致了大量劳动者失去工作，或某些地区由于新的产业的迅猛发展导致的劳动者供给的短缺，指的是需求不足型失业

E. 如果第三产业在GDP中所占比例较大，则就业弹性较高

[解析] 需求不足型失业（也叫非自愿失业或者周期性失业）是宏观经济研究关注的重点，C项错误；D项的说法指的是结构性失业，不是需求不足型失业。

[答案] ABE

考点5 奥肯定律★★

20世纪60年代，美国经济学家阿瑟·奥肯根据美国的数据，提出了经济周期中失业变动与产出变动的经验关系，即奥肯定律。

一、奥肯定律的内容

相对于潜在GDP来说，实际GDP每下降2个百分点，实际失业率就会比自然失业率上升1个百分点。

奥肯定律表明经济增长与失业之间是负相关的关系，与就业之间有一定的正相关关系。

【注】 潜在GDP指的是一个经济主体在充分就业状态下所能实现的GDP。自然失业率指

的是充分就业状态下的失业率。

二、奥肯定律的公式

奥肯定律的公式如下：

（实际 GDP－潜在的 GDP）/潜在的 GDP＝－2（实际失业率－自然失业率）

经济增长与失业之间相关关系的具体数量会因不同国家、不同时代而不同。

三、奥肯定律的重要结论

如果政府想让失业率下降，那么，该经济社会的实际 GDP 的增长必须快于潜在 GDP 的增长。所以，政府应该把促进经济增长作为降低失业或增加就业的主要途径。

小试牛刀

[多选题] 关于奥肯定律的含义和作用的说法，正确的有（　　）。

A. 奥肯定律揭示了通货膨胀和失业之间的关系

B. 奥肯定律揭示了经济增长和失业之间的关系

C. 奥肯定律的政策含义是政府应当把促进经济增长作为增加就业或降低失业的主要途径

D. 奥肯定律揭示了经济增长和财政收入之间的关系

E. 奥肯定律揭示了经济增长和国际资本流动之间的关系

[解析] 奥肯定律表明在经济增长和就业之间存在一定的正相关关系，政府应当把促进经济增长作为降低失业率的主要途径。

[答案] BC

考点6 菲利普斯曲线★★★

菲利普斯曲线是以新西兰经济学家威廉·菲利普斯的名字命名的，描述通货膨胀与失业或经济增长之间相互关系的一条曲线。

（1）菲利普斯曲线最初是反映失业率与货币工资率之间的变化关系的，失业率越低，工资增长率越高。

（2）简单的菲利普斯曲线表示通货膨胀率（π）和失业率（U）之间的替代关系，见图 9-1。

（3）弗里德曼认为，理性的工人将根据实际工资（剔除通货膨胀后的工资）而不是名义工资（货币工资）决定其劳动力的供给。由于工人和雇主预期的存在和变动，通货膨胀和失业替代关系只是在短期内才是可能的，而在长期内则是不存在的。从长期看，对某一个水平的失业率，可以对应多个水平的通货膨胀率。长期的菲利普斯曲线是一条和横轴垂直的直线，见图 9-2。

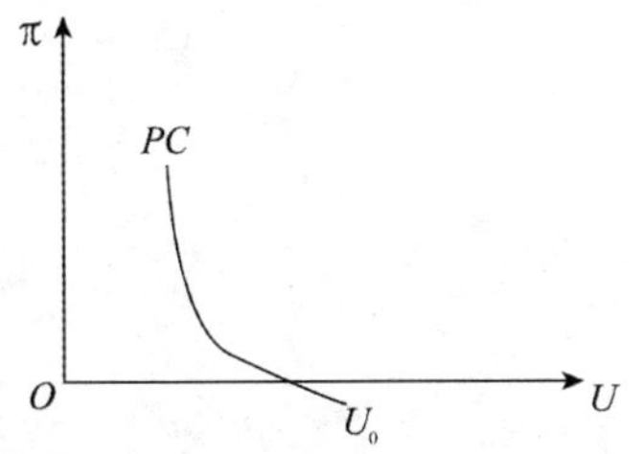

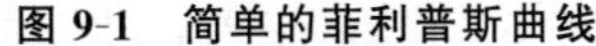
图 9-1　简单的菲利普斯曲线

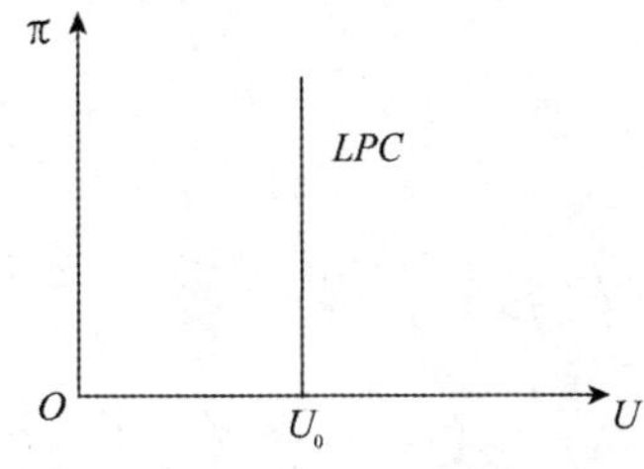

图 9-2　长期的菲利普斯曲线

小试牛刀

[**多选题**] 关于菲利普斯曲线的说法，正确的有（　　）。

A. 菲利普斯曲线在短期和长期都具有相同的意义

B. 简单的菲利普斯曲线表示通货膨胀率与失业率之间是负相关关系

C. 弗里德曼认为通货膨胀和失业替代关系只在短期内存在

D. 由于预期的存在和变动，对某一个水平的失业率，可以对应多个水平的通货膨胀率

E. 弗里德曼认为长期的菲利普斯曲线是一条和横轴垂直的直线

[**解析**] 弗里德曼认为，由于预期的存在和变动，通货膨胀和失业替代关系只是在短期内才是可能的，而在长期内则是不存在的。从长期看，菲利普斯曲线是一条和横轴垂直的直线。A 项错误。

[**答案**] BCDE

第十章　国际贸易理论和政策

知识脉络

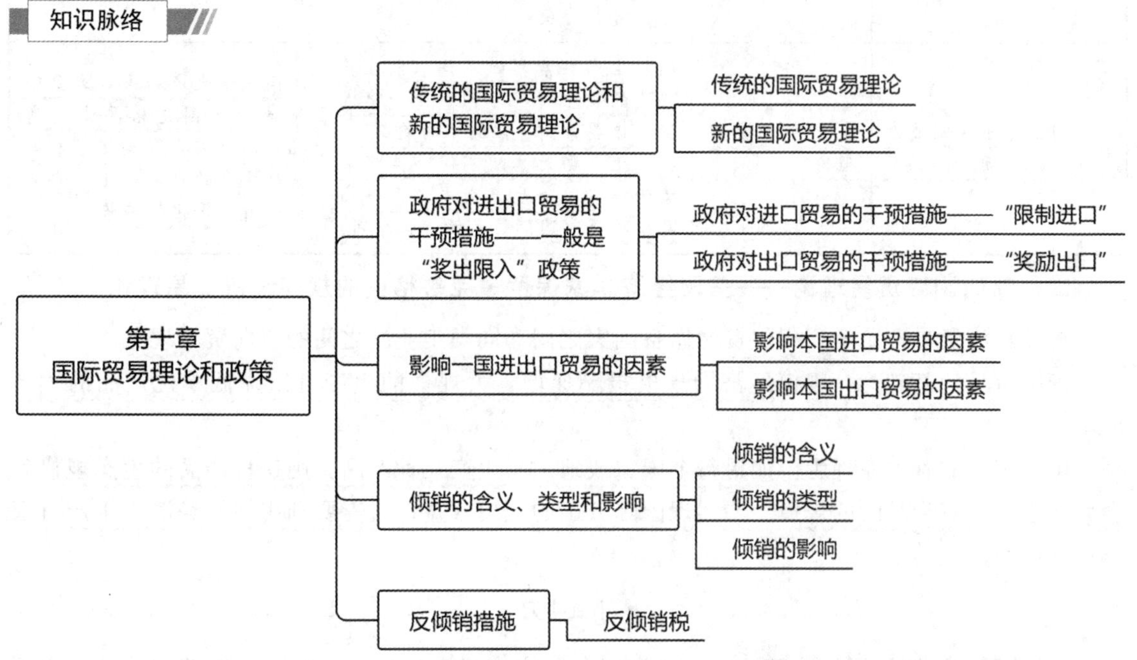

考点1　传统的国际贸易理论和新的国际贸易理论★★★

传统的国际贸易理论（二战前）的假设为：①产品同质，市场是完全竞争的；②规模报酬不变。

新的国际贸易理论（二战后）的假设为：①产品类似但不同质，市场是不完全竞争的；②存在着规模经济，即规模报酬递增。

一、传统的国际贸易理论

传统的国际贸易理论的具体内容见表10-1。

表10-1　传统的国际贸易理论

国籍	代表人物	理论	具体内容	
			国际贸易的基础	国际贸易的基本原理
英国	亚当·斯密	绝对优势理论（绝对成本说）	各国在生产技术上的绝对差异，进而导致在劳动生产率和生产成本的绝对差异	各国应该生产并出口具有绝对优势的产品，进口不具有绝对优势的产品，使得本国资源得到最有效的利用

续表

国籍	代表人物	理论	具体内容	
			国际贸易的基础	国际贸易的基本原理
英国	大卫·李嘉图	比较优势理论（相对成本说）	两个国家产品的相对生产成本（只要两国之间存在生产成本上的差异，即使其中一方处于完全的劣势地位，国际贸易仍会发生，按照“两优取重，两劣取轻”，贸易双方都能获益）	各国应该生产和出口具有比较优势的产品，进口具有比较劣势的产品，就能实现互惠互利
瑞典	伊·菲·赫克歇尔和贝蒂·俄林	生产要素禀赋理论	（1）生产要素禀赋不同（即生产要素的供给情况不同、生产资源配置或要素储备比例上的差别） （2）生产要素禀赋不同→生产要素价格不同→生产成本不同→商品价格差（国际贸易的直接原因）	各国应该生产和出口需要密集使用本国充裕要素的商品，进口需要密集使用本国稀缺要素的产品，生产要素价格有均等化的趋势

二、新的国际贸易理论——美国经济学家保罗·克鲁格曼的规模经济贸易理论

规模经济贸易理论解释相似资源储备国家之间和同类工业品之间的双向贸易现象。

国际贸易的基础为：规模经济即规模报酬递增，大规模的生产可以降低单位产品的生产成本。

国际贸易的基本原理为：如果每个国家或地区只生产几种产品，则每种产品的生产规模就会大于生产所有产品时的规模。要实现国际分工的规模效益，就需要利用规模经济来生产有限类别的产品。

小试牛刀

[单选题] 下列国际贸易理论中，认为“各国应该集中生产并出口那些能够充分利用本国充裕要素的产品，进口那些需要密集使用本国稀缺要素的产品”的是（　　）。

A. 英国亚当·斯密的绝对优势理论

B. 英国大卫·李嘉图的比较优势理论

C. 瑞典赫克歇尔—俄林的要素禀赋理论

D. 美国克鲁格曼的规模经济贸易理论

[解析] 根据瑞典赫克歇尔和俄林的理论，各国应该集中生产并出口那些能够充分利用本国充裕要素的产品，进口那些需要密集使用本国稀缺要素的产品。

[答案] C

[多选题] 关于美国经济学家克鲁格曼提出的规模经济国际贸易理论的说法，正确的有（　　）。

A. 该理论认为大多数工业产品的市场是不完全竞争的

B. 该理论可以用来解释相似资源储备国家之间和同类工业品之间的双向贸易现象

C. 该理论假设规模报酬不变

D. 该理论基于生产资源配置或要素储备比例上的差别

E. 该理论假设各国生产的产品都是同质的

［解析］要素禀赋理论基于生产资源配置或要素储备比例上的差别，D 项错误。克鲁格曼的规模经济国际贸易理论认为，工业产品是类似的但不是同质的，存在着规模报酬递增，C、E 两项错误。

［答案］AB

考点 2 政府对进出口贸易的干预措施——一般是"奖出限入"政策★★★

政府对进出口贸易进行干预的目的主要是保护国内产业免受国外竞争者的损害，维持本国的经济增长和国际收支平衡。政府对国际贸易的干预包括对进口贸易的干预和对出口贸易的干预。

一、政府对进口贸易的干预措施——"限制进口"

（一）关税壁垒（关税限制）

通过征收高额进口关税来限制外国商品的进口。

（二）非关税壁垒（非关税限制）

采用关税以外的手段对外国商品进口设置障碍的各种措施。

（1）歧视性公共采购（国内的供应商优先获得政府采购订单）。

（2）进口配额（进口国限制进口数量和金额）。

（3）自愿出口限制（在进口国的要求或压力下，出口国自愿限制出口数量和金额）。

（4）复杂苛刻的技术标准和卫生检疫标准。

（5）进口许可证、外汇管制等其他措施。

二、政府对出口贸易的干预措施——"奖励出口"

政府主要通过出口补贴来鼓励出口。出口补贴包括直接补贴和间接补贴（包括出口退税、出口信贷等）。

世界贸易组织（WTO）成员之间的贸易摩擦问题，应当在世界贸易组织框架下通过争端解决机制妥善处理，个别国家推行贸易保护措施，滥用"国家安全"的概念，是违背经济全球化潮流，违背世界贸易组织所倡导的自由贸易原则的。

小试牛刀

［多选题］下列属于非关税壁垒的有（　　）。

A. 进口配额　　B. 出口配额

C. 自愿出口限制　　D. 歧视性公共采购

E. 复杂苛刻的技术标准和卫生检疫标准

［解析］非关税限制包括进口配额、自愿出口限制、歧视性公共采购、技术标准、卫生检疫标准等。

［答案］ACDE

［单选题］政府鼓励出口的主要措施是（　　）。

A. 出口补贴　　B. 关税壁垒

C. 出口配额　　D. 非关税壁垒

［解析］政府干预出口贸易以刺激出口增加的主要措施是出口补贴，包括直接补贴和间接补贴。

[答案] A

考点3 影响一国进出口贸易的因素★

影响一国进口和出口的因素见表10-2。

表10-2 影响一国进口和出口的因素

影响本国进口贸易的因素	影响本国出口贸易的因素
(1) 汇率水平 (2) 一国的经济总量或总产出水平 (3) 国际市场商品的供给情况 (4) 国际市场商品价格水平的高低	(1) 汇率水平 (2) 生产能力和技术水平的高低 (3) 国际市场需求水平和需求结构 (4) 自然资源的丰裕程度
有利于进口增加的情况：本币升值（即本币汇率上升）、本国经济总量和总产出水平高、国际市场商品的供给充足、商品价格下降	有利于出口增加的情况：本币贬值（即本币汇率下降）、本国生产能力和技术水平高、国际市场需求旺盛、本国自然资源充裕

小试牛刀

[单选题] 如果一国货币对外贬值，可能会导致（　　）。

A. 本国旅游收入减少　　B. 本国旅游收入不变

C. 本国出口增加　　D. 本国进口增加

[解析] 本币贬值，出口商品以外币表示的价格会下降，出口增加，同时也有利于增加本国旅游收入及其他劳务收入。

[答案] C

考点4 倾销的含义、类型和影响★★★

一、倾销的含义

倾销是指出口国或出口企业以低于正常价值的价格（或不合理的低价）把产品销售给进口国或进口商，并因此损害进口国产业的行为。

企业的低价行为是否为倾销行为，关键取决于产品正常价值的认定。世界贸易组织规定了三种确定产品正常价值的标准：

(1) 按照原产国同类产品在国内的生产成本加上合理销售费用、一般费用、管理费用和利润确定。

(2) 原产国标准：按照正常交易过程中相同或类似产品在出口国国内销售的可比价格确定。

(3) 第三国标准：按照正常交易过程中相同或类似产品在出口国向第三国出口的最高可比价格确定。

二、倾销的类型

倾销的类型见表10-3。

表 10-3 倾销的类型

类型	含义
偶然性倾销	出口国为了处理其国内大量的剩余产品，采用倾销的方式抛售给国外市场
持续性倾销	出口企业持续、无限期地以不合理的低价把产品出口给国外市场的行为
	持续性倾销的目的是：实现利润最大化以及长期占领国外市场
掠夺性倾销	出口企业在短期内以不合理的低价把产品出口给国外市场，在排除了竞争对手以后，再重新提高产品的出口价格的行为
	掠夺性倾销的目的是：排除国外市场上的竞争对手，获得超额的垄断利润
隐蔽性倾销	出口企业按照国际市场的正常价格把产品出售给进口商，而进口商在本国市场却以不合理的低价抛售产品的行为
	进口商因不合理低价抛售造成的亏损部分可以从出口企业获得补偿

三、倾销的影响

倾销的影响见表 10-4。

表 10-4 倾销的影响

影响对象	具体影响
对进口国	（1）阻碍进口国相关产业的发展（倾销挤占了进口国相同产品生产者的市场份额） （2）扭曲进口国市场秩序（倾销会向进口国市场的生产者和消费者传递错误的价格信号） （3）若发达国家对新兴产业的产品进行倾销，会抑制发展中国家新兴产业的建立和发展
对出口国	（1）扰乱出口国市场秩序（倾销容易引起出口国国内相似产品生产者的过度价格竞争） （2）损害出口国消费者的利益（若出口国市场需求弹性较小，倾销企业通常会维持较高的垄断价格来弥补在出口倾销中带来的损失）
对第三国	减少第三国在进口国的市场份额（倾销会减少进口国对第三国产品的需求）

小试牛刀

［单选题］世界贸易组织（WTO）规定，确定产品正常价值时可依据的标准不包括（　　）。

A. 原产国标准

B. 进口国标准

C. 第三国标准

D. 按照同类产品在原产国的生产成本，加合理销售费用、管理费用、一般费用和利润确定

［解析］世界贸易组织规定，确定产品正常价值可依据的标准有：①原产国标准；②第三国标准；③按照同类产品在原产国的生产成本，加合理销售费用、管理费用、一般费用和利润确定。

［答案］B

［单选题］出口企业按国际市场的正常价格出售产品给进口商，但进口商则以倾销性的低价在进口国市场上抛售，其亏损部分由出口企业予以补偿的倾销方式是（　　）。

A. 掠夺性倾销　　B. 持续性倾销

C. 隐蔽性倾销　　D. 偶然性倾销

[解析] 隐蔽性倾销是指出口企业按国际市场的正常价格出售产品给进口商，但进口商则以倾销性的低价在进口国市场上抛售，其亏损部分由出口企业予以补偿。

[答案] C

考点5 反倾销措施★★★

反倾销措施属于贸易救济措施。在实践中，抵制倾销最重要和最有效的措施是征收反倾销税。

反倾销税是指进口国政府的主管机关在正常关税之外对倾销产品征收的一种附加税。有关反倾销税的规定如下：

（1）反倾销税的金额不能超过所裁定的倾销幅度。

（2）反倾销税的纳税人是倾销产品的进口商，出口商不得直接或间接替进口商承担反倾销税。

（3）按照世界贸易组织的规定，进口国对出口国的某种产品征收反倾销税时，必须满足以下要求：①有倾销的事实（这种产品使用低于正常价格水平进入他国市场）；②有严重损失（倾销对某一成员方相关产业带来了严重损失）；③低价倾销和其损失之间存在着因果关系。

小试牛刀

[单选题] 关于倾销和反倾销的说法，错误的是（　　）。

A. 反倾销属于贸易救济措施

B. 进口国征收反倾销税可以根据本国需要随意确定标准

C. 反倾销的措施可采用征收反倾销税

D. 确定是否属于倾销行为的关键是认定产品的正常价值

[解析] 反倾销税是在正常海关税费之外，进口国主管机关对确认倾销产品征收的一种附加税。反倾销税的税额不得超过所裁定的倾销幅度。B项错误。

[答案] B

第二部分 财 政

【大纲再现】

1. 公共物品与财政职能。理解公共物品、财政职能、现代财政制度，掌握公共选择理论和政府失灵的原因，理解政府经济活动范围、政府失灵的主要表现形式，理解我国建立现代财政制度的方向与主要任务。
2. 财政支出。理解我国财政收支趋势，理解财政支出数据、财政支出结构优化，掌握财政支出的类型和衡量财政支出规模的指标，掌握财政支出规模增长的理论解释，辨别财政支出绩效评价的原则和方法。
3. 财政收入。理解财政收入、税收、财政集中度和宏观税负，掌握财政收入的形式及特征和税负转嫁的原理，理解我国中央政府债务和地方政府债务管理制度的内容，辨别一国宏观税负水平的影响因素。
4. 税收制度。掌握税制各要素，理解税收分类的基本方法，辨别流转税、所得税、财产税的基本特点，掌握增值税、消费税、企业所得税和个人所得税的基本内容。
5. 政府预算。理解政府预算，辨别我国不同机关的政府预算管理职权，掌握我国政府预算编制制度和执行制度的主要内容、全面规范公开透明预算制度的主要内容。
6. 财政管理体制。理解财政管理体制和财政转移支付，掌握财政管理体制的内容、分税制财政体制改革的内容、深化财政体制改革的内容、我国财政转移支付的内容，理解中央与地方财政事权和支出责任划分改革的内容。
7. 财政政策。理解和掌握财政政策的功能与目标、财政政策的工具与类型、财政政策的乘数与时滞的基本内容，理解我国财政政策实践的基本经验。

【大纲解读】

财政部分的考试分值在六部分中排在第二位，近年来一直稳定在23分，其中，单项选择题考11道题，每题1分，共11分；多项选择题考6道题，每题2分，共12分。

财政学属于经济学的一个分支，主要讲的是政府“有形的手”在资源配置中的作用和运行规律。主要包括政府预算、财政职能、财政收支、财政管理体制以及财政政策等内容。本部分内容，各章考试分值非常不均衡，而且不同年份考题侧重的章节也不一样，但在一般情况下，财政支出、财政收入和税收制度这些内容相对而言出题和所占分值比较多。另外，财政部分的内容多、考点多，而且近几年有一半左右的考题考查很细。

在学习这部分内容时，需要有耐心，先把重要的章节和考点熟练掌握，之后对于剩余的内容，可以采取化整为零的方法，有时间了就读一读。在学习的过程中，可以理论联系实际，也可以通过做题的方式来提高水平。对于本部分内容主要以记忆为主，也可以利用口诀帮助记忆。总体而言，这部分内容的性价比最差，学习和拿分最不容易，考试时尽量拿分。

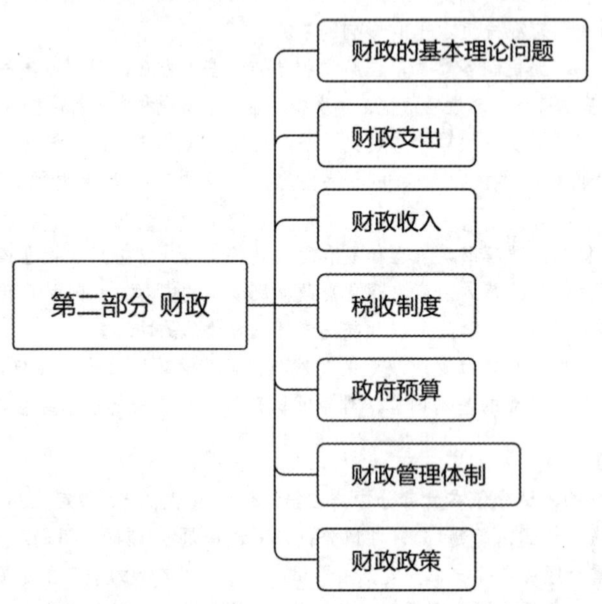
第二部分 财政
财政的基本理论问题
财政支出
财政收入
税收制度
政府预算
财政管理体制
财政政策

第十一章　财政的基本理论问题

知识脉络

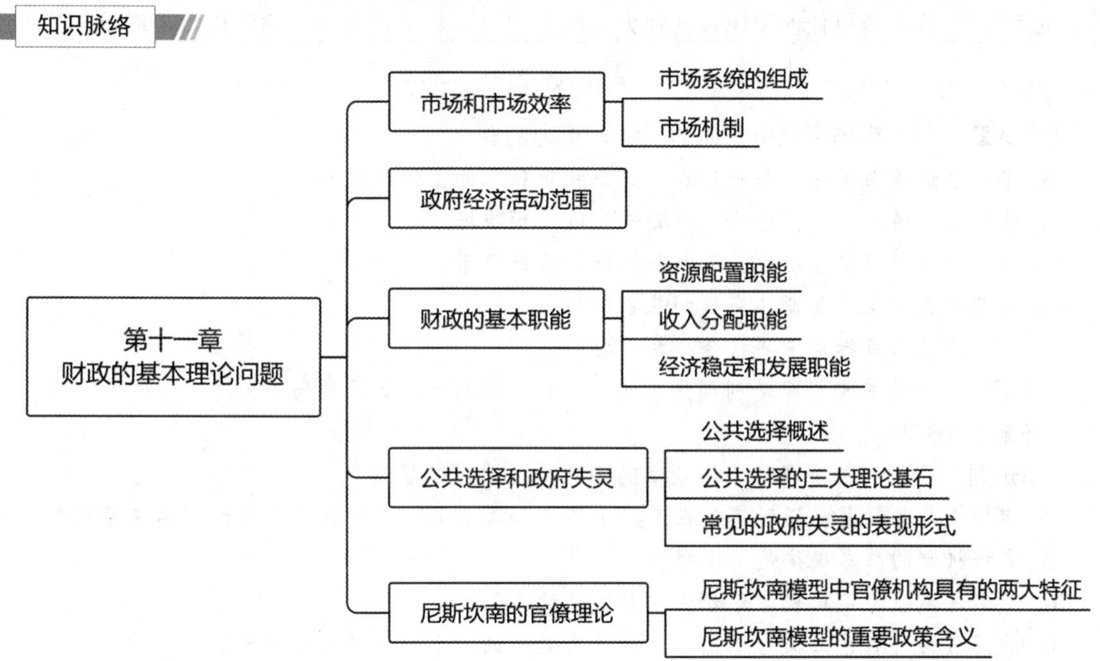

考点1　市场和市场效率★★

一、市场系统的组成

完整的市场系统是由家庭（或居民）、企业和政府三个相对独立的主体组成的。

（1）家庭（或居民）是社会的基本细胞，是社会生活的基本单位。家庭的基本目标是满足需要和效用水平的最大化。家庭（或居民）为市场提供生产要素（如劳动力、资本、土地等），获得要素收入，并用此收入进行消费和投资。

（2）企业是商品生产和商品交换的基本单位。企业的基本目标是利润最大化并实现扩大再生产。企业买入生产要素加工转换成为商品或劳务，进而卖出商品或提供服务获得收入和利润。

（3）在市场经济条件下，政府构成市场系统的一个主体。政府是一个公共服务和政治权力机构，可以为市场提供公共物品，也可以通过经济、法律和行政等手段干预市场。

二、市场机制

（1）从日常生活的角度看，市场是商品（包括生产要素）交易的场所（如证券市场、百货商场等）。

（2）从经济学的角度看，市场不仅是商品交易的场所，而且是在无数个买者与卖者的相互作用下形成的商品交易机制。

（3）市场机制的基本规律就是供求规律，即：供大于求，价格下降，库存增加，生产低迷；求大于供，价格上涨，库存减少，生产增长。通过价格和产量不断的波动，自发地达到供给和需求的均衡。

（4）市场是一种结构精巧而且有效率的商品交易机制。亚当·斯密将市场规律形容为“看不见的手”，认为不需要任何组织以任何方式的干预，市场可以自动地达到供给与需求的均衡。

小试牛刀

［**多选题**］关于市场系统中主体的说法，正确的有（　　）。

A. 市场系统是由居民、企业和政府三个相对独立的主体组成的

B. 政府可以通过法律、行政和经济等手段干预市场

C. 居民为市场提供劳动力、资本和土地等生产要素

D. 企业是商品生产和商品交换的基本单位

E. 企业的基本目标是满足社会公共需要

［**解析**］企业的基本目标是利润最大化并实现扩大再生产，E项错误。

［**答案**］ABCD

［**单选题**］下列有关市场和市场效率的说法中，错误的是（　　）。

A. 市场是商品交易的场所，是在无数个买者和卖者的相互作用下形成的商品交易机制

B. 市场机制的基本规律是供求规律

C. 亚当·斯密将市场规律形容为“看不见的手”

D. 市场作为一种商品交易机制，可能是有效率的，也可能是无效率的

［**解析**］市场是一种结构精巧而且有效率的商品交易机制。D项错误。

［**答案**］D

考点2 政府经济活动范围★★

政府经济活动的范围应主要集中在以下五个方面：

（1）维持有效竞争（政府部门通过制定有关政策法令来实施）。

（2）矫正外部性。

（3）调节收入分配。

（4）稳定经济。

（5）提供公共物品或服务。

小试牛刀

［**多选题**］政府经济活动范围应主要集中于（　　）。

A. 提供公共物品或服务

B. 矫正外部性

C. 维持不完全竞争

D. 调节收入分配

E. 稳定经济

［**解析**］政府经济活动范围应主要集中于提供公共物品或服务、矫正外部性、维持有效竞争、调节收入分配和稳定经济五方面。

［**答案**］ABDE

考点3 财政的基本职能★★★

财政的职能就是政府的职能。财政具有资源配置、收入分配、经济稳定和发展三种基本职能。

一、资源配置职能

财政的资源配置职能，简单地讲，就是通过财政收支活动，由政府提供公共物品和服务，引导社会资金的流向，弥补市场的缺陷，以实现整个社会资源配置效率的最优状态。

（一）资源配置职能的范围

资源配置的范围是市场失灵而社会又需要的公共物品和服务的领域，包括以下几个方面：

（1）满足诸如公共卫生、公共工程、科技等市场不能有效提供而社会又需要的准公共物品和服务的支出。

（2）满足诸如国家安全、一般公共服务等政府行使职能需要的支出（包括政府机关的正常运转以及行使社会公共职能的基本需要的支出）。

（3）满足诸如矫正外部效应、维护市场竞争等对社会资源配置的引导性支出。

（二）财政配置社会资源的机制和手段（关键词是“结构、效率、方向”）

（1）根据政府职能的动态变化，确定社会公共需要的基本范围，确定财政收支占GDP（国内生产总值）的合理比例，从而实现资源配置总体效率（即从总量上实现高效的社会资源配置）。

（2）优化财政支出结构，要合理安排购买性支出与转移性支出、消费性支出与投资性支出的比例，保证重点支出，压缩一般支出，加大对农业、就业、文教科卫、社保等投入，提高资源配置的结构效率。

（3）合理安排财政投资支出的规模和结构，一方面，要为公共工程提供必要的资金保障；另一方面，要引导和调节社会投资方向（通过政府直接投资、财政贴息以及税收优惠等方式），提高社会整体投资效率。

（4）要提高财政自身管理和运营效率（通过实行部门预算制度、建立国库集中收付制度以及绩效评价制度等体制、机制改革）。

二、收入分配职能

财政收入分配职能是指为了实现公平分配的目标，政府通过财政手段进行再分配来调整国民收入初次分配结果的职能。初次分配是按所有者的生产要素数量及其价格分配。

财政实现收入分配职能的机制和手段（关键词是“分配、再分配”）：

（1）划清市场分配和财政（或政府）分配的界限与范围，二者各司其职，财政不能越位，也不能缺位。

（2）发挥通过财政转移性支付（将资金直接补贴给地区和个人，如对经济发展相对较慢地区的转移性支出，对社会保障、收入保障、教育以及健康等转移性支出）对收入进行再分配的调节作用。

（3）发挥通过公共支出提供社会福利（如公共卫生防疫、保障性住房以及福利设施与服务等）对收入进行再分配的调节作用。

（4）通过加强税收（如企业所得税、个人所得税、资源税以及遗产税等）对收入进行再分配的调节作用（这是在整个社会范围内进行的收入的直接调节，有一定的强制性）。

三、经济稳定和发展职能

财政行使稳定和发展职能具有物价稳定、经济增长、充分就业以及国际收支平衡四大目标。经济稳定和发展职能是指通过财政活动影响生产、消费、投资以及储蓄等，以达到稳定和发展经济的目的。

（一）经济稳定和经济发展

经济稳定与经济发展二者是相互统一的，经济稳定是基础，经济发展是前提。

（1）财政行使经济稳定职能的重点是维持社会资源在高水平利用状况下的稳定（不是在政府部门和私人部门之间进行配置）。

（2）发展比增长的含义要广，不仅包括促进经济增长，还包括随着经济增长而发生的经济结构改善、经济增长质量提高以及社会事业进步等变化。

（二）财政实现经济稳定和发展职能的机制和手段（关键词是“消费、投资、投入”）

（1）推动社会总供求的基本平衡（通过财政政策与货币政策的协调配合使用），实现四大目标。

（2）调节个人消费水平和结构（通过税收等手段）。

（3）调节社会投资需求水平（通过财政补贴、财政贴息、税收、公债等多方面的安排），影响就业水平，进而使经济保持一定的增长；调节社会经济结构和社会有效供给能力（通过财政直接投资）。

（4）财政要切实保障民生性的社会公共需要（如加大对文教科卫的投入，加大对节约资源、能源以及环境保护的投入，完善社会保障制度等），实现经济和社会的协调健康发展。

小试牛刀

[多选题] 财政配置资源的范围包括（　　）。

A. 对社会资源配置的引导性支出

B. 满足政府行使职能需要的支出

C. 进入竞争性产业的支出

D. 国家安全支出

E. 市场不能有效提供而社会又需要的准公共物品和服务的支出

[解析] 资源配置的范围是市场失灵而社会又需要的公共物品和服务的领域，包括以下几个方面：①满足诸如公共卫生、公共工程、科技等市场不能有效提供而社会又需要的准公共物品和服务的支出；②满足诸如国家安全、一般公共服务等政府行使职能需要的支出（包括政府机关的正常运转以及行使社会公共职能的基本需要的支出）；③满足诸如矫正外部效应，维护市场竞争等对社会资源配置的引导性支出。

[答案] ABDE

[多选题] 关于财政实现其职能的机制和手段的说法，正确的有（　　）。

A. 通过税收调节个人消费水平和结构，属于经济稳定和发展职能

B. 通过财政贴息引导和调节社会投资方向，属于资源配置职能

C. 通过建立国库集中收付制度提高财政自身管理效率，属于收入分配职能

D. 通过个人所得税将个人收益调节到合理水平，属于资源配置职能

E. 通过公共支出提供社会福利，属于收入分配职能

[解析] A项“通过税收调节个人消费水平和结构”属于经济稳定和发展职能。B项“通过财政贴息引导和调节社会投资方向”属于资源配置职能。C项“通过建立国库集中收付制度提高财政自身管理效率”属于资源配置职能，故错误。D项“通过个人所得税将个人收益调节到合理水平”属于收入分配职能，故错误。E项“通过公共支出提供社会福利”属于收入分配职能。

[答案] ABE

考点4 公共选择和政府失灵★★★

一、公共选择概述

(1) 产生时间：20世纪四五十年代。

(2) 产生国家：美国。

(3) 代表人物：詹姆斯·布坎南、戈登·塔洛克、威廉姆·尼斯坎南等。

(4) 主要内容：公共选择是关于“政府失灵”的理论，是对非市场决策的经济学研究，分析的是政治场景和公共选择中包括投票人、政治家、官僚等在内的个人的行为，对个人在政治环境中的行为做出科学的分析与判断（从与经济学同样的假设，即个人主义方法论和“经济人”假设出发）。

二、公共选择的三大理论基石

(1) “经济人”假设。

假设政治场景中的个人都是经济人，他们谋取的不是公共利益而是私利的最大化。

(2) 个人主义方法论。

做出选择和实施行动的主体是个人，社会是个人在给定的环境中理性选择的结果。人们只能通过对个人及其行为理解社会。

(3) 作为一种交易的政治过程。

在政治市场上，个人用自己同意承担的税收（或成本份额）来换取政府提供的公共物品和服务，另外，根据少数服从多数的原则，即使最终方案对持不同意见的少数人不利，他们也只能接受。

三、常见的政府失灵的表现形式

公共选择理论从理论上解释了政府失灵现象的存在，常见的政府失灵表现有：

(1) 选民“理性的无知”与“理性的非理性”。

由于存在选民“理性的无知”与“理性的非理性”，理性的选民往往随便投下自己神圣的一票，没有正确表达自己的偏好，这样，很难说公共物品和服务是政府根据选民表达的偏好来有效提供的。

①安东尼·唐斯的“理性投票人假说”：理性的个人投票与否，取决于参加投票的期望净

收益。

②“理性的无知”是指理性的选民没有动力花费时间和成本去搜寻有关选举的信息，因为他们不指望自己的一票能够影响到选举结果。

③“理性的非理性”是指理性的选民即使拥有必要的信息，也不愿意投入精力和时间，不会充分利用这些信息，因为他们认为自己手中的一票对于选举结果无足轻重。

(2) 投票循环（也称为“孔多塞悖论”）。

在某些情况下，存在着投票循环现象，也就是没有哪个候选对象能够稳定地胜出，民主投票没有任何结果。

(3) 利益集团与寻租。

利益集团可以影响公共政策的形成和运行，也可以通过寻租行为谋取私利，从而降低了经济效率。

(4) 政治家（或政党）选票极大化。

政治家（或政党）为了实现选票极大化，就要提出符合中间选民偏好的纲领或提案，但一味地为了中间选民的利益，会忽视少数派社会成员的利益和诉求，违背社会公正的原则。

(5) 官僚体系无效率。

官僚机构中的个人如果是经济人，他们就会利用自己手中所掌握的资源和权力，来谋求自我利益，这样，官僚体系就缺乏效率。尼斯坎南的官僚理论解释了官僚体系缺乏效率的原因。

小试牛刀

[**多选题**] 关于公共选择的说法，正确的有（　　）。

A. 公共选择是关于“政府失灵”的理论

B. 公共选择是对非市场决策的经济学研究

C. 公共选择理论产生于20世纪四五十年代的美国

D. 公共选择分析的是政治场景和公共选择中的个人行为

E. 公共选择的代表人物包括亚当·斯密、保罗·萨缪尔森等

[**解析**] 公共选择理论的代表人物是：詹姆斯·布坎南、戈登·塔洛克等，E项错误。

[**答案**] ABCD

[**单选题**] 下列关于公共选择中“个人主义方法论”的说法，错误的是（　　）。

A. 作出选择和实施行动的主体是个人

B. 作出选择和实施行动的主体是政党、省份、国家等机构组织

C. 社会是个人在给定环境中理性选择的结果

D. 人们只能通过对个人及其行为来理解社会

[**解析**] 可根据题干关键词“个人”来判断。作出选择和实施行动的主体是个人，而不是政党、省份、国家等机构组织，B项错误。

[**答案**] B

[**单选题**] 由于理性的选民手中的一票对于选举结果无足轻重，即使拥有必要的信息，选民也不愿意投入精力和时间，他们不会好好利用这些信息，这称为（　　）。

A. “非理性的无知”　　B. “非理性的理性”

C. “理性的无知”　　D. “理性的非理性”

[解析]“理性的非理性”是指由于手中的一票对于选举结果无足轻重，即使拥有必要的信息，选民也不愿意投入精力和时间，他们不会好好利用这些信息。

[答案] D

考点5 尼斯坎南的官僚理论★★

一、尼斯坎南模型中官僚机构具有的两大特征

(1) 在给定需求与成本约束的条件下，官僚经常使本部门的总预算最大化。

(2) 官僚机构通过生产某种公共物品和服务（或其组合），与作为其服务对象的立法机构或其中间投票人交换预算拨款。

二、尼斯坎南模型的重要政策含义（在政府生产公共物品的问题上）

(1) 通过改变对官僚的激励，最小化既定产出的成本。

(2) 通过增强官僚部门内部的竞争性（可以增加某一行业官僚部门的数量或者是允许其他行业现有的官僚部门通过业务参与），强化竞争。

(3) 通过增加公共物品和服务的生产外包（即让更多的私企加入生产），提高效率。

小试牛刀

[多选题] 下列行为中，符合尼斯坎南模型的有（　　）。

A. 通过公共物品和服务的生产外包，提高效率

B. 增加某一行业官僚部门的数量，提高竞争性

C. 通过改变对官僚的鼓励，引导其最小化既定产出的成本

D. 通过政府垄断生产公共物品，提高效率

E. 增强官僚部门内部的竞争性

[解析] 根据尼斯坎南模型，要提高效率，应该通过公共物品和服务的生产外包（即让更多的私企加入生产），而不是通过政府垄断生产公共物品。D项错误。

[答案] ABCE

第十二章　财政支出

知识脉络

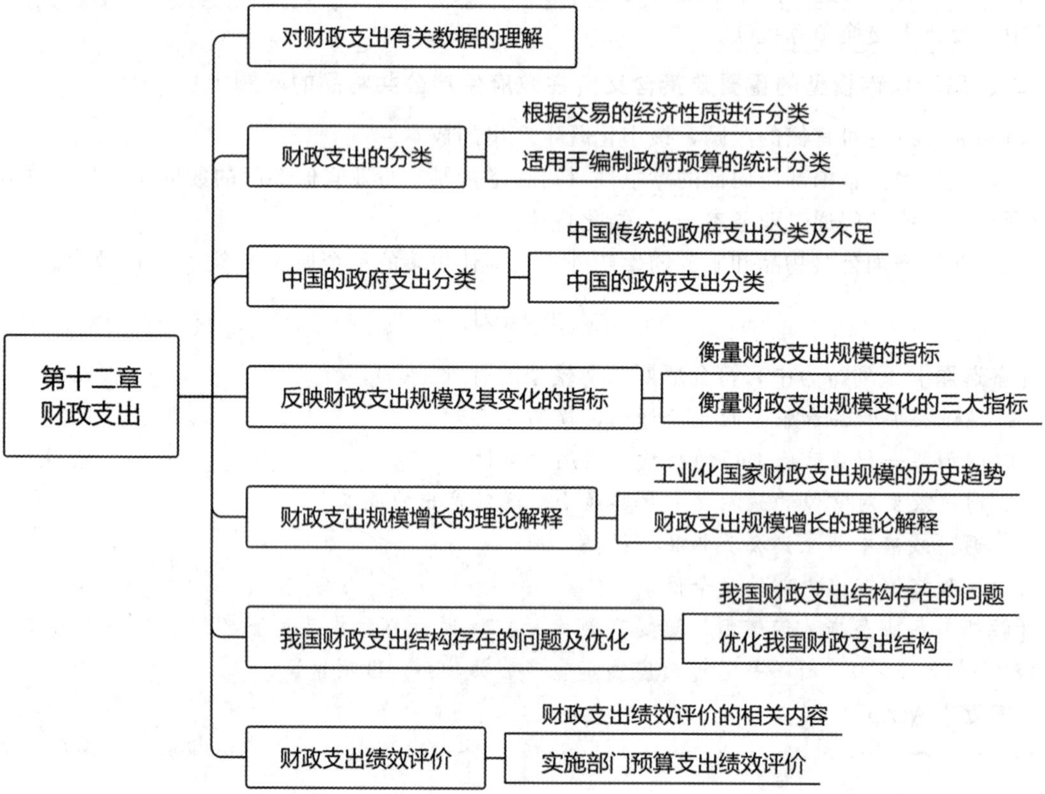

- 第十二章 财政支出
  - 对财政支出有关数据的理解
  - 财政支出的分类
    - 根据交易的经济性质进行分类
    - 适用于编制政府预算的统计分类
  - 中国的政府支出分类
    - 中国传统的政府支出分类及不足
    - 中国的政府支出分类
  - 反映财政支出规模及其变化的指标
    - 衡量财政支出规模的指标
    - 衡量财政支出规模变化的三大指标
  - 财政支出规模增长的理论解释
    - 工业化国家财政支出规模的历史趋势
    - 财政支出规模增长的理论解释
  - 我国财政支出结构存在的问题及优化
    - 我国财政支出结构存在的问题
    - 优化我国财政支出结构
  - 财政支出绩效评价
    - 财政支出绩效评价的相关内容
    - 实施部门预算支出绩效评价

考点1　对财政支出有关数据的理解★★

财政支出是政府行为活动的成本，是政府为了获得其所需要的商品和劳务，履行其自身的职能而进行的财政资金支付。对财政支出的有关数据可以通过财政支出规模、财政支出结构以及财政支出的经济性质三个方面来理解。

（1）财政支出规模（简单地说就是政府掌控和花了多少钱，具体内容见考点4）。

（2）财政支出结构（简单地说就是政府花钱干了哪些事）。

财政支出结构是政府各类支出在财政支出总额中所占的比重（如国防支出的比重、教育支出的比重等，人们可以更好地了解政府对财政资金是如何运用的）。

（3）财政支出的经济性质（政府的钱具体是怎么花的）。

财政支出的经济性质是政府各项财政支出的具体经济构成。如在国防支出中，训练费花了多少钱，装备费花了多少钱，人员生活费花了多少钱，反映了政府在社会经济生活中实际履行哪种职能。

考点2 财政支出的分类★★★

一、根据交易的经济性质进行分类

利用该分类体系，把财政支出分为购买性支出和转移性支出，可以从宏观上考察一个国家的政府是偏好于资源配置职能，还是收入再分配职能，以及作为经济主体直接参与经济过程的程度。

（1）购买性支出（也叫消耗性支出，简单地说就是政府花了钱，买到了相应的东西）。

购买性支出包括政府消费性支出（如政府行政管理支出）和政府投资性支出（如政府基础设施投资），是政府为了履行职能，从私人部门购买物品和劳务而发生的费用支出，据此可以看出政府在实际中参与社会资源的配置，影响着社会消费和投资的总量及构成。

（2）转移性支出（简单地说就是政府给了钱，但没有要东西）。

转移性支出（如社会保险支出、财政补贴支出）是政府把财政资金依法拨付给受益对象，而没有要求获得相应的物品和劳务，在这个过程中，政府只是扮演着中介者的角色。政府把财政资金拨付给受益对象，能够实现在其他社会主体中重新分配购买力和社会财富。

二、适用于编制政府预算的统计分类

（1）财政支出功能分类（反映政府的职能）。

财政支出功能分类是依据政府提供公共物品和服务的产出性质来进行的分类（如政府花钱是用于国防、教育支出，还是用于社会保障和就业支出）。

根据国际货币基金组织（IMF）编写的《政府财政统计手册（2001年）》，财政支出按功能分类，分为十大类：一般公共服务、国防、公共秩序和安全、经济事务、环境保护、住房和社会服务设施、医疗保健、娱乐文化和宗教、教育和社会保护。

（2）财政支出经济分类（反映政府支出的经济性质和具体用途）。

财政支出经济分类是依据政府生产公共物品的成本投入来进行的分类，是对政府支出更为明细的反映（如政府的教育费是发了工资，还是买了电脑，或者是建设了学校）。

根据国际货币基金组织编写的《政府财政统计手册（2001年）》，按功能分类的每一大类支出，又按经济性质分为八大类：雇员补偿、商品与服务的使用、固定资本消耗、利息、补贴、赠与、社会福利和其他支出。

小试牛刀

［多选题］下列财政支出中，属于按交易的经济性质分类的有（　　）。

A. 环境保护支出　　B. 购买性支出

C. 经济事务支出　　D. 医疗保健支出

E. 转移性支出

［解析］根据交易的经济性质进行分类，财政支出分为购买性支出和转移性支出。

［答案］BE

考点3 中国的政府支出分类★★

一、中国传统的政府支出分类及不足

在2007年实施新的政府收支分类改革之前，中国传统的支出分类标准不统一（部分支出按经济性质分类，部分支出按功能分类），同国际通行的财政支出功能分类和财政支出经济分类方法相比，是一种功能和性质混合的分类方法，有很多不足的地方，包括：①难以精确反映财政支出的经济性质；②无法全面反映政府职能；③不利于细化预算编制和强化预算约束；④难以进行国际比较。

二、中国的政府支出分类改革

中国的政府支出分类改革，具体科目设计以“体系完善、反映全面、分类明细、口径可比、便于操作”为目标。

支出功能分类科目设类、款、项三级，《2021年政府收支分类科目》中一般公共预算支出功能分类科目为：一般公共服务支出、外交支出、国防支出、公共安全支出、教育支出、科学技术支出、文化旅游体育与传媒支出、社会保障和就业支出、卫生健康支出、节能环保支出、城乡社区支出、农林水支出、交通运输支出、资源勘探工业信息等支出、商业服务业等支出、金融支出、援助其他地区支出、自然资源海洋气象等支出、住房保障支出、粮油物资储备支出、灾害防治及应急管理支出、预备费、其他支出、转移性支出、债务还本支出、债务付息支出、债务发行费用支出。

考点4 反映财政支出规模及其变化的指标★★★

一、衡量财政支出规模的指标

财政支出规模是衡量一定时期内政府支配了多少社会资源，满足公共需要能力高低的重要指标，反映着政府对社会经济发展影响力的强弱。衡量财政支出规模的指标一般有绝对规模指标和相对规模指标两大类。

（一）财政支出绝对规模

财政支出绝对规模是政府在预算年度的财政支出总和，如2019年我国一般公共预算支出为238 874亿元。

财政支出的绝对规模（总量）呈不断增长的趋势。

（二）财政支出相对规模

财政支出相对规模常用财政支出规模与其他经济变量的关系来反映。我国常用两种测量方法来反映：

（1）财政支出占当年国内生产总值的比重，反映了政府实际参与社会经济生活的程度（或反映了政府干预经济的程度）。财政支出占国内生产总值的比重一般是不断上升的趋势。

（2）中央财政支出占当年全国财政支出的比重，反映了中央政府对地方政府的控制程度。中央财政支出占全国财政支出的比重是相对稳定的。

另外，还可以用人均财政支出指标反映人均享受的公共服务水平。人均财政支出指标一般是呈不断增长的趋势。

二、衡量财政支出规模变化的三大指标

由财政支出规模的绝对指标和相对指标可以衍生出反映财政支出变化的三个指标，见表

12-1。

表 12-1　财政支出规模变化的三大指标

三大指标	具体内容
财政支出增长率［ΔG（%）］	财政支出增长率＝（当年财政支出－上年财政支出）/ 上年财政支出
	表明当年财政支出比上年同期财政支出增长的百分比，反映了财政支出的增长趋势
财政支出增长弹性系数（E_g）	财政支出增长弹性系数＝财政支出增长率 / 国内生产总值增长率
	表明国内生产总值每增长1%时，财政支出增长百分之几，如果弹性系数大于1，表明财政支出增长速度快于国内生产总值（GDP）增长速度
财政支出增长边际倾向（MGP）	财政支出增长边际倾向＝财政支出增长额 / 国内生产总值增长额
	表明国内生产总值每增加一个单位时，财政支出增加多少个单位

小试牛刀

［单选题］ 通常情况下，能够反映政府实际参与社会经济生活程度的数据是（　　）。

A. 财政支出结构

B. 财政支出规模

C. 转移支付规模

D. 转移支付结构

［解析］ 财政支出规模，反映着政府对社会经济发展影响力的强弱，反映了政府实际上参与社会经济生活的程度。

［答案］ B

［单选题］ 下列财政指标中，属于反映财政支出增长额与国内生产总值增长额之间关系的是（　　）。

A. 财政支出增长的弹性系数

B. 财政支出增长的边际倾向

C. 财政支出增长率

D. 财政支出超储率

［解析］ 财政支出增长的边际倾向表明财政支出增长额与国内生产总值增长额之间的关系。

［答案］ B

［单选题］ 下列有关衡量财政支出规模变化指标的说法中，不正确的是（　　）。

A. 衡量财政支出规模变化的指标有财政支出增长率、财政支出增长的弹性系数和财政支出增长的边际倾向

B. 若某国 2020 年的财政支出增长率为 10%，国内生产总值增长率为 5%，该国财政支出增长弹性系数为 0.5

C. 若某国财政支出 2019 年为 175 768 亿元，2020 年为 187 841 亿元，2020 年财政支出增长率是 6.87%

D. 若某国 2020 年的财政支出增长额为 12 073 亿元，国内生产总值增长额为 67 419 亿元，该国 2020 年财政支出增长的边际倾向是 0.179 1

［解析］ 衡量财政支出规模变化的指标有财政支出增长率、财政支出增长的弹性系数和财

政支出增长的边际倾向，A 项正确。2020 年财政支出增长弹性系数＝10%/5%＝2，B 项错误。2020 年财政支出增长率＝（187 841－175 768）/175 768＝6.87%，C 项正确。2020 年财政支出增长的边际倾向＝12 073/67 419＝0.179 1，D 项正确。

［答案］B

考点5 财政支出规模增长的理论解释★★★

一、工业化国家财政支出规模的历史趋势

自 20 世纪初期以来，根据各工业化国家财政支出的实践，有一个普遍的趋势，那就是财政支出的规模先是持续增大，而后渐渐稳定在相对较高的水平上。

二、财政支出规模增长的理论解释

不同的经济学家试图从不同的角度去解释财政支出规模的增长，具体理论见表 12-2。

表 12-2 财政支出规模增长的理论解释

理论	代表人物	主要内容
政府活动扩张法则（即瓦格纳法则）	阿道夫·瓦格纳（德国）	瓦格纳认为，财政支出规模不断扩大是社会经济发展的一个客观规律 伴随着工业化进程，社会和经济的发展增加了对政府活动的需求，进而公共支出也随之不断增长（如为了减少冲突和矛盾，维护社会和经济正常秩序；为了纠正外部效应等市场失灵；文化、教育、福利等财政支出项目的增长都需要政府增加公共支出）
梯度渐进增长理论	艾伦·皮考克、杰克·魏斯曼（英国）	该理论是他们通过对 1890—1955 年英国公共支出的历史数据进行研究提出的，认为英国的公共支出增长是“非连续的”“阶梯式的” 财政支出的最高限度是公众可容忍的税收负担，公共支出增长的内在原因是公众可容忍税收水平的提高。一般情况下，财政公共支出增长与国内生产总值增长以及税收收入增长呈线性关系，在正常年份，随着税收增加，公共支出逐渐上升，表现为“渐进”增长 公共支出增长的外在原因是社会突变（如战争、经济危机、自然灾害、社会动荡等）。当突变发生时，税率会提高，公共支出会迅速增加；当突变结束时，公共支出会下降，但不会下降到原来的水平，这样，财政支出表现为“梯度”增长趋势
经济发展阶段增长理论	理查德·马斯格雷夫（美国）	马斯格雷夫认为，不同时期财政支出作用发生变化，财政支出的数量也随之变化： （1）早期（或初期）阶段：建设基础设施等，政府投资比重较大 （2）中期阶段：私人投资上升，政府投资比重相对下降 （3）成熟阶段：为了环境、交通、教育、通讯等项目以及对付市场失灵，政府投资比重会进一步提高
非均衡增长理论	威廉·鲍莫尔（美国）	通过分析公共部门平均劳动生产率的状况来解释财政支出增长的原因 鲍莫尔把国民经济部门分为两类：进步部门（技术起决定作用，生产率不断提高）和非进步部门（劳动起决定作用，生产率缓慢提高）。在其他因素不变的情况下，非进步的、生产率偏低的公共部门的规模会随着进步部门工资率的增长而增长，导致政府支出规模不断扩大

续表

理论	代表人物	主要内容
公共选择学派的解释	—	公共选择学派的解释体现在以下四个方面： (1) 选民会出现“财政幻觉”，在进行财政事务决策的时候，他们会主动投票支持更大的财政支出规模。“财政幻觉”是指选民通常更为关心的是扩大公共支出给他们带来的好处，却忽视了自己要付出的代价（税收负担可能会同时增长） (2) 政治家倾向于把更大的财政支出作为手段，以此来争取选民、赢得选票、获得公众的拥护 (3) 掌握着更精确成本信息的官僚机构，在很多公共事务上，为了最大化部门和个人的权力及利益，提出的预算规模（供代议机关表决的）往往比较大 (4) 对于任何一项具体的事务而言，公共利益都很难界定，不同利益方为了自己的利益，很可能“互投赞同票”，从而增大预算规模

小试牛刀

[多选题] 下列经济理论中，属于财政支出规模增长理论的有（　　）。

A. 梯度渐进增长理论　　B. 非均衡增长理论

C. 政府活动扩张法则　　D. 内生增长理论

E. 经济发展阶段增长理论

[解析] 财政支出规模增长的理论解释包括：①政府活动扩张法则——瓦格纳（德国）；②梯度渐进增长理论——皮考克、魏斯曼（英国）；③经济发展阶段增长理论——马斯格雷夫（美国）；④非均衡增长理论——鲍莫尔（美国）；⑤公共选择学派的解释。

[答案] ABCE

[单选题] 财政幻觉是指（　　）。

A. 民众通常更关心减轻税收负担，却忽视了可能享受的公共服务水平也会降低

B. 民众通常相信随着经济的发展，市场食品问题会越来越少，政府支出规模会保持稳定

C. 民众通常相信财政支出数量会随着不同时期财政支出作用的变化而变化

D. 民众通常更关心扩大公共支出能给自己带来的好处，却忽视了税收负担也有可能同时增长

[解析] “财政幻觉”是指选民通常更为关心扩大公共支出能给自己带来的好处，而忽视了税收负担也有可能同时增长。

[答案] D

[多选题] 下列有关财政支出规模增长理论解释的说法中，正确的有（　　）。

A. 瓦格纳认为财政支出规模不断扩大是社会经济发展的一个客观规律

B. 梯度渐进增长理论是由英国经济学家皮考克、魏斯曼在对美国 1890—1955 年公共支出的历史数据进行研究的基础上提出的

C. 梯度渐进增长理论认为，公共支出增长的内在原因是公众可容忍税收水平的提高，外在原因是社会突变

D. 经济发展阶段增长理论认为，财政支出数量的变化，是随着不同时期财政支出作用的变化而变化的

E. 美国经济学家鲍莫尔通过分析私人部门平均劳动生产率的状况，对财政支出增长原因做出了解释，该理论认为在生产率不断提高的部门，技术起着决定作用

［解析］梯度渐进增长理论是由英国经济学家皮考克、魏斯曼在对英国 1890—1955 年公共支出的历史数据进行研究的基础上提出的，B 项错误。美国经济学家鲍莫尔通过分析公共部门平均劳动生产率的状况，对财政支出增长原因做出了解释，E 项错误。

［答案］ACD

考点 6 我国财政支出结构存在的问题及优化★★

一、我国财政支出结构存在的问题

我国长期以来，财政支出再分配功能受到挤压，资源配置职能比例过大，范围过广。

（1）社会性支出（即用于科教文卫等社会服务的事业性支出）的比重逐步上升，但是还需要进一步增加数量、改善质量。

我国财政支出忽视社会性支出，重视一般公共服务和经济服务（尤其是经济建设事务），这种在结构上偏离的情况，成为造成社会发展严重滞后于经济发展的关键原因之一。

（2）转移性支出占财政支出的比重偏低（动态上看有缓慢上升的趋势），购买性支出占财政支出的比重长期偏大（动态上看有缓慢下降的趋势）。

（3）从购买性支出本身来看，近年来我国政府投资性支出占财政支出的比重略有下降（经推算，我国政府性投资占财政预算支出的比重约为 28%），不过相对于消费性支出而言，仍然徘徊在较高的水平上。

二、优化我国财政支出结构

（一）《中华人民共和国国民经济和社会发展第十三个五年规划纲要》（以下简称《“十三五”规划纲要》）对推进行政体制改革提出的明确要求

加快政府职能转变，持续推进简政放权、放管结合、优化服务，提高行政效能，激发市场活力和社会创造力。

（二）优化我国财政支出结构的方向

（1）政府应对再分配问题给予更多的关注，扩大转移性支出的比重，相应压缩购买性支出，让财政支出向人力资本和社会资本倾斜。

（2）对于购买性支出中的消费性支出，要从严控制行政性公共消费，保证重点支出，让支出主要用于同民生相关以及社会发展的薄弱环节；对于购买性支出中的投资性支出，既要控制、调减其规模，还要有保有压。

（三）优化我国财政支出结构的具体措施

（1）对一般性开支要严格控制，坚持勤俭办事业，降低行政成本。

（2）对转移支付的结构要优化。对于一般性转移支付要增加其规模和比例，对于专项转移支付要清理、整合、规范，并进行严格控制。

（3）大力支持医疗卫生事业、教育事业发展，大力支持生态环境建设以及社会保障和就业工作。保证财政性教育经费支出占国内生产总值比例一般不低于 4%。

小试牛刀

[单选题] 教育是国家发展的基石，教育公平是社会公平的重要体现。根据《关于进一步调整优化结构提高教育经费使用效益的意见》，保证国家财政性教育经费支出占国内生产总值比例一般不低于（　　）。

A. 2%　　B. 4%　　C. 3%　　D. 5%

[解析] 教育是国家发展的基石，教育公平是社会公平的重要体现。要保证财政性教育经营的增长幅度明显高于财政经常性收入的增长幅度，逐步提高财政性教育经费占财政支出的比重，保证财政性教育经费支出占国内生产总值比例一般不低于4%。

[答案] B

考点7 财政支出绩效评价★★★

财政支出绩效是指完成财政支出目标所取得的效果、影响及其效率。把现代市场经济的一些理念融入财政预算支出管理中是建立财政支出绩效评价体系的核心。

一、财政支出绩效评价的相关内容

财政支出绩效评价的主体、对象、内容及3E原则见表12-3。

表12-3　财政支出绩效评价的主体、对象、内容及3E原则

项目	具体内容
主体	政府及其财政部门
对象	使用财政资金的部门或机构
内容	公共委托—代理事项
3E原则	经济性、效率性、效果性。后来在3E基础上又加入了“公平性”

二、实施部门预算支出绩效评价

实施部门预算支出绩效评价的目的、内容、程序、原则、方法及指标选择见表12-4。

表12-4　实施部门预算支出绩效评价的相关内容

项目	具体内容
目的	对财政支出结构进行优化，合理配置资源，对预算资金分配进行规范，提高资金使用效益和效率
内容	包括制定绩效目标，建立绩效评价指标体系，采取管理措施，考核评价目标的实现程度和效果，提高预算编制、执行及管理水平
程序（一般分为三个阶段）	前期准备→实施评价→撰写评价报告
原则（4个）	统一领导原则、客观公正原则、分类管理原则、科学规范原则（定性与定量相结合）
方法（4个）	成本效益分析法、因素分析法、公众评价法、比较法
绩效评价指标选择的原则（4个）	财政支出绩效评价的关键是确定合理的绩效评价指标，具体包括相关性原则、经济性原则、重要性原则、可比性原则

小试牛刀

[单选题] 财政支出绩效评价的主体是（　　）。

A. 政府及其财政部门　　B. 各级人民代表大会

C. 审计部门　　D. 监察部门

[解析] 财政支出绩效评价的主体是政府及其财政部门。

[答案] A

[多选题] 下列有关财政支出绩效评价的说法中，正确的有（　　）。

A. 财政支出绩效是指财政支出目标完成所取得的效果、影响及其效率

B. 建立财政支出绩效的核心是把现代市场经济的一些理念融入财政预算支出管理中

C. 财政支出绩效评价的主体是政府及其财政部门

D. 财政支出绩效评价的对象是国有企业

E. 财政支出绩效评价的内容是公共委托—代理事项

[解析] 财政支出绩效评价的对象是使用财政资金的部门或机构，D 项错误。

[答案] ABCE

[多选题] 确定财政支出绩效评价指标应遵循的原则有（　　）。

A. 平衡性原则　　B. 相关性原则

C. 可比性原则　　D. 重要性原则

E. 经济性原则

[解析] 绩效评价指标的选择要遵循相关性原则、可比性原则、重要性原则和经济性原则。

[答案] BCDE

第十三章 财政收入

知识脉络

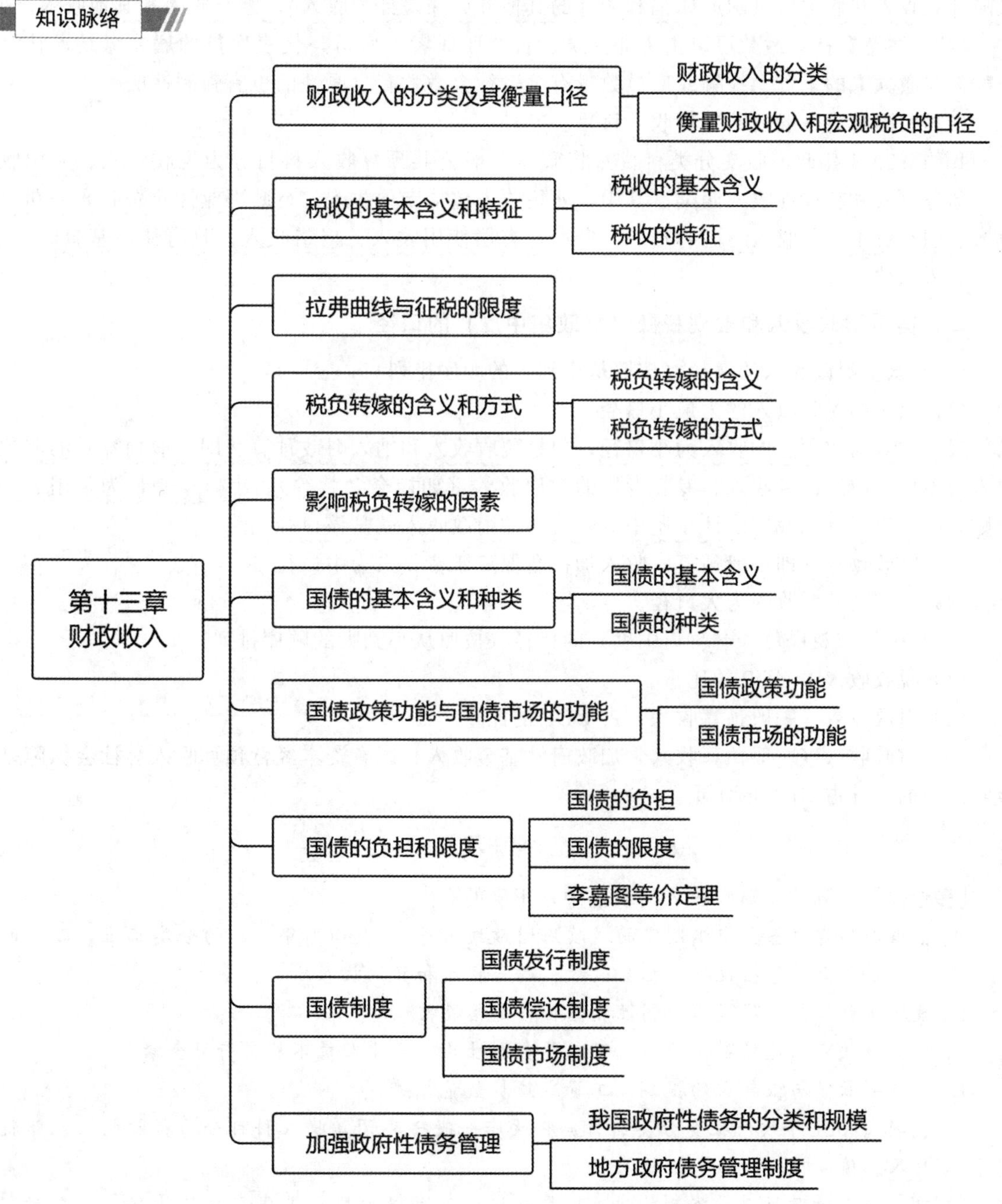

考点① 财政收入的分类及其衡量口径★★★

财政收入是政府为了提供公共物品和服务、实施公共政策以及履行职能的需要而筹集的一切资金的总和（表现为货币收入）。

一、财政收入的分类

（1）根据国际货币基金组织《政府财政统计手册（2001年）》的分类标准，政府有四种主要的收入来源渠道：税收（政府从私人部门获得的强制性资金转移）、社会缴款（包括社会保障计划收入和雇主提供的退休福利之外的其他社会保险计划收入）、赠与收入和其他收入。

【特别注意】社会缴款可以由无业人员、自营职业者、雇员、代表雇员的雇主缴纳，社会缴款额与缴款人的工资、报酬或雇员数量有关，社会缴款有自愿性的也有强制性的。

（2）我国政府一般公共预算收入科目。

我国《2021年政府收支分类科目》将政府一般公共预算收入科目分为税收收入、非税收入、债务收入和转移性收入四类。其中，非税收入包括专项收入、行政事业性收费收入、罚没收入、国有资本经营收入、国有资源（资产）有偿使用收入、捐赠收入、政府住房基金收入、其他收入八款。

二、衡量财政收入和宏观税负（财政集中度）的口径

（一）衡量财政收入的口径（按照从小到大的顺序排列）

（1）只包括税收收入的为最小口径。

（2）纳入财政预算的收入为小口径，包括税收收入和纳入财政预算（即一般预算）的非税收入，不包括政府债务收入、专款专用的政府收入（如社会缴款等）。小口径是最为常用的一个财政收入口径（如我国统计年鉴中对外公布的财政收入就是该口径）。

（3）财政预算（即一般预算）收入加社会保障缴费收入为中口径。

（4）全部的政府收入为大口径。

（二）衡量宏观税负（财政集中度）的口径（按照从小到大的顺序排列）

（1）税收收入占GDP的比重。

（2）财政收入（一般预算收入）占GDP的比重。

（3）财政收入（一般预算收入）加政府性基金收入、国有资本经营预算收入、社会保障基金收入后的合计占GDP的比重。

小试牛刀

［多选题］下列关于财政收入的表述中，正确的有（　　）。

A. 根据国际货币基金组织制定的《政府财政统计手册（2001年）》的分类标准，政府的收入来源渠道包括税收、社会缴款、赠与收入和其他收入

B. 政府从私人部门获得的强制性资金转移是指税收

C. 社会缴款可以是强制性的，也可以是自愿性的，无业人员不能进行社会缴款

D. 社会缴款额与缴款人的报酬、工资或雇员数量相关

E. 我国《2021年政府收支分类科目》将政府一般公共预算收入科目分为税收收入、非税收入、债务收入和转移性收入

［解析］社会缴款可以是强制的也可以是自愿的，可以由雇员、代表雇员的雇主、自营职

业者缴纳，也可以由无业人员缴纳，C 项错误。

[答案] ABDE

[多选题] 关于不同口径的财政收入的说法，正确的有（　　）。

A. 大口径的财政收入包括政府全部收入

B. 小口径的财政收入包括政府债务收入

C. 最小口径的财政收入仅包括税收收入

D. 中口径的财政收入包括财政预算收入

E. 中口径的财政收入包括社会保障缴费收入

[解析] 纳入财政预算的收入为小口径，包括税收收入和纳入财政预算（即一般预算）的非税收入，不包括政府债务收入、专款专用的政府收入（如社会缴款等），B 项错误。

[答案] ACDE

考点 2 税收的基本含义和特征★★

一、税收的基本含义

各国政府财政收入的最主要形式是税收。税收是国家为了满足公共需要，实现政府的职能，依照法律规定，依靠政治权力，向单位和个人进行的强制的、无偿的征收而取得财政收入的一种形式。税收的内涵见表 13-1。

表 13-1　税收的内涵

税收的项目	内容
征收目的	满足社会公共需要（或满足国家职能的需要）
征收依据	法律（凭借政治权力，而不是财产权力）
征收过程	物质财富从私人部门无偿地、单向地转移给国家
征收主体	国家
征收客体	单位和个人
征收的直接结果	国家取得了财政收入

二、税收的特征（“三性”）

税收的特征包括固定性、强制性和无偿性，其中，无偿性是税收本质的体现。

小试牛刀

[单选题] 税收本质的体现是（　　）。

A. 强制性　　B. 灵活性

C. 无偿性　　D. 固定性

[解析] 税收的基本特征包括强制性、无偿性和固定性。税收的无偿性是指政府向纳税人进行的无须偿还的征收，无偿性是税收本质的体现。

[答案] C

考点3 拉弗曲线与征税的限度★★★

拉弗曲线是说明税率与税收收入或经济增长之间的函数关系的一条曲线（抛物线形状），见图 13-1。

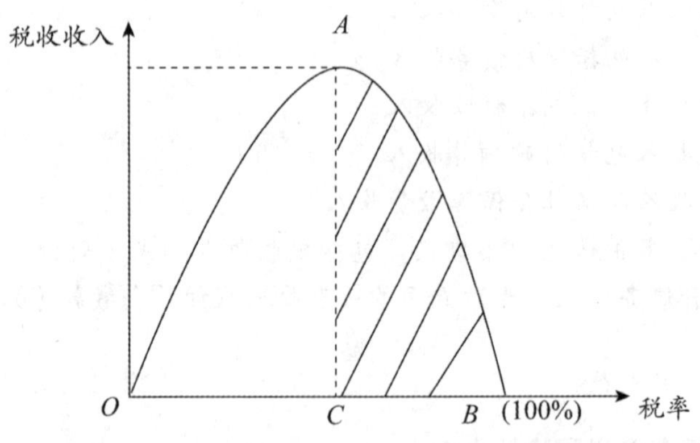

图 13-1 拉弗曲线

供给学派认为，低边际税率会提高人们的工作积极性，会鼓励投资、增加资本存量，也会使人们心安理得地纳税，从而增加税收收入；高边际税率，则会有相反的效果。图中，税率在 C 点时，税收收入最大；税率在 B 点（为 100%）时，税收收入降为零，供给学派把 CAB 区域（也就是图中的阴影部分）称为税率“禁区”。当税率在 OC 区间（较低的税率区间）时，税率逐级提高，税收收入也会随之增加；当税率进入禁区后（较高的税率区间），税率提高，税收收入减少。因此，面对税率“禁区”，各国政府要注意涵养税源。

拉弗曲线阐明的经济含义至少包括：①高税率不一定带来高税收收入，而高税收收入也不一定要实行高税率；②取得同样多的税收收入，可以采取两种不同的税率；③税率、税收收入和经济增长之间存在着相互依存、相互制约的关系。因此，保持适度的宏观税负水平是促进经济增长的一个重要条件。

小试牛刀

［**多选题**］下列有关拉弗曲线与征税限度的表述中，正确的有（　　）。

A. 拉弗曲线是对税率与税收收入或经济增长之间关系的形象描述

B. 拉弗曲线表明，税率越高，政府征得的税收收入越多

C. 高税率不一定带来高税收收入，在高的税率区间内，税收收入将随税率的增加而降低

D. 拉弗曲线提示各国政府，征税有“禁区”，要注意涵养税源

E. 拉弗曲线的基本含义是保持适度的宏观税负水平是促进经济增长的一个重要条件

［**解析**］高税率不一定带来高税收收入，而高税收收入也不一定要实行高税率，B 项错误。

［**答案**］ACDE

考点4 税负转嫁的含义和方式★★★

一、税负转嫁的含义

税负转嫁是纳税人通过提高售价或压低进价等各种途径将其已经缴纳的税款全部或部分转移给购买者或供应者等其他人的过程。

二、税负转嫁的方式

（1）前转或顺转。提高售价，把税负转给购买者或最终消费者，多发生在流转税上，是最典型和最普遍的形式。

（2）后转或逆转。压低进价，把税负转给商品或生产要素的供给者，如零售商把税负转移给批发商。税负后转借助的是一般消费品，是在商品交易时发生的一次性税款的一次性转嫁。

（3）混转或散转。前转和后转的混合方式，实践中比较常见。

（4）旁转或侧转。税负转嫁给购买者或者供应者以外的其他人负担，如压低运输价格，将税负转嫁给运输者。

（5）消转。通过提高劳动生产率等措施降低成本、增加利润来抵消税负，实际上是纳税人自己负担了，是一种特殊的税负转嫁形式。

（6）税收资本化或资本还原。现在承担未来的税收，未来税款预先从购入价格中扣除，即通过压低进价向后转嫁给生产要素出售者。税收资本化主要发生在土地和收益来源较具永久性质的政府债券等资本物品的交易中，最典型的就是对土地交易的课税。税收资本化是税收后转的一种特殊形式，不过，税收资本化借助的是资本品，是在商品交易后发生的预期历次累计税款的一次性转嫁。

小试牛刀

[多选题] 下列关于税负转嫁方式的说法中，正确的有（　　）。

A. 厂商通过提高其所提供商品价格的方法，将其所纳税款转移给商品购买者或最终消费者负担的税负转嫁方式是前转，也称为顺转

B. 企业通过改善经营管理、提高劳动生产率等措施来降低成本、增加利润，从而抵消税负的税负转嫁方式是消转

C. 在实践中比较常见的税负转嫁方式是混转，也称为散转

D. 税收转嫁最典型和最普遍的形式是前转

E. 税负后转借助的是一般消费品，是在商品交易后发生的预期历次累计税款的一次性转嫁

[解析] 税负后转是纳税人通过压低购入商品或者生产要素进价的方式，将其缴纳的税收转给商品或者生产要素供给者的一种税负转嫁。税负后传借助的是一般消费品，是在商品交易时发生的一次性税款的一次性转嫁；而税收资本化借助的是资本品，是在商品交易后发生的预期历次累计税款的一次性转嫁。E 项错误。

[答案] ABCD

考点5 影响税负转嫁的因素★★★

下面以对税负不容易转嫁的情形进行说明，税负容易转嫁的情形与之相反：

（1）应税商品供给与需求的弹性。是决定税负转嫁状况的关键因素，需求弹性较大，供给弹性较小的商品，税负不容易转嫁。

（2）课税范围的大小。课税范围狭窄的商品，税负不容易转嫁。

（3）课税商品的性质。非生活必需品课税（如高尔夫球及球具），税负不容易转嫁。

（4）商品的竞争（或垄断）程度。对竞争性商品课征的税，税负不容易转嫁。

（5）课税与经济交易的关系。直接对纳税人课征的税（如所得税），税负不容易转嫁。

小试牛刀

[多选题] 下列关于税负转嫁的说法，正确的有（　　）。

A. 对非生活必需品的课税，税负容易转嫁

B. 课税范围越狭窄，税负越容易转嫁

C. 对需求弹性小的商品课税，税负容易转嫁

D. 与经济交易无关而直接对纳税人课征的税，税负容易转嫁

E. 商品的供给与需求弹性是决定税负转嫁状况的关键因素

[解析] 非生活必需品需求弹性大，对其课税，税负不易转嫁，A项错误。课税范围越狭窄，越容易对商品的购买者产生替代效应，税负难以转嫁，B项错误。与经济交易无关而直接对纳税人课征的税（如所得税），税负不容易转嫁，D项错误。

[答案] CE

考点6 国债的基本含义和种类★★

一、国债的基本含义

国债主要是指一国中央政府作为主体取得资金来源所形成的国家债务。国债的发行必须遵循信用原则（即有借有还），是一种非经常性的、有偿形式的财政收入。

国债与私债相比，有政府信用的担保、风险小，通常被称为"金边债券"。政府发行的短期国债（国库券是最典型的短期国债形式），流动性强，被称为"有利息的钞票"。

国债低风险的信任基础包括：债权国谨守财政货币约束、经济健康增长、经济结构合理等。

二、国债的种类

（1）依据借入债务到偿还债务的时间长短，国债可以分为短期国债（1年以内）、中期国债（1～10年）、长期国债（10年以上）。

（2）依据利率的变动情况，国债可以分为固定利率国债（利率不再调整）和浮动利率国债（利率可以调整）。

（3）依据国债发行地域不同，国债可以分为内债和外债。

（4）依据国债债务本位的不同，国债可以分为货币国债（借货币还货币）和实物国债（一般在高通货膨胀时期采用，以实物为标准，如我国1950年发行的"人民胜利折实公债"）。

（5）依据国债能否在证券市场流通，国债可以分为上市（流通）国债（多为中短期国债，可以在证券市场上自由买卖和转让）和非上市（流通）国债（多为长期国债）。

小试牛刀

[多选题] 下列关于国债的基本含义和种类的表述中，正确的有（　　）。

A. 国债是一种有偿形式的、非经常性的财政收入

B. 国债由于有政府信用的担保、风险小，通常被称为"金边债券"

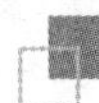

C. 国债低风险的信任基础包括债权国谨守财政货币约束、经济健康增长、经济结构合理等

D. 中期国债是指 1 年以上 5 年以内的政府债务

E. 浮动利率国债的利率可以根据物价指数或市场利息率的变动情况进行调整

[解析] 中期国债是指 1 年以上 10 年以内的政府债务，D 项错误。

[答案] ABCE

考点7 国债政策功能与国债市场的功能★★

一、国债政策功能

(1) 弥补财政赤字。

弥补财政赤字的办法包括增加税收、向中央银行借款、发行国债等方式，其中，通过发行国债（或举借公债）来弥补财政赤字，可能产生的副作用较小，是当今世界各国的普遍做法。

(2) 筹集建设资金。

政府需要投资建设的项目很多，只靠税收难以满足，需要通过发行国债来筹集建设资金。

(3) 调控宏观经济。

通过发行国债筹集建设资金，可以增加政府投资，扩大生产，调整经济和产业结构，促进经济增长。

(4) 调节货币供应量和利率（很多国家通过短期国债的发行和买卖来调节）。

二、国债市场的功能

(1) 国债作为财政政策工具时，具有实现国债的顺利发行和偿还的功能（可以采取固定收益出售方式和公募拍卖方式）。

(2) 国债作为货币政策工具时，具有合理有效地调节社会资金的运行，提高社会资金的使用效率的功能。

小试牛刀

[单选题] 下列有关国债的政策功能的说法中，错误的是（　　）。

A. 国债的政策功能包括弥补财政赤字、筹集建设资金、调控宏观经济以及调节货币供应量和利率

B. 通过发行国债来弥补财政赤字，可能产生的副作用较小

C. 通过举借公债来弥补财政赤字，是当今世界各国的普遍做法

D. 特别是中长期国债的发行和买卖，在不少国家成为中央银行调节货币供应数量和调节利率的重要手段

[解析] 特别是短期国债的发行及买入和卖出，在不少国家成为中央银行调节货币供应数量和调节利率的重要手段。D 项错误。

[答案] D

考点8 国债的负担和限度★★★

一、国债的负担

国债负担包括四个方面：①认购者负担；②纳税人负担；③代际负担；④政府负担（债务人负担）。

二、国债的限度（国债的适度规模问题）

（一）衡量国债绝对规模的三个指标

（1）当年发行的国债总额。

（2）当年到期需还本付息的国债总额。

（3）国债余额（也就是历年累积债务的总规模）。

（二）衡量国债相对规模的两个指标

一国国债的限度主要通过国债的相对规模来考察。

（1）国债负担率（即国民经济承受能力），是国债累计余额占国内生产总值（GDP）的比重。

用公式可以表示为：

国债负担率＝国债累计余额/国内生产总值（GDP）

发达国家的国债负担率指标在国际上公认的警戒线是不超过60%，而发展中国家则是不超过45%。

（2）债务依存度，是当年的债务收入与财政支出的比例关系（可以反映一国的财政支出对发行的国债的依赖程度）。债务依存度在国际上公认的警戒线为15%～20%之间。我国计算债务依存度有两种口径：①全国财政的债务依存度＝当年债务收入额/当年的全国财政支出额；②中央财政的债务依存度＝当年债务收入额/当年的中央财政支出额。

三、李嘉图等价定理（即税收和借债等价）

李嘉图等价定理认为，在某些条件下，政府支出通过发行国债融资（或筹资）或者通过税收融资（或筹资），是没有任何区别的（即效果都是相同的或等价的）。李嘉图认为国债是有害的，反对发行国债，因为发行债券会助长政府的浪费心理。当然，也有很多学者从不同角度反驳了李嘉图等价定理。

小试牛刀

[多选题] 下列关于国债的负担和限度的说法中，正确的有（　　）。

A. 国债的负担包括认购者负担、纳税人负担和政府负担三个方面

B. 一国国债的限度主要通过国债的相对规模来考察

C. 债务依存度是当年的债务收入与财政支出的比例关系

D. 国债负担率是国债累计余额占国内生产总值（GDP）的比重

E. 全国财政的债务依存度＝当年的全国财政支出额/当年债务收入额

[解析] 国债的负担包括认购者负担、纳税人负担、代际负担、政府负担（债务人负担）四个方面，A项错误。全国财政的债务依存度＝当年债务收入额/当年的全国财政支出额，E项错误。

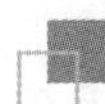

[答案] BCD

[单选题] 债务依存度是指（　　）。

A. 当年国债累计余额占国内生产总值的比重

B. 当年债务收入占国内生产总值的比重

C. 当年债务收入与财政收入的比例关系

D. 当年债务收入与财政支出的比例关系

[解析] 债务依存度，是指当年的债务收入与财政支出的比例关系。

[答案] D

考点9 国债制度★★★

国债制度包括国债的发行制度、偿还制度和市场制度。

一、国债发行制度

国债发行制度包括国债发行条件和国债发行方式。

（一）国债发行条件

国债发行条件包括国债种类、发行价格、发行对象、票面金额等。决定发行条件的关键是国债的发行方式。

（二）国债发行方式

（1）世界各国通用的国债发行方式有四种：①直接发行（发售）方式。发行对象特定，个人投资者不可以采用这种方式认购国债。②“随买”方式。发行条件可以随时调整，政府债务管理者可采用此方式向小投资者发行不可上市国债。③承购包销方式。通过承销合同明确双方的权利义务关系，由承销人向投资者分销，对于发行人而言，一旦签订了承销合同，发行过程也就结束了。④公募招标方式。通过市场机制确定发行条件，事先并不确定最终的投资者是谁。

（2）1981年，我国重新开始发行国债，曾先后采取了行政摊派、承购包销和招标发行等多种发行方式。目前我国的国债发行方式是一种承购包销和招标发行相结合的模式。

二、国债偿还制度

我国选用的国债偿还方式主要有提前偿还法、到期一次偿还法、转期偿还法（即以新替旧偿还法）、抽签分次偿还法和市场购销法等方式。

三、国债市场制度

国债市场按照国债交易的层次或过程可分为国债发行市场（即一级市场，参与者有中央政府、发行中介机构和投资购买者）和国债流通市场（即二级市场，买卖已发行的国债）。

在证券交易所内进行的国债交易按国债交易成交订约和清算的期限划分，可以分为：

（1）现货交易方式。最古老、最普通、最常用的交易方式。

（2）期货交易方式。国债期货合约中必不可少的基本要素包括期限、价格、数量和标的国债这四项。

（3）期权交易方式。

（4）回购交易方式。国债的持有人在卖出一笔国债的同时，与买方签订协议，承诺在约定期限后以约定的价格购回同笔国债的交易活动，如果交易程序相反，则称为国债逆回购。

小试牛刀

［多选题］下列有关国债发行制度的说法中，正确的有（　　）。

A. 在国债发行制度中，决定国债发行条件的关键是国债的发行方式

B. 国债发行方式主要有公募招标方式、承购包销方式、直接发售方式和“随买”发行方式

C. 自 1981 年我国恢复发行国债以来，发行方式经历了行政摊派、承购包销和招标发行三种发行方式

D. 政府债券管理者向小投资人发行不可上市国债，这属于国债发行的“随买”方式

E. 在国债的发行方式中，发行对象特定，个人投资者不可以采用的认购国债的方式是公募招标方式

［解析］直接发行（发售）方式的发行对象特定，个人投资者不可以采用这种方式认购国债，E 项错误。

［答案］ABCD

［多选题］下列有关国债偿还制度和国债市场制度的说法中，正确的有（　　）。

A. 我国的国债偿还方式主要有提前偿还法、到期一次偿还法、转期偿还法、抽签分次偿还法和市场购销法等

B. 在国债交易中，最古老、最普通、最常用的方式是期货交易方式

C. 国债期货合约中必不可少的四项基本要素是期限、价格、数量和标的国债

D. 国债流通转让可以采取现货交易方式、回购交易方式、期货交易方式、期权交易方式

E. 国债一级市场的主要参与者包括作为国债发行者的中央政府、发行中介机构和投资购买者

［解析］在国债交易中，最古老、最普通、最常用的方式是现货交易方式，B 项错误。

［答案］ACDE

考点⑩ 加强政府性债务管理★★

一、我国政府性债务的分类和规模

（一）我国政府性债务的类型（3 种）

（1）政府负有偿还责任的债务。需由财政资金偿还，属于“政府债务”。

（2）政府负有担保责任的债务。由政府提供担保，当某个被担保人无力偿还时，政府需承担连带责任。

（3）政府可能承担一定救助责任的债务。债务人为公益性项目举借，由非财政资金偿还，政府不负有法律偿还责任，但当债务人出现偿债困难时，政府可能需要给予一定救助。

政府负有担保责任的债务和政府可能承担一定救助责任的债务均由债务人以自身收入偿还，正常情况下无须政府承担偿债责任，属于“政府或有债务”（或有债务属于潜在的义务，是否需要承担具有不确定性）。

（二）我国政府性债务的规模

我国中央政府债务实行余额管理。截至 2019 年年末，我国中央政府债务余额为 16.8 万亿

元，地方政府债务余额为21.31万亿元，全国政府债务为二者之和，即38.11万亿元。

二、地方政府债务管理制度

目前我国政府性债务风险总体是可控的，不过有的地方仍存在着一定的风险隐患。建立规范的地方政府债务管理制度，主要是解决三个问题：(1) 解决好"怎么借"的问题；(2) 解决好"怎么管"的问题；(3) 解决好"怎么还"的问题。具体的要点包括：

①建立规范的地方政府举债融资机制。经国务院批准，省、自治区、直辖市政府可以适度举借债务；地方政府举债采取政府债券方式。推广使用政府与社会资本合作模式；地方政府举借债务的规模，由国务院报全国人民代表大会或其常务委员会批准（地方政府举债规模报批的规定）。

②对地方政府债务实行规模控制和预算管理（分类管理），严格限定政府举债程序和资金用途。地方政府债务（包括一般债务和专项债务）规模实行限额管理，地方政府举债不得突破批准的限额。将地方政府债务（包括一般债务和专项债务）分类纳入全口径预算管理。将一般债务（通过发行一般债券融资）纳入一般公共预算管理，将专项债务（通过发行专项债券融资）纳入政府性基金预算管理。地方政府在国务院批准的分地区限额内举借债务，必须报本级人民代表大会或其常务委员会批准。地方政府举债要遵循市场化原则。地方政府举债，只能用于公益性资本支出和适度归还存量债务，不得用于经常性支出。

③建立地方政府性债务风险预警和应急处理机制（或化解机制）。债务高风险地区要积极采取措施，逐步降低风险。硬化预算约束，防范道德风险，地方政府对其举借的债务负有偿还责任，中央政府实行不救助原则。

④建立考核问责机制，加强组织领导等。把政府性债务作为一个硬指标纳入政绩考核。地方各级政府要切实负担起加强地方政府性债务管理、防范化解财政金融风险的责任，政府主要负责人作为第一责任人。

小试牛刀

[多选题] 关于我国地方债务管理制度的说法，正确的有（　　）。

A. 一般债务纳入一般公共预算管理

B. 地方政府举债可用于经常性支出

C. 地方政府举债要遵循市场化原则

D. 地方政府债务分为一般债务和专项债务两类

E. 专项债务纳入政府性基金预算管理

[解析] 地方政府举债只能用于公益性资本支出和适度归还存量债务，不得用于经常性支出，B项错误。

[答案] ACDE

第十四章　税收制度

知识脉络

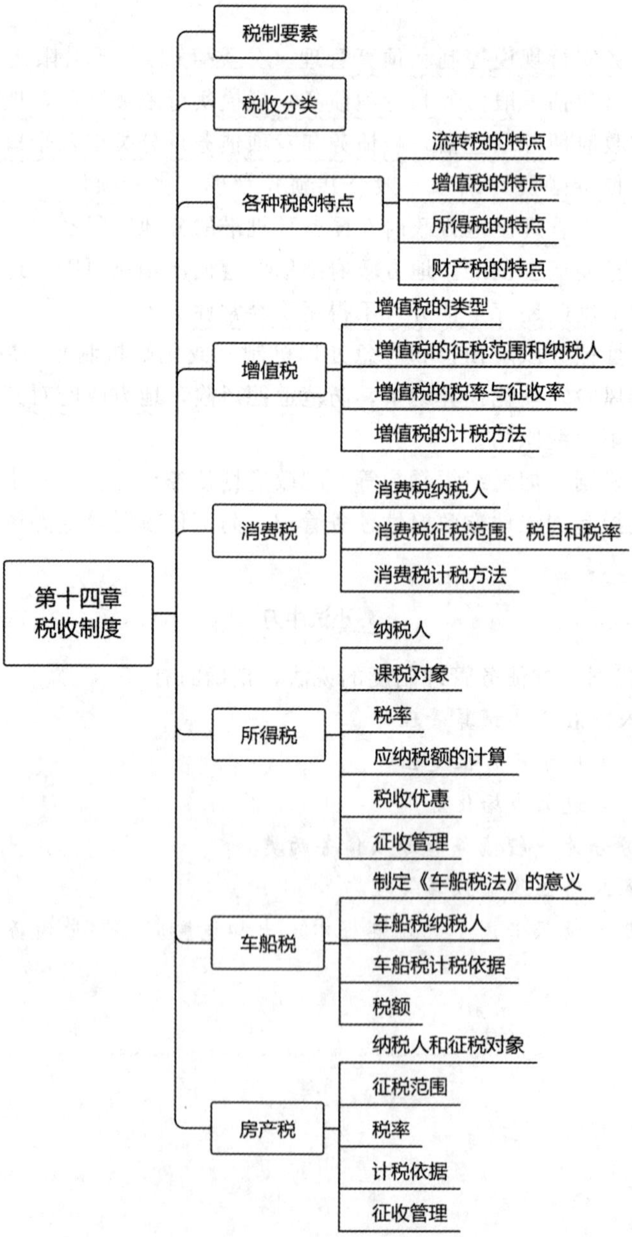

- 第十四章 税收制度
  - 税制要素
  - 税收分类
  - 各种税的特点
    - 流转税的特点
    - 增值税的特点
    - 所得税的特点
    - 财产税的特点
  - 增值税
    - 增值税的类型
    - 增值税的征税范围和纳税人
    - 增值税的税率与征收率
    - 增值税的计税方法
  - 消费税
    - 消费税纳税人
    - 消费税征税范围、税目和税率
    - 消费税计税方法
  - 所得税
    - 纳税人
    - 课税对象
    - 税率
    - 应纳税额的计算
    - 税收优惠
    - 征收管理
  - 车船税
    - 制定《车船税法》的意义
    - 车船税纳税人
    - 车船税计税依据
    - 税额
  - 房产税
    - 纳税人和征税对象
    - 征税范围
    - 税率
    - 计税依据
    - 征收管理

考点1 税制要素★★★

税制的基本要素包括纳税人、课税对象和税率。税制要素的具体内容见表14-1。

表14-1 税制要素

税制要素	具体内容		
纳税主体（纳税人）	纳税人		依法直接负有纳税义务的单位和个人。自然人、法人都可以成为纳税人
	负税人		最终负担税款的单位和个人。个人所得税和企业所得税纳税人和负税人一致；增值税、消费税纳税人和负税人不一致
	扣缴义务人		负有代扣、代收税款并向国库缴纳义务的单位和个人，可以是各种类型的企业、机关、团体、部队、学校和其他自然人等。扣缴义务人的扣缴义务属于法定义务
征税客体（课税对象）	课税对象		是征税的目的物，又称征税客体，它规定了政府可以对什么征税。不同税种间相互区别的主要标志是课税对象
	税源		是以收入的形式存在的税收的经济来源或最终出处
	税目		是对课税对象的具体划分，是税法规定的课税对象的具体项目，代表征税的广度，反映具体的征税范围
	课税标准（或计税依据）		计算应纳税额的依据，有从价税和从量税
税率（征税的深度，税收制度的中心环节）	定额税率（固定税额）		是以绝对金额表示的税率，它不是按规定征收比例而是按课税对象的一定计量单位规定固定税额征税。一般适用于从量计征的税种，分为单一定额税率、差别定额税率、幅度定额税率和分类分级定额税率
	比例税率		是指不论其数量大小，对于同一课税对象都按同一比例征税的一种税率制度。税率不随课税对象数量的变动而变动是比例税率的主要特点。比例税率包括单一比例税率和差别比例税率（又分为产品差别比例税率、行业差别比例税率、地区差别比例税率和幅度差别比例税率）
	累进（退）税率	全额累进税率	当课税对象提高到税收的一个新的等级档次时，对课税对象全部按照与之相对应的提高一级的税率征税
		超额累进税率	把征税对象数额按逐步递增划分为若干等级，每个等级由低到高规定相应的税率，每个等级分别按该等级的税率计征。一定的课税对象同时使用几个税率，纳税人的应纳税款总额是各个等级计算出的税额的合计
		累退税率	与累进税率相反
纳税环节	税法规定的在国民收入与支出环流过程中应当缴纳税款的环节		
纳税期限	纳税人的纳税义务发生后，应依照税法规定向国家缴纳税款的期限		
纳税地点	纳税人依法缴纳税款的地方。一般与纳税义务发生地是一致的，但也有不一致的特殊情况，如分公司的利润在不属于同一地点的总公司纳税		
减税和免税	减税		少征一部分应纳税额
	免税		免征应纳税额
违章处理	对纳税人违反税法的行为税务机关采取的处罚性措施（税收强制性的体现）		

小试牛刀

[单选题] 纳税人即纳税主体，是指直接负有纳税义务的（　　）。

A. 单位和个人　　B. 法人

C. 自然人　　D. 扣缴义务人

[解析] 纳税人，即纳税主体，是指直接负有纳税义务的单位和个人。纳税人可能是自然人，也可能是法人。

[答案] A

[单选题] 下列税制要素中，体现着征税深度的是（　　）。

A. 税目　　B. 税基

C. 税率　　D. 税源

[解析] 税率体现着征税的深度。

[答案] C

[多选题] 定额税率包括（　　）。

A. 单一定额税率　　B. 差别定额税率

C. 产品定额税率　　D. 幅度定额税率

E. 分类分级定额税率

[解析] 定额税率是指按课税对象的一定计量单位规定固定税额，而不是规定征收比例的一种税率制度。它是以绝对金额表示的税率，一般适用于从量计征的税种。其在具体运用上，可分为单一定额税率、差别定额税率、幅度定额税率和分类分级定额税率四种。

[答案] ABDE

考点2 税收分类★★★

按不同的标准划分，税收有不同的类型，具体内容见表 14-2。

表 14-2　税收分类

分类标准	具体分类	
按课税对象	流转税	流转税的课税对象是商品交换和提供劳务的流转额，我国税收收入的 60% 左右是增值税、消费税等流转税
	所得税	所得税的课税对象是纳税人的所得额，包括个人所得税和企业所得税
	财产税	财产税的课税对象是各种财产，我国开征的财产税有房产税、车船税、契税等
	行为税	是指对某些特定的经济行为开征的税收，包括印花税、城市维护建设税等
	资源税	是对开发和利用国家自然资源而取得级差收入的单位和个人征收的税收，目前我国资源税类包括资源税和土地使用税等
按税收征收和管理权限	中央税	消费税、关税
	地方税	契税、车船税、房产税、城镇土地使用税、土地增值税、耕地占用税等
	中央和地方共享税	增值税、企业所得税、个人所得税

续表

分类标准	具体分类	
按课税对象计量标准	从量税	计税依据为课税对象的数量、重量、体积或容量，如消费税中的汽油、柴油、啤酒等
	从价税	计税依据为课税对象的价格，如增值税、所得税等
按税负可否转嫁	直接税	税负不转嫁，由纳税人直接负担，如所得税、财产税
	间接税	税负转嫁给他人负担，如流转税
按税收与价格的关系	价内税	商品或劳务价格中包括税款，如消费税、零售环节的增值税
	价外税	商品或劳务价格中不包括税款，如零售环节以前的增值税

小试牛刀

[单选题] 我国税收收入中的主体税种是（　　）。

A. 所得税　　B. 流转税

C. 资源税　　D. 财产税

[解析] 流转税是以商品交换和提供劳务的流转额为课税对象的税收，是我国税收收入的主体税种，占60%左右，包括增值税、消费税等。

[答案] B

[多选题] 下列税种中属于地方税种的有（　　）。

A. 增值税　　B. 消费税

C. 房产税　　D. 关税

E. 契税

[解析] 地方税是由地方管辖课征并支配的税种，如契税、房产税、耕地占用税、土地增值税、城镇土地使用税。A 项是中央和地方共享税，B、D 两项是中央税。

[答案] CE

考点3 各种税的特点★★

一、流转税的特点

流转税又称为商品和劳务税，是以流转额为课税对象，包括商品的流转额（销售商品的收入额）和非商品的流转额（邮电通信、交通运输、金融保险以及各种服务性行业的营业收入额）。我国现行的流转税包括增值税、消费税等。

流转税的特点包括：

（1）计税依据是商品和劳务的流转额或交易额。

（2）课征普遍。

（3）流转税普遍实行比例税率，计算简单，便于征收管理，少数税种或税目实行定额税率。

二、增值税的特点

增值税的课征对象是单位和个人生产经营过程中取得的增值额。

（一）增值税的特点

（1）不重复征税，具有中性税收特征。

（2）税基广阔，具有征收的连续性和普遍性。

（3）逐环节征税、扣税，最终消费者为全部税款的承担者。

（二）增值税的优点

（1）可以平衡税负，促进公平竞争。

（2）可以保证财政收入的稳定性和及时性。

（3）既可避免对进口商品征税不足，又便于对出口商品退税。

（4）可以在税收征管时互相制约，交叉审计。

三、所得税的特点

（1）所得税类不存在重复征税问题，因为它是以纳税人的应税所得额为计税依据，属于单环节征收。

（2）税源可靠，收入具有弹性。所得税能够发挥“内在稳定器”的作用，自动适应经济发展周期变化。

（3）税负相对比较公平。

四、财产税的特点

在各国税收体系中，地方政府财政收入的主要来源是财产税。

（一）财产税的优点

（1）财产税税源比较充分，课税对象是财产价值，相对稳定，不易受经济变动因素的影响。

（2）符合税收的纳税能力原则。

（3）财产税属于直接税，因为财产持有者在财产使用上一般不与他人发生经济关系，所以不易转嫁，政府征收财产税增加了有财产者的负担，同时等于相对减轻了无财产者的负担。

（4）财产税具有收入分配功能，因为财产税的征税原则是有财产者纳税，无财产者不纳税，财产多者多纳税，财产少者少纳税，征收财产税在一定程度上有助于避免社会财富分配不均。

（二）财产税的缺点

（1）因为纳税人财富的主要评价标准是收入，而不仅仅是财产，尤其是财产中的动产，常常成为隐匿的对象，不动产的估价一般也比较难，征收管理不易掌握，所以税收负担存在一定的不公平性。

（2）为满足财政需要而变动财产税收入是很困难的，所以收入弹性较小。

（3）在经济不发达时期，课征财产税会减少投资者的资本收益，降低投资者的投资积极性，因此一定程度上可能带来资本形成的障碍。

考点4 增值税★★★

一、增值税的类型

增值税的类型见表 14-3。

表 14-3　增值税的类型

类型	含义及内容
“生产型”增值税	不是完全意义上的增值税，具有一定程度的重复征税特征
“收入型”增值税	完全的增值税，不含有重复课税
“消费型”增值税	体现鼓励投资政策

从 2009 年 1 月 1 日起，我国全面实施“消费型”增值税。

二、增值税的征税范围和纳税人

（一）增值税征税范围

增值税征税范围包括货物的生产、批发、零售和进口四个环节，覆盖三大产业。增值税实行凭增值税专用发票抵扣税款的制度。

（二）增值税纳税人

根据《中华人民共和国增值税暂行条例》第一条规定，在中华人民共和国境内销售货物或者加工、修理修配劳务（以下简称劳务），销售服务、无形资产、不动产以及进口货物的单位和个人，为增值税的纳税人。

根据纳税人的经营规模以及会计核算健全程度不同，增值税纳税人可分为一般纳税人和小规模纳税人。

增值税纳税人的具体内容见表 14-4。

表 14-4　增值税纳税人

分类	具体标准
一般纳税人	（1）年应税销售额（包括免税销售额）超过财政部、国家税务总局规定的小规模纳税人标准的企业和企业性单位 （2）除另有规定外，纳税人应当向主管税务机关申请一般纳税人资格认定
小规模纳税人	（1）年应税销售额超过小规模纳税人标准的其他个人按小规模纳税人纳税 （2）非企业性单位、不经常发生应税行为的企业可选择按小规模纳税人纳税

三、增值税的税率与征收率

增值税的税率适用于一般纳税人，目前有基本税率 13%、9%、6%和 0 共四档税率。增值税小规模纳税人和特定一般纳税人，适用 3%的征收率，但销售自行开发、取得、自建的不动产以及不动产经营租赁服务按 5%计征。

增值税税率的具体内容见表 14-5。

表 14-5　增值税税率

税率	适用范围
13% （基本税率）	纳税人销售（或提供）货物、劳务（加工、修理修配）、有形动产租赁服务（应税服务）或者进口货物，另有规定或适用低税率的除外

续表

税率	适用范围
9%	(1) 纳税人销售（或提供）交通运输、邮政、基础电信、建筑、不动产租赁服务，销售不动产，转让土地使用权 (2) 销售或者进口下列货物 ①粮食等农产品、食用植物油、食用盐 ②自来水、暖气、冷气、热水、煤气、石油液化气、天然气、二甲醚、沼气、居民用煤炭制品 ③图书、报纸、杂志、音像制品、电子出版物 ④饲料、化肥、农药、农机、农膜 ⑤国务院规定的其他货物 【总结】记忆口诀：6气5看4不动产，4农2水两食一居，二甲饲肥运邮电
6%	销售（或提供）金融服务、增值电信服务、生活服务以及除不动产租赁以外的现代服务、除转让土地使用权以外的无形资产
0	(1) 纳税人出口货物，国务院另有规定的除外 (2) 符合规定的境内单位和个人跨境销售服务、无形资产行为

四、增值税的计税方法

增值税的计税方法见表14-6。

表14-6　增值税的计税方法

纳税人	计税方法
一般纳税人	采取扣税法。其公式为：应纳税额＝销项税额－进项税额 其中，销项税额＝销售额×适用税率；购进货物、劳务、服务、无形资产、不动产支付或者负担的增值税额，为进项税额
小规模纳税人	应纳税额＝销售额×征收率，简易办法计税，不允许扣税
进口货物	应纳税额＝组成计税价格×税率

小试牛刀

[多选题] 下列商品和服务中，增值税税率为6%的有（　　）。

A. 金融服务　　B. 图书

C. 农机　　D. 自来水

E. 生活服务

[解析] 增值税税率为6%的有：提供增值电信服务、金融服务、生活服务以及除不动产租赁以外的现代服务、除转让土地使用权之外的销售无形资产。

[答案] AE

[单选题] 进口货物的增值税应纳税额的计算公式是（　　）。

A. 应纳税额＝组成计税价格×税率　　B. 应纳税额＝销售额×税率

C. 应纳税额＝销售额×征收率　　D. 应纳税额＝组成计税价格×征收率

[解析] 进口货物应纳税额＝组成计税价格×税率。

[答案] A

考点5 消费税★★

消费税是对特定的某些消费品和消费行为征收的一种间接税。

一、消费税纳税人

在中华人民共和国境内生产、委托加工和进口《中华人民共和国消费税暂行条例》（以下简称《消费税暂行条例》）规定的消费品的单位和个人，以及国务院确定的销售应税消费品的其他单位和个人，为消费税的纳税人。

二、消费税征税范围、税目和税率

（一）征税范围

消费税只对列入征税目录的消费品征税（即采取列举征税办法）。

（二）税目

根据《消费税暂行条例》的规定，消费税税目共有15个，分别是烟、酒、高档化妆品、贵重首饰及珠宝玉石、鞭炮焰火、成品油、摩托车、小汽车、高尔夫球及球具、高档手表、游艇、木制一次性筷子、实木地板、电池和涂料。

（三）税率

消费税税率的具体内容见表14-7。

表14-7　消费税税率

分类	适用范围
比例税率（基本形式）	大多数应税消费品采用1%至56%的比例税率
定额税率（基本形式）	啤酒、黄酒和成品油
定额税率与比例税率相结合的复合计税	白酒、卷烟等

三、消费税计税方法

（1）从价定率：

$$应纳税额=销售额\times比例税率$$

（2）从量定额：

$$应纳税额=销售数量\times定额税率$$

（3）从价定率和从量定额复合计税：

$$应纳税额=销售额\times比例税率+销售数量\times定额税率$$

小试牛刀

[多选题] 下列产品中属于应征消费税税目的有（　　）。

A. 游艇　　B. 高尔夫球及球具　　C. 卡丁车　　D. 涂料

E. 电池

[解析] 我国征收消费税的消费品有烟、酒、高档化妆品、贵重首饰及珠宝玉石、鞭炮焰火、成品油、摩托车、小汽车、高尔夫球及球具、高档手表、游艇、木制一次性筷子、实木地板、电池和涂料共15类消费品。

[答案] ABDE

考点6 所得税★★★

一、纳税人

（一）企业所得税

在中华人民共和国境内，企业和其他取得收入的组织（以下统称企业）为企业所得税的纳税人。个人独资企业、合伙企业不适用企业所得税法。

（二）个人所得税

我国目前个人所得税的征收制度是综合与分类相结合。

个人所得税纳税人包括中国公民、个体工商户、个人独资企业和合伙企业自然人合伙人等。按住所和居住时间标准分为居民个人和非居民个人。

（1）居民个人。在中国境内有住所，或者无住所而一个纳税年度内在中国境内居住累计满183天的个人，为居民个人。居民个人从中国境内和境外取得的所得，依照《中华人民共和国个人所得税法》（以下简称《个人所得税法》）规定缴纳个人所得税。

（2）非居民个人。在中国境内无住所又不居住，或者无住所而一个纳税年度内在中国境内居住累计不满183天的个人，为非居民个人。非居民个人从中国境内取得的所得，依照《个人所得税法》规定缴纳个人所得税。

二、课税对象

（一）企业所得税

企业所得税的课税对象为企业来源于中国境内、境外的所得。

（二）个人所得税

个人所得税的课税对象包括：①工资、薪金所得；②劳务报酬所得；③稿酬所得；④特许权使用费所得；⑤经营所得；⑥利息、股息、红利所得；⑦财产租赁所得；⑧财产转让所得；⑨偶然所得。

其中①至④项为综合所得（按年计算，非居民个人按月或按次分项计算），其余各项分项计算个人所得税。

三、税率

（一）企业所得税

企业所得税税率为25%。非居民企业在中国境内未设立机构、场所的，或者虽设立机构、场所，但取得的所得与其所设机构、场所没有实际联系的，应当就其来源于中国境内的所得缴纳企业所得税，适用税率为20%。

（二）个人所得税

（1）综合所得：3%～45%七级超额累进税率。

（2）经营所得：5%～35%五级超额累进税率。

（3）利息、股息、红利所得，财产租赁所得，财产转让所得和偶然所得：20%的比例税率。

四、应纳税额的计算

（一）企业所得税

应纳税额＝应纳税所得额×所得税税率－减免和抵免税额

应纳税所得额＝收入总额－不征税收入－免税收入－各项扣除－允许弥补的亏损

（二）个人所得税

应纳税额＝应纳税所得额×适用税率

根据《个人所得税法》第六条规定，应纳税所得额计算如下：

（1）综合所得：

居民个人：应纳税所得额＝年收入额－60 000元－专项扣除－专项附加扣除－其他扣除。

劳务报酬所得、稿酬所得、特许权使用费所得以收入减除20％的费用后的余额为收入额，稿酬所得的收入额减按70％计算。

专项扣除包括居民个人按照国家规定的范围和标准缴纳的基本养老保险、基本医疗保险、失业保险等社会保险费和住房公积金等。

专项附加扣除包括子女教育、继续教育、大病医疗、住房贷款利息或者住房租金、赡养老人等支出，具体范围、标准和实施步骤由国务院确定，并报全国人民代表大会常务委员会备案。

非居民个人：应纳税所得额＝月收入额－5 000元。

（2）经营所得：应纳税所得额＝年收入总额－成本－费用－损失。

（3）财产租赁所得：

收入不超过4 000元时：应纳税所得额＝每次收入－800元；收入超过4 000元时：应纳税所得额＝收入×（1－20％）。

（4）财产转让所得：应纳税所得额＝转让财产收入额－财产原值－合理费用。

（5）利息、股息、红利所得和偶然所得：应纳税所得额＝每次收入额。

个人将其所得对教育、扶贫、济困等公益慈善事业进行捐赠，捐赠额未超过纳税人申报的应纳税所得额30％的部分，可以从其应纳税所得额中扣除；国务院规定对公益慈善事业捐赠实行全额税前扣除的，从其规定。

五、税收优惠（个人所得税）

（一）免税优惠

根据《个人所得税法》第四条规定，下列各项个人所得，免征个人所得税：

（1）省级人民政府、国务院部委和中国人民解放军军以上单位，以及外国组织、国际组织颁发的科学、教育、技术、文化、卫生、体育、环境保护等方面的奖金。

（2）国债和国家发行的金融债券利息。

（3）按照国家统一规定发给的补贴、津贴。

（4）福利费、抚恤金、救济金。

（5）保险赔款。

（6）军人的转业费、复员费、退役金。

（7）按照国家统一规定发给干部、职工的安家费、退职费、基本养老金或者退休费、离休费、离休生活补助费。

（8）依照有关法律规定应予免税的各国驻华使馆、领事馆的外交代表、领事官员和其他人员的所得。

（9）中国政府参加的国际公约、签订的协议中规定免税的所得。

（10）国务院规定的其他免税所得。

（二）减税优惠

根据《个人所得税法》第五条规定，有下列情形之一的，可以减征个人所得税，具体幅度和期限，由省、自治区、直辖市人民政府规定，并报同级人民代表大会常务委员会备案：

（1）残疾、孤老人员和烈属的所得。

（2）因自然灾害遭受重大损失的。

国务院可以规定其他减税情形，报全国人民代表大会常务委员会备案。

六、征收管理

（一）企业所得税

根据《中华人民共和国企业所得税法》（以下简称《企业所得税法》）第五十条规定，除税收法律、行政法规另有规定外，居民企业以企业登记注册地为纳税地点；但登记注册地在境外的，以实际管理机构所在地为纳税地点。居民企业在中国境内设立不具有法人资格的营业机构的，应当汇总计算并缴纳企业所得税。

根据《企业所得税法》第五十三条规定，企业所得税按纳税年度计算。纳税年度自公历1月1日起至12月31日止。

（二）个人所得税

1. 依法办理纳税申报的情形

根据《个人所得税法》第十条规定，有下列情形之一的，纳税人应当依法办理纳税申报：①取得综合所得需要办理汇算清缴；②取得应税所得没有扣缴义务人；③取得应税所得，扣缴义务人未扣缴税款；④取得境外所得；⑤因移居境外注销中国户籍；⑥非居民个人在中国境内从两处以上取得工资、薪金所得；⑦国务院规定的其他情形。

扣缴义务人应当按照国家规定办理全员全额扣缴申报，并向纳税人提供其个人所得和已扣缴税款等信息。

2. 纳税申报

居民个人综合所得：按年计算，有扣缴义务人的，扣缴义务人按月或按次预扣预缴；需要汇算清缴的，在取得所得的次年3月1日至6月30日内办理。

非居民个人工资、薪金所得，劳务报酬所得，稿酬所得和特许权使用费所得：由扣缴义务人按月或按次代扣代缴，不办理汇算清缴。

纳税人经营所得：按年计算，按月或季度预缴，月度或季度终了后15日内申报。

其他所得（利息、股息、红利所得，财产租赁所得，财产转让所得和偶然所得）：按月或按次计算个人所得税。

根据《个人所得税法》第十三条规定，纳税人取得应税所得没有扣缴义务人的，应当在取得所得的次月15日内向税务机关报送纳税申报表，并缴纳税款。

根据《个人所得税法》第十四条规定，扣缴义务人每月或者每次预扣、代扣的税款，应当在次月15日内缴入国库，并向税务机关报送扣缴个人所得税申报表。

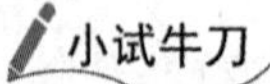

［多选题］企业所得税纳税人包括（　　）。

A. 个体工商户　　　　B. 股份有限公司

C. 个人独资企业

D. 合伙制企业

E. 有限责任公司

[解析] 在中华人民共和国境内的一切企业和其他取得收入的组织为企业所得税的纳税人。为避免重复征税，个人独资企业、合伙企业不适用企业所得税法。

[答案] BE

[单选题] 下列个人所得中，属于不能享受免征个人所得税税收优惠的是（ ）。

A. 国债利息

B. 县级政府颁发的技术方面的奖金

C. 军人的转业费

D. 保险赔款

[解析] 免征个人所得税的奖金是省级人民政府、国务院部委和中国人民解放军军以上单位，以及外国组织、国际组织颁发的科学、教育、技术、文化、卫生、体育、环境保护等方面的奖金。

[答案] B

[单选题] 居民个人的综合所得以每一纳税年度的收入额减除费用（ ）元以及专项扣除、专项附加扣除和依法确定的其他扣除后的余额，为应纳税所得额。

A. 5 000

B. 42 000

C. 50 000

D. 60 000

[解析] 居民个人的综合所得以每一纳税年度的收入额减除费用 60 000 元以及专项扣除、专项附加扣除和依法确定的其他扣除后的余额，为应纳税所得额。

[答案] D

考点 7 车船税★

一、制定《车船税法》的意义

(1)《中华人民共和国车船税法》（以下简称《车船税法》）的制定具有标志性作用，它是第一部由条例上升为法律的税法和第一部地方税收法律。

(2) 体现了税收法定的原则。

(3) 体现了税负公平（通过立法完善税制）。

(4) 对税收法律体系的建设具有促进作用。

二、车船税纳税人

《车船税法》第一条规定：在中华人民共和国境内属于本法所附《车船税税目税额表》规定的车辆、船舶（以下简称车船）的所有人或者管理人，为车船税的纳税人，应当依照本法缴纳车船税。

三、车船税计税依据

乘用车按排气量，客车按载客人数，摩托车按辆，机动船舶按净吨位，游艇按艇身长度，其他车辆按整备质量。

四、税额

《车船税法》第二条规定，车辆的具体适用税额由省、自治区、直辖市人民政府依照本法所附《车船税税目税额表》规定的税额幅度和国务院的规定确定。

船舶的具体适用税额由国务院在本法所附《车船税税目税额表》规定的税额幅度内确定。

车辆购置税、燃油消费税和车船税是目前我国对乘用车征缴的三种税，但不存在重复征税的问题，三个税种的功能不同，各有侧重。

考点⑧ 房产税

房产税是以房屋为征税对象，按照房屋的计税价值或租金收入向产权所有人征收的一种税。

一、纳税人和征税对象

（一）房产税的纳税人

在我国城市、县城、建制镇和工矿区内拥有房屋产权的单位和个人。具体包括产权所有人、承典人、房产代管人或者使用人。

（二）房产税的征税对象

房产税的征税对象是房屋。房屋是指有屋面和围护结构（有墙或两边有柱），能够遮风避雨，可供人们在其中生产、工作、学习、娱乐、居住或储藏物资的场所。

二、征税范围

房产税的征税范围为城市、县城、建制镇和工矿区的房屋。

（1）城市是指经国务院批准设立的市，其征税范围为市区、郊区和市辖县县城，不包括农村。

（2）县城是指未设立建制镇的县人民政府所在地。

（3）建制镇是指经省、自治区、直辖市人民政府批准设立的建制镇。

（4）工矿区是指工商业比较发达，人口比较集中，符合国务院规定的建制镇的标准，但尚未设立建制镇的大中型工矿企业所在地。在工矿区开征房产税必须经省、自治区、直辖市人民政府批准。

【注】独立于房屋之外的建筑物，如围墙、烟囱、水塔、菜窖、室外游泳池等不属于房产税的征税范围。

三、税率

我国现行房产税采用比例税率。从价计征和从租计征实行不同标准的比例税率。

（1）从价计征的，税率为1.2%。

（2）从租计征的，税率为12%。

四、计税依据

房产税以房产的计税价值或房产租金收入为计税依据。按房产计税价值征税的，称为从价计征；按房产租金收入征税的，称为从租计征。

（1）从价计征的房产税的计税依据。

从价计征的房产税，是以房产余值为计税依据。房产税依照房产原值一次减除10%～30%后的余值计算缴纳。具体减除幅度，由省、自治区、直辖市人民政府规定。没有房产原值作为依据的，由房产所在地税务机关参考同类房产核定。

（2）从租计征的房产税的计税依据。

房产出租的，以房屋出租取得的租金收入为计税依据，计算缴纳房产税。计征房产税的租金收入不含增值税。

五、征收管理

（一）纳税义务发生时间

（1）纳税人将原有房产用于生产经营，从生产经营之月起，缴纳房产税。

（2）纳税人自行新建房屋用于生产经营，从建成之次月起，缴纳房产税。

（3）纳税人委托施工企业建设的房屋，从办理验收手续之次月起，缴纳房产税。

（4）纳税人购置新建商品房，自房屋交付使用之次月起，缴纳房产税。

（5）纳税人购置存量房，自办理房屋权属转移、变更登记手续，房地产权属登记机关签发房屋权属证书之次月起，缴纳房产税。

（6）纳税人出租、出借房产，自交付出租、出借房产之次月起，缴纳房产税。

（7）房地产开发企业自用、出租、出借本企业建造的商品房，自房屋使用或交付之次月起，缴纳房产税。

（8）纳税人因房产的实物或权利状态发生变化而依法终止房产税纳税义务的，其应纳税款的计算截止到房产的实物或权利状态发生变化的当月末。

（二）纳税地点

房产税在房产所在地缴纳。房产不在同一地方的纳税人，应按房产的坐落地点分别向房产所在地的税务机关申报纳税。

（三）纳税期限

房产税实行按年计算、分期缴纳的征收方法，具体纳税期限由省、自治区、直辖市人民政府规定。

小试牛刀

［多选题］下列建筑物中，不属于房产税征税范围的有（　　）。

A. 城市的露天游泳池　　B. 县城的商铺　　C. 农村的菜窖　　D. 农村的房屋

E. 市区的房屋

［解析］房产税的征收范围包括城市、县城、建制镇和工矿区内的房屋。农村的房屋不征收房产税。独立于房屋之外的建筑物，如围墙、烟囱、菜窖、室外游泳池不属于房产税征税范围。

［答案］ACD

［多选题］关于房产税的说法，正确的有（　　）。

A. 纳税人出租、出借房产，自交付出租、出借房产之当月起缴纳房产税

B. 室外游泳池属于房产税的征税范围

C. 税源比较充分且相对稳定，不易受到经济变动因素的影响

D. 房产不在同一地方的纳税人，应按房产的坐落地点分别向房产所在地的税务机关申报纳税

E. 计征房产税的租金收入包括增值税

［解析］纳税人出租、出借房产，自交付出租、出借房产之次月起缴纳房产税，A项错误。独立于房屋之外的建筑物，如围墙、烟囱、水塔、菜窖、室外游泳池等不属于房产税的征税范围，B项错误。房产出租的，以房屋出租取得的租金收入为计税依据，计算缴纳房产税。计征房产税的租金收入不含增值税，E项错误。

［答案］CD

第十五章 政府预算

知识脉络

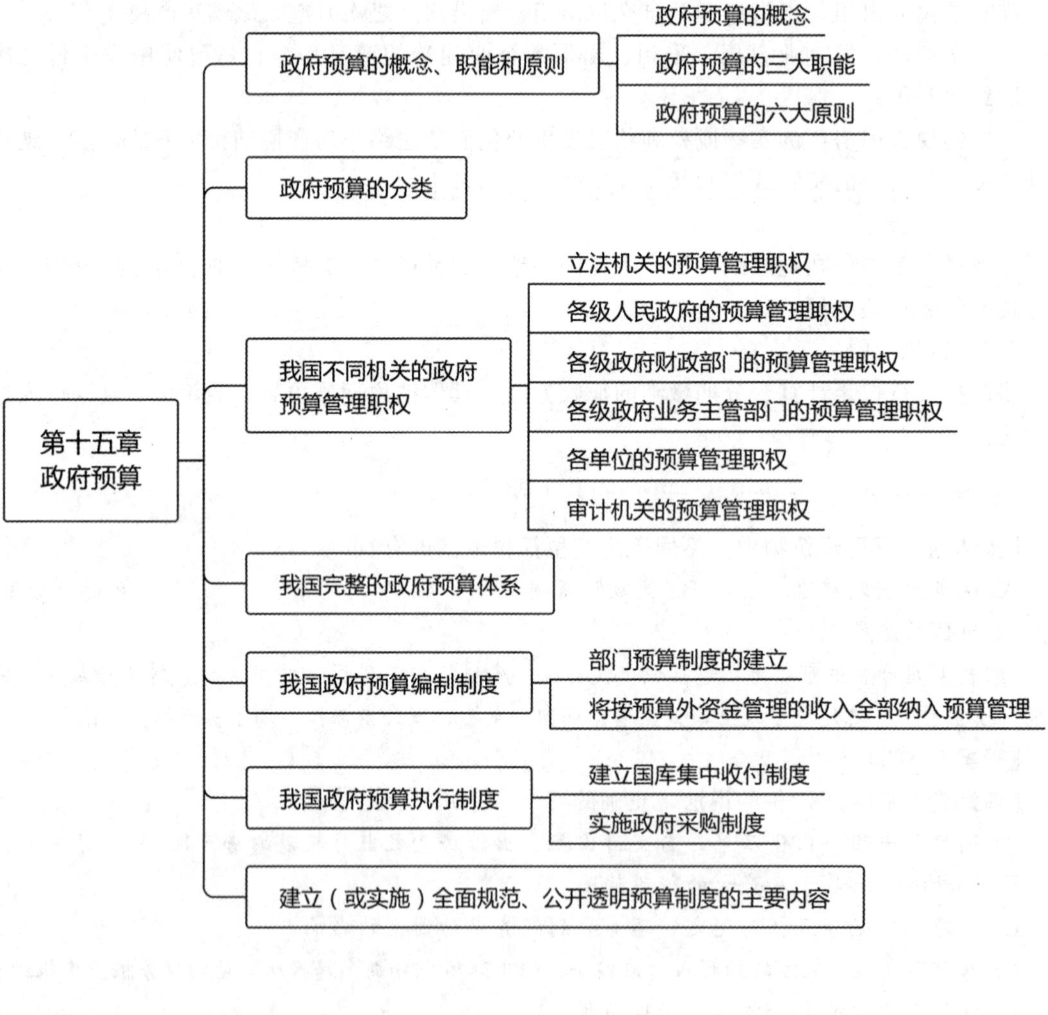

- 第十五章 政府预算
  - 政府预算的概念、职能和原则
    - 政府预算的概念
    - 政府预算的三大职能
    - 政府预算的六大原则
  - 政府预算的分类
  - 我国不同机关的政府预算管理职权
    - 立法机关的预算管理职权
    - 各级人民政府的预算管理职权
    - 各级政府财政部门的预算管理职权
    - 各级政府业务主管部门的预算管理职权
    - 各单位的预算管理职权
    - 审计机关的预算管理职权
  - 我国完整的政府预算体系
  - 我国政府预算编制制度
    - 部门预算制度的建立
    - 将按预算外资金管理的收入全部纳入预算管理
  - 我国政府预算执行制度
    - 建立国库集中收付制度
    - 实施政府采购制度
  - 建立（或实施）全面规范、公开透明预算制度的主要内容

考点1 政府预算的概念、职能和原则★★

一、政府预算的概念

政府预算是政府的年度财政收支计划（经法定程序审核批准、有法律规定和制度保证），是政府理财的主导环节和基本环节。在17世纪，英国编制了第一个国家预算，标志着具有现代意义的政府预算制度正式建立。

可以从以下几个方面理解政府预算的概念：

（1）从本质上看，政府预算是国家和政府意志的体现。

政府预算是一个重要的法律性文件，属于年度立法，需要经过国家权力机构的审查和批准才能生效。

（2）从政治性方面看，政府预算是重大的政治行为，反映政府活动的范围、方向和政策。

（3）从技术性方面看，政府预算包含以下两层含义。

从形式上看，政府预算是政府的财政收支计划或工作计划（通过财政预算平衡表的形式体现出来）；从财政预算平衡表可以看出政府资金的来源和流向，体现了政府的年度工作重点和方向。

从实际经济内容上看，政府预算是政府对财政收支的计划安排或编制财政收支平衡表。

二、政府预算的三大职能

（1）对政府部门活动进行反映。

（2）对政府部门的支出进行控制。

（3）对政府部门收支运作情况进行监督。

三、政府预算的六大原则

（1）合法性原则（政府必须对纳税人负责的理念的重要体现）。

政府预算活动的每个环节（如政府预算的成立、预算执行中的调整以及预算执行的结果）都必须按照法定程序进行（经过立法机关审查批准）。

（2）公开性原则。

政府预算及其执行情况（除少数涉及国家秘密的信息外）必须采取一定的形式公之于众。

（3）可靠性原则（即谨慎性原则）。

每一项收支项目的数字指标，必须运用科学的计算方法，依据充分，数据确实可靠，不得假定、估算或人为地任意编造。

（4）完整性原则。

政府预算的一切财政收支都要反映在预算中，不得另设其他财政收支账目。

（5）统一性原则。

中央和地方各级政府预算要设立统一的预算科目，每个科目都要按统一的口径及程序计算、填列和编制。

（6）年度性原则。

预算年度是指政府预算的起讫时间，通常为 1 年。世界各国普遍采用的预算年度有两种：跨年制和历年制。目前，采用历年制的国家最多。

①跨年制预算年度（从每年某月某日开始至次年相应日期的前一日止，中间经历 12 个月，但却跨越了两个年度）。如美国（从每年的 10 月 1 日开始，到次年的 9 月 30 日止），英国、日本等也采用跨年制。

②历年制预算年度（从每年的 1 月 1 日起至同年的 12 月 31 日止）。如中国、法国、德国等。

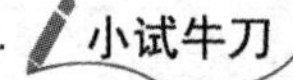

[多选题] 下列关于政府预算的说法中，正确的有（　　）。

A. 政府预算是具有法律规定和制度保证的、经法定程序审核批准的政府年度财政收支计划

B. 政府预算是政府理财的主导环节和基本环节

C. 从政治性方面看，政府预算是重大的政治行为

D. 从本质上看，政府预算是国家和政府意志的体现，需要经过国家权力机构的审查和批准才能生效

E. 具有现代意义的政府预算制度最早在美国建立

［解析］在 17 世纪，英国编制了第一个国家预算，标志着具有现代意义的政府预算制度正式建立，E 项错误。

［答案］ABCD

［单选题］编制政府预算时，把支出盘子做得很大而无法完成，这种做法违反了政府预算的（　　）原则要求。

A. 完整性　　B. 统一性　　C. 合法性　　D. 可靠性

［解析］可靠性原则也称为谨慎性原则，强调真实可靠，有充分确实的依据。收入预算的编制要可靠、完整、能够落实。支出预算安排要真实、可靠，既不能不切实际地把支出盘子打得很大，无法完成，也不能留下硬缺口，不能人为缩小支出规模。

［答案］D

考点 2 政府预算的分类★★★

根据不同的分类标准，政府预算有很多的种类，具体内容见表 15-1。

表 15-1　政府预算的分类

分类标准	具体类别	具体内容
按预算编制依据的内容和方法	零基预算	新预算年度的财政收支计划指标，只以新预算年度经济社会发展情况和财力可能为依据，不考虑以前年度的财政收支执行情况。零基预算也不是绝对的一切重新开始，而是对已有项目需要重新审定和安排，起点为零，其优点是有利于提高预算支出效率，控制预算规模
	增量（基数）预算	新预算年度的财政收支计划指标在以前预算年度的基础上，按新的预算年度的经济发展情况等加以调整后确定。增量预算保持了财政收支指标的连续性，是一种传统的预算编制方法。在增量预算下，政府财政收支可能会刚性增长，日益膨胀
按预算编制形式	单式预算	政府财政收支计划汇编在一个总预算之内，通过一个收支项目安排对照表来反映
		(1) 优点：容易操作，便于编制；能够清晰反映政府财政收支全貌，整体性强，简单明了 (2) 缺点：不利于政府对复杂的财政活动进行深入分析、管理和监督（没有区分各项财政收支的经济性质）
	复式预算	政府财政收支计划通过两个或两个以上收支对照表来反映。一般分为经常预算和资本预算： (1) 经常预算的收入来源主要是税收，支出对象是行政事业项目 (2) 资本预算的收入来源主要是国债，支出对象是经济建设项目
		(1) 优点：便于政府科学安排收支结构，分类控制预算收支平衡；便于政府灵活运用资本性投资和国债等手段，对宏观经济运行实施宏观调控 (2) 缺点：编制和实施比较复杂，存在一定的难度

续表

分类标准	具体类别	具体内容
按预算作用时间长短	年度预算	政府预算的有效期为1年
	多年预算（中期预算、滚动预算）	(1) 政府预算对连续多个年度（通常为3年至5年）的财政收支进行编制，每年编制一次，每次向前滚动一年（即逐年递推或滚动的形式） (2) 多年预算一般不具有法律效力，不需要经过国家权力机关的批准
按预算项目是否直接反映经济效益	绩效预算	根据政府部门确定需要履行的职能以及为履行职能需要消耗的资源来制定绩效目标，并通过量化指标来衡量其在实施每项计划过程中取得的成绩和完成工作的情况
	投入预算	根据预算控制支出，按预算规定的用途和金额使用资金
	规划—项目预算	其核心是通过成本—效益和成本—有效性分析，对不同规划和活动进行比较，并以此作为实现既定目标的手段
按预算收支平衡状况	差额预算	差额预算包括两种： (1) 盈余预算（预算收入大于预算支出） (2) 赤字预算（预算收入小于预算支出）
	平衡预算	预算收入与预算支出基本相等。在实际工作中，预算略有结余或略有赤字一般也被视为平衡预算
按预算管理层级	中央预算（中央政府的预算）	中央一般公共预算包括中央各部门（含直属单位）的预算和中央对地方的税收返还、转移支付预算。预算由预算收入和预算支出组成。如中央一般公共预算收入包括中央本级收入和地方向中央的上解收入
	地方预算（地方各级政府的预算）	地方各级一般公共预算包括本级各部门（含直属单位）的预算和税收返还、转移支付预算。地方各级一般公共预算收入包括地方本级收入、上级政府对本级政府的税收返还和转移支付、下级政府的上解收入

小试牛刀

[多选题] 单式预算的优点包括（　　）。

A. 便于分类控制预算收支平衡

B. 便于编制，易于操作

C. 便于政府对复杂的财政活动进行分析、管理和监督

D. 能够清晰反映政府财政收支全貌

E. 便于政府灵活运用资本性投资和国债手段，调控宏观经济运行

[解析] 单式预算是将政府财政收支汇集编入一个总预算之内，形成一个收支项目安排对照表。其优点为：形式简单明了，整体性强，能够清晰反映政府财政收支全貌，有利于公众监督政府预算的事实；便于编制，易于操作。缺点为：没有区分各项财政收支的经济性质，不利于政府对复杂的财政活动进行深入分析、管理和监督。

[答案] BD

[多选题] 下列有关政府预算分类的说法中，正确的有（　　）。

A. 政府预算按预算编制形式分为单式预算和复式预算

B. 政府预算按预算编制依据的内容和方法分为增量预算和零基预算

C. 多年预算一般每3～5年编制一次

D. 多年预算一般不具有法律效力

E. 与增量预算相比，零基预算是一切重新开始

[解析] 多年预算对连续多个年度（通常为 3 年至 5 年）的财政收支进行编制，每年编制一次，每次向前滚动一年（即逐年递推或滚动的形式），C 项错误。零基预算不是一切重新开始，E 项错误。

[答案] ABD

考点3 我国不同机关的政府预算管理职权★★★

2014 年修改后的《中华人民共和国预算法》（以下简称《预算法》）对立法机关、各级政府、政府财政主管部门和预算执行部门、单位的预算管理职权作了明确规定。预算、决算的编制、审查、批准、监督，以及预算的执行和调整，依照本法规定执行。

一、立法机关的预算管理职权

根据《预算法》第二十条和第二十一条规定，立法机关的预算管理职权见表 15-2。

表 15-2 立法机关的预算管理职权

立法机关		具体的预算管理职权
全国人民代表大会及其常务委员会	全国人民代表大会	(1) 审查中央和地方预算草案及中央和地方预算执行情况的报告 (2) 批准中央预算和中央预算执行情况的报告 (3) 改变或者撤销全国人民代表大会常务委员会关于预算、决算的不适当的决议
	全国人民代表大会常务委员会	(1) 监督中央和地方预算的执行 (2) 审查和批准中央预算的调整方案 (3) 审查和批准中央决算 (4) 撤销国务院制定的同宪法、法律相抵触的关于预算、决算的行政法规、决定和命令 (5) 撤销省、自治区、直辖市人民代表大会及其常务委员会制定的同宪法、法律和行政法规相抵触的关于预算、决算的地方性法规和决议
县级以上地方各级人民代表大会及其常务委员会	县级以上地方各级人民代表大会	(1) 审查本级总预算草案及本级总预算执行情况的报告 (2) 批准本级预算和本级预算执行情况的报告 (3) 改变或者撤销本级人民代表大会常务委员会关于预算、决算的不适当的决议 (4) 撤销本级政府关于预算、决算的不适当的决定和命令
	县级以上地方各级人民代表大会常务委员会	(1) 监督本级总预算的执行 (2) 审查和批准本级预算的调整方案 (3) 审查批准本级政府决算 (4) 撤销本级政府和下一级人民代表大会及其常务委员会关于预算、决算的不适当的决定、命令和决议
乡、民族乡、镇的人民代表大会		(1) 审查和批准本级预算和本级预算执行情况的报告 (2) 监督本级预算的执行 (3) 审查和批准本级预算的调整方案 (4) 审查和批准本级决算 (5) 撤销本级政府关于预算、决算的不适当决定和命令

二、各级人民政府的预算管理职权

（一）各级人民政府的预算管理职权范围

根据《预算法》第二十三条和第二十四条规定，各级人民政府的预算管理职权总结如下：

（1）决定本级政府预算预备费动用。

（2）编制本级预算草案、决算草案、预算调整方案。

（3）向本级人民代表大会作关于本级总预算草案的报告。

（4）组织本级总预算执行。

（5）监督本级各部门和下一级人民政府的预算执行。

（6）向本级人民代表大会及其常务委员会报告本级总预算的执行情况。

（7）改变或撤销本级各部门和下一级人民政府关于预算方面的不恰当的决定和命令。

（二）预算收支范围

根据《预算法》第二十九条规定，中央预算与地方预算有关收入和支出项目的划分、地方向中央上解收入、中央对地方税收返还或者转移支付的具体办法，由国务院规定，报全国人民代表大会常务委员会备案。

三、各级政府财政部门的预算管理职权

根据《预算法》第二十五条规定，各级政府财政部门的预算管理职权总结如下：

（1）提出本级预算预备费动用方案。

（2）具体编制本级预算草案、决算草案、预算调整方案。

（3）具体组织本级总预算的执行。

（4）定期向本级政府和上一级政府财政部门报告各级预算的执行情况。

四、各级政府业务主管部门的预算管理职权

根据国家预算法律、法规的规定，各级政府业务主管部门制定本部门预算具体执行办法。《预算法》第二十六条第一款规定的各级政府业务主管部门预算管理职权如下：

（1）编制本部门预算草案、决算草案。

（2）组织和监督本部门预算的执行。

（3）定期向本级政府财政部门报告预算的执行情况。

五、各单位的预算管理职权

《预算法》第二十六条第二款规定的各单位的预算管理职权如下：

（1）编制本单位预算草案、决算草案。

（2）按照国家规定上缴预算收入，安排预算支出，并接受国家有关部门的监督。

六、审计机关的预算管理职权

根据《中华人民共和国审计法》第二条规定，国务院各部门和地方各级人民政府及其各部门的财政收支，国有的金融机构和企业事业组织的财务收支，以及其他依照本法规定应当接受审计的财政收支、财务收支，依照本法规定接受审计监督。审计机关对前款所列财政收支或者财务收支的真实、合法和效益，依法进行审计监督。

小试牛刀

［多选题］根据《预算法》规定，全国人民代表大会常务委员会的预算管理职权有（　　）。

A. 审查和批准中央预算

B. 监督中央和地方预算执行

C. 审查和批准中央预算调整方案

D. 决定本级政府预备费的动用

E. 审查和批准中央决算

［解析］A 项是全国人民代表大会的预算管理职权。D 项是各级人民政府的预算管理职权。

［答案］BCE

考点4 我国完整的政府预算体系★★

根据《预算法》第五条规定，我国完整的政府预算体系包括一般公共预算（政府预算体系的基础）、政府性基金预算、国有资本经营预算和社会保险基金预算。具体内容见表 15-3。

表 15-3　我国完整的政府预算体系

政府预算体系	具体内容
一般公共预算	根据《预算法》第六条规定，一般公共预算是以税收为主体的财政收入，安排用于保障和改善民生、推动经济社会发展、维护国家安全、维持国家机构正常运转等方面的收支预算
	一般公共预算收入主要包括税收收入和非税收入；一般公共预算支出包括按支出功能分类和按支出性质分类
	目前我国每年统计公报公布的财政收入和支出以及财政赤字的数字，都是按照一般公共预算的口径
政府性基金预算	政府性基金预算是依照法律、行政法规的规定，在一定期限内向特定对象征收、收取或者以其他方式筹集的资金（如向社会征收基金、收费以及出让土地、发行彩票等方式取得收入），专项用于支持特定基础设施建设和特定公共事业发展的收支预算。由财政部审批政府性基金项目，国务院审批重要的政府性基金项目
	以收定支，专款专用，结余结转下年继续使用是政府性基金预算的管理原则
国有资本经营预算	根据《预算法》第十条规定，国有资本经营预算是对国有资本收益作出支出安排的收支预算。国有资本经营预算应当按照收支平衡的原则编制，不列赤字，并安排资金调入一般公共预算
	国有资本经营预算制度的核心是调整国家和国有企业之间的分配关系
	国有资本经营预算的编制原则如下： （1）分级编制、逐步实施 （2）统筹兼顾、适度集中 （3）相对独立、相互衔接
	中国储备粮总公司、中国储备棉总公司等政策性公司免缴国有资本收益

续表

政府预算体系	具体内容
社会保险基金预算	根据《预算法》第十一条规定，社会保险基金预算是对社会保险缴款、一般公共预算安排和其他方式筹集的资金，专项用于社会保险的收支预算。社会保险基金预算应当按照统筹层次和社会保险项目分别编制，做到收支平衡
	社会保险基金不能用于平衡财政预算，但财政预算可补助社会保险基金。社会保险基金预算不得随意调整
	社会保险基金预算遵循的基本原则：(1) 收支平衡，留有结余；(2) 专项基金，专款专用；(3) 依法建立，规范统一；(4) 统筹编制，明确责任；(5) 相对独立，有机衔接
	社会保险基金预算按险种分别编制，包括企业职工基本养老保险基金、城镇职工基本医疗保险基金、失业保险基金、工伤保险基金、生育保险基金等内容

小试牛刀

[单选题] 下列单位中，属于免缴国有资本收益的是（　　）。

A. 中国烟草总公司　　B. 中储粮集团公司

C. 中国邮政集团公司　　D. 中国石油天然气集团有限公司

[解析] 2011 年、2012 年中央国有资本经营预算实施范围进一步扩大，中央企业国有资本收益收取比例适当提高。具体收取比例分为五类执行：第一类为企业税后利润的 20%（如烟草企业），第二类为企业税后利润的 15%（如石油石化、电力、电信、煤炭等具有资源垄断性特征的行业企业），第三类为企业税后利润的 10%（如钢铁、运输、电子、贸易、施工等一般竞争性行业企业），第四类收取比例为 5%（如转制科研院所、邮政集团公司等），第五类免缴国有资本收益（如中国储备粮总公司、中国储备棉总公司等政策性公司）。

[答案] B

考点 5　我国政府预算编制制度★

政府预算制度（一般通过“预算法”的形式予以确定），是国家政治体制的重要组成部分，是财政制度的核心，是财政赖以存在的基础。

一、部门预算制度的建立

部门预算，顾名思义就是按照部门编制预算。部门预算制度是市场经济国家财政预算管理的基本形式。

部门预算的编制方式是自下而上，编制程序（基本流程）是“两上两下”。

部门收入预算编制采用标准收入预算法；部门支出预算包括基本支出预算（实行定员定额管理）和项目支出预算，部门支出预算编制采用零基预算法。

二、将按预算外资金管理的收入全部纳入预算管理

财政部决定从 2011 年 1 月 1 日起，将按预算外管理的收入（不含教育收费）全部纳入预算管理，中央各部门各单位的教育收费作为本部门的事业收入，纳入财政专户管理，收缴比照非税收入收缴管理制度执行。

小试牛刀

[多选题] 下列关于预算编制制度的说法中，正确的有（　　）。

A. 政府预算制度是财政制度的核心，一般通过“预算法”的形式予以确定

B. 部门预算制度是市场经济国家财政预算管理的基本形式

C. 部门预算采取自下而上的编制方式，编制程序实行“两上两下”的基本流程

D. 从 2011 年 1 月 1 日起，将按预算外管理的收入（不含教育收费）全部纳入预算管理

E. 从 2011 年 11 月 1 日起，中央各部门各单位的教育收费作为本部门的事业收入，纳入财政专户管理

[解析] 从 2011 年 1 月 1 日起，中央各部门各单位的教育收费作为本部门的事业收入，纳入财政专户管理，E 项错误。

[答案] ABCD

考点 6 我国政府预算执行制度★

预算执行制度是预算实施的关键环节。

一、建立国库集中收付制度

（1）我国国库管理制度的改革是要改成以国库单一账户体系为基础，以国库集中收付为主要形式的财政国库管理制度。主要内容有：①对财政资金分散拨付方式的改变；②国库单一账户体系的建立；③对财政性资金收缴方式的规范（所有收入通过代理银行直接缴入国库或财政专户）。

（2）建立国库集中收付制度的意义包括：①宏观调控能力得到了强化；②预算执行过程的监督控制得到了加强；③预算执行管理信息的透明度获得了提高。

二、实施政府采购制度

购置大宗大型设备、财政投资的基本建设项目等适合政府采购。政府采购的运行机制是：

（1）公开招标与非公开招标相结合。

（2）委托采购与自行采购相结合。

（3）集中采购与分散采购相结合（以集中为主，分散为辅）。

考点 7 建立（或实施）全面规范、公开透明预算制度的主要内容★★★

根据《“十三五”规划纲要》的要求，建立全面规范、公开透明预算制度的主要内容有：

（1）建立健全预算编制、执行、监督相互制约、相互协调机制。

（2）完善政府预算体系，加大政府性基金预算、国有资本经营预算与一般公共预算的统筹力度，完善社会保险基金预算编制制度。

（3）实施跨年度预算平衡机制和中期财政规划管理（财政部门会同各部门研究编制 3 年滚动财政规划，加强与国民经济和社会发展规划纲要及国家宏观调控政策的衔接）。

（4）全面推进预算绩效管理。

（5）建立政府资产报告制度，深化政府债务管理制度改革，建立规范的政府债务管理及风险预警机制。

（6）建立权责发生制政府综合财务报告制度和财政库底目标余额管理制度。

（7）扩大预算公开范围，细化公开内容（推进预算、决算公开）。

需要注意以下几个细节：

（1）政府综合财务报告主要包括政府收入费用表、政府资产负债表等财务报表及报表附注，还包括以此为基础进行的综合分析等。政府资产报告一般包括两部分：政府资产分析报告和政府资产报表。

（2）除涉密信息外，政府预算、决算支出全部细化公开到功能分类的"项"级科目。逐步将部门预算、决算公开到"基本支出"和"项目支出"。

（3）财政库底目标余额管理制度建立的主要内容有：①国库现金流量预测制度的建立；②国库现金管理银行账户、资金清算及核算体系的完善；③国库现金管理风险监控管理机制的完善；④国库现金管理投融资运行机制的健全和完善。

小试牛刀

[多选题] 我国现阶段实施全面规范、公开透明的预算制度，其主要内容有（　　）。

A. 实行中期财政规划管理

B. 建立政府资产报告制度

C. 建立财政库底目标余额管理制度

D. 全面推进预算绩效管理

E. 建立收付实现制的政府综合财务报告制度

[解析] 在我国现阶段实施全面规范、公开透明的预算制度中，有一条是要建立权责发生制政府综合财务报告制度，E项错误。

[答案] ABCD

第十六章　财政管理体制

知识脉络

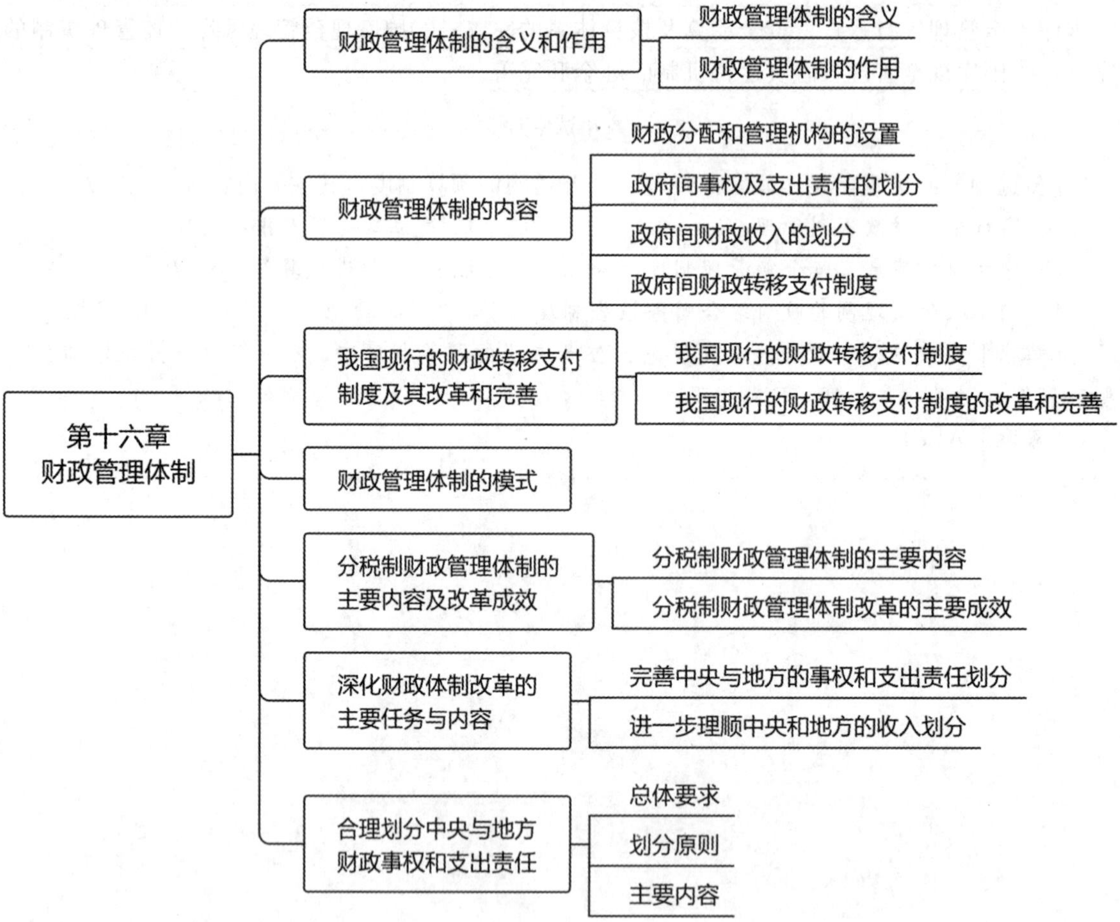

- 第十六章 财政管理体制
  - 财政管理体制的含义和作用
    - 财政管理体制的含义
    - 财政管理体制的作用
  - 财政管理体制的内容
    - 财政分配和管理机构的设置
    - 政府间事权及支出责任的划分
    - 政府间财政收入的划分
    - 政府间财政转移支付制度
  - 我国现行的财政转移支付制度及其改革和完善
    - 我国现行的财政转移支付制度
    - 我国现行的财政转移支付制度的改革和完善
  - 财政管理体制的模式
  - 分税制财政管理体制的主要内容及改革成效
    - 分税制财政管理体制的主要内容
    - 分税制财政管理体制改革的主要成效
  - 深化财政体制改革的主要任务与内容
    - 完善中央与地方的事权和支出责任划分
    - 进一步理顺中央和地方的收入划分
  - 合理划分中央与地方财政事权和支出责任
    - 总体要求
    - 划分原则
    - 主要内容

考点1　财政管理体制的含义和作用★★

一、财政管理体制的含义

财政管理体制是处理中央政府与地方政府以及地方各级政府之间划分财政收支范围和财政管理职责与权限的根本制度。

（1）狭义的财政管理体制就是政府预算管理体制。

政府预算管理体制是财政管理体制的中心环节。

（2）广义的财政管理体制不仅包括政府预算管理体制，还包括税收管理体制、公共部门财务管理体制等。

二、财政管理体制的作用

（1）保证各级政府有效履行其财政职能。

（2）提高财政效率，促进社会公平。

（3）调节各级政府之间和各区域政府之间财政的不平衡。

小试牛刀

［**多选题**］广义的财政管理体制主要包括（　　）。

A. 公共部门财务管理体制　　B. 国有企业管理体制

C. 国有资本管理体制　　D. 税收管理制度

E. 政府预算管理体制

［**解析**］广义的财政管理体制包括政府预算管理体制、税收管理体制、公共部门财务管理体制等。

［**答案**］ADE

考点2　财政管理体制的内容★★★

一、财政分配和管理机构的设置

现在我国的财政管理机构包括五级：中央、省（自治区、直辖市）、设区的市（自治州）、县（自治县、不设区的市、市辖区）、乡（民族乡、镇）。

二、政府间事权及支出责任的划分

政府间事权及支出责任划分一般遵循的重要原则见表16-1。

表16-1　政府间事权及支出责任划分一般遵循的重要原则

划分原则	具体内容
效率原则	政府间事权的归属根据产品的配置效率来确定。谁效率高，谁提供
技术原则	政府间事权根据公共产品和服务的规模大小、技术难易程度来划分
	诸如三峡工程、南水北调、青藏铁路等规模大且需要高技术才能完成的公共产品和服务，应由中央政府负责。反之，应由地方政府负责
受益原则	政府间事权根据公共产品和服务的受益范围来划分
	在全国范围内受益，事权归中央政府；在本区域范围内受益，事权归地方政府；在多个区域范围受益，事权归受益地区共同承担或协商承担
区域原则	政府间事权根据公共产品和服务的区域性来划分
	诸如外交、国防事务等没有区域性特征、需要按统一规划和标准提供的全国性公共产品和服务的事权划归中央政府；诸如社会治安、城市供水、公园事务等具有区域性特征、需要因地制宜来提供的地区性公共产品和服务的事权划归地方政府

三、政府间财政收入的划分

（一）成熟市场经济体制国家一般遵循的重要原则

税种属性是决定政府间财政收入划分的主要标准。成熟市场经济体制国家政府间财政收入划分一般遵循的重要原则见表16-2。

表16-2　成熟市场经济体制国家政府间财政收入划分一般遵循的重要原则

划分原则	具体内容
效率原则	诸如一些以土地等为课税对象的流动性不强的收入、地方政府比较了解税基等基本信息的相对稳定的收入，划归地方政府；对于一些流动性较强的收入，划归中央政府收入
恰当原则	诸如关税等体现国家主权的收入，还有一些调控功能较强的税种，划归中央政府收入
集权原则	对于收入份额较大的主体税种划归中央政府
收益与负担对等原则	诸如使用费等收益与负担能够直接对应的收入，一般划归地方政府收入

（二）政府间财政收支的划分特征

依据国际经验，政府间财政收支划分的基本特征为：收入结构的划分以中央政府为主，支出结构的划分以地方政府为主，收入结构与支出结构的安排是非对称性的。

四、政府间财政转移支付制度

（一）财政转移支付制度的含义

政府间财政转移支付是指政府间财力的无偿转移。政府间财政转移支付制度一般是指在处理中央政府（财政）与地方政府（财政）关系时，协调上下级政府（财政）之间关系的一项重要制度。转移支付的概念是由英国著名经济学家阿瑟·庇古最早提出来的。

（二）财政转移支付的特点

（1）完整性。要有一套科学、完整的制度安排。

（2）科学性。转移支付制度的设计要规范、周密、科学、合理。

（3）对称性。上级政府对下级政府转移支付的财力，要和能够满足该级政府承担、履行的事权职责需求相对应。

（4）法制性。转移支付制度应该通过法律形式规范。

（5）统一性和灵活性相结合。

（三）财政转移支付制度的重要作用

（1）可以为地方政府提供稳定的收入来源，弥补其收支差额，这是财政转移支付制度最基本的作用。财政转移支付制度增强了地方政府提供本地区公共产品和服务的能力，有利于实现政府间财政关系的纵向平衡。

（2）中央政府通过专项拨款，可以对地方的财政支出项目进行调节，有利于增强中央政府对地方政府的控制能力。

（3）可以在一定程度上解决各地方之间因财政状况不同而造成的公共服务水平不均衡的问题。

（四）财政转移支付分类

转移支付一般分为均衡拨款和专项拨款两大类。

（1）一般情况下，对于地方事权范围内的支出项目来说，中央政府运用一般性转移支付手段来实施财力的匹配与均衡。

（2）专项转移支付手段仅限于中央委托事务、效益外溢事务、共同事权事务和符合中央政

策导向事务。

小试牛刀

[多选题] 各级政府间事权及支出责任划分遵循的一般原则有（　　）。

A. 恰当原则　　B. 受益原则

C. 效率原则　　D. 区域原则

E. 技术原则

[解析] 政府间事权及支出责任划分一般遵循的原则有受益原则、效率原则、区域原则以及技术原则。

[答案] BCDE

[单选题] 下列有关政府间财政收入划分的说法中，错误的是（　　）。

A. 税种属性是决定政府间财政收入划分的主要标准

B. 政府间财政收支划分呈现的基本特征是，收入结构划分以地方政府为主，支出结构划分以中央政府为主

C. 对于关税等体现国家主权的收入应作为中央政府收入，这体现的是恰当原则

D. 政府间财政收入的划分遵循的原则有集权原则、效率原则、恰当原则、收益与负担对等原则

[解析] 根据国际经验，政府间财政收支划分呈现的基本特征是，收入结构与支出结构的非对称性安排，即收入结构划分以中央政府为主，支出结构划分则以地方政府为主。B 项错误。

[答案] B

[多选题] 下列关于政府间财政转移支付制度的表述，正确的有（　　）。

A. 它是协调中央政府与地方政府间财政关系的一项重要制度

B. 其目的是解决地方政府收支不平衡的问题

C. 财政转移支付具有完整性、法制性以及不对称性等特点

D. 最早提出转移支付概念的是著名经济学家庇古

E. 通过财政转移支付为地方政府提供稳定的收入来源，弥补其收支差额，这是财政转移支付制度的最基本作用

[解析] 财政转移支付具有完整性、对称性、科学性、法制性以及统一性和灵活性相结合等特点。C 项错误。

[答案] ABDE

考点3 我国现行的财政转移支付制度及其改革和完善★★★

一、我国现行的财政转移支付制度

（一）我国的财政转移支付分类

目前，我国财政转移支付包括一般性转移支付和专项转移支付。具体内容见表 16-3。

表 16-3　我国现行的财政转移支付的分类

分类	含义	范围
一般性转移支付	指中央政府为弥补财政实力薄弱地区的财力缺口，均衡地区间财力差距，推动地区间基本公共服务均等化，给予地方政府的补助支出，由接受转移支付的地方统筹安排	具体项目有调整工资转移支付、民族地区转移支付、县级基本财力保障机制奖补资金、均衡性转移支付、农村税费改革转移支付、资源枯竭城市转移支付等
专项转移支付	指中央政府为实现特定的经济和社会发展目标无偿给予地方政府，由接受转移支付的政府按照中央政府规定的用途安排使用的预算资金	重点用于教育、医疗卫生、社会保障、支农等公共服务领域

（二）我国的税收返还制度（1994 年分税制改革时确立）

现在中央对地方的税收返还主要有：

（1）所得税基数返还（企业所得税、个人所得税分享改革后的基数返还）。

（2）增值税和消费税定额返还。

（3）成品油价格与税费改革税收返还。

二、我国现行的财政转移支付制度的改革和完善

第十八届三中全会《中共中央关于全面深化改革若干重大问题的决定》指出，我国现行的财政转移支付制度还不够完善，需要逐步推进转移支付制度的改革，具体内容如下。

（一）完善一般性转移支付增长机制

增加一般性转移支付规模和比例，更好地发挥地方政府贴近基层、就近管理的优势，促进地区间财力均衡，重点增加对革命老区、民族地区、边疆地区、贫困地区的转移支付。中央出台减收增支政策形成的地方财力缺口，原则上通过一般性转移支付调节。

（二）清理、整合、规范专项转移支付项目

逐步取消竞争性领域专项和地方资金配套，严格控制引导类、救济类、应急类专项，对保留专项进行甄别，属地方事务的且数额相对固定的项目划入一般性转移支付。

通过转移支付制度的改革，逐渐形成一般性转移支付和专项转移支付相结合，并以一般性转移支付为主的转移支付制度。

小试牛刀

［多选题］我国现阶段规范财政转移支付制度的任务有（　　）。

A. 增加专项转移支付项目

B. 重点增加对革命老区、民族地区、边疆地区、贫困地区的转移支付

C. 促进地区间财力均衡

D. 增加一般性转移支付规模和比例

E. 清理、规范专项转移支付项目

［解析］我国现阶段规范财政转移支付制度要求清理、整合、规范专项转移支付项目，A 项错误。

［答案］BCDE

考点4 财政管理体制的模式★★

从世界各国财政管理体制的差异看，一般有两种模式。具体内容见表 16-4。

表 16-4　财政管理体制的模式

模式	具体内容	实行国家
财政单一制模式	(1) 在中央统一领导下，中央政府和地方各级政府根据事权划分及与之相适应的财权财力划分，统一财政预算和分级管理 (2) 在该模式下，中央统一制定、安排财政大政方针和主要的规章制度；地方政府拥有的分权水平较低，自主性较小（地方对财政活动进行管理时，要在中央决策和授权范围内）	实行财政单一制模式的国家有英国、法国、意大利、日本、韩国等
财政联邦制模式	(1) 在联邦制国家，联邦政府与州政府之间遵循“州余权主义”的原则划分权力。联邦与州在宪法规定的领域内互不从属、相对独立、平等，在事务上相互协调，在对公民行使权利上都是直接的 (2) 在该模式下，中央与地方政府（财政）之间、地方上级与下级政府（财政）之间没有整体关系，主要依靠分税制和转移支付制度来实现政府间的财政联系	实行财政联邦制模式的国家有美国、加拿大、墨西哥、德国、俄罗斯、澳大利亚、印度等

小试牛刀

[单选题] 关于联邦制的财政管理体制的说法，正确的是（　　）。

A. 美国、英国、法国都实行联邦制的财政管理体制

B. 在联邦制的财政管理体制下，地方财政由中央财政统一管理

C. 在联邦制的财政管理体制下，政府间的财政联系主要依靠分税制和转移支付制度来实现

D. 在联邦制的财政管理体制下，地方政府拥有的分权水平较低，自主性较小

[解析] 美国实行联邦制的财政管理体制，英国、法国等都实行单一制的财政管理体制，A 项错误。在财政单一制模式下，中央和地方各级政府在中央统一领导下，统一财政预算和分级管理，地方政府拥有的分权水平较低，自主性较小，B、D 两项错误。

[答案] C

考点5 分税制财政管理体制的主要内容及改革成效★★★

1994 年，我国开始实行分税制财政管理体制。

一、分税制财政管理体制的主要内容

（一）支出责任划分

中央财政承担的支出主要有武警经费、地质勘探费、外交、国防等支出以及中央直接管理的事业发展支出等。

地方财政承担的支出主要有公检法经费、城市维护建设费、民兵事业费等支出以及本地区政权机关运转和经济社会发展所需要的支出。

（二）收入划分

目前中央与地方收入的划分见表 16-5。

表 16-5 中央与地方收入划分

项目	具体内容
中央收入	(1) 消费税、船舶吨税、车辆购置税、出口退税、关税、证券交易印花税 (2) 海关代征的消费税和增值税 (3) 未纳入共享范围的中央企业所得税、中央企业上缴的利润等 (4) 各银行总行、各保险公司总公司等集中缴纳的收入（包括利润和城市维护建设税）
中央地方共享收入	把同经济发展直接相关的增值税、资源税、纳入共享范围的企业所得税和个人所得税等主要税种划归中央与地方共享税，划分比例如下： (1) 增值税方面，中央和地方各分享 50% (2) 资源税方面，海洋石油资源税归中央，其余资源税归地方 (3) 纳入共享范围的企业所得税和个人所得税方面，60%归中央，40%归地方
地方收入	地方税是除了中央税和共享税以外的其他所有税种，具体包括房产税、土地增值税、耕地占用税、城镇土地使用税、国有土地有偿使用收入、车船税、契税、烟叶税、印花税（不含证券交易印花税）、地方企业上缴利润、城市维护建设税（不含各银行总行、各保险公司总公司集中交纳的部分）等

二、分税制财政管理体制改革的主要成效

（1）增强了中央财政统筹配置及宏观调控的能力，调动了地方经济发展及增加财政收入的积极性，建立了财政收入稳定增长机制。

（2）中央财政收入占全国财政收入的比重大幅上升，增强了中央政府宏观调控能力。

（3）调整了利益机制，促进了产业结构调整和资源优化配置。

小试牛刀

[单选题] 关于现行中央地方支出责任的划分，正确的是（　　）。

A. 公检法经费由中央财政承担　　B. 民兵事业费由中央财政承担

C. 地质勘探费由地方财政承担　　D. 外交支出由中央财政承担

[解析] 武警经费、地质勘探费、外交、国防等支出由中央财政承担。公检法经费、城市维护建设费、民兵事业费等支出由地方财政承担。

[答案] D

[单选题] 下列关于我国目前中央地方共享收入税种的表述中，错误的是（　　）。

A. 增值税中央分享 50%，地方分享 50%

B. 纳入共享范围的企业所得税和个人所得税中央分享 60%，地方分享 40%

C. 证券交易印花税中央分享 97%，地方分享 3%

D. 资源税中，海洋石油资源税为中央收入，其余资源税为地方收入

[解析] C 项“证券交易印花税”目前属于中央收入税种。

[答案] C

[多选题] 我国现行分税制财政管理体制下，属于中央收入的税种有（　　）。

A. 证券交易印花税　　B. 车船税

C. 车辆购置税　　D. 消费税

E. 船舶吨税

[解析] B 项“车船税”属于地方收入。

［答案］ACDE

考点6 深化财政体制改革的主要任务与内容★★

党的第十八届三中全会《中共中央关于全面深化改革若干重大问题的决定》要求：建立事权和支出责任相适应的制度，保持现有中央和地方财力格局总体稳定，结合税制改革，考虑税种属性，进一步理顺中央和地方收入划分。

一、完善中央与地方的事权和支出责任划分

（1）适度加强中央事权和支出责任。

将国防、外交、国家安全等关系全国统一市场规则和管理的重大事务作为中央事权。

（2）明确中央与地方共同事权。

将部分社会保障、跨区域重大项目建设维护等作为中央和地方共同事权。

（3）明确区域性公共服务为地方事权。

（4）调整中央与地方的支出责任。

中央和地方按照事权划分相应承担和分担支出责任，中央可通过安排转移支付将部分事权支出责任委托地方承担，对于跨区域且对其他地区影响较大的公共服务，中央通过转移支付承担一部分地方事权支出责任。

二、进一步理顺中央和地方的收入划分

根据税种属性特点，遵循公平、便利和效率等原则，合理划分税种。即：将收入周期性波动较大、易转嫁的税种以及具有较强再分配作用、税基分布不均衡、税基流动性较大的税种划为中央税，或中央分成比例多一些；将其余具有明显受益性和区域性特征且对宏观经济运行不产生直接重大影响的税种划为地方税，或地方分成比例多一些，以充分调动中央和地方两个积极性。另外还要完善税收制度，深化税收制度改革，完善地方税体系，逐步提高直接税比重。

小试牛刀

［单选题］立足于建立现代财政制度，在转变政府职能、合理界定政府与市场边界的基础上，合理划分中央与地方的事权和支出责任，下列说法错误的是（　　）。

A. 适度减少中央事权　　B. 明确中央与地方共同事权

C. 明确区域性公共服务为地方事权　　D. 调整中央与地方的支出责任

［解析］A 项错误，正确的说法是“适度加强中央事权”。

［答案］A

考点7 合理划分中央与地方财政事权和支出责任★★★

2016 年 8 月国务院印发了《国务院关于推进中央与地方财政事权和支出责任划分改革的指导意见》，意见指出：合理划分中央与地方财政事权和支出责任是政府有效提供基本公共服务的前提和保障。根据党的十八大和十八届三中全会、四中全会、五中全会提出的建立事权和支出责任相适应的制度、适度加强中央事权和支出责任、推进各级政府事权规范化法律化的要求，按照党中央、国务院决策部署，现就推进中央与地方财政事权和支出责任划分改革提出如

下指导意见。

一、总体要求

（1）坚持中国特色社会主义道路和党的领导。

（2）坚持财政事权由中央决定。既要维护中央权威，也要最大限度减少中央对微观事务的直接管理，调动和保护地方干事创业的积极性和主动性。

（3）坚持有利于健全社会主义市场经济体制。要正确处理政府与市场、政府与社会的关系，合理确定政府提供基本公共服务的范围和方式。

（4）坚持法治化规范化道路。

（5）坚持积极稳妥统筹推进。

二、划分原则

（1）体现基本公共服务受益范围。

受益范围覆盖全国的基本公共服务由中央负责；地区性基本公共服务由地方负责；跨省（区、市）的基本公共服务由中央与地方共同负责。

（2）兼顾政府职能和行政效率。

将所需信息量大、信息复杂且获取困难的基本公共服务优先作为地方的财政事权；信息比较容易获取和甄别的全国性基本公共服务宜作为中央的财政事权。

（3）实现权、责、利相统一。

将财政事权履行涉及的战略规划、政策决定、执行实施、监督评价等各环节在中央与地方间做出合理安排，做到财政事权履行权责明确和全过程覆盖。

（4）激励地方政府主动作为。

通过有效授权，合理确定地方财政事权，使基本公共服务受益范围与政府管辖区域保持一致，激励地方各级政府尽力做好辖区范围内的基本公共服务提供和保障，避免出现地方政府不作为或因追求局部利益而损害其他地区利益或整体利益的行为。

（5）做到支出责任与财政事权相适应。

按照“谁的财政事权谁承担支出责任”的原则，确定各级政府支出责任。

三、主要内容

（一）推进中央与地方财政事权划分

（1）适度加强中央的财政事权。

要逐步将国防、外交、国家安全、出入境管理、国防公路、国界河湖治理、全国性重大传染病防治、全国性大通道、全国性战略性自然资源使用和保护等基本公共服务确定或上划为中央的财政事权。

（2）保障地方履行财政事权。

要逐步将社会治安、市政交通、农村公路、城乡社区事务等受益范围地域性强、信息较为复杂且主要与当地居民密切相关的基本公共服务确定为地方的财政事权。

（3）减少并规范中央与地方共同财政事权。

要逐步将义务教育、高等教育、科技研发、公共文化、基本养老保险、基本医疗和公共卫生、城乡居民基本医疗保险、就业、粮食安全、跨省（区、市）重大基础设施项目建设和环境

保护与治理等体现中央战略意图、跨省（区、市）且具有地域管理信息优势的基本公共服务确定为中央与地方共同财政事权，并明确各承担主体的职责。

（4）建立财政事权划分动态调整机制。

财政事权划分要根据客观条件变化进行动态调整。

（二）完善中央与地方支出责任划分

（1）中央的财政事权由中央承担支出责任。

（2）地方的财政事权由地方承担支出责任。

（3）中央与地方共同财政事权区分情况划分支出责任。

（三）加快省以下财政事权和支出责任划分

省级政府要根据省以下财政事权划分、财政体制及基层政府财力状况，合理确定省以下各级政府的支出责任，避免将过多支出责任交给基层政府承担。

小试牛刀

［多选题］合理划分中央与地方财政事权和支出责任的总体要求有（　　）。

A. 坚持积极稳妥统筹推进

B. 坚持财政事权由中央和地方共同决定

C. 坚持法治化规范化道路

D. 坚持有利于健全社会主义市场经济体制

E. 坚持中国特色社会主义道路和党的领导

［解析］合理划分中央与地方财政事权和支出责任的总体要求包括：①坚持中国特色社会主义道路和党的领导；②坚持财政事权由中央决定；③坚持有利于健全社会主义市场经济体制；④坚持法治化规范化道路；⑤坚持积极稳妥统筹推进。

［答案］ACDE

［多选题］合理划分中央与地方财政事权和支出责任的原则有（　　）。

A. 体现基本公共服务受益范围　　B. 兼顾政府职能和行政效率

C. 实现权、责、利相统一　　D. 激励中央政府主动作为

E. 做到支出责任与财政事权相适应

［解析］合理划分中央与地方财政事权和支出责任的原则有：①体现基本公共服务受益范围；②兼顾政府职能和行政效率；③实现权、责、利相统一；④激励地方政府主动作为；⑤做到支出责任与财政事权相适应。

［答案］ABCE

［多选题］以下属于推进中央与地方财政事权划分的有（　　）。

A. 适度加强中央的财政事权　　B. 保障地方履行财政事权

C. 减少并规范中央与地方共同财政事权　　D. 建立财政事权划分动态调整机制

E. 增加中央与地方共同财政事权

［解析］推进中央与地方财政事权划分包括：①适度加强中央的财政事权；②保障地方履行财政事权；③减少并规范中央与地方共同财政事权；④建立财政事权划分动态调整机制。

［答案］ABCD

第十七章　财政政策

知识脉络

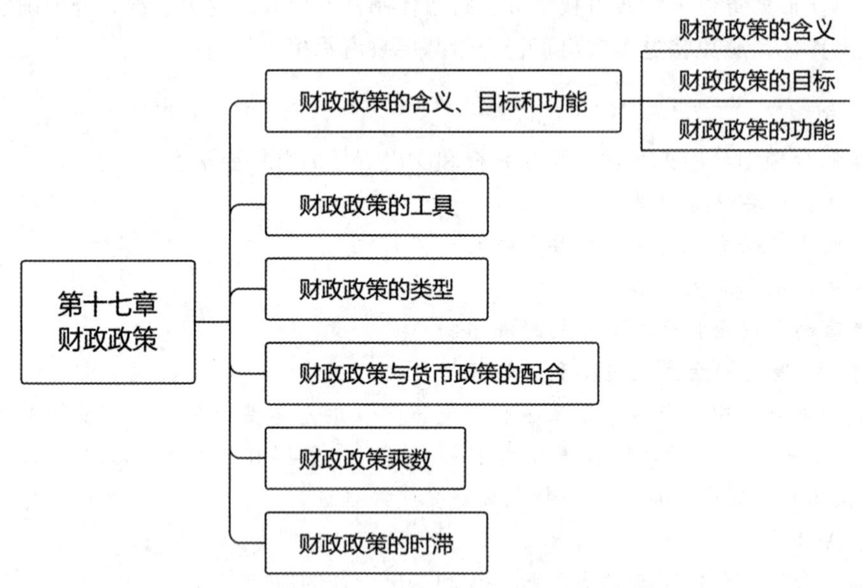

考点1 财政政策的含义、目标和功能★

一、财政政策的含义

财政政策是政府通过变动财政收入（税收等）和财政支出以便影响总需求，实现预期的经济社会发展目标的政策。

财政政策包括税收政策、国债政策、支出政策、预算政策等。

二、财政政策的目标

财政政策的目标包括物价基本稳定、经济稳定增长、充分就业（一般用失业率表示）、国际收支平衡（国际贸易和国际资本的综合平衡）。

三、财政政策的功能——“协导稳控”

（1）协调功能。调整经济中的一些失衡情况。

（2）导向功能。调整个人和企业等的经济行为，以引导国民经济运行。

(3) 稳定功能。调整社会总供给和总需求，以实现总供求平衡。

(4) 控制功能。调整个人和企业等的经济行为，以实现对经济社会的有效控制。

考点2 财政政策的工具★★★

财政政策的工具主要有税收、公债、公共支出、政府投资、财政补贴和预算等。具体内容见表17-1。

表17-1 财政政策总体策略及工具

项目		总需求大于总供给（经济繁荣）时	总需求小于总供给（经济萧条）时
总体策略		降低总需求，实行紧缩性的财政政策	增加总需求，实行扩张性的财政政策
政策工具	税收	增加税收（提高税率或减少税收优惠）	减少税收（降低税率或增加税收优惠）
	公债	调整公债的流动性程度或国债的发行利率水平（对于经济繁荣还是萧条时，发行公债说法不一）	
	公共支出	减少公共支出：减少政府的消费性支出（狭义的购买性支出）和转移性支出（政府补助支出、债务利息支出和捐赠支出等）	增加公共支出：增加政府的消费性支出和转移性支出
	政府投资	可通过调整政府投资的规模、方向和支出水平，降低政府投资支出水平	增加政府投资支出水平
	财政补贴	降低财政补贴支出	增加财政补贴支出
	预算	缩小政府预算支出规模，实行盈余预算	扩大政府预算支出规模，实行赤字预算
		当社会总供给与总需求基本平衡时，保持政府预算收支规模基本平衡，实行中性预算平衡政策	

小试牛刀

[多选题] 当社会总供给大于总需求时，政府可实施的财政政策措施有（ ）。

A. 实行中性预算平衡政策　　B. 增加财政补贴支出

C. 降低税率　　D. 提高政府投资支出水平

E. 缩小预算支出规模

[解析] 当社会总供给大于总需求时，可以采用扩大总需求的政策，如减少税收（降低税率或增加税收优惠）、增加政府的消费性支出和投资性支出水平、增加转移性支出、增加财政补贴支出以及增加预算支出规模，实行赤字预算的扩张性财政政策。

[答案] BCD

[多选题] 在社会总需求大于社会总供给的经济过热时期，政府可以采取的财政政策有（ ）。

A. 缩小政府预算规模　　B. 减少税收优惠政策

C. 降低政府投资水平　　D. 减少财政补贴支出

E. 鼓励企业和个人扩大投资

[解析] 在社会总需求大于社会总供给的经济过热时期，应降低总需求，实行紧缩性的财政政策。E项“鼓励企业和个人扩大投资”在经济过热时期不适合使用。

[答案] ABCD

考点3 财政政策的类型★★★

财政政策按不同的标准可分为多种类型，具体内容见表 17-2。

表 17-2 财政政策的类型

分类标准	具体类型	内容
按在调节国民经济总量和结构中的功能不同	紧缩性财政政策	在总需求大于总供给时使用，通过“增收节支，减少赤字”来减小总需求（“收”是指财政收入，主要是税收；“支”是指财政支出，下同）
	扩张性财政政策	在总需求小于总供给时使用，通过“增支节收”来增加总需求
	中性（或均衡性）财政政策	在经济稳定增长时，通过财政收支基本平衡（或动态平衡）的财政政策来保持经济稳定发展
按调节经济周期的作用不同	相机抉择的财政政策	相机抉择的财政政策是根据经济社会状况，政府主动灵活地选择不同类型的反经济周期的财政政策工具，包括汲水政策和补偿政策： （1）汲水政策（通过扩大公共投资，来增加社会有效需求，让经济恢复活力的一种短期财政政策，在经济萧条时使用）。一般有四个特点：①用于启动和活跃社会投资和扩大公共投资规模；②财政投资规模具有有限性（在社会投资恢复活力，经济能够自主增长以后，政府将会缩小或不再投资）；③该政策是一种诱导经济复苏的政策（前提是市场经济的自发机制）；④该政策是一种短期的财政政策（若经济萧条状况不存在了，就不再使用） （2）补偿政策（政府有意识地从当时经济状态的反方向来调节经济变动）。经济萧条时，通过“增支节收”，增加社会有效需求，刺激经济增长；经济繁荣时，通过“增收节支”，减少社会过剩需求，稳定经济波动
	自动稳定的财政政策	自动稳定的财政政策也被称为财政“自动稳定器”，是财政制度本身内在的、无须政府采用其他手段干预就能够自动调节的机制，包括： （1）政府福利支出具有的自动稳定作用 （2）个人所得税和企业所得税的累进所得税具有的自动稳定作用

小试牛刀

[多选题] 财政“自动稳定器”主要表现在（　　）的自动稳定作用。

A. 政府投资　　B. 国债利息支出

C. 累进所得税　　D. 税收优惠

E. 政府福利支出

[解析] 自动稳定的财政政策主要表现在两个方面：①包括个人所得税和企业所得税的累进所得税的自动稳定作用；②政府福利支出的自动稳定作用。

[答案] CE

[多选题] 财政“汲水政策”的特点有（　　）。

A. 该政策是一种诱导经济复苏的政策　　B. 该政策以扩大公共投资规模为手段

C. 实行该政策时，财政投资规模具有有限性　　D. 该政策具有自动调节经济运行的机制

E. 该政策是一种短期的财政政策

[解析] 汲水政策属于相机抉择的财政政策，与自动稳定的财政政策不同，不具有自动调节经济的功能。D 项错误。

［答案］ABCE

考点4 财政政策与货币政策的配合★

财政政策与货币政策的配合的具体内容见表17-3。

表17-3　财政政策与货币政策的配合

搭配类型	具体内容	影响
“双紧”搭配	紧缩性财政政策和紧缩性货币政策	在减少总需求、抑制通货膨胀的同时，也可能造成经济停滞
“双松”搭配	扩张性财政政策和扩张性货币政策	在增加就业和总需求、刺激经济增长的同时，也会造成通货膨胀的风险
“松紧”搭配	扩张性财政政策和紧缩性货币政策	在保持经济适度增长的同时，尽可能地避免通货膨胀，不过长期使用该政策组合会积累大量财政赤字
	紧缩性财政政策和扩张性货币政策	在控制通货膨胀的同时，可以保持适度的经济增长，不过扩张性货币政策难以抑制通货膨胀

考点5 财政政策乘数★★★

财政政策乘数是用来研究财政收支变化对国民收入的影响。财政政策乘数具体包括政府购买支出乘数、税收乘数和平衡预算乘数。具体内容见表17-4。

表17-4　财政政策乘数

财政政策乘数类型	计算公式	特点及作用
政府购买支出乘数	政府购买支出乘数K_G $=\frac{\text{国民收入变动率}\ \Delta Y}{\text{政府购买支出变动率}\ \Delta G}$ $=\frac{1}{1-b}$ 式中，b代表边际消费倾向	政府购买支出乘数是正值，说明政府购买支出变动与国民收入变动是呈同方向的，即：如果政府购买支出增加，国民收入也会增加（增加量为支出增量的$\frac{1}{1-b}$倍）
税收乘数	税收乘数K_T $=\frac{\text{国民收入变动率}\ \Delta Y}{\text{税收变动率}\ \Delta T}$ $=\frac{-b}{1-b}$	税收乘数是负值，说明税收变动与国民收入变动是呈反方向的，即：如果政府减税，虽然会减少财政收入，但国民收入会增加（增加量为税收增量的$\frac{b}{1-b}$倍）。税收乘数小于政府购买支出乘数，说明增加财政支出政策对经济增长的作用大于减税政策
平衡预算乘数	平衡预算乘数K_b $=\frac{\Delta Y}{\Delta G(\text{或}\ \Delta T)}$ $=\frac{1-b}{1-b}=1$	如果政府购买支出和税收同时等额增加（假设各增加200亿元），从政府预算看是平衡的，但国民收入也会增加一个同政府购买支出或税收变动相等的数量（即国民收入增加200亿元）
【结论】若使用增加政府支出（或投资）、减税的政策，国民收入会加倍扩张，产生宏观经济的扩张效应；相反，若使用减少政府支出（或投资）、增税的政策，会产生宏观经济的紧缩效应；若同时等额增加政府支出（或投资）和税收，即使用平衡预算政策，仍然会产生扩张效应（效应等于1）		

小试牛刀

[单选题] 假设边际消费倾向为0.6，则政府购买支出乘数是（　　）。

A. 2　　B. 1.5

C. 2.5　　D. 1

[解析] 政府购买支出乘数 K_G =国民收入变动率 ΔY /政府购买支出变动率 ΔG =1/（1-边际消费倾向）=1/（1-0.6）=2.5。

[答案] C

[单选题] 假设边际消费倾向为0.6，则税收乘数为（　　）。

A. 1.5　　B. -1.5

C. 2.5　　D. -2.5

[解析] 税收乘数 K_T =国民收入变动率 ΔY /税收变动率 $\Delta T = -b/(1-b) = -0.6/(1-0.6) = -1.5$。

[答案] B

[多选题] 下列关于财政政策乘数的说法中，正确的有（　　）。

A. 当政府投资或支出扩大、税收减少时，会产生宏观经济的扩张效应

B. 当政府投资或支出减少、税收增加时，会产生宏观经济的紧缩效应

C. 政府购买支出乘数大于税收乘数

D. 实行平衡预算政策，政府预算是平衡的，不具有扩张效应

E. 平衡预算乘数等于1

[解析] 实行平衡预算政策，仍然会产生扩张效应，扩张效应等于1，D项错误。

[答案] ABCE

考点6 财政政策的时滞★

财政政策在实施过程中因时滞效应的影响可能出现与政策制定初衷相反的效果。

财政政策的时滞见表17-5。

表17-5　财政政策的时滞

时滞类型	具体分类	内容
内在时滞（属于研究过程，只涉及行政单位，与决策机关无关）	认识时滞	从经济现象发生变化到行政部门（决策者）认识到需要调整财政政策所经历的时间
	行动时滞（行政时滞）	在制定财政政策之前财政部门对经济问题进行调查研究需要消耗的时间
外在时滞（从采取措施到影响社会的经济活动的时间，与决策单位有直接关系）	决策时滞	立法机关审议通过政策议案所需要的时间
	执行时滞	经立法机关批准后的政策议案付诸实施所需要的时间
	效果时滞	财政政策从正式实施到对经济产生影响所需要的时间

第三部分 货币与金融

【大纲再现】

1. 货币供求与货币均衡。理解货币需求、货币需求量、社会融资规模、通货膨胀，掌握货币供求理论和货币均衡原理、货币需求理论、货币供给机制、货币均衡的基本原理。
2. 中央银行与货币政策。理解中央银行体制下的金融服务、货币政策、货币政策目标、货币政策工具和货币政策传导机制，掌握中央银行业务经营的特点、主要业务和中央银行独立性，分析货币政策目标与货币政策工具搭配使用的效果，理解我国中央银行在宏观经济调控中的作用。
3. 商业银行与金融市场。理解金融市场、存款保险制度的作用，掌握商业银行的运营与管理特点，分析金融市场主体的行为、金融市场各子市场之间的相互影响。
4. 金融风险与金融监管。理解金融风险、金融危机、金融监管，掌握金融监管的理论、金融监管体制和国际金融监管协调机制的主要内容。
5. 对外金融关系与政策。理解汇率制度、国际储备，辨别对外金融关系与政策，掌握汇率决定与变动、国际储备及其管理、国际货币体系、跨境人民币业务的主要特点。

【大纲解读】

货币与金融部分的考试分值在六部分中排在并列第二位，近些年来一直稳定在23分，其中，单项选择题考11题，每题1分，共11分；多项选择题考6题，每题2分，共12分。

货币与金融主要讲的是资金（或货币）的融通，主要包括货币的供求与均衡、货币政策，金融市场与金融机构，金融风险与金融监管，还有资金跨越国界融通，也就是国际金融或对外金融。本部分内容，各章考试分值比较均衡，考点比较多，尤其是近几年考试涉及的细节内容比较多。

在学习这部分内容时，要特别注意对细节内容的把握，最好是不留死角、全盘掌握。在学习的过程中，可以结合现实情况来加强对基本概念、基本理论的记忆和理解，同时做适量的高质量的练习题来提高和保持水平。学习本部分内容时要理解与记忆并重。本部分内容的性价比较高，相对而言拿分不难，考试时要尽量少丢分、拿高分。

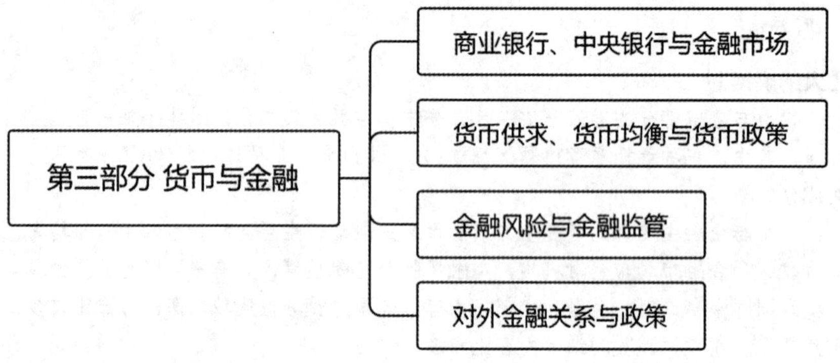
第三部分 货币与金融
商业银行、中央银行与金融市场
货币供求、货币均衡与货币政策
金融风险与金融监管
对外金融关系与政策

第十八章 商业银行、中央银行与金融市场

知识脉络

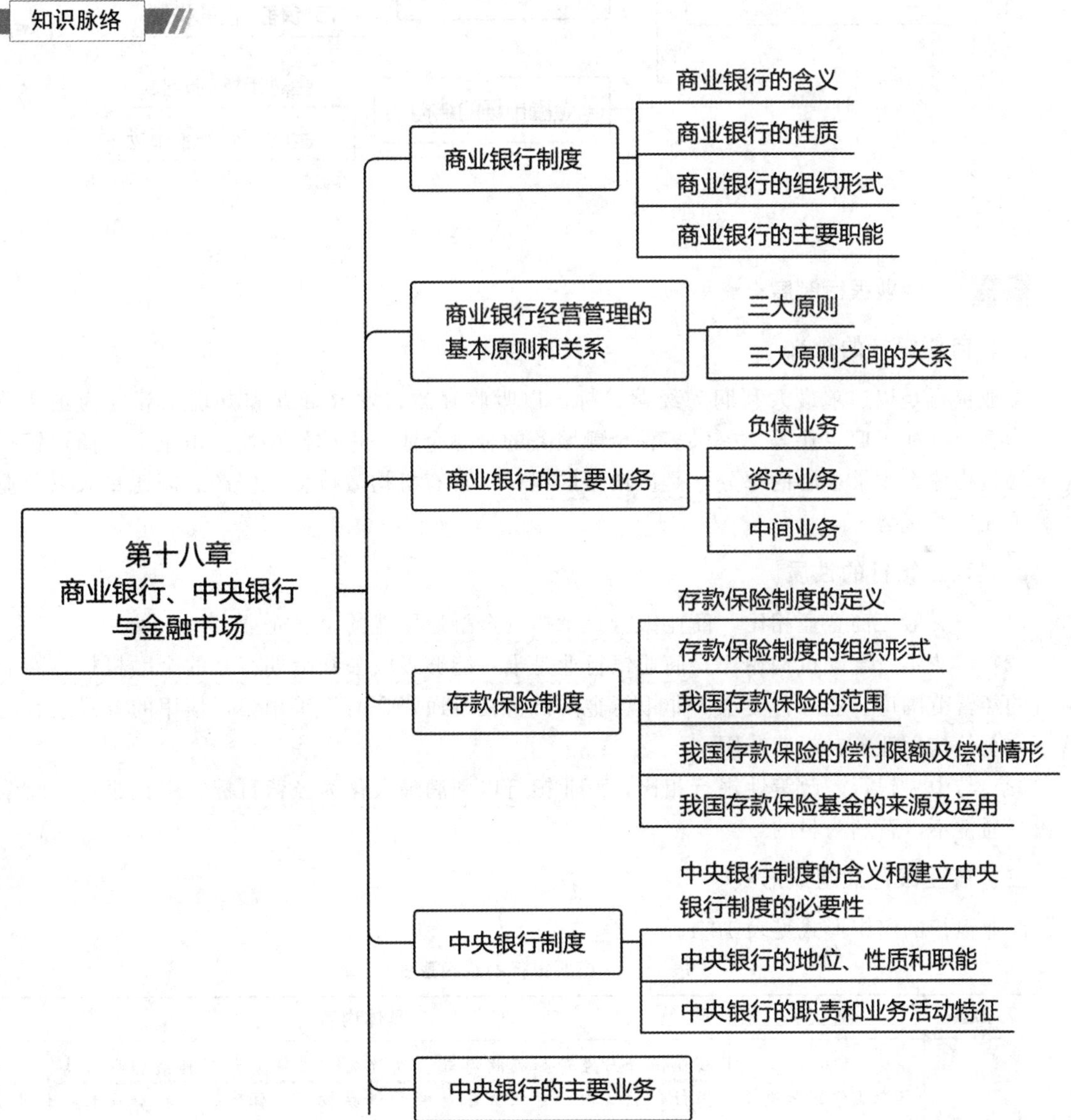

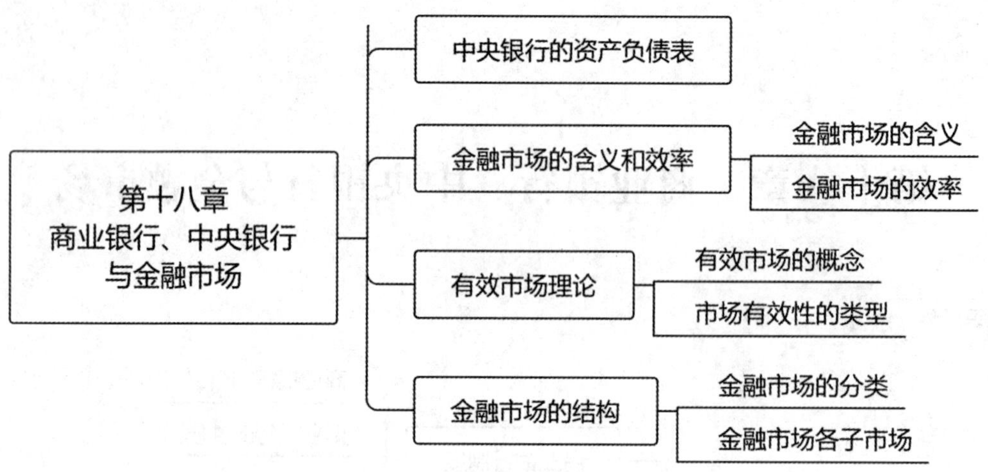

考点1 商业银行制度★★

一、商业银行的含义

商业银行是以追求最大利润为经营目标，以吸收存款、发放贷款和办理结算等为主要业务，为客户（如工商企业等）提供多种金融服务的金融企业，也称作存款货币银行。商业银行是金融机构体系中最核心的部分，是最典型的银行，具有机构数量多、资产总额比重大以及业务渗透面广等优势。

二、商业银行的性质

（1）与一般工商企业相比，商业银行是承担资金融通职能的金融企业。

（2）与非银行金融机构相比，商业银行业是唯一能够吸收公众活期存款的金融机构，商业银行的经营范围广、业务种类全。非银行金融机构在融通资金时不采用银行信用的方式或者经营不完全的信用业务，经营范围窄。

（3）与中央银行、政策性银行相比，商业银行以利润最大化为经营目标。中央银行、政策性银行通常不以营利为目的。

三、商业银行的组织形式

商业银行的组织形式见表18-1。

表18-1 商业银行的组织形式

分类标准	种类	具体内容
按业务经营范围分类	专业化银行制	商业银行只经营如吸收存款、发放短期工商贷款等传统银行业务。非银行金融机构和专业性银行经营证券投资、保险、信托以及长期信用业务等
	综合化银行制（全能银行制）	商业银行可以给客户提供全方位的服务，能够经营所有的商业性融资业务

续表

分类标准	种类	具体内容
按机构设置分类	单一银行制	只有一个独立的银行机构经营，不设或不允许设分支机构。美国很多州立银行比较典型
	总分行制	在总行层面之下，设立多层次分支机构。目前世界各国普遍采用总分行制，英国比较典型

四、商业银行的主要职能

商业银行的主要职能见表 18-2。

表 18-2　商业银行的主要职能

主要职能	内容
信用中介	商业银行通过吸收存款和发放贷款进行资金融通，具有把货币变为资本的作用。商业银行最基本的职能是信用中介
信用创造	商业银行通过发行信用工具，吸收存款，并通过资金运用，把款项贷放给企业，然后贷款又会形成新的存款，从而扩大了货币供应量，既满足了社会对流通手段和支付手段的需要，也使银行可以超出自有资本与所吸收资本的总额而扩张信用
支付中介	（1）商业银行是社会的总账房，也是企业的总会计、总出纳 （2）商业银行为企业办理与货币运动有关的技术性业务，如商业银行通过接受企业的委托，为其办理汇兑、非现金结算等业务

小试牛刀

［多选题］商业银行是最典型的银行，与非银行金融机构比较，区别主要在于（　　）。

A. 是否以营利为目的　　B. 是否经营完全的信用业务

C. 经营范围的宽窄　　D. 是否以银行信用方式融通资金

E. 经营管理制度

［解析］本题考查商业银行的性质。商业银行与其他非银行金融机构相比，商业银行经营的范围广泛，业务种类齐全，它是唯一能够吸收活期存款的金融机构。非银行金融机构业务范围窄，经营不完全的信用业务或不以银行信用方式融通资金。

［答案］BCD

［单选题］商业银行最基本的职能是（　　）。

A. 支付中介　　B. 信用创造货币

C. 集中准备金　　D. 信用中介

［解析］信用中介是商业银行最基本的职能。

［答案］D

考点② 商业银行经营管理的基本原则和关系★★

一、商业银行经营管理的三大原则

商业银行经营管理的三大原则见表 18-3。

表 18-3　商业银行经营管理的三大原则

原则	具体内容
安全性	在放款和投资等业务经营过程中，商业银行要能够按期收回本息，要尽可能地避免以及减少风险，特别是要避免本金受损
流动性	(1) 保持负债的流动性，即商业银行经常能以合理的成本取得现款的能力 (2) 保持资产的流动性，即商业银行需要保有一定比例的现金资产或其他容易变现的资产
盈利性	在经营资产业务中，商业银行追求最大限度的盈利，尽可能高的收益

二、商业银行经营管理三大原则之间的关系

(1) 盈利性与流动性成反比（即负相关）。

(2) 盈利性与安全性成反比（即负相关）。

(3) 流动性与安全性成正比（即正相关）。

一般情况下，流动性越强的资产，安全性越高，风险性和盈利性越低。

小试牛刀

[单选题] 下列关于商业银行经营管理原则的说法中，错误的是（　　）。

A. 商业银行经营管理的基本原则包括盈利性、流动性和安全性三大原则

B. 商业银行资产的盈利性与流动性呈负相关关系

C. 商业银行资产的盈利性和安全性呈负相关关系

D. 安全性原则是指商业银行在经营资产业务中，要得到尽可能高的收益

[解析] 安全性原则是指商业银行在放款和投资等业务经营过程中要能够按期收回本息，特别是要避免本金受损。D 项错误。

[答案] D

考点 3　商业银行的主要业务★★★

一、负债业务

商业银行的负债业务是指形成其资金来源的业务。其全部资金来源包括自有资金和吸收的外来资金两部分。具体内容见表 18-4。

表 18-4　商业银行的负债业务

业务类型		具体内容
自有资金		自有资金包括其成立时发行股票筹集的股本以及公积金和未分配利润。该部分也称为权益资本
外来资金		外来资金的形成渠道主要是吸收存款、向中央银行借款、向其他银行和货币市场拆借（即从同业拆借市场拆借）以及从国际货币市场借款等，也可以通过发行金融债券进行长期借款，其中以“吸收存款”为主
	吸收存款	传统的分类方法将存款划分为活期存款、定期存款和储蓄存款三大类。近年来，也出现了如自动转账账户、可转让支付命令账户等存款业务的创新型工具
	借款业务	借款业务也称为其他负债业务，包括短期借款（再贴现或向中央银行直接借款、银行同业拆借、从国际货币市场借款、结算过程中的短期资金占用）和长期借款（如发行金融债券）

小试牛刀

[**多选题**] 商业银行外来资金的形成渠道包括（　　）。

A. 发行金融债券　　B. 未分配利润

C. 吸收存款　　D. 发行股票

E. 同业拆借

[**解析**] 外来资金的形成渠道主要是吸收存款（主要渠道）、向中央银行借款、从同业拆借市场拆借、从国际货币市场借款、结算过程中短期资金的占用以及发行金融债券等。

[**答案**] ACE

二、资产业务

商业银行的资产业务是指将自己通过负债业务所聚集的货币资金加以运用的业务，这是取得收益的主要途径。对于所聚集的资金，除了必须保留一定部分的现金和在中央银行的存款以应付客户提存和转账结算的需求外，其余部分主要是以贴现、贷款和证券投资等方式加以运用。具体内容见表 18-5。

表 18-5　商业银行的资产业务

业务类型	具体内容
贷款业务	在银行资产中一般排在首位的是贷款业务。贷款的种类有： （1）贷款按保障条件划分，可分为信用贷款和担保贷款。其中，担保贷款又分为抵押贷款、质押贷款和保证贷款 （2）贷款按归还期限划分，分为：①短期贷款（期限在 1 年以内）；②中期贷款（期限在 1～5 年）；③长期贷款（期限在 5 年以上） （3）贷款按用途划分，分为：①消费贷款（给个人发放的以消费为目的的贷款）；②资本贷款（投资性质的贷款，贷款的目的是增添固定资产或设备的更新改造等）；③商业贷款（生产或经营周转性质的贷款，贷款的目的是商品交易和企业购进原材料等）
票据贴现	（1）票据贴现是指商业银行应客户的要求，买进尚未到付款日期的票据。办理贴现业务时，银行向客户收取一定的利息，称为贴现利息或折扣 （2）贴现业务形式上是票据的买卖，但实际上是信用业务。票据贴现实际上是债权债务的转移，即银行通过贴现，间接地贷款给票据持有人
投资业务	投资业务是商业银行将其资金用于购买（或者投资）有价证券的业务活动。金融管理当局为了对金融风险进行防范，对商业银行证券投资的范围通常都有限制性规定，如许多国家规定商业银行不允许买卖股票，只允许经营债券业务，或者允许商业银行用自有资金和很小比例的盈余投资股票

小试牛刀

[**多选题**] 关于商业银行资产业务的说法，正确的有（　　）。

A. 为了获取更高利益，商业银行可将所吸收的资金全部加以运用，不做留存

B. 商业银行的资产业务包括票据贴现、贷款业务和投资业务

C. 担保贷款包括抵押贷款、质押贷款和保证贷款

D. 为防范银行风险，金融管理当局对商业银行证券投资的范围一般都有限制性规定

E. 票据贴现业务虽然不是信用业务，但是在商业银行资产中的比重一般排在首位

[解析] 为了应付客户提存，商业银行必须保留一部分库存现金和在中央银行的存款，其余部分资金可以加以运用。A 项错误。票据贴现业务形式上是票据的买卖，实际上是信用业务。另外，贷款业务在商业银行资产中的比重一般排在首位。E 项错误。

[答案] BCD

三、中间业务

中间业务也叫无风险业务，是指商业银行在为客户办理支付和其他委托事项时，不使用自有资金、不列入银行资产负债表内、收取手续费等非利息收入的业务。商业银行的中间业务是其作为“支付中介”而提供的金融服务，主要包括代理、结算、租赁、信托以及咨询等业务，具体内容见表 18-6。

表 18-6　商业银行的中间业务

业务类型	具体内容
代理业务	商业银行在开展代理业务时，要先接受客户的委托，不能擅自代理，如商业银行在接受财政部门的委托后，才能代理发行和兑付国债
结算业务	结算包括现金结算和转账结算（也叫非现金结算）两种形式。其中，转账结算是银行提供结算业务的主要形式
租赁业务	商业银行作为出租人的租赁业务包括融资性租赁和经营性租赁
信托业务	商业银行作为受托人的信托业务包括财产信托和资金信托
咨询业务	商业银行通过向客户提供各种经济信息，诸如利率、汇率变化趋势等，为客户进行企业财务状况分析、投资项目的可行性论证等服务

小试牛刀

[多选题] 关于商业银行中间业务的说法，正确的有（　　）。

A. 商业银行办理中间业务时需要投入自有资金

B. 商业银行的中间业务属于无风险业务

C. 商业银行可以自主发行和兑付国债，无须财政部门委托

D. 商业银行的信托业务包括资金信托和财产信托

E. 商业银行的结算业务包括现金结算和转账结算

[解析] 中间业务也称为无风险业务，是指商业银行不使用自己的资金而为客户办理支付和其他委托事项，并从中收取手续费的业务，A 项错误。商业银行受财政部门的委托，可以代理发行和兑付国债，C 项错误。

[答案] BDE

考点 4　存款保险制度★★★

一、存款保险制度的定义

存款保险制度也叫存款保障制度，是一种对存款人利益提供保护、对银行信用进行维护、

稳定金融秩序的制度安排。在这一制度安排下，吸收存款的银行业金融机构（即存款类金融机构）根据其吸收存款数额的多少，按规定的存款保险费率向存款保险机构缴纳保险费进行投保，当吸收存款的金融机构经营出现问题时，如发生经营危机或破产而无法满足存款人提款要求时，由存款保险机构向存款人偿付被保险存款，承担支付法定保险金的责任。存款保险制度是国家金融安全网的一项基础性制度安排。目前，世界上已有110多个国家和地区建立了存款保险制度。

二、存款保险制度的组织形式

到目前为止，从已实行存款保险制度的国家来看，具体的组织形式不尽相同：

（1）由政府建立存款保险机构，如美国、英国、加拿大等。

（2）由政府与银行界共同建立存款保险机构，如日本、比利时等。

（3）在政府支持下，由银行同业联合建立存款保险机构，如德国、法国、荷兰等。

三、我国存款保险的范围

根据我国《存款保险条例》第二条和第四条的规定以及国务院法制办、中国人民银行负责人就条例有关问题答记者问时的解释：

在中华人民共和国境内设立的商业银行（含外商独资银行和中外合资银行）、农村合作银行、农村信用合作社等吸收存款的银行业金融机构（以下统称投保机构），应当依照本条例的规定投保存款保险。同时，参照国际惯例，规定外国银行在中国的不具有法人资格的分支机构以及中资银行海外分支机构的存款原则上不纳入存款保险范围，但我国与其他国家或者地区之间对存款保险制度另有安排的除外。

从存款保险覆盖的范围看，被保险存款既包括人民币存款，也包括外币存款。但是，金融机构同业存款、投保机构的高级管理人员在本投保机构的存款以及存款保险基金管理机构规定不予保险的其他存款除外。

四、我国存款保险的偿付限额及偿付情形

（一）我国存款保险的偿付限额

根据我国《存款保险条例》第五条的规定以及国务院法制办、中国人民银行负责人就条例有关问题答记者问时的解释：

存款保险实行限额偿付，最高偿付限额为人民币50万元。同时，这个限额并不是固定不变的，中国人民银行会同国务院有关部门可以根据经济发展、存款结构变化、金融风险状况等因素调整最高偿付限额，报国务院批准后公布执行。

同一存款人在同一家投保机构所有被保险存款账户的存款本金和利息合并计算的资金数额在最高偿付限额（即50万元）以内的，实行全额偿付；超出最高偿付限额的部分，依法从投保机构清算财产中受偿。

（二）我国存款保险的偿付情形

根据我国《存款保险条例》第十九条规定，有下列情形之一的，存款人有权要求存款保险基金管理机构在本条例规定的限额内，使用存款保险基金偿付存款人的被保险存款：

（1）存款保险基金管理机构担任投保机构的接管组织。

（2）存款保险基金管理机构实施被撤销投保机构的清算。

（3）人民法院裁定受理对投保机构的破产申请。

（4）经国务院批准的其他情形。

存款保险基金管理机构应当依照本条例的规定，在前款规定情形发生之日起7个工作日内足额偿付存款。

五、我国存款保险基金的来源及运用

（一）我国存款保险基金的来源

根据我国《存款保险条例》第六条规定，存款保险基金的来源包括：

（1）投保机构交纳的保费。

（2）在投保机构清算中分配的财产。

（3）存款保险基金管理机构运用存款保险基金获得的收益。

（4）其他合法收入。

【特别注意】存款保险的保费由投保的银行业金融机构交纳，存款人不需要交纳。投保机构交纳的保费是存款保险资金的主要来源。

（二）我国存款保险基金的运用

根据我国《存款保险条例》第十一条规定，存款保险基金的运用，应当遵循安全、流动、保值增值的原则，限于下列形式：

（1）存放在中国人民银行。

（2）投资政府债券、中央银行票据、信用等级较高的金融债券以及其他高等级债券。

（3）国务院批准的其他资金运用形式。

小试牛刀

[单选题] 根据我国《存款保险条例》规定，原则上不纳入存款保险范围的机构是（　　）。

A. 外商独资银行　　B. 外国银行在中国的分支机构

C. 中外合资银行　　D. 农村信用合作社

[解析] 外国银行在中国的分支机构以及中资银行海外分支机构的存款原则上不纳入存款保险范围。

[答案] B

[多选题] 关于我国存款保险制度的说法，正确的有（　　）。

A. 存款保险最高赔付限额为人民币50万元，超出存款部分一律不予偿付

B. 当存款类金融机构被接管、撤销或者破产时，存款人有权要求存款保险基金管理机构在规定的限额内，使用存款保险基金偿付存款人的被保险存款

C. 存款保险实施限额偿付，偿付额度固定不变

D. 存款保险基金的运用，应当遵循安全、流动、保值增值的原则

E. 凡吸收存款的银行业金融机构，包括商业银行（含外商独资银行和中外合资银行）、农村合作银行、农村信用合作社等，都应当投保存款保险

[解析] 存款保险实行限额偿付，最高偿付限额为人民币50万元。也就是说，同一存款人在同一家投保机构所有存款账户的本金和利息加起来在50万元以内的，全额赔付；超过50万元的部分，从该投保机构清算财产中受偿。这个限额并不是固定不变的。A、C两项错误。

[答案] BDE

［**单选题**］下列资金运用中，不符合存款保险基金运用要求的是（　　）。

A. 投资高等级债券　　B. 存放中国人民银行

C. 同业拆借　　D. 投资政府债券

［**解析**］存款保险基金的运用应当遵循安全、流动、保值增值的原则，限于下列形式：①存放中国人民银行；②投资政府债券、中央银行票据、信用等级较高的金融债券及其他高等级债券；③国务院批准的其他资金运用形式。

［**答案**］C

考点5 中央银行制度★★

一、中央银行制度的含义和建立中央银行制度的必要性

中央银行制度，简单地说就是在一国由中央银行、商业银行以及其他金融机构组成的金融体系中，中央银行处于核心地位，代表国家管理金融业的一种金融体制。

中央银行制度的建立，大致是出于以下几个方面的需要：

（1）统一货币发行（即集中货币发行权）的需要。

（2）管理金融业的需要（如作为商业银行的最后贷款人）。

（3）解决政府融资（即代理国库和为政府筹措资金）的需要。

（4）国家对社会经济发展实行干预的需要。中央银行可以对经济增长、稳定物价、增加就业等宏观经济问题产生有效影响。

二、中央银行的地位、性质和职能

（1）中央银行（通常被视为货币当局）具有特殊的地位，处于一国金融中介体系的中心环节。

（2）中央银行是代表国家干预经济、调节全国货币流通与信用的金融管理机关，具有国家行政管理机关和银行的双重性质。

（3）中央银行的职能是发行的银行、银行的银行和政府的银行。

（4）我国的中央银行是中国人民银行，其主要职能是：①制定和执行货币政策；②提供金融服务；③维护金融稳定。

三、中央银行的职责和业务活动特征

中央银行代表国家管理金融，制定和执行金融方针政策，其主要管理职责都是寓于金融业务的经营过程之中，就是以其所拥有的经济力量对金融领域乃至整个经济领域的活动进行调节和控制。

中央银行的活动特征包括：

（1）不以营利为目的。中央银行以金融调控为己任，宗旨是稳定币值、促进经济发展。

（2）不经营普通（一般性）银行业务或非银行金融业务，不对社会上的企事业单位、社会团体和个人办理业务（如提供担保或发放贷款等），只与政府或商业银行以及其他金融机构发生资金往来关系。

（3）在制定和执行国家货币方针政策时，中央银行具有相对独立性。

小试牛刀

[单选题] 关于中央银行的说法，错误的是（　　）。

A. 中央银行不是金融管理机构

B. 中央银行处于金融中介体系的中心环节

C. 中央银行制度的形成是与中央银行的产生与发展联系在一起的

D. 中央银行具有国家行政管理机关和银行的双重属性

[解析] 中央银行也称货币当局，处于金融中介体系的中心环节，是发行的银行、银行的银行和政府的银行，具有国家行政管理机关和银行的双重性质，中央银行是金融管理机构。A项错误。

[答案] A

[多选题] 我国中央银行的主要职能有（　　）。

A. 制定和执行货币政策

B. 维护金融稳定

C. 实现充分就业

D. 向贫困地区的企业和个人直接提供政策性贷款

E. 提供金融服务

[解析] 中国人民银行是我国的中央银行，中国人民银行的主要职能是：①制定和实施货币政策；②维护金融稳定；③提供金融服务。

[答案] ABE

[多选题] 中央银行业务活动的特征有（　　）。

A. 不以营利为目的

B. 对居民办理存贷款业务

C. 不经营一般性银行业务或非银行金融业务，它的业务服务对象是政府、商业银行及其他金融机构

D. 在制定和执行货币政策时具有相对独立性

E. 在制定和执行财政政策时完全没有独立性

[解析] 中央银行不经营一般性银行业务或非银行金融业务，不对任何个人、企事业单位、社会团体提供担保或直接发放贷款，它的业务服务对象是政府部门、商业银行及其他金融机构，B项错误。中央银行在制定和执行货币政策时具有相对独立性，E项错误。

[答案] ACD

考点6 中央银行的主要业务★★★

中央银行的主要业务见表18-7。

表18-7　中央银行的主要业务

主要业务	具体业务内容
货币发行业务	货币发行是一国货币当局投放现金的业务，是中央银行的主要业务。我国法定的唯一的货币发行机构是中国人民银行

续表

主要业务		具体业务内容
对银行的业务	集中存款准备金	商业银行及有关金融机构根据法律规定向中央银行存入一部分存款准备金，一方面是保证商业银行的清偿能力，另一方面是中央银行通过这部分准备金来管理商业银行及其他金融机构
	充当最后贷款人	中央银行的信贷业务主要有再抵押放款、再贷款、再贴现
	组织全国银行间清算	(1) 各商业银行都向中央银行缴存存款准备金，并在中央银行开立往来账户，各商业银行之间可通过该账户办理非现金结算 (2) 中央银行的主要中间业务是全国清算业务，中央银行是全国金融业的清算中心
对政府的业务		(1) 代理国库（央行代理政府的收支活动，是政府的总会计和总出纳） (2) 代理国家债券的发行（央行代理国债发行及到期国债的还本付息） (3) 对国家财政给予信贷支持，可以采用两种方式：直接给国家财政贷款或购买国家公债 (4) 保管外汇和黄金储备 (5) 制定并监督执行有关金融管理法规 (6) 其他方面：代表政府参加国际金融组织，出席各种国际性会议，从事国际金融活动以及代表政府签订国际金融协定；在国内外经济金融活动中，充当政府的顾问，提供经济金融情报和决策建议

小试牛刀

[多选题] 中央银行对商业银行的主要业务有（　　）。

A. 货币发行　　B. 代理国库

C. 充当最后贷款人　　D. 吸收存款

E. 集中存款准备金

[解析] 中央银行对银行的业务主要有：①集中存款准备金；②充当最后贷款人；③组织全国银行间的清算业务。

[答案] CE

[多选题] 中央银行向商业银行提供的信贷业务主要有（　　）。

A. 转贴现业务　　B. 再贴现业务

C. 再抵押放款业务　　D. 再贷款业务

E. 管理和调整准备金

[解析] 中央银行的信贷业务主要有接受商业银行提交的有价证券作为抵押物而向商业银行提供的再抵押放款、为商业银行贴现商业票据的再贴现和再贷款三种方式。

[答案] BCD

[多选题] 下列业务中，属于中央银行业务的有（　　）。

A. 保管外汇和黄金储备　　B. 集中存款准备金

C. 组织全国银行间清算业务　　D. 发放工商贷款

E. 调拨人民币发行基金

[解析] 中央银行的业务包括货币发行业务、对银行的业务（如集中存款准备金、充当最后贷款人、组织全国银行间清算）和对政府的业务（如保管外汇和黄金储备）。

[答案] ABC

考点7 中央银行的资产负债表★★★

中国人民银行公布的货币当局资产负债表见表18-8。

表18-8 货币当局资产负债表（中国人民银行公布）

资产	负债
国外资产（包括外汇、货币黄金及其他国外资产） 对政府债权（对政府的项目） 对其他存款性公司债权 对其他金融性公司债权 对非金融性部门债权 其他资产	储备货币（包括货币发行、其他存款性公司存款、非金融机构存款，是负债方的主要项目） 不计入储备货币的金融性公司存款 发行债券 国外负债 政府存款（对政府的项目） 自有资金 其他负债
总资产	总负债

【特别注意】①列入负债方的商业银行等金融机构的准备金和列入资产方的商业银行等金融机构提供的贴现及放款属于中央银行对商业银行的项目；②列入负债方的接受政府存款和列入资产方的对政府债权属于中央银行对政府的项目。

小试牛刀

[多选题] 关于货币当局资产负债表的说法，正确的有（　　）。

A. 对政府的项目主要体现在列入资产方的接受政府存款和列入负债方的对政府债权

B. 不计入储备货币的金融性公司存款列入资产方

C. 自有资金列入负债方

D. 外汇、货币黄金列入资产方的国外资产项目

E. 储备货币是负债方的主要项目

[解析] 对政府的项目主要体现在列入负债方的接受政府存款和列入资产方的对政府债权，A项错误。不计入储备货币的金融性公司存款列入负债方，B项错误。

[答案] CDE

考点8 金融市场的含义和效率★

一、金融市场的含义

金融市场是指以金融资产为交易对象而形成的供求关系及其机制的总和。

二、金融市场的效率

金融市场的效率是指金融市场在对金融资源进行配置时，所能达到的金融资源配置优化程度。

金融市场效率包括以下两个方面的内容：

（1）金融市场能够用最低的交易成本为资金需求者提供金融资源的能力。

（2）金融市场的资金需求者能够利用其获得的金融资源给社会提供有效产出的能力。

金融市场的高效率能将社会有限的金融资源配置到效益最好的企业和行业，实现产出和社会效益的最大化。

考点9 有效市场理论★★

一、有效市场的概念

美国芝加哥大学著名教授尤金·法玛明确提出了有效市场的概念。就证券市场而言，如果证券价格充分反映了可得信息（所能获得的全部信息），每种证券的价格都永远等于其投资价值，则该证券市场是有效的，即有效市场。

二、市场有效性的类型

根据信息对证券价格影响的不同程度，市场有效性分为弱型效率、半强型效率和强型效率。

（1）弱型效率——证券市场效率的最小（或最低）程度。

证券市场达到弱型效率的情形：证券价格已经完全反映了从证券市场历史交易数据中得到的信息，如过去的股票价格、交易量等，有关证券的历史信息（历史资料）对证券的价格变动没有任何影响。

（2）半强型效率——证券市场效率的中等程度。

证券市场达到半强型效率的情形：证券价格已经完全反映了历史信息和所有能获得的公开信息，如公司对外公布的财务报告、盈利报告等，有关证券的公开信息（公开发表的资料）对证券的价格变动没有任何影响。

（3）强型效率——证券市场效率的最大（或最高）程度。

证券市场达到强型效率的情形：证券价格已经完全反映了所有有关信息，有关证券的所有有关信息（包括公开发表的资料以及内幕信息）对证券的价格变动没有任何影响。

小试牛刀

[**单选题**] 根据美国芝加哥大学教授法玛关于有效市场的定义，如果有关证券公开发表的资料对证券的价格变动没有任何影响，则证券市场达到（　　）。

A. 半强型效率　　B. 弱型效率

C. 强型效率　　D. 零型效率

[**解析**] 如果有关证券公开发表的资料（如公司对外公布的盈利报告等）对证券的价格变动没有任何影响，则市场达到半强型效率。

[**答案**] A

考点10 金融市场的结构★★★

一、金融市场的分类

按金融工具的期限长短划分，金融市场可以分为货币市场和资本市场。

（1）货币市场是短期金融市场，期限在1年（含）以内，主要有票据市场、同业拆借市场、短期债券市场等子市场。

（2）资本市场是长期金融市场，期限在1年以上，主要有股票市场、长期债券市场、投资基金市场等子市场。

二、金融市场各子市场

金融市场的各子市场见表18-9。

表18-9 金融市场各子市场

<table>
<tr><th>子市场</th><th>具体内容</th></tr>
<tr><td rowspan="2">同业拆借市场</td><td>同业拆借市场是指金融机构之间以货币借贷方式进行的短期资金融通活动的市场</td></tr>
<tr><td>（1）同业拆借的资金主要用于弥补短期资金的不足、票据清算的差额以及解决临时性的资金短缺需要
（2）伦敦银行同业拆借利率LIBOR，在国际市场上比较典型、有代表性
（3）同业拆借资金的特点是：期限短、流动性强、交易方便、对利率敏感性强等</td></tr>
<tr><td rowspan="2">票据市场</td><td>票据市场是指以汇票、商业票据等各种票据来实现短期资金融通的市场</td></tr>
<tr><td>按票据的种类划分，票据市场可以分为银行大额可转让定期存单市场、银行承兑票据市场、商业票据市场、短期以及融资性票据市场：
（1）银行大额可转让定期存单是为了吸收存款，由商业银行和其他金融机构发行的一种不记名的存款凭证。其特点有：①不记名；②利率有固定的，也有浮动的；③发行银行确定存单的金额，一般金额固定，起点较高，属于批发性质的金融工具
（2）银行承兑汇票是以真实的商品交易为基础，银行承兑的商业汇票是商业信用和银行信用的结合
（3）商业票据是发行人（多为大公司）为了筹措短期资金（或弥补资金缺口），出售给投资者的一种短期无担保的信用凭证（或证券）。因为商业票据没有担保，所以发行人通常是信誉度高、实力雄厚的大公司</td></tr>
<tr><td>外汇市场</td><td>外汇市场是各种短期金融资产交易的市场。与货币市场不同，货币市场交易的是同一种货币或以同一种货币计值的依据。而外汇市场是以不同种货币计值的两种票据之间交换的市场</td></tr>
<tr><td rowspan="3">债券市场</td><td>债券市场是债券的发行和买卖的场所，是资金的供求双方直接融资的市场</td></tr>
<tr><td>（1）根据市场组织形式不同，债券市场可以分为场内交易市场和场外交易市场
（2）根据期限不同，债券可以分为短期债券（1年以内）、中期债券（1年至10年）和长期债券（10年以上）</td></tr>
<tr><td>在货币市场中流动性最高的是短期政府债券，短期政府债券的特点是：流动性强、违约风险小、收入免税、面额小等</td></tr>
<tr><td rowspan="2">股票市场</td><td>股票市场是发行和交易股票的场所</td></tr>
<tr><td>（1）股票市场可以分为发行市场和流通市场：①发行市场也叫一级市场（股票初次发行），主要参与者包括投资者、上市公司和中介机构（会计师事务所、律师事务所、证券公司等）；②流通市场也叫二级市场（买卖已发行的股票），主要参与者是投资者群体
（2）根据市场组织形式分为场内交易市场（股票交易所，我国现有上海和深圳两家证券交易所）和场外交易市场（即柜台交易市场）</td></tr>
<tr><td>投资基金市场</td><td>投资基金是通过发行基金单位（基金份额），将众多投资者分散的资金集中起来，由基金托管人托管，由基金管理人管理和运用，投资于货币、外汇、股票、债券等金融工具，以获得投资收益和资本增值，并分配给基金持有者的一种金融中介机构。它也是一种利益共享、风险共担的集合投资方式。证券投资基金主要投资于股票和债券。优势主要表现为专家理财</td></tr>
</table>

续表

子市场	具体内容
金融期货市场（金融期权市场）	金融期货交易是指协议双方达成交易协议后，在约定的将来某个日期，按约定的条件买卖一定标准数量的某种金融资产的交易。金融期货交易要按照成交时约定的协议价格进行交割，证券、黄金和外汇多采用这种交易方式。专门进行金融期货交易的市场叫作金融期货市场，其具有价格发现、锁定和规避金融市场风险的功能
	金融期权交易是指买卖双方签订金融期权合约（合同），赋予其购买者在交付一定的期权费用后，获得在规定期限内按双方约定的协议价格购买或出售一定数量的某种金融资产（如证券）的权利的一种交易。金融期权合约（合同）到期，期权的购买者若没有行使该权利，那么，期权合约（合同）就会自动失效

【特别注意】

①票据市场中最主要的两个子市场是商业票据市场和银行承兑汇票市场。

②商业票据是一种短期无担保证券（或信用凭证）。

③债券市场既具有货币市场的属性，又具有资本市场的属性。

④中央银行可以通过同业拆借和债券市场实施货币政策，进行宏观调控。

⑤外汇市场是国际金融市场的重要组成部分；金融期货市场、金融期权市场属于金融衍生产品市场。它们都不能简单地归入货币市场或资本市场。

小试牛刀

[多选题] 下列关于同业拆借市场的说法中，正确的有（　　）。

A. 同业拆借市场是金融机构之间进行短期资金融通活动的市场

B. 伦敦银行同业拆借利率 LIBOR，在国际市场上比较典型、有代表性

C. 同业拆借资金具有期限短、流动性高、交易方便以及对利率不敏感等特点

D. 中央银行可以通过同业拆借市场实施宏观调控

E. 同业拆借资金可以弥补短期资金的不足、解决临时性的资金短缺需求、弥补票据清算的差额

[解析] 同业拆借资金的特点有期限短、流动性高、对利率敏感性强以及交易方便等，C项错误。

[答案] ABDE

[多选题] 下列关于票据市场的说法中，正确的有（　　）。

A. 商业票据市场和银行承兑汇票市场是票据市场中最主要的两个子市场

B. 商业票据是一种短期无担保证券

C. 银行承兑汇票是银行信用与商业信用的结合

D. 银行大额可转让定期存单是由商业银行和其他金融机构为了吸引存款而发行的一种记名的存款凭证

E. 银行大额可转让定期存单的金额由发行银行确定，一般都比较大，利率既可固定，也可浮动

[解析] 银行大额可转让定期存单是由商业银行和其他金融机构为了吸引存款而发行的一种不记名的存款凭证，它是认购人对银行提供的信用，D项错误。

［答案］ABCE

［单选题］下列金融市场中，既具有货币市场属性，又具有资本市场属性的是（　　）。

A. 商业票据市场　　　　B. 银行承兑汇票市场

C. 同业拆借市场　　　　D. 债券市场

［解析］债券有短期、中期和长期之分。债券市场既具有货币市场的属性，又具有资本市场的属性。

［答案］D

第十九章　货币供求、货币均衡与货币政策

知识脉络

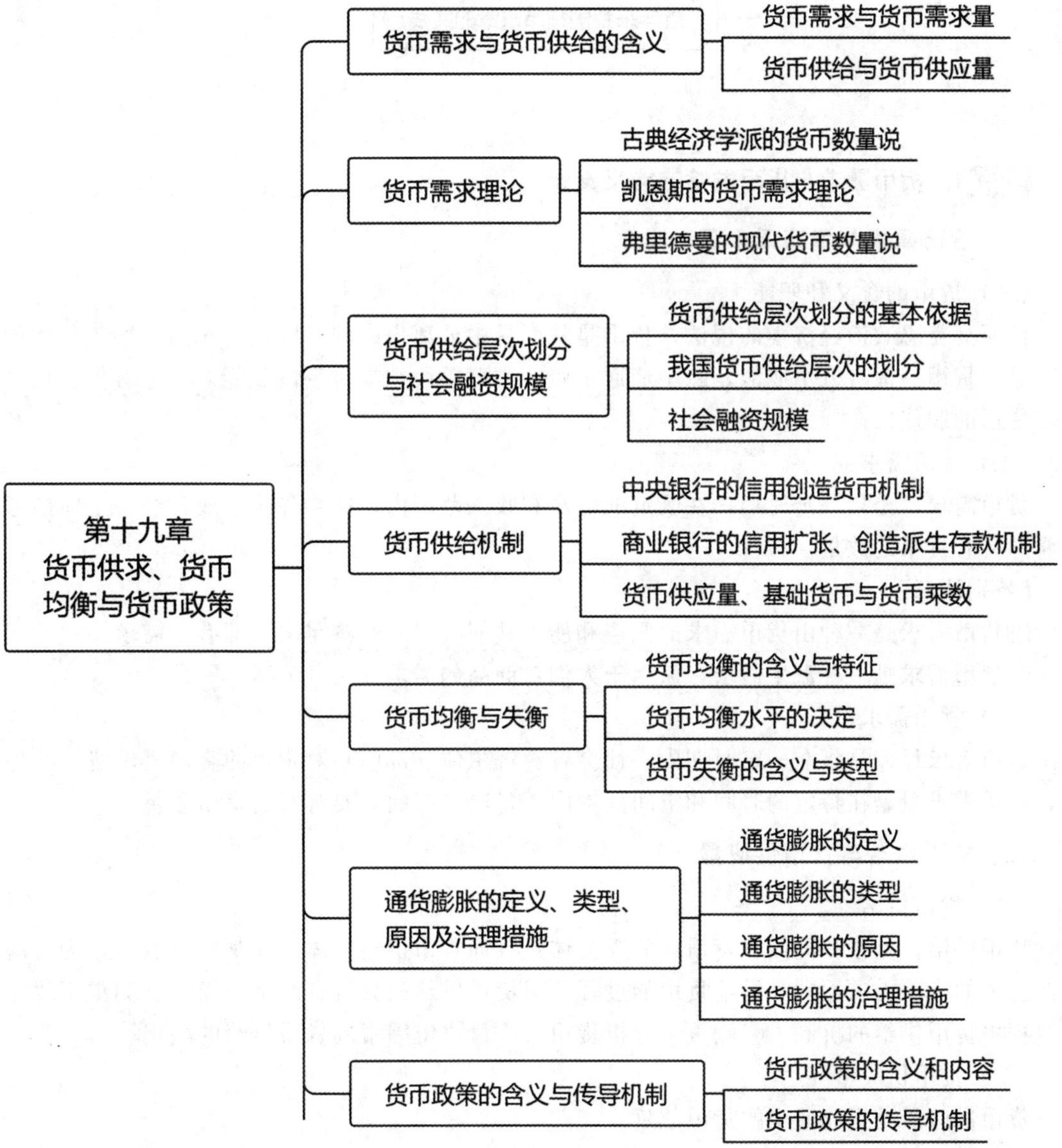

- 第十九章 货币供求、货币均衡与货币政策
  - 货币需求与货币供给的含义
    - 货币需求与货币需求量
    - 货币供给与货币供应量
  - 货币需求理论
    - 古典经济学派的货币数量说
    - 凯恩斯的货币需求理论
    - 弗里德曼的现代货币数量说
  - 货币供给层次划分与社会融资规模
    - 货币供给层次划分的基本依据
    - 我国货币供给层次的划分
    - 社会融资规模
  - 货币供给机制
    - 中央银行的信用创造货币机制
    - 商业银行的信用扩张、创造派生存款机制
    - 货币供应量、基础货币与货币乘数
  - 货币均衡与失衡
    - 货币均衡的含义与特征
    - 货币均衡水平的决定
    - 货币失衡的含义与类型
  - 通货膨胀的定义、类型、原因及治理措施
    - 通货膨胀的定义
    - 通货膨胀的类型
    - 通货膨胀的原因
    - 通货膨胀的治理措施
  - 货币政策的含义与传导机制
    - 货币政策的含义和内容
    - 货币政策的传导机制

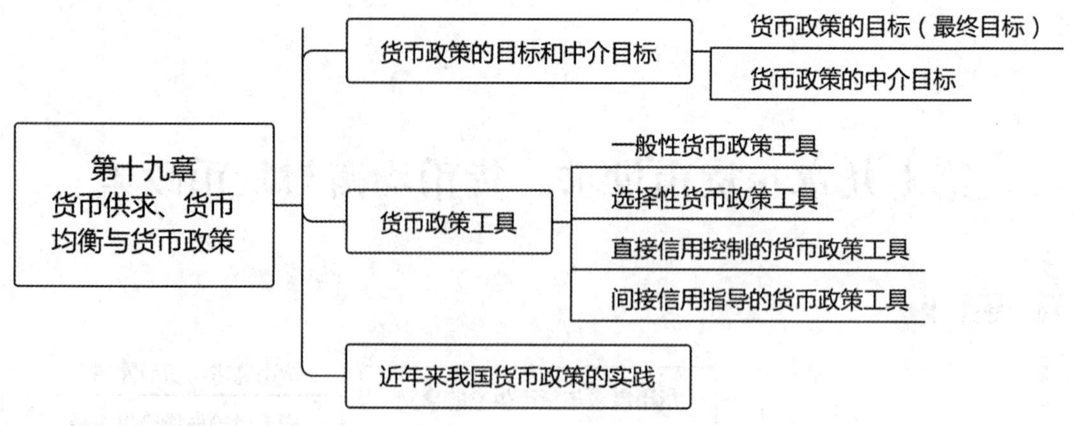

考点1 货币需求与货币供给的含义★★

一、货币需求与货币需求量

（一）货币的含义和职能

按照马克思政治经济学的说法，货币是从商品中分离出来的，固定地充当一般等价物的特殊商品。货币一般有五个职能，除了流通手段、贮藏手段和支付手段职能外，还有价值尺度和世界货币的职能。

（二）货币需求

货币需求，是指一定时期，在既定的财富和收入范围内，社会各阶层或各经济主体能够而且愿意持有货币的数量。

【特别注意】

①货币需求是一种由货币需求的愿望和能力共同决定的经济需求，即有效需求。

②货币需求是一种派生需求，派生于人们对商品的需求。

（三）货币需求量

货币需求量，是指在一定时期内，社会各经济主体（部门）对货币的客观需求量。具体来说，货币需求量是在特定的时间和空间范围内，各经济部门需要持有的货币数量。

二、货币供给与货币供应量

（一）货币供给

货币供给，是指一国或者货币区的银行体系（即货币供给主体）在某一时点上，为了满足经济主体的货币需求而向其供给货币的过程。对货币供给的分析有两个方面：①侧重于货币创造过程中货币供给的机制；②侧重于分析货币供应量决定因素的货币供给的决定。

（二）货币供应量

货币供应量是指流通中的货币数量。

货币投入经济实际流通后，在数量上，货币供应量等于流通中的货币数量，二者为一一对应关系。

一般来说，货币供应量包括两部分：现金（央行的负债）和存款（商业银行的负债）。

小试牛刀

[多选题] 货币需求作为一种经济需求，是由（ ）共同决定的。

A. 货币需求能力
B. 货币价值
C. 货币需求愿望
D. 货币供应数量
E. 货币供应能力

[解析] 货币需求作为一种经济需求，是由货币需求能力和货币需求愿望共同决定的有效需求。

[答案] AC

[单选题] 货币供给的机制侧重于（ ）。

A. 货币的创造过程
B. 分析决定货币供应量的因素
C. 分析供给原因
D. 货币供给量

[解析] 货币供给的机制侧重于货币的创造过程；货币供给的决定侧重于分析决定货币供应量的因素。

[答案] A

考点2 货币需求理论★★★

货币需求理论是一种关于对货币需求的动机影响因素和数量决定的理论，货币需求的研究内容是解决一国经济发展在客观上需要多少货币量，货币需求量由哪些因素组成，这些因素相互之间有何关系等问题。

一、古典经济学派的货币数量说

古典经济学派的货币数量说也称为传统货币数量说，主要有费雪的现金交易数量说和剑桥学派的现金余额数量说。

（一）费雪的现金交易数量说

1. 代表人物

代表人物是美国经济学家欧文·费雪。

2. 费雪方程式（也称为交易方程式）

$$MV = PT$$

即：

$$\text{货币量} \times \text{货币流通速度} = \text{物价水平} \times \text{商品和劳务的交易量}$$

费雪方程式也可以表示为 $P = \dfrac{MV}{T}$，其中，物价水平（P）是主要的被动因素；货币量（M）会经常主动变动，是最活跃的因素，物价水平（P）和货币量（M）有直接相关关系；由制度因素决定的货币流通速度（V）（可视为常数）以及取决于非货币因素的商品和劳务的交易量（T）（非货币因素，如劳动、资本和自然资源供给状况以及生产技术水平等），在长期中不受货币量（M）的影响。

3. 结论

货币量决定物价水平，物价水平与货币量成正比。

（二）剑桥学派的现金余额数量说

1. 代表人物

剑桥学派的主要代表人物是阿瑟·庇古。

2. 剑桥方程式

$$\pi = \frac{K \cdot Y}{M}$$

即：

$$货币价值(货币购买力) = \frac{真实货币需求}{名义货币供给}$$

在剑桥方程式中，货币价值或货币购买力（π）是物价指数的倒数；总资源中愿意以货币形式持有的比重（K）相当于费雪方程式中货币流通速度的倒数（$\frac{1}{V}$）；Y 为总资源或总收入。

3. 结论

货币供求的数量关系决定货币的价值，货币价值与货币量成反比。

（三）剑桥学派的现金余额数量说与费雪的现金交易数量说的比较

（1）剑桥方程式与费雪交易方程式在本质上是一致的。二者都是要说明货币量决定货币价值和物价。若其他因素不变，货币价值与货币量成反比，物价水平与货币量成正比。

（2）剑桥方程式与费雪交易方程式的关键区别是：费雪交易方程式强调的是作为交易媒介的货币；而剑桥方程式的货币需求（用人们的手持现金来表示），既重视作为交易媒介的货币，也重视贮藏货币（剑桥方程式中的 K 就集中反映了这一思想）。

二、凯恩斯的货币需求理论（即流动性偏好论，代表人物是英国经济学家凯恩斯）

（一）影响流动性偏好的三种动机

约翰·凯恩斯在他的《就业、利息和货币通论》中提出了流动性偏好论，用流动性偏好解释人们对货币的需求。凯恩斯认为，人们在面临日常的、临时的或投机的需要时，由于普遍存在“流动性偏好”的心理倾向，相对于其他缺乏流动性的资产而言，经济主体更愿意持有具备完全流动性的货币。人们对货币的需求有三种动机：

（1）投机动机：因利率的不确定性，为了从中获利，根据市场利率变化的预期而持有货币的动机。

（2）交易动机：因收入和支出在时间上不同步，为应付日常交易需要而产生的持有货币的动机。

（3）预防动机：为应付可能遇到的意外或各种紧急情况的支出而产生的持有货币的动机。

（二）凯恩斯的货币需求函数

凯恩斯的货币需求函数为：

$$L(货币需求) = L_1(Y) + L_2(i)$$

式中，$L_1 = L_1(Y)$ 是交易性货币需求（由交易动机和预防动机构成），是国民收入（Y）的增函数。$L_2 = L_2(i)$ 是投机性货币需求（由投机动机构成），是利率（i）的减函数。

（三）流动性陷阱

流动性陷阱指的是：当利率降低到某一低点时（最低点），一方面投机性货币需求会无限大，另一方面人们会产生利率上升从而债券价格下跌的预期，会卖出债券而持有货币，流动性偏好具有绝对性，也就是没有人愿意持有债券或其他资产，每个人都愿意持有货币。

（四）凯恩斯货币需求理论的发展

凯恩斯的货币需求函数采用了大量的心理分析法，是建立在“未来的不确定性”和“收入是短期资产”两个基本假定之上的。20 世纪 50 年代后，凯恩斯学派突出了利率在货币需求中的作用。

三、弗里德曼的现代货币数量说（代表人物是美国经济学家弗里德曼）

弗里德曼虽然接受了剑桥学派的观点，但是他认为货币数量说是货币需求理论，不是产出、货币收入或物价水平的理论。

（一）货币需求函数

$$\frac{M}{P}=f\left(y_p,\ w;\ r_m,\ r_b,\ r_e,\ \frac{1}{P}\cdot\frac{\mathrm{d}P}{\mathrm{d}t};\ u\right)$$

式中，M 为名义货币量，P 为物价水平，y_p 为恒久性收入（以现在的收入和过去的收入加权计算的收入），w 为非人力财富占总财富比率，r_m 为存款的预期名义收益率，r_b 为债券的预期名义收益率，r_e 为股票的预期名义收益率，$\frac{1}{P}\cdot\frac{\mathrm{d}P}{\mathrm{d}t}$为物价水平的预期变动率，$u$ 为随机因素的影响总和。

（二）影响货币需求的因素

（1）用恒久性收入表示的财富总额。

货币需求与恒久性收入呈正相关，恒久性收入越高，所需的货币越多。

（2）用人力财富与非人力财富之比或者非人力财富占总财富比率表示的财富构成。

货币需求与非人力财富呈负相关，与人力财富呈正相关，人力财富比例越高，所需准备的货币就越多。

（3）各种资产的预期收益和机会成本。

其他金融资产的收益率越高，则持有货币的机会成本越大（因为持有货币的预期收益率一般为零），持有货币的数量就会越少。如果通货膨胀，物价上涨，货币会变成烫手的山芋，人们持有货币的数量会减少。

（4）其他各种随机因素。

小试牛刀

[单选题] 经济学家庇古提出了关于货币需求的剑桥方程式，该方程式认为（　　）。

A. 恒久性收入越高，所需货币越多

B. 货币供求的速度决定物价水平

C. 货币供求的数量决定货币价值

D. “流动性偏好”决定货币需求

[解析] 庇古的剑桥方程式认为货币供求的数量决定货币价值，C 项正确。A 项是弗里德曼的现代货币数量说，B 项本身说法有误，D 项是凯恩斯的流动性偏好理论。

[答案] C

[多选题] 经济学家凯恩斯提出的货币需求理论认为（　　）。

A. 货币需求由交易动机、预防动机和投机动机决定

B. 恒久性收入越高，所需货币越多

C. 当利率降到某一低点时，货币需求会无限增大，此时无人愿意持有债券，都愿意持有货币

D. 货币供求的数量决定物价水平

E. 人力财富比例越高，所需准备的货币越多

[解析] B、E 两项属于弗里德曼的货币需求理论，D 项属于费雪的现金交易数量说。

[答案] AC

[单选题] 关于货币需求的四个方程式中，称为弗里德曼方程式的是（　　）。

A. $\frac{M}{P}=f\ (y_p,\ w;\ r_m,\ r_b,\ r_e,\ \frac{1}{P}\cdot\frac{dP}{dt};\ u)$

B. $MV=PT$

C. L（货币需求）$=L_1\ (Y)\ +L_2\ (i)$

D. $\pi=\frac{K\cdot Y}{M}$

[解析] A 项是弗里德曼货币需求函数，B 项是费雪方程式，C 项是凯恩斯的货币需求函数，D 项是剑桥方程式。

[答案] A

考点3 货币供给层次划分与社会融资规模★★★

一、货币供给层次划分的基本依据

在实践中，当前货币供给层次划分的基本依据是资产的流动性（即各种货币资产转化为通货或现实购买力的能力），根据资产的流动性可以划分出不同口径的货币供应量。

二、我国货币供给层次的划分

我国货币供应量指标划分为三个层次（从 1994 年第三季度起，中国人民银行按季公布）：

M_0 =流通中货币

M_1 = M_0 +单位活期存款

M_2 =M_1 + 单位定期存款+个人存款+其他存款（财政存款除外）

【注】M_0 即通常所指的现金，包括个人、机关团体、企事业单位、非存款类金融机构所持有的硬币和现钞总和；M_1 是我国的狭义货币供应量（央行重点调控对象）；M_2 是我国的广义货币供应量（研究宏观经济调控的主要变量）；准货币包括单位定期存款、个人存款、其他存款（财政存款除外）。

三、社会融资规模

社会融资规模是一定时期内（每月、每季或每年）实体经济从金融体系获得的全部资金总额。社会融资规模全面反映了金融对实体经济的资金支持以及金融与经济的关系，其构成的具体内容见表 19-1。

表 19-1　社会融资规模的构成

融资渠道	具体业务
通过表外业务，金融机构向实体经济提供资金支持	信托贷款、委托贷款和未贴现的银行承兑汇票
通过表内业务，金融机构向实体经济提供资金支持	人民币贷款和外币贷款
实体经济利用规范的金融工具、在正规金融市场，获得直接融资	非金融企业境内股票筹资和企业债券融资
通过其他方式，向实体经济提供的资金支持	投资性房地产、保险公司赔偿、贷款公司贷款和小额贷款公司贷款

【特别注意】社会融资规模是一个总量指标，不仅包括实体经济从银行业获得的融资，还包括从证券业和保险业获得的融资。社会融资规模全面反映了金融对实体经济的资金支持以及金融与经济的关系。

小试牛刀

[多选题] 在我国货币供应量指标中，属于准货币的有（　　）。

A. 单位定期存款　　B. 现金

C. 其他存款（财政存款除外）　　D. 个人存款

E. 单位活期存款

[解析] 在我国货币供应量指标中，单位定期存款、个人存款、其他存款（财政存款除外）的流动性较弱，属于准货币。B 项“现金”属于 M_0，E 项“单位活期存款”属于狭义的货币 M_1。

[答案] ACD

[多选题] 社会融资规模统计指标包括（　　）。

A. 保险公司发放的保单贷款　　B. 委托贷款

C. 商业银行发行的资本补充债券　　D. 信托贷款

E. 人民币贷款

[解析] 社会融资规模统计指标的主要构成：①人民币贷款；②外币贷款；③委托贷款；④信托贷款；⑤未贴现的银行承兑汇票；⑥非金融企业境内股票筹资；⑦非金融企业境内股票筹资；⑧企业债券融资；⑨投资性房地产；⑩其他（如保险公司赔偿、小额贷款公司和贷款公司贷款）。

[答案] BDE

考点4　货币供给机制★★

一、中央银行的信用创造货币机制

在当代不兑现信用货币制度下，信用创造货币是货币供给机制的重要内容，通常由中央银行掌握信用创造货币的功能。中央银行在无法获得新的信贷资金的情况下，利用自己掌握的货币发行权和信贷管理权，创造信贷资金来源。

二、商业银行的信用扩张、创造派生存款机制

（1）中央银行是“源”，商业银行是“流”，商业银行可以在央行发行货币的基础上扩张信

用、创造派生存款。中央银行每增加一笔信用，经过银行体系的循环存贷，都可以“创造”出大量新增存款（即派生存款）。

（2）商业银行不能无限制地创造派生存款，一般受以下三类因素的制约：①人们提取现金的数量；②缴存中央银行的存款准备金的数量；③企事业单位及社会公众缴付税款的数量等。

三、货币供应量、基础货币与货币乘数

货币供应量的公式为：

$$M = B \cdot K$$

式中，B 为基础货币，包括中央银行发行的货币和商业银行在中央银行的存款；K 为货币乘数，即基础货币的扩张倍数（货币乘数＝存款准备金率和货币结构比率之和的倒数）。

存款准备金率是商业银行需存入中央银行的存款在其所吸收的全部存款中所占的比重。

货币结构比率是需转化为现金及财政存款等在商业银行所吸收的全部存款中所占的比重。

小试牛刀

[多选题] 下列关于货币供给机制的说法中，正确的有（　　）。

A. 在当代不兑现信用货币制度下，信用创造货币的功能为中央银行所掌握

B. 中央银行具备信用创造货币的功能，商业银行具备创造派生存款的功能

C. 商业银行可以无限制地创造派生存款

D. 基础货币包括中央银行发行的货币和商业银行在中央银行的存款

E. 货币乘数等于存款准备金率和存款结构比率之和的倒数

[解析] 商业银行不能无限制地创造派生存款，C 项错误。货币乘数等于存款准备金率和货币结构比率之和的倒数，E 项错误。

[答案] ABD

[单选题] 下列因素中，不能制约银行体系信用扩张并创造派生存款能力的因素是（　　）。

A. 银行承兑汇票转贴现

B. 提取现金数量

C. 缴存中央银行法定存款准备金

D. 社会公众缴付税款

[解析] 商业银行不能无限制地创造派生存款。一般来说，银行体系扩张信用、创造派生存款的能力要受到三类因素的制约：①受到缴存中央银行存款准备金的限制；②受到提取现金数量的限制；③受到企事业单位及社会公众缴付税款等限制。

[答案] A

考点5 货币均衡与失衡★★★

一、货币均衡的含义与特征

（一）货币均衡的含义

货币均衡，也就是货币供求均衡，是指在一定时期经济运行中货币供给满足货币需求，或者说货币供给与货币需求在动态上保持一致的状态或现象。

（二）货币均衡的特征

（1）货币均衡不是货币供给与货币需求在数量上的完全相等，而是货币供给与货币需求的大体一致。

（2）在短期内或者某个时点上货币供求可能不一致，不过在长期内大体一致，货币均衡是一个动态过程。

（3）现代经济中的货币均衡在一定程度上反映了经济总体均衡状况。

二、货币均衡水平的决定

货币在其运动过程中通过内在机制的自我调节，可以使货币供求自发保持均衡状态，所以，流通中的货币数量取决于货币均衡水平。

（1）要保证国民经济在物价稳定条件下协调发展，若货币流通速度保持相对稳定，货币供应量（M_1）应当与国内生产总值同步增长。

本期货币增量（ΔM_1）＝国内生产总值增长率(Y')×上期货币存量(M_0)

（2）若考虑物价自然上升的因素，则流通领域中货币数量的增长应略高于国内生产总值的增长。

本期货币增量＝[国内生产总值增长率(Y')＋物价自然上涨率(P')]×上期货币存量(M_0)

或：

货币供应量增长率(M_1')＝国内生产总值增长率(Y')＋物价自然上涨率(P')

三、货币失衡的含义与类型

（一）货币失衡的含义

货币失衡也就是货币供求失衡，是指在一定时期经济运行中货币供给偏离货币需求的状态或现象。

（二）货币失衡的类型

（1）总量性货币失衡。指货币供给在总量上偏离货币需求达到一定程度，使货币运行影响经济的状态。有两种情况：①货币供应量＞货币需求量（这种情况经常出现），如政府向中央银行透支弥补财政赤字或者不适当地采取扩张性货币政策刺激经济等都可能造成货币供应量大于货币需求量，也容易引发严重的通货膨胀；②货币供应量＜货币需求量（这种情况很少出现，即使出现也容易解决）。

（2）结构性货币失衡。指货币供求总量均衡，但货币供求结构不匹配、不相适应，如短缺与滞留并存。

结构性货币失衡根源在于经济结构问题，必须通过调整经济结构来解决，由于经济结构存在刚性，结构性货币失衡往往会成为一个长期的问题，所以在宏观调控时，中央银行更多地注意总量性失衡。

小试牛刀

[多选题] 关于货币均衡特征的说法，正确的有（　　）。

A. 在一定时期内，货币供给与货币需求在动态上保持一致

B. 在长期内，货币供给与货币需求大体一致

C. 在短期内，货币供给与货币需求完全一致

D. 在任一时点上，货币供给与货币需求在数量上完全相等

E. 在现代经济中，货币均衡在一定程度上反映了经济总体均衡状况

[解析] 货币均衡指的是在一定时期内货币供给与货币需求的大体一致不是在数量上的完全相等。另外，货币供给与货币需求在短期内也可能不一致，C、D两项错误。

[答案] ABE

[多选题] 下列关于货币失衡的说法中，正确的有（　　）。

A. 货币失衡有总量性货币失衡和结构性货币失衡两类

B. 货币供应量相对于货币需求量偏大属于总量性货币失衡

C. 结构性货币失衡往往表现为短缺与滞留并存

D. 结构性货币失衡必须通过经济结构调整加以解决，经济结构的刚性往往使结构性货币失衡成为短期内必须解决的问题

E. 中央银行在宏观调控时更多关注总量性货币失衡

[解析] 结构性货币失衡必须通过经济结构调整加以解决，而经济结构的刚性往往使结构性货币失衡成为一个长期的问题，D项错误。

[答案] ABCE

考点6 通货膨胀的定义、类型、原因及治理措施★★★

一、通货膨胀的定义

（一）马克思主义货币理论中关于通货膨胀性质问题的定义

通货膨胀是在纸币流通条件下，纸币的发行量超过了流通中实际需要的货币量，从而引起的纸币贬值、物价上涨的现象。

（二）萨缪尔森对通货膨胀的定义

在一定时期内，商品和生产要素的价格总水平持续不断上涨的现象。

（三）通货膨胀的通用定义

在价值符号流通条件下，由于货币供给过度而引起的货币贬值、物价上涨的现象。

在多种通货膨胀的定义中有两点是共同的，即：物价持续上涨和有效需求大于有效供给。

一般认为，通货膨胀的基本标志是物价上涨。

二、通货膨胀的类型

通货膨胀的类型见表19-2。

表19-2 通货膨胀的类型

分类标准	具体类型	具体内容
按照通货膨胀的表现形式分类	抑制型通货膨胀	也叫隐蔽型通货膨胀，其表现是人们普遍持币待购、货币流通速度减慢（物价管制情况下，人为抑制物价，物价上涨不能反映商品供给短缺）
	公开型通货膨胀	也叫开放型通货膨胀，其基本标志是物价上涨，即货币数量发生变动，物价水平随之自发波动

续表

分类标准	具体类型	具体内容
按通货膨胀的成因分类	成本推进型通货膨胀	是指由于成本的自发性增加导致物价上涨而引起的通货膨胀。又可分为：(1)“工资推进型通货膨胀”(工资—物价螺旋上升导致的)；(2)“利润推进型通货膨胀”(为实现垄断利润目标，垄断企业操纵市场、人为提高产品价格导致的)
	需求拉上型通货膨胀	是指由于社会总需求的增长幅度超过了社会总供给，造成商品和劳务供不应求，使得物价持续上涨的通货膨胀。其特点有： (1) 自发性：支出的增长与预期中或实际中成本的增长无关，是独立的 (2) 诱发性：消费支出增长是由成本的增长(导致工资和其他收入的增长)诱使的 (3) 支持性：政府增加支出(通过采取扩张性货币政策或扩张性财政政策增加总需求)来阻止失业率的上升
	输入型通货膨胀	输入型通货膨胀实质上是一种通货膨胀的国际传导现象，是指由于进口商品价格上升、费用增加，导致物价总水平上涨而引起的通货膨胀
	结构型通货膨胀	是指在总供求处于均衡状态的情况下，由于经济结构、部门结构的因素发生变化，导致物价上涨而引起的通货膨胀

三、通货膨胀的原因

通货膨胀的原因见表 19-3。

表 19-3　通货膨胀的原因

原因	具体内容
直接原因	信贷供给过度
主要原因	(1) 信贷原因(即信用膨胀)：银行提供的货币量超过了经济发展客观需要的货币量(原因有银行自身决策的失误，也有财政赤字的压力，社会上过热的经济增长要求的压力等) (2) 财政原因：推行赤字财政政策和发生财政赤字
其他原因	国际收支长期顺差、投资规模过大、国民经济结构比例失衡等

四、通货膨胀的治理措施

通货膨胀的治理措施主要有紧缩的需求政策和积极的供给政策，具体内容见表 19-4。

表 19-4　通货膨胀的治理措施

政策措施		具体措施
紧缩的需求政策	紧缩性的货币政策(“卖高高”)	通过中央银行运用货币政策工具，减少货币供给量，来治理通货膨胀： (1) 通过公开市场业务(或操作)卖出有价证券，可以减少货币供给量、紧缩信用 (2) 通过提高再贴现率，增加商业银行的借款成本，可以使其提高贷款利率，缩小信贷规模，进而减少货币供给量 (3) 通过提高法定存款准备金率，减小货币乘数，可以降低商业银行的信用扩张能力，收缩信贷规模，进而减少货币供给量
	紧缩性的财政政策(增收节支，减少赤字)	通过政府运用财政政策工具，减少总需求，来治理通货膨胀： (1) 通过增加税收，可以减少个人和企业的可支配收入，降低个人的消费需求和企业的投资需求，也就抑制了总需求 (2) 通过减少政府支出(包括购买性支出和转移性支出)，可以减少总需求 (3) 通过发行公债，可以减少社会上的消费需求和投资需求，减少了总需求

续表

政策措施	具体措施
积极的供给政策 （供给学派）	通过运用刺激生产、增加供给的方法，来治理通货膨胀。具体措施包括： （1）削减社会福利开支 （2）减税（即降低边际税率） （3）精简规章制度 （4）适当增加货币供给发展生产等

小试牛刀

［多选题］通货膨胀按照成因分为（　　）。

A. 输入型通货膨胀　　B. 需求拉上型通货膨胀

C. 成本推进型通货膨胀　　D. 结构型通货膨胀

E. 抑制型通货膨胀

［解析］通货膨胀按照成因可以分为需求拉上型通货膨胀、成本推进型通货膨胀、输入型通货膨胀和结构型通货膨胀。

［答案］ABCD

［多选题］在治理通货膨胀的措施中，属于紧缩的需求政策的措施有（　　）。

A. 政府发行公债　　B. 增加政府支出

C. 减少政府税收　　D. 提高法定存款准备金率

E. 中央银行通过公开市场向金融机构出售有价证券

［解析］紧缩的需求政策包括：①紧缩性财政政策（减少政府支出、增加税收、发行公债）；②紧缩性货币政策（提高法定存款准备金率、提高再贴现率、公开市场业务出售有价证券）。

［答案］ADE

［多选题］供给学派提出的用于治理通货膨胀的积极的供给政策包括（　　）。

A. 增税　　B. 削减社会福利开支

C. 精简规章制度　　D. 适当增加货币供给发展生产

E. 减税

［解析］供给学派提出的积极的供给政策是在抑制总需求的同时，积极运用刺激生产的方法增加供给来治理通货膨胀，主要措施有减税、削减社会福利开支、适当增加货币供给发展生产和精简规章制度。

［答案］BCDE

考点⑦ 货币政策的含义与传导机制★

一、货币政策的含义和内容

货币政策是金融政策的一部分，是一国金融当局（一般是中央银行）为了实现特定的政策目标而制定和执行的通过控制或调节货币供应量、利率或其他中介目标影响宏观经济运行的手段。

货币政策包括三个方面的基本内容：

（1）政策目标。

（2）实现目标所运用的政策工具。

（3）预期达到的政策效果。

二、货币政策的传导机制

（一）货币政策的传导机制的含义

货币政策传导机制是指中央银行利用货币政策工具影响中介指标，进而最终实现既定政策目标的传导途径与作用机理。货币传导机制会直接影响货币政策实施的效果。

（二）我国货币政策的传导机制的历史沿革

（1）改革开放前，传导过程简单、直接，从政策工具或手段直接到最终目标，传导路径是中国人民银行总行通过其分支机构向企业（居民）传导。

（2）20 世纪 90 年代以来，我国初步建立了货币政策的间接传导机制：首先，中央银行运用政策工具直接作用于操作目标；其次，操作目标的变动通过商业银行的传导对中介目标产生间接作用；最后，中介目标的变动间接影响实现最终目标。

（三）货币政策的传导效率取决的因素

货币政策的有效性取决于传导机制的效率，而货币政策的传导效率取决于以下方面：

（1）比较发达的金融市场。

（2）程度比较高的利率市场化和汇率市场化。

（3）能够对货币政策变动做出灵敏反应的经济主体。

货币政策的有效性涉及多个方面，如利率、金融机构、金融市场、汇率市场、住户、企业等。

小试牛刀

［多选题］货币政策的有效性取决于传导机制的效率，涉及住户、企业、金融机构、金融市场、利率、汇率市场等多方面，货币政策传导效率取决于（　　）。

A. 较为发达的金融市场　　B. 较高程度的利率市场化

C. 较高程度的汇率市场化　　D. 较健全的法律体系

E. 能够对货币政策变动做出灵敏反应的经济主体

［解析］货币政策传导效率取决于：①能够对货币政策变动做出灵敏反应的经济主体；②较为发达的金融市场；③较高程度的利率、汇率市场化。

［答案］ABCE

考点 8　货币政策的目标和中介目标★★★

一、货币政策的目标（一般称为最终目标）

（1）稳定物价（保持物价总水平的稳定）。

（2）充分就业。

（3）经济增长。

（4）国际收支平衡。

货币政策的四大目标之间既有统一性也有矛盾性。一国在一定时期一般选择一个或两个目标作为侧重的目标。比如，《中华人民共和国中国人民银行法》（以下简称《中国人民银行法》）第三条规定：货币政策目标是保持货币币值稳定，并以此促进经济的增长。

二、货币政策的中介目标

（一）货币政策中介目标及其选择依据的三大原则

介于货币政策工具变量与货币政策目标变量之间的变量指标被称为货币政策的中介目标，也叫中介指标、中间指标、中间变量等。

中央银行选择货币政策中介目标的标准和依据有三大原则：可测性、可控性和相关性。

（二）可以作为货币政策中介目标的变量指标

（1）利率（一般指短期的市场利率）。

在具体操作中，可以使用银行间同业拆借利率或短期国库券利率。

（2）货币供应量。

（3）超额准备金或基础货币。

超额准备金的数量由商业银行的意愿和财务状况决定，货币当局不容易对其测度和控制。另外，商业银行的资产业务规模也受到超额准备金的影响，超额准备金对其具有直接决定作用。

很多国家把基础货币视为较为理想的中介目标，因为基础货币的数字一目了然，数量也比较容易调控，能够满足可测性与可控性要求。

（4）通货膨胀率。

20 世纪 90 年代以来，一些国家用通货膨胀率取代了货币供应量来作为货币政策中介目标（主要是因为货币供应量这个中介目标的相关性、可控性和可测性受到越来越多的干扰），形成了通货膨胀目标制（先设定一个合适的目标通货膨胀率，然后通过预测的或现实的通货膨胀率与之比较来制定适宜的货币政策）。

小试牛刀

[单选题] 我国货币政策的目标是（　　）。

A. 保持国家外汇储备的适度增长

B. 保持国内生产总值以较快的速度增长

C. 保持货币币值稳定，并以此促进经济增长

D. 保证充分就业

[解析]《中国人民银行法》第三条规定，货币政策目标是保持货币币值稳定，并以此促进经济的增长。

[答案] C

[多选题] 下列有关货币政策中介目标的说法中，正确的有（　　）。

A. 中央银行选择货币政策中介目标的依据是可控性、可测性和相关性三大原则

B. 作为货币政策中介目标的利率一般指的是短期的市场利率

C. 不少国家把基础货币作为货币政策中介目标，主要是因为它的数字一目了然，数量也易于调控

D. 短期市场利率对商业银行的资产业务规模有直接决定作用

E. 可以作为货币政策中介目标的变量指标有利率、货币供应量、通货膨胀率、超额准备金或基础货币

[解析] 超额准备金对商业银行的资产业务规模有直接决定作用，D 项错误。

［答案］ABCE

考点9 货币政策工具★★★

一般而言，货币政策工具必须与货币运行机制相联系，而且具有可操作性。

一、一般性货币政策工具

一般性货币政策工具也称为传统货币政策工具或“三大法宝”，包括法定存款准备金率、再贴现和公开市场业务（操作），它们都是对货币总量进行调节，可以影响整个宏观经济。

（一）法定存款准备金率

1. 含义

法定存款准备金率是指吸收存款和发行票据的商业银行等存款类金融机构按中央银行的规定上缴的法定存款准备金（一般以不兑现货币形式存放在中央银行）的最低比率。

一般不把法定存款准备金率政策当作适时调整的经常性政策工具，而是作为货币政策的一种自动稳定机制。

2. 作用途径

法定存款准备金率的作用途径是对商业银行的信用扩张能力以及货币乘数的调节。如果中央银行采用扩张性的货币政策，降低法定存款准备金率，货币乘数会变大，提高了商业银行的信用扩张能力，最终起到增加货币供应量和信贷量的效果。

3. 缺点

（1）作用猛、力度强，对货币乘数的影响很大，是一副“猛药”。

（2）政策的效果或作用受到超额存款准备金的影响。如果商业银行有很多超额存款准备金，当中央银行提高法定存款准备金率时，商业银行可以把一部分超额存款准备金冲抵法定存款准备金，从而从反方向抵消法定存款准备金率政策的作用。

（3）见效较慢、时滞较长。

（二）再贴现

1. 含义

再贴现是指商业银行等金融机构为了取得资金，将未到期已贴现的商业票据等支付工具，再以贴现方式向中央银行转让的行为。

2. 作用途径

再贴现政策的途径是中央银行根据需要对再贴现率进行调整。如果中央银行采用扩张性的货币政策，降低再贴现率，商业银行借入资金的成本会下降，基础货币会增加，进而货币供应量也会增加。

3. 优点

与法定存款准备金率相比，再贴现工具的弹性相对比较大，作用力度相对缓和。

4. 缺点

商业银行掌握着再贴现政策的主动权，所以中央银行采用再贴现政策能否取得预期效果，还要看商业银行是不是采取主动配合的态度。

（三）公开市场操作（也称为公开市场业务）

1. 含义、交易对象和目的

公开市场操作是指中央银行在证券市场上买进或卖出国债、发行票据等行为。

公开市场操作交易的对象是商业银行及其他金融机构。

公开市场操作交易的目的是调控基础货币，影响货币供应量和市场利率。

2. 优点

相对于法定存款准备金率政策，公开市场操作（业务）更有优越性和有弹性，主要体现在以下方面：（1）中央银行有主动权，可以主动出击；（2）中央银行可以对货币供应量进行微调；（3）中央银行可以进行经常性、连续性的操作；（4）中央银行可以影响商业银行的准备金，直接调控货币供应量。

3. 局限性

（1）金融市场必须具有相当的独立性和具备全国性。

（2）运用公开市场操作政策工具时，必须要有其他货币政策工具（如法定存款准备金）进行配合，否则，若没有法定存款准备金制度的配合，它就无法发挥作用。

二、选择性货币政策工具

对于某些特殊领域，选择性货币政策工具可以有选择地影响和调节其信用，这类政策工具主要有：不动产信用控制、消费者信用控制、预缴进口保证金以及优惠利率等。

消费者信用控制是中央银行控制各类耐用消费品（不包括不动产）的销售融资，如规定分期付款购买耐用消费品的首付最低金额、适用的耐用消费品种类以及还款最长期限等。

三、直接信用控制的货币政策工具

直接信用控制是指中央银行从质和量两个方面，以行政命令或其他方式，直接控制金融机构（尤其是商业银行）的信用活动。直接信用控制的货币政策工具包括利率最高限、流动比率、直接干预和信用配额等。直接信用控制的货币政策工具最常使用的是规定存贷款最高利率限制（如 1986 年以前美国的“Q 条例”）。

四、间接信用指导的货币政策工具

间接信用指导是指中央银行通过道义劝告、窗口指导等办法对商业银行的信用创造产生间接影响。

（1）道义劝告是指中央银行利用自身的声望和地位经常对商业银行及其他金融机构发出指示或通告，同各金融机构负责人面谈，劝告他们遵守政府政策并自动采取贯彻政策的相应措施。

（2）窗口指导是指中央银行根据物价变动趋势、金融市场动向以及产业行情等经济运行中出现的新情况，建议商业银行增加或减少其信贷规模。窗口指导虽然是中央银行对商业银行的建议，不具备法律约束力，但其影响力还是比较大的。

小试牛刀

[多选题] 关于一般性货币政策工具的说法，正确的有（　　）。

A. 中央银行提高法定存款准备金率，扩大了商业银行的信用扩张能力

B. 商业银行掌握着再贴现政策的主动权

C. 法定存款准备金率政策作用力度强

D. 调整法定存款准备金率能迅速影响货币供应量

E. 中央银行运用公开市场业务直接影响货币供应量

［解析］中央银行提高法定存款准备金率，货币乘数减少，限制了存款货币银行的信用扩张能力、最终起到收缩货币供应量和信贷量的效果，A 项错误。法定存款准备金率政策见效较慢、时滞较长，D 项错误。

［答案］BCE

［单选题］1986 年以前美国的“Q 条例”，属于货币政策工具的（　　）。

A. 直接信用控制　　B. 选择性货币政策工具

C. 一般性政策工程　　D. 间接信用指导

［解析］直接信用控制的货币政策工具包括利率最高限、流动比率、直接干预和信用配额等。其中，规定存贷款最高利率限制是最常使用的直接信用控制工具，如 1986 年以前美国的“Q 条例”。

［答案］A

［单选题］关于货币政策工具的说法，正确的是（　　）。

A. 公开市场操作属于选择性货币政策工具

B. 货币政策工具必须与货币运行机制相联系，并且具有可操作性

C. 道义劝告属于传统使用的货币政策工具

D. 窗口指导属于一般性货币政策工具

［解析］一般而论，作为货币政策的工具，必须是与货币运行机制相联系的，并且具有可操作性。中央银行传统使用的货币政策工具包括传统的法定存款准备金率、再贴现率、公开市场操作等典型市场经济条件下对货币供给控制的工具。A 项错误。间接信用指导即中央银行通过道义劝告、窗口指导等办法间接影响商业银行的信用创造。C、D 两项错误。

［答案］B

考点⑩ 近年来我国货币政策的实践★★

（1）2006—2010 年（“十一五规划期间”），我国的货币政策从“稳健”转到“适度从紧”，再到“从紧”，2008 年下半年转向“适度宽松”。

（2）2010 年中央经济工作会议确定 2011 年实施稳健的货币政策，之后，2011—2020 年，10 次中央经济工作会议都确定继续实施稳健的货币政策，这意味着我国已连续 11 年实施稳健的货币政策。

（3）2018 年 12 月，中央经济工作会议认为：宏观政策要强化逆周期调节，继续实施积极的财政政策和稳健的货币政策，适时预调微调，稳定总需求；积极的财政政策要加力提效，实施更大规模的减税降费，较大幅度增加地方政府专项债券规模；稳健的货币政策要松紧适度，保持流动性合理充裕，改善货币政策传导机制，提高直接融资比重，解决好民营企业和小微企业融资难、融资贵问题。

（4）2019 年 12 月，中央经济工作会议提出：稳健的货币政策要灵活适度，保持流动性合理充裕，货币信贷、社会融资规模增长同经济发展相适应，降低社会融资成本。要深化金融供

给侧结构性改革，疏通货币政策传导机制，增加制造业中长期融资，更好缓解民营和中小微企业资难、融资贵问题。

（5）2020 年 12 月，中央经济工作会议提出：稳健的货币政策要灵活精准、合理适度，保持货币供应量和社会融资规模增速同名义经济增速基本匹配，保持宏观杠杆率基本稳定，处理好恢复经济和防范风险关系，多渠道补充银行资本金，完善债券市场法制，加大对科技创新、小微企业、绿色发展的金融支持，深化利率、汇率市场化改革，保持人民币汇率在合理均衡水平上的基本稳定。

小试牛刀

[多选题] 2020 年 12 月，中央经济工作会议提出的政策措施有（　　）。

A. 多渠道补充银行资本金　　B. 完善债券市场法制

C. 实施适度宽松的货币政策　　D. 深化利率汇率市场化改革

E. 保持宏观杠杆率基本稳定

[解析] 2020 年 12 月，中央经济工作会议提出：稳健的货币政策要灵活精准、合理适度，保持货币供应量和社会融资规模增速同名义经济增速基本匹配，保持宏观杠杆率基本稳定，处理好恢复经济和防范风险关系，多渠道补充银行资本金，完善债券市场法制，加大对科技创新、小微企业、绿色发展的金融支持，深化利率汇率市场化改革，保持人民币汇率在合理均衡水平上的基本稳定。

[答案] ABDE

第二十章　金融风险与金融监管

知识脉络

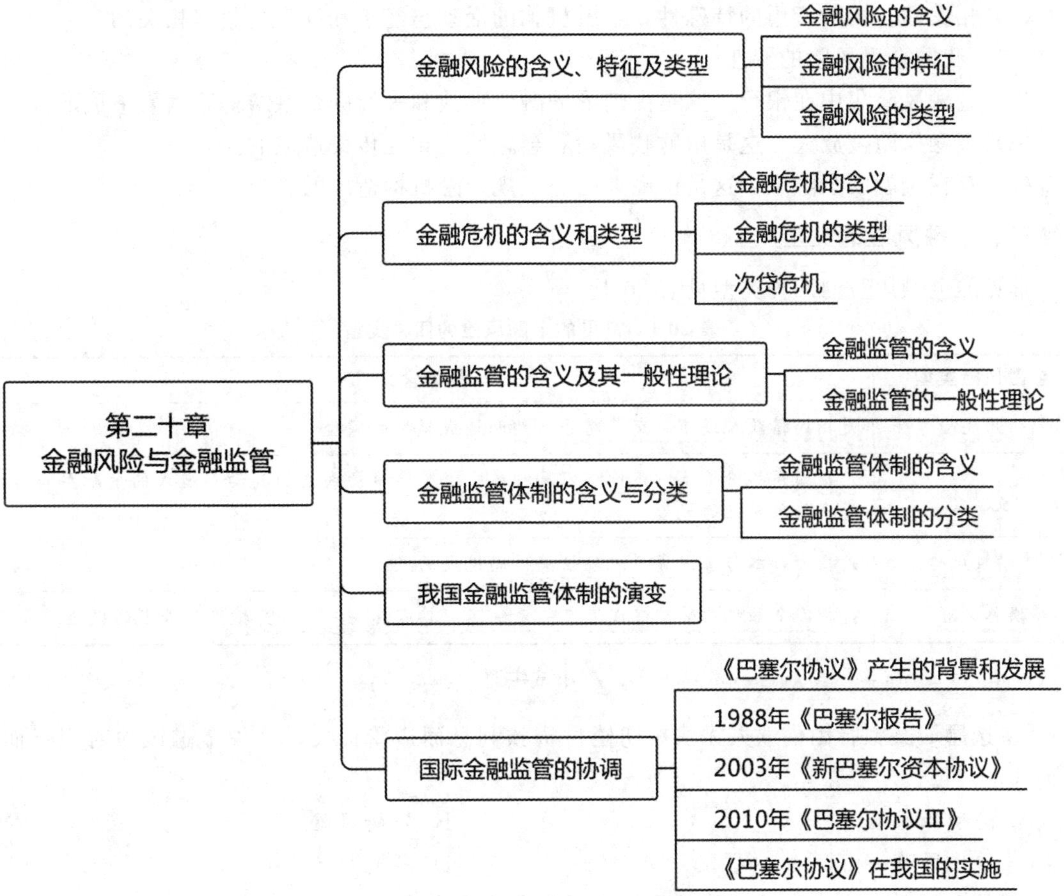

- 第二十章 金融风险与金融监管
  - 金融风险的含义、特征及类型
    - 金融风险的含义
    - 金融风险的特征
    - 金融风险的类型
  - 金融危机的含义和类型
    - 金融危机的含义
    - 金融危机的类型
    - 次贷危机
  - 金融监管的含义及其一般性理论
    - 金融监管的含义
    - 金融监管的一般性理论
  - 金融监管体制的含义与分类
    - 金融监管体制的含义
    - 金融监管体制的分类
  - 我国金融监管体制的演变
  - 国际金融监管的协调
    - 《巴塞尔协议》产生的背景和发展
    - 1988年《巴塞尔报告》
    - 2003年《新巴塞尔资本协议》
    - 2010年《巴塞尔协议Ⅲ》
    - 《巴塞尔协议》在我国的实施

考点1 金融风险的含义、特征及类型★★★

一、金融风险的含义

金融风险是指有关主体（如投资者、金融机构等）在资金借贷及经营过程中，因各种不确定性因素的影响，导致预期收益与实际收益产生偏差，出现损失的可能性。金融风险很难完全避免，是客观存在的。

二、金融风险的特征

（一）金融风险的基本特征

（1）不确定性。金融风险的影响因素非常多而且复杂，很难在事前完全把握。

（2）传染性。以金融机构作为资金融通中介的整个体系中，其中任何一方出现风险，都有可能出现连锁反应，对其他方面造成影响，甚至引起行业的、区域的金融风险，引发金融危机。

（3）高杠杆性。相对而言，金融机构的财务杠杆大，负债率偏高，导致负外部性比较大。另外，衍生金融工具一般支付少量保证金就可以签订远期大额合约，以小博大，金融风险会成倍放大。

（4）相关性。由于货币的特殊性，金融机构的活动与经济和社会是紧密相关的。

（二）我国金融风险的特性

（1）金融风险集中在银行。这是由畸形的融资形式和失衡的金融结构等因素造成的。

（2）金融风险被放大。这是由财政风险和金融风险相互传染造成的。

（3）存在金融安全隐患。这是由庞大的非正规金融机构造成的。

三、金融风险的类型

常见的金融风险的四种类型见表 20-1。

表 20-1 常见的金融风险的四种类型

金融风险类型	具体含义
信用风险	是指因借款人或市场交易对手违约而造成损失的风险
市场风险	是指因商品价格、股票价格以及利率、汇率等市场因素的波动而造成的金融参与者的资产价值变化的风险
流动性风险	是指金融参与者因资产流动性降低而造成的风险
操作风险	是指因金融机构管理失误、交易系统不完善或其他一些人为错误而造成的风险

小试牛刀

[单选题] 某银行因借款人无法按期偿付贷款利息而遭受损失，这种金融风险对银行而言属于（　　）。

A. 流动性风险　　B. 市场风险

C. 信用风险　　D. 操作风险

[解析] 因借款人或市场交易对手的违约而导致损失的风险是信用风险。

[答案] C

[单选题] 由于金融机构的交易系统不完善，管理失误所导致的风险属于（　　）。

A. 市场风险　　B. 信用风险

C. 流动性风险　　D. 操作风险

[解析] 因金融机构交易系统不完善、管理失误或其他一些人为错误而导致的风险是操作风险。

[答案] D

考点② 金融危机的含义和类型★★★

一、金融危机的含义

金融危机是指全部或大部分金融指标，如汇率、短期利率、金融资产、房地产、商业破产数和金融机构倒闭数等急剧、短暂和超周期的恶化。

金融危机的特点为广泛性、频繁性、严重性和传染性等。

在全球范围内，几乎所有的国家都经历过金融危机。金融危机的危害有很多，比如，会影响一国的实体经济，使其经济增长放缓、衰退，如果金融危机严重时，还会造成金融市场的崩溃、国家的破产。

二、金融危机的类型

（一）货币危机

货币危机是指在实行固定汇率制或钉住汇率安排（带有固定汇率制色彩）的国家，本币汇率往往被高估，由此引发的投机冲击导致一国货币的对外比值大幅度贬低，或同时迫使该国金融当局为保卫本币而动用大量国际储备干预市场，或急剧提高国内利率。

（1）一个国家的宏观基本面、制度建设、市场预期和金融体系发展状况与该国货币危机的发生有很大的关系，当某些因素致使市场信心不足时，会发生资本大规模的逃离，钉住汇率会因此而难以维持下去，最终爆发货币危机。

（2）从以往发生的亚洲金融危机、欧洲货币危机以及国际债务危机可以看出，发生危机的主体有一个共同特点——钉住汇率制度。

（二）流动性危机

流动性危机由流动性不足引起，可分为两个层面：国内流动性危机和国际流动性危机。

1. 国内流动性危机

若金融机构“借短放长”，也就是资产负债不匹配，会出现流动性不足以偿还短期债务，当众多的存款者担心自己的存款可能发生损失，要求银行提现时，会引发大规模的“挤兑”，导致国内流动性危机爆发。为了避免“挤兑”可能造成的大范围银行危机，当国内金融机构的流动性出现不足时，中央银行可以出手相助，发挥其最后贷款人的作用。

2. 国际流动性危机

在固定汇率制度下，一国的外汇储备越多，国际流动性越充足，出现流动性危机的可能性就越小。

当一个国家金融体系中短期内可能得到的外汇资产规模不足以偿还潜在的短期外汇履约义务时，就会出现国际流动性不足的情况，进而引发国际流动性危机，此时，一些国际组织（如国际货币基金组织）应及时向危机国家注入外汇资金，不过，它们经常会有很多苛刻条件，要阻止危机的发生，国际组织几乎不起作用。因此，中央银行别无他法，只能依靠自有的外汇储备来阻止恐慌性的外汇“挤兑”。

（三）债务危机（即支付能力危机）

债务危机，一般发生在发展中国家，是指一个国家的债务不合理，无法按期偿还，最终引发的危机。

发生债务危机的国家，一般有以下的特征：

（1）高估的本币价格，削弱了出口商品的国际竞争力，出口不断减少，主要通过举借外债获得外汇。

（2）大部分债务国对外债缺乏管理经验，没有很好地进行利用，导致投资收益和创汇能力不高。

（3）国际金融市场的利率和主要国际货币的汇率普遍升高，此时的国际债务条件对债务国不利。

（四）综合性金融危机（一般是几种危机的结合）

在现实中发生的金融危机一般都属于综合性金融危机，综合性金融危机又可以分为以下两种类型。

1. 外部综合性金融危机

外部综合性金融危机指的是一种危机带动其他危机爆发，或者是几种危机同时爆发。

货币危机、债务危机以及流动性危机等多种危机之间相互影响，具有联动性，比如，债务危机的爆发经常伴随着货币危机，流动性危机的爆发可能会引发货币危机等，如果这些危机不能及时得到控制，局部危机将发展成为外部综合性金融危机。

2. 内部综合性金融危机

金融体系脆弱，危机由银行传导至整个经济，是发生内部综合危机国家的共同特点。当危机从对外经济部门向整个经济蔓延时，会爆发内部综合性金融危机，造成大量企业破产和银行倒闭，经济增长迅速下滑，甚至导致政局动荡。

综合性金融危机一方面对相关国家的经济金融利益造成了严重损害，而且特别容易升级为经济危机或政治危机；另一方面也在一定程度上把危机国家所存在的深层次结构问题暴露了。

三、次贷危机

次贷危机是一场发生在美国的“金融风暴”或“金融海啸”，主要是由于次级抵押贷款机构破产、投资基金被迫关闭、股市剧烈震荡等原因引起的。此次次贷危机在 2007 年从美国开始，之后席卷世界主要金融市场（如日本、欧盟），并在全球范围内蔓延，对实体经济也造成了很大的冲击。

次贷危机的三个阶段：

（1）债务危机（第一阶段）：房地产降价，利率上升，贷款买房的人不能按时还本付息。

（2）流动性危机（第二阶段）：金融机构的钱收不回来，流动性不足，不能及时应对债权人变现的要求。

（3）信用危机（第三阶段）：投资者开始怀疑建立在信用基础上的金融活动，从而造成全球范围内的金融恐慌。

小试牛刀

［多选题］关于金融危机的说法，正确的有（　　）。

A. 金融危机是指一个国家或几个国家与地区的全部或大部分金融指标出现急剧、短暂和超周期的恶化

B. 金融危机会使一国实体经济受到影响，经济增长放缓甚至衰退，严重时还会令金融市场完全崩溃

C. 金融危机的发生具有频繁性、广泛性、传染性和严重性的特点

D. 几乎所有的国家都曾经遭受过金融危机的侵袭

E. 即使金融危机严重时，也不可能导致国家破产

［解析］金融危机会使一国实体经济受到影响，经济增长放缓甚至衰退，严重时还会令金融市场完全崩溃，甚至导致国家破产，E 项错误。

［答案］ABCD

［多选题］关于各类型金融危机之间相互关系的说法，正确的有（　　）。

A. 各类型的金融危机不会同时爆发

B. 债务危机的爆发往往伴随着货币危机

C. 发生内部综合性危机国家的共同特点是金融体系脆弱

D. 货币危机与一国宏观基本面、市场预期有很大关系

E. 流动性危机的爆发可能引起货币危机

［解析］货币危机、债务危机以及流动性危机等多种危机之间是相互影响的，任何一个因素的变动都将对经济各层面产生联动作用，比如流动性危机的爆发很可能引发货币危机，债务危机的爆发往往伴随货币危机，A 项错误。

［答案］BCDE

［多选题］关于不同类型金融危机的说法，正确的有（　　）。

A. 流动性危机主要限于一国国内发生，不会在国际间蔓延

B. 支付能力危机主要是指一国的债务不合理、无法按期偿还债务而引起的危机

C. 发生内部综合性危机的国家的共同特点是金融体系脆弱，危机由证券行业传导至整个经济体系

D. 国际债务危机、欧洲货币危机和亚洲金融危机的共同特点是危机国家实行钉住汇率制度

E. 综合性金融危机一定程度上暴露了危机国家所存在的深层次结构问题

［解析］流动性危机是由流动性不足引起的，包括国内流动性危机和国际流动性危机，A 项错误。发生内部综合危机国家的共同特点是金融体系脆弱，危机由银行传导至整个经济，C 项错误。

［答案］BDE

考点 3 金融监管的含义及其一般性理论★★

一、金融监管的含义

金融监管（金融监督管理的简称），是指为了实现稳定货币、维护金融业正常秩序等目的，金融主管当局依据国家法律、行政法规的授权，对金融业（包括金融机构以及它们在金融市场上的经营活动）实施外部监督、检查、稽核以及对其违法违规行为进行处罚等一系列行为的总称。

金融监管首先是从对银行的监管开始的，这与银行的三大特性有关：

（1）银行可以提供期限转换功能。

（2）银行具有信用创造和流动性创造功能。

（3）银行作为票据的清算者，降低了交易的费用，是整个支付体系的重要组成部分。

二、金融监管的一般性理论

（一）公共利益论（20 世纪 30 年代至 60 年代）

公共利益论认为，金融监管的出发点首先是要维护社会公众的利益，公众要求纠正某些社会个体和社会组织的不公平、不公正和无效率（或低效率），监管正是政府对公众这些要求的一种回应。市场存在缺陷，代表公共利益的政府可以通过管制来纠正或消除市场缺陷，只要监管适度，增进的公共福利将大于管理的成本。

（二）保护债权论

保护债权论认为，金融监管是为了保护债权人（如存款人、投保人、证券持有人）利益的需要。银行等金融机构存在着严重的信息不对称（会出现逆向选择和道德风险），拥有信息优势的一方（金融机构）有可能利用信息优势为自己牟取利益，而把风险或损失转嫁给债权人或投资者，这样就有必要对信息优势方进行监管，以维护公平、公正，保护债权人的利益。该理论的实践形式有存款保险制度等。

（三）金融风险控制论（源于“金融不稳定假说”）

金融风险控制论认为，银行具有的高负债经营、借短放长以及部分准备金制度等特征，使得金融系统具有内在不稳定性。银行为了实现利润最大化目标，会促使其系统内增加有风险的活动，由于金融业的系统性风险和风险的传导性，所以金融业比其他行业有更大的脆弱性和不稳定性，所以需要通过金融监管加以控制。

（四）金融全球化对传统金融监管理论的挑战

20 世纪 30 年代至 70 年代，金融监管以稳健和安全为重。随着金融国际化、全球化的趋势越来越强，20 世纪 70 年代以后，金融监管更加强调安全和效率并重，也更加重视对跨国金融活动的风险防范和国际监管协调。

小试牛刀

［多选题］金融监管首先是从对银行进行监督开始的，这与银行的特性有关，其特性包括（　　）。

A. 银行的期限转换功能　　B. 银行的信用创造功能

C. 银行的风险管理功能　　D. 银行是整个支付体系的重要组成部分

E. 银行的流动性创造功能

［解析］金融监管首先是从对银行的监管开始的，这与银行的三大特性有关，具体包括：①银行提供期限转换功能；②银行是整个支付体系的重要组成部分，作为票据的清算者，降低了交易的费用；③银行的信用创造和流动性创造功能。

［答案］ABDE

考点4 金融监管体制的含义与分类★★★

一、金融监管体制的含义

金融监管体制，指的是金融监管的制度安排，它包括一个国家金融管理部门的构成和分工等内容。

二、金融监管体制的分类

（一）从银行的监管主体以及中央银行的角色来划分

从银行的监管主体以及中央银行的角色来划分，金融管理体制可以分为：以中央银行为重心的监管体制和独立于中央银行的综合监管体制。

(1) 以中央银行为重心的监管体制。

该类型的监管体制是以中央银行为重心，其他机构参与分工。典型代表国家是美国，法国、巴西、印度等国家也属于这一类型。

美国对银行类金融机构实行的监管体制是“双线多头”——双线指的是联邦和州两级监管机构，多头指的是在联邦一级设有多个监管机构（职能有所交叉，又有各自的监管重点）。1999 年美国的《金融服务现代化法案》允许金融控股公司通过以设立子公司的形式经营多种金融业务，确立了美国金融混业经营的制度框架。另外，该法案也把对金融控股公司的监管权力赋予了美联储，使其成为美国唯一一家能同时监管银行、证券和保险业的联邦机构。

(2) 独立于中央银行的综合监管体制。

该类型的监管体制是在中央银行之外（但中央银行在其中发挥独特作用），同时设立几个部门监管银行、证券和保险金融机构。典型代表国家是德国，同属于这一类型的国家还有日本、韩国和英国等。

（二）从监管客体的角度来划分

从监管客体的角度来划分，金融管理体制可以分为：综合监管体制和分业监管体制

(1) 综合监管体制。

综合监管体制是把金融业作为一个整体进行监管，属于功能性监管，典型代表国家是英国，同属于这一类型的国家还有瑞士、日本和韩国等。随着混业经营趋势的发展，实行综合监管体制的国家越来越多。

(2) 分业监管体制。

分业监管体制是对不同类型的金融机构分别设立不同的专门机构进行监管。

目前，包括中国在内的大多数发展中国家，仍然实行分业监管体制，主要原因有：①金融发展水平不高；②实行分业经营体制；③金融监管能力不足。

小试牛刀

[单选题] 1999 年美国《金融服务现代化法案》以金融控股公司的形式确立了美国金融混业经营的制度框架，将金融控股公司监管权力赋予（　　）。

A. 美联储

B. 货币监理署

C. 联邦存款保险公司

D. 财政部

[解析] 1999 年美国《金融服务现代化法案》以金融控股公司的形式确立了美国金融混业经营的制度框架，同时赋予美联储对金融控股公司的监管权力。

[答案] A

[单选题] 下列国家中，金融监管体制以中央银行为重心的是（　　）。

A. 德国　　B. 韩国

C. 美国　　D. 日本

[解析] 以中央银行为重心的监管体制，美国是典型代表，属于这一类型的还有法国、印度、巴西等国家。美国对银行类金融机构采取双线多头的监管体制。

[答案] C

考点5 我国金融监管体制的演变★★

(1) 我国的金融监管体制从20世纪80年代开始，逐渐由单一全能型体制转变为独立于中央银行的分业监管体制。

(2) 金融是现代经济的核心，必须高度重视防控金融风险、保障国家金融安全。为深化金融监管体制改革，解决现行体制存在的监管职责不清晰、交叉监管和监管空白等问题，强化综合监管，优化监管资源配置，更好统筹系统重要性金融机构监管，逐步建立符合现代金融特点、统筹协调监管、有力有效的现代金融监管框架，守住不发生系统性金融风险的底线，2018年3月21日，中共中央印发《深化党和国家机构改革方案》，决定组建中国银行保险监督管理委员会，作为国务院直属事业单位。将中国银行业监督管理委员会和中国保险监督管理委员会拟订银行业、保险业重要法律法规草案和审慎监管基本制度的职责划入中国人民银行。不再保留中国银行业监督管理委员会、中国保险监督管理委员会。中国银行保险监督管理委员会的主要职责是：依照法律法规统一监督管理银行业和保险业，保护金融消费者合法权益，维护银行业和保险业合法、稳健运行，防范和化解金融风险，维护金融稳定等。

小试牛刀

[单选题] 我国目前的金融监管体系是（　　）。

A. 以中国人民银行为首的综合监管体制

B. 以中国人民银行为我国唯一监管机构的体制

C. 以中国银行业监督管理委员会为主的综合监管体制

D. 独立于中央银行的分业监管体制

[解析] 我国目前的金融监管体系是独立于中央银行的分业监管体制。

[答案] D

考点6 国际金融监管的协调★★★

一、《巴塞尔协议》产生的背景和发展

(一)《巴塞尔协议》产生的原因

1. 直接原因

1974年，英国、美国、德国以及阿根廷的国际性银行倒闭事件和国际贷款违约事件。

2. 主要原因

银行经营的风险已经跨越国界，有不平等竞争的情况出现，需要国际金融监管的协调。

(二) 巴塞尔协议的产生和发展

1975年2月，由国际清算银行发起，包括瑞士、卢森堡和西方十国集团在内的12国的中央银行在瑞士巴塞尔成立了巴塞尔银行监管委员会。在一系列的《巴塞尔协议》中，以1988年统

一资本监管的《巴塞尔报告》、2003年《新巴塞尔资本协议》以及2010年《巴塞尔协议Ⅲ》的影响最大、最广泛。

二、1988年《巴塞尔报告》(也称《旧巴塞尔资本协议》)

1988年《巴塞尔报告》的主要内容是确认了监督银行资本的可行的统一标准，见表20-2。

表20-2 1988年《巴塞尔报告》

项目	具体内容	
资本组成	核心资本	即一级资本，包括实收资本（或普通股）和公开储备，核心资本的规模至少占全部资本的50%
	附属资本	即二级资本，包括资产重估储备、未公开储备、混合资本工具、长期次级债券、普通准备金和呆账准备金
风险资产权重	根据不同类型的资产和表外业务的相对风险大小，分别赋予不同的风险权重，共分为0%、10%、20%、50%和100%五个档次。风险权重越大，表明该资产的风险越大。资产的账面价值与相应的风险权重相乘，就能计算出风险加权资产	
资本标准	从事国际业务的银行的资本充足率（资本与风险加权资产的比率）不得低于8%；核心资本充足率（核心资本与风险加权资产的比率）不得低于4%	
过渡期安排	实施的过渡期是1987年年底到1992年年底	

三、2003年《新巴塞尔资本协议》(“三大支柱”最引人注目)

2003年《新巴塞尔资本协议》的具体内容见表20-3。

表20-3 2003年《新巴塞尔资本协议》

“三大支柱”	具体内容
最低资本要求	巴塞尔委员会把资本金要求看作是最重要的支柱，《新巴塞尔资本协议》对资本的要求发生的重大变化有： (1) 进一步拓展了风险的范畴。信用风险（主要风险）、市场风险和操作风险构成“三大风险” (2) 改进了计量方法 (3) 扩大了资本约束的范围 (4) 鼓励使用内部模型
监管当局的监督检查	监管当局承担的三大职责是： (1) 对银行资本充足状况进行全面监管 (2) 加快制度化进程 (3) 对银行的内部信用评估系统进行培育
市场约束	新协议要求银行建立信息披露制度，规定银行的财务状况、重大业务活动以及风险管理状况，一年至少披露一次

四、2010年《巴塞尔协议Ⅲ》

2010年《巴塞尔协议Ⅲ》体现了监管新思维——微观审慎监管和宏观审慎监管有机结合。其具体内容见表20-4。

表 20-4　2010 年《巴塞尔协议Ⅲ》

内容	具体内容
强化资本充足率监管标准	在巴塞尔委员会监管框架中，资本监管长期占据主导地位，本轮金融监管改革的核心也是资本监管
	最低资本充足率监管标准有三个： (1) 普通股充足率为 4.5% (2) 一级资本充足率为 6% (3) 总资本充足率为 8%
	超额资本要求有两个： (1) 留存超额资本最低要求为 2.5% (2) 反周期超额资本最低要求为 0%～2.5%
	等到新标准实施后，在正常情况下，商业银行的普通股充足率应达到 7%、一级资本充足率应达到 8.5%、总资本充足率应达到 10.5%
引入杠杆率监管标准	杠杆率 ＝ 一级资本 / 总资产，最低杠杆率的标准为 3%
建立流动性风险量化监管标准	(1) 流动性覆盖率（衡量单个银行在短期压力情境下流动性状况） (2) 净稳定融资比率（衡量银行在中长期内解决资金错配的能力）
确定新监管标准的实施过渡期	设立的过渡期为 8 年

五、《巴塞尔协议》在我国的实施

目前，我国的资本监管制度已经与国际接轨，引入了《新巴塞尔协议》和《巴塞尔协议Ⅲ》的内容。

小试牛刀

[多选题] 根据 1988 年《巴塞尔报告》，属于银行附属资本的有（　　）。

A. 公开储备　　B. 资产重估储备

C. 呆账准备金　　D. 未公开储备

E. 普通准备金

[解析] 根据 1988 年《巴塞尔报告》，巴塞尔委员会将银行资本分为核心资本和附属资本。其中，附属资本又称为二级资本，包括资产重估储备、未公开储备、混合资本工具、长期次级债券、普通准备金和呆账准备金。

[答案] BCDE

[多选题] 下列关于 2003 年《新巴塞尔资本协议》的说法，正确的有（　　）。

A. 对商业银行组织形式的变动提出了相应的资本约束对策

B. 风险范围由信用风险拓展到市场风险、流动性风险

C. 对交易工具的变动提出了相应的资本约束对策

D. 市场约束成为 2003 年《新巴塞尔资本协议》的"三大支柱"之一

E. 鼓励有条件的大银行基于权威评级机构的评级结果建立内部风险评估模型

[解析] 2003 年《新巴塞尔资本协议》的资本要求已经发生了重大变化：①对风险范畴的

进一步拓展。当前，信用风险仍然是银行经营中面临的主要风险，但是委员会也注意到市场风险和操作风险的影响和破坏力（B项错误）。②计量方法的改进。新协议根据银行业务错综复杂的现状，改进了一些计量风险和资本的方法，使其更具指导意义和可操作性。③鼓励使用内部模型。新协议主张有条件的大银行提高自己的风险评估水平，建立更精细的风险评估系统，并提出了一整套精致的基于内部信用评级的资本计算方法。④资本约束范围的扩大。新协议对诸如组织形式、交易工具等的变动提出了相应的资本约束对策。

[答案] ACDE

[多选题] 2003年《新巴塞尔资本协议》对资本要求发生了重大变化，包括（　　）。

A. 对风险范畴的进一步拓展　　B. 计量方法的改进

C. 鼓励使用内部模型　　D. 资本约束范围扩大

E. 加快制度化进程

[解析] E项“加快制度化进程”属于监管当局承担的职责，不是协议对资本要求发生的重大变化。

[答案] ABCD

[多选题] 2010年《巴塞尔协议Ⅲ》的主要内容有（　　）。

A. 强化资本充足率监管标准　　B. 引入杠杆率监管标准

C. 建立流动性风险量化监管标准　　D. 确定新监管标准的实施过渡期

E. 废除2003年《新巴塞尔资本协议》的三大新增内容

[解析] 2010年《巴塞尔协议Ⅲ》的内容包括：①强化资本充足率监管标准；②引入杠杆率监管标准；③建立流动性风险量化监管标准；④确定新监管标准的实施过渡期。

[答案] ABCD

第二十一章　对外金融关系与政策

知识脉络

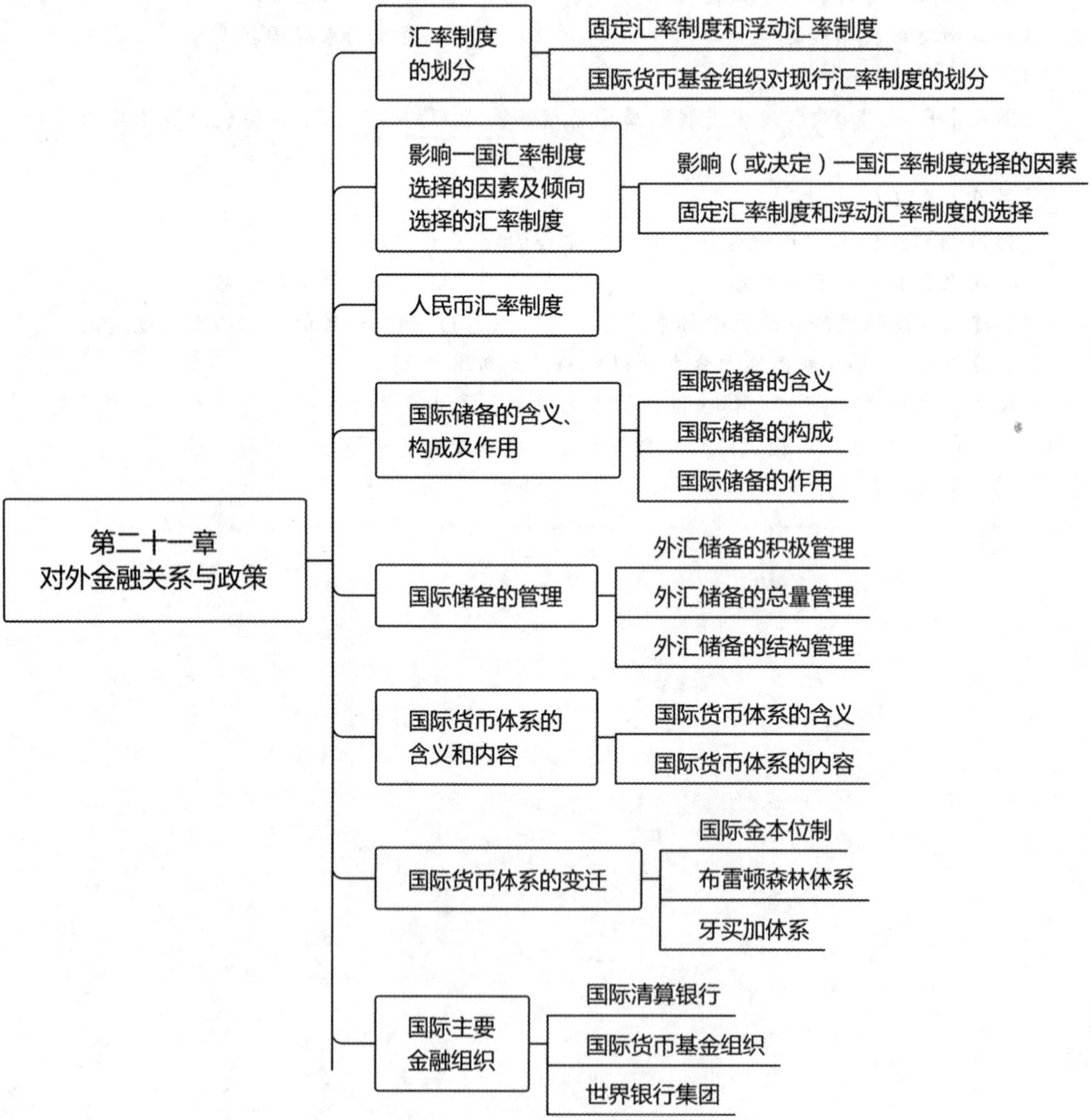

- 第二十一章 对外金融关系与政策
  - 汇率制度的划分
    - 固定汇率制度和浮动汇率制度
    - 国际货币基金组织对现行汇率制度的划分
  - 影响一国汇率制度选择的因素及倾向选择的汇率制度
    - 影响（或决定）一国汇率制度选择的因素
    - 固定汇率制度和浮动汇率制度的选择
  - 人民币汇率制度
  - 国际储备的含义、构成及作用
    - 国际储备的含义
    - 国际储备的构成
    - 国际储备的作用
  - 国际储备的管理
    - 外汇储备的积极管理
    - 外汇储备的总量管理
    - 外汇储备的结构管理
  - 国际货币体系的含义和内容
    - 国际货币体系的含义
    - 国际货币体系的内容
  - 国际货币体系的变迁
    - 国际金本位制
    - 布雷顿森林体系
    - 牙买加体系
  - 国际主要金融组织
    - 国际清算银行
    - 国际货币基金组织
    - 世界银行集团

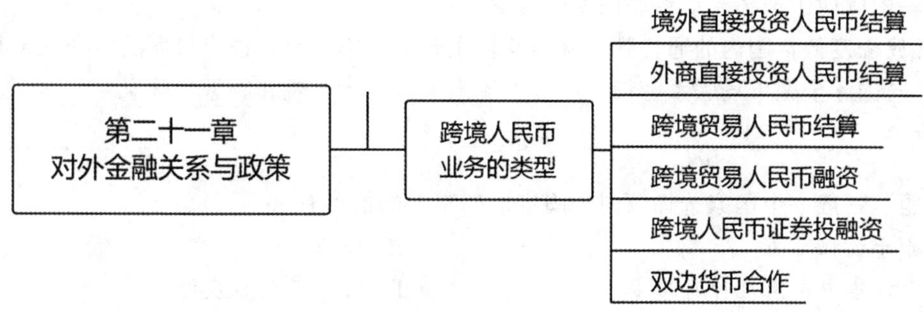

考点1　汇率制度的划分★★

汇率制度又称汇率安排，是指一国货币当局对其货币汇率的变动所作的一系列安排或规定的统称。

一、固定汇率制度和浮动汇率制度（传统上的划分）

（一）固定汇率制度（详细内容见考点7）

固定汇率制度，是指各国货币受汇率平价的约束，市场汇率只能围绕汇率平价在一个很小的幅度内上下波动的汇率制度，在历史上出现过两种固定汇率制度：金本位制度下的固定汇率制度和布雷顿森林体系下的固定汇率制度。

（二）浮动汇率制度

1973年布雷顿森林体系彻底崩溃后进入浮动汇率制度的时代。浮动汇率制度，是指没有汇率平价的约束，市场汇率可以随着外汇供求状况的变化而自由变动的汇率制度。

二、国际货币基金组织对现行汇率制度的划分

在浮动汇率制度下，各国可以自行安排自己的汇率，从而形成了多种汇率安排并存的国际汇率体系格局。1999年，国际货币基金组织按照汇率弹性从小到大，将各国汇率制度分为8种，即：无单独法定货币、货币当局安排、传统钉住安排、水平区间钉住、爬行钉住、爬行区间、事先不公布汇率目标的管理浮动、独立浮动（即单独浮动）。

考点2　影响一国汇率制度选择的因素及倾向选择的汇率制度★★★

一、影响（或决定）一国汇率制度选择的因素

（1）经济规模。

（2）经济的开放程度。

（3）相对于其他国家的通货膨胀率。

（4）进出口贸易的商品结构及地域分布。

（5）国际金融市场和国内金融市场的一体化程度、国内金融市场的发达程度。

二、固定汇率制度和浮动汇率制度的选择

（一）一国倾向于选择固定汇率制度的情形

经济规模小，经济开放程度高，进出口集中在某一个国家或某几种商品的国家。

（二）一国倾向于选择浮动汇率制度的情形

经济开放程度低，国内的通货膨胀率与其他主要国家不一致，进出口商品多样化或地域分布分散化，与国际金融市场联系密切，或资本流出流入较为可观和频繁的国家。

小试牛刀

［多选题］一般一个国家选择倾向于固定汇率制度的情形有（　　）。

A. 经济开放程度高　　B. 经济规模小

C. 进出口集中在某几种商品　　D. 经济开放程度低

E. 进出口集中在某一国家

［解析］经济开放程度越高、经济规模越小、进出口集中在某几种商品或某一国家的国家，一般倾向于固定汇率制度。

［答案］ABCE

考点3 人民币汇率制度★★

（1）1994年1月1日，人民币官方汇率与市场汇率并轨，实行以市场供求为基础的、单一的、有管理的浮动汇率制。虽然我国公开宣布人民币汇率制度是管理浮动，但是在现实中人民币汇率变动幅度比较小，因此这一汇率制度被国际货币基金组织归类为传统的或事实上的钉住汇率安排。

（2）1994年4月1日，在上海成立了全国统一的银行间外汇市场——中国外汇交易中心（属于会员制，实行集中清算、撮合成交制度，交易的原则是时间优先、价格优先）。

（3）人民币汇率形成机制改革坚持主动性、可控性、渐进性原则。2005年7月21日，人民币实行以市场供求为基础，参考一篮子货币进行调节、有管理的浮动汇率制度。

（4）中国人民银行在每个工作日开市之初公布人民币汇率的中间价（中间价是由所有做市商的报价加权平均来确定的）。可见，中国人民银行对人民币汇价不是置之不理，而是实行一定程度的管理。

小试牛刀

［多选题］在我国银行间外汇市场上，交易的基本规则有（　　）。

A. 价格优先　　B. 时间优先

C. 撮合成交　　D. 会员优先

E. 集中清算

［解析］我国银行间外汇市场——中国外汇交易中心，采用会员制，实行撮合成交、集中清算制度，并体现价格优先、时间优先原则。

［答案］ABCE

考点4 国际储备的含义、构成及作用★★

一、国际储备的含义

国际储备，是指一个国家的货币当局（或一国政府）所持有的以弥补国际收支逆差、稳定

本国货币汇率和应付紧急支付等为目的的国际普遍接受的一切资产。

二、国际储备的构成

国际储备的构成见表 21-1。

表 21-1　国际储备的构成

构成项目	具体内容
外汇储备	是指一个国家货币当局所持有的对外流动性资产，主要包括银行存款和国库券等。外汇储备占一国非黄金储备的 95%以上，是国际储备最主要的组成部分
在 IMF（即国际货币基金组织）的储备头寸	是指在 IMF 的普通账户中成员方可以自由提取使用的资产，包括两部分：①成员方向 IMF 缴纳份额中的 25%可自由兑换货币（即储备档头寸）；②IMF 用去的本币（即超储备档头寸）
特别提款权（即 SDR）	是根据一篮子货币定值的，IMF 根据成员方认缴的份额无偿分配的，可用于成员方偿还 IMF 贷款和成员方政府之间偿付国际收支逆差的账面资产
货币性黄金	是指一个国家货币当局所持有的作为金融资产的黄金。目前，黄金已经不是真正的国际储备，只能算是潜在的国际储备

三、国际储备的作用

（1）国际储备可用于弥补（或融通）国际收支逆差，调节临时性的国际收支不平衡。

（2）国际储备是一个国家维持国际资信，对外举债与偿债的根本保证。

（3）国际储备可用于干预外汇市场，稳定本币汇率。

小试牛刀

［多选题］关于国际储备类型的说法，正确的有（　　）。

A. 黄金是潜在的国际储备

B. 外汇储备是国际储备最主要的组成部分

C. 特别提款权根据一篮子货币定值

D. 国际货币基金组织的储备头寸是指会员国在国际货币基金组织的普通账户中会员国自由提取的资产

E. 特别提款权是国际货币基金组织根据会员国缴纳的份额有偿分配的

［解析］特别提款权是国际货币基金组织根据会员国缴纳的份额无偿分配的，可供会员国用以归还基金组织贷款和会员国政府之间偿付国际收支逆差的账面资产。E 项错误。

［答案］ABCD

考点5　国际储备的管理★★

国际储备的管理实质上是外汇储备的管理。

一、外汇储备的积极管理

外汇储备的积极管理是指在满足了外汇储备资产所需的安全性和流动性的前提下，单独成立专门的投资机构（如我国的中国投资有限责任公司）去运作多余的外汇储备，通过延长投资期限（国际储备投资战略更多地转向追求高收益的中长期投资），拓展投资渠道，来提高外汇储备的投资收益水平。

【特别注意】国际储备管理的一个基本原则是积极管理、最大限度地获取收益。

二、外汇储备的总量管理

一个国家的外汇储备总量既不能多，也不能少，要全面衡量持有外汇储备的成本和收益，保持合适的外汇储备规模。

三、外汇储备的结构管理

（1）安排储备货币的种类或比例（如采取储备货币多样化或设立与所需货币一致的储备货币结构）。

（2）在考虑流动性和盈利性的条件下，确定储备资产流动性结构。

小试牛刀

［单选题］关于外汇储备的说法，正确的是（　　）。

A. 一般来说，外汇储备在一国的非黄金储备中占比最小

B. 一般来说，一国可通过储备货币多样化来减少外汇储备风险

C. 一国的外汇储备越多越好

D. 外汇储备只能用于弥补国际收支逆差

［解析］外汇储备占非黄金储备的95％以上，国际储备的管理实质上是外汇储备的管理，A项错误。一个国家的外汇储备总量既不能多，也不能少，应保持适度规模的外汇储备，C项错误。国际储备可用于弥补国际收支逆差，稳定本币汇率，也是对外举债与偿债的根本保证，D项错误。

［答案］B

考点6 国际货币体系的含义和内容★★★

一、国际货币体系的含义

国际货币体系（即国际货币制度），是指按照国际条例、规章制度、协定等，针对国际货币关系进行的一系列安排（包括规则、措施和组织形式等）。

二、国际货币体系的内容

（1）国际储备资产的确定。

（2）汇率制度的确定。

（3）国际收支（不平衡）调节方式的确定。

考点7 国际货币体系的变迁★★★

一、国际金本位制（1880—1914年是黄金时期）

（一）国际金本位制概述

国际金本位制（英国最早采用）是世界上首次出现的国际货币体系，是自发的固定汇率制度。铸币平价（即两国本位币含金量之比）是各国汇率的决定基础，黄金输送点是汇率变动的上下限。

（二）金本位制的内容

（1）各国货币的中心汇率是由铸币平价决定的汇率。

（2）受外汇市场供求关系的影响，市场汇率围绕铸币平价上下波动，波动幅度为黄金输送点，包括黄金输出点（等于铸币平价加运送黄金的运费）和黄金输入点（等于铸币平价减运送黄金的运费）。

二、布雷顿森林体系（1945—1973 年）

（一）布雷顿森林体系的运行特征

（1）实行“双挂钩”（其他国家货币与美元挂钩，美元与黄金挂钩），即可兑换黄金的美元本位，实际上是一种国际金汇兑本位。

（2）以美元为中心的、人为的、可调整的固定汇率制度。

（3）国际收支的调节。国际收支失衡有两种调节方法：①国际货币基金组织提供信贷资金解决国际收支的短期失衡；②通过调整汇率平价来解决国际收支的长期失衡。

（二）布雷顿森林体系的内在缺陷——特里芬难题

在布雷顿森林体系下，一方面，要保证美元按官价兑换黄金，以维持各国对美元的信心；另一方面，又要求美国提供足够的美元，以保证国际清偿力的需要。而这两个方面是矛盾的，这就是所谓的“特里芬难题”。

三、牙买加体系

牙买加体系的运行特征：

（1）国际储备体系多元化。黄金、美元、欧元、日元、特别提款权等都可以作为国际储备资产。

（2）各成员国可以自由做出汇率制度的安排，既可以选择固定汇率制度也可以选择浮动汇率制度（即多种汇率安排并存的浮动汇率体系）。

（3）国际收支的调节。主要是通过利率机制、汇率机制、国际金融市场融通以及国际货币基金组织调节等方式对经常账户失衡进行调节。国际货币基金组织的调节方式既包括向逆差国提供贷款，又包括监督和指导逆差国与顺差国双方进行国际收支调节。

小试牛刀

［多选题］ 关于固定汇率制度的说法，正确的有（　　）。

A. 金本位下的固定汇率制度是人为的、可调整的固定汇率制度

B. 固定汇率制度下，各国货币不受汇率平价的制约

C. 固定汇率制度下，市场汇率只能围绕平价在很小的幅度内上下波动

D. 在金本位制度下，铸币平价是各国汇率的决定基础

E. 布雷顿森林体系是以美元为中心的固定汇率制度

［解析］ 金本位制度下的固定汇率是自发的固定汇率制度，A 项错误。固定汇率制度是指各国货币受汇率平价的制约，市场汇率只能围绕平价在很小的幅度内上下波动的汇率制度，B 项错误。

［答案］ CDE

［多选题］ 下列关于汇率制度的说法中，正确的有（　　）。

A. 一般来说，国际汇率制度分为固定汇率制度和浮动汇率制度两种类型

B. 固定汇率制度下各国汇率的决定基础只能是铸币平价

C. 一般来说，经济开放程度越高、经济规模越小的国家倾向于实行浮动汇率制度

D. 牙买加体系下各成员国可以自由做出汇率制度的安排，形成了多种汇率安排并存的浮动汇率体系

E. 布雷顿森林体系下的固定汇率制度是一种以美元为中心的、人为的、可调整的固定汇率制度

[解析] 固定汇率制度下，市场汇率只能围绕汇率平价在很小的幅度内上下波动，B 项错误。经济开放程度越高、经济规模越小、进出口集中在某几种商品或某一国家的国家，一般倾向于固定汇率制度，C 项错误。

[答案] ADE

考点 8 国际主要金融组织★★

二战后三大国际经济组织有：国际货币基金组织（IMF）、世界银行集团、世界贸易组织。在此主要介绍国际清算银行、国际货币基金组织和世界银行集团。

一、国际清算银行（被称为"央行的央行"）

（1）国际清算银行的宗旨：促进各国央行间的合作，充当国际清算中的代理人或受托人，对国际金融活动提供额外便利。

（2）国际清算银行的组织机构：采用的是股份公司形式，股东大会（每年一次）是其最高权力机构，董事会是其经营管理机构。

（3）国际清算银行的职能和业务：职能主要是为会员管理国际储备资产、开办多种银行业务，另外也为各国央行提供了理想的合作场所和交流平台（每年举行行长会议）；业务大部分是将资金（如购买高质量银行股票或短期政府债券等形式）参与国际金融市场的活动。

二、国际货币基金组织（1945 年成立）

国际货币基金组织是国际货币体系的核心机构。理事会是国际货币基金组织的最高权力机构，执行董事会是负责国际货币基金组织日常工作的一个常设机构。

（一）国际货币基金组织的宗旨

（1）促进国际货币领域的合作和汇率的稳定。

（2）保持成员国之间的秩序和汇率安排。

（3）促进国际贸易的扩大和平衡发展。

（二）国际货币基金组织主要从事的活动

（1）向成员方提供政策建议，监督成员方以及全球经济、金融发展和政策。

（2）通过提供贷款，支持有国际收支困难的成员方进行结构调整和改革政策。

（3）向成员方政府和中央银行提供技术援助。

（三）国际货币基金组织的资金来源

（1）成员方缴纳的份额（主要资金来源）。包括加入时认缴的份额（目前是 75％的本币、25％的特别提款权或主要国际货币缴纳份额）和增资份额。

（2）借款。包括一般借款总安排和新借款安排。

（四）国际货币基金组织的贷款

（1）国际货币基金组织贷款的种类包括：①普通贷款（也称为备用安排），是国际货币基金组织设立最早、最基本的一种贷款，最高额度为成员方份额的125%，拨付期为12～18个月；②减贫与增长贷款（用于帮助具有长期国际收支问题的最贫困成员方的低息贷款）；③中期贷款（用于解决成员方因结构缺陷而造成的严重的国际收支问题）；④其他贷款（如补充储备贷款、紧急援助以及应急信贷额度等）。

（2）国际货币基金组织贷款的特点：国际货币基金组织的贷款主要帮助成员方解决国际收支问题，是临时性的，有政策条件的。

目前国际货币基金组织贷款救助的主要对象是2008年金融危机以来一些陷入主权债务危机的发达国家。

三、世界银行集团

（一）世界银行集团的构成

世界银行集团包括世界银行（国际复兴开发银行的简称）、国际开发协会、国际金融公司、多边投资担保机构和解决投资争端国际中心等机构。

（1）世界银行是世界上最大的多边开发机构，于1945年成立，是世界银行集团中成立最早、规模最大的机构。理事会是世界银行的最高权力机构，执行董事会是负责世界银行日常业务的机构，行长是世界银行的最高行政长官。世界银行的主要业务活动包括提供贷款、政策咨询和技术援助等，用以支持各种以减贫和提高发展中国家人民生活水平为目标的项目和计划，其中以贷款业务为主（世界银行的贷款由于条件严格，利率相对较高，一般被称为“硬贷款”）。

（2）国际开发协会，主要是提供长期优惠贷款（即“软贷款”）给符合条件的低收入国家，帮助这些国家发展经济、达到提高劳动生产率和改善人民生活水平的目的。

（3）国际金融公司，主要是提供无须政府担保的贷款和投资给低收入国家的生产性企业，鼓励国际私人资本流向发展中国家，支持当地资本市场的发展，推动私营企业的成长，促进成员方经济发展。

（4）多边投资担保机构（世界银行集团中最年轻的成员），主要是向外国私人投资者提供政治风险担保（包括没收风险、外汇管制风险、违约风险、战争和内乱风险等），并且通过向成员方政府提供投资促进服务，加强其吸引外资的能力，促使外国直接投资流入发展中国家。

（5）解决投资争端国际中心，主要是协助解决东道国与外国投资者之间的投资争端（以调停或仲裁的方式），建立相互信任的关系，促进国际投资的发展。

（二）世界银行的宗旨、资金来源和贷款

1. 世界银行的宗旨

根据《国际复兴开发银行协定》第一条规定，世界银行的宗旨是：①对用于生产目的的投资提供便利，协助会员国的复兴与开发，并鼓励不发达国家的生产与资源开发；②通过保证或参与私人贷款和私人投资的方式，促进私人对外投资；③用鼓励国际投资以开发会员生产资源的方法，促进国际贸易的长期平衡发展，维持国际收支的平衡；④与其他方面的国际贷款配合，提供贷款保证。

2. 世界银行的资金来源

世界银行的资金来源包括：①银行股份；②借款；③业务净收益；④转让债权。

3. 世界银行贷款

（1）世界银行贷款的种类包括：①项目贷款（世界银行贷款业务的主要组成部分）；②部门贷款；③联合贷款；④第三窗口贷款；⑤非项目贷款等。

（2）世界银行贷款的特点有：①贷款期限长（最长30年，宽限期5年）；②贷款实行浮动利率（一般低于市场利率）；③贷款程序严密，审批时间长；④对其所资助的项目通常只提供货物和服务所需要的外汇部分（约占项目总额的30%～40%，个别项目为50%）。

小试牛刀

［多选题］国际货币基金组织的宗旨和职能包括（　　）。

A. 对成员方生产性投资提供便利，协助成员方的经济复兴以及生产和资源的开发

B. 向有国际收支困难的成员方提供贷款

C. 促进汇率的稳定，保持成员方之间有秩序的汇率安排

D. 为会员国央行管理国际储备资产

E. 促进国际货币领域合作

［解析］A项是世界银行的宗旨，D项是国际清算银行的职能。

［答案］BCE

［多选题］关于世界银行贷款的说法，正确的有（　　）。

A. 贷款期限比较长

B. 备用安排是设立最早的一种贷款

C. 贷款程序严密，审批时间长

D. 贷款实行浮动利率，一般低于市场利率

E. 贷款主要帮助成员方解决国际收支问题，通常是有政策条件的

［解析］备用安排是国际货币基金组织贷款中设立最早、最基本的一种贷款，B项错误。E项是国际货币基金组织贷款的特点。

［答案］ACD

考点⑨ 跨境人民币业务的类型★★

跨境人民币业务是指居民（境内个人和境内机构）与非居民（境外个人和境外机构）之间用人民币开展（或结算）的各类跨境业务。2009年以来，中国人民银行逐步建立了人民币跨境使用的政策框架。跨境人民币业务的类型见表21-2。

表21-2　跨境人民币业务的类型

类型	具体内容
境外直接投资人民币结算	《境外直接投资人民币结算试点管理办法》第二条规定，境外直接投资人民币结算是指境内机构经境外直接投资主管部门核准，使用人民币资金通过设立、并购、参股等方式在境外设立或取得企业或项目全部或部分所有权、控制权或经营管理权等权益的行为
	商业银行应按照“事后管理”的原则办理业务，还应履行以下义务：（1）认真履行信息报送义务；（2）切实履行反洗钱和反恐融资义务；（3）严格进行交易的真实性和合规性审查

续表

<table>
<tr><th colspan="2">类型</th><th>具体内容</th></tr>
<tr><td colspan="2">外商直接投资人民币结算</td><td>境外企业、经济组织或个人（统称境外投资者）以人民币来华投资应遵守我国外商直接投资法律法规及相关规定。可以开展的业务有：
（1）向现有企业提供贷款、进行增资
（2）对由于转股、清算、减资等所得人民币资金开展汇出境外等业务
（3）对新设企业出资，或并购境内企业、进行股权转让</td></tr>
<tr><td colspan="2">跨境贸易人民币结算</td><td>企业可以自愿采用人民币进行跨境贸易结算，商业银行直接提供相关结算服务。当前，境内企业货物贸易、服务贸易以及其他经常项目都可以选择以人民币进行结算</td></tr>
<tr><td colspan="2" rowspan="3">跨境贸易人民币融资</td><td>根据银行提供融资便利的对象不同，国际贸易融资方式可以分为出口贸易融资和进口贸易融资：（1）出口贸易融资包括出口信用证押汇、出口托收押汇、出口信贷、福费廷、打包贷款等；（2）进口贸易融资包括进口押汇、进口信用证、海外代付等。以上业务品种，在目前以人民币为币种的跨境贸易融资在上述业务品种中均有涉及</td></tr>
<tr><td>商业银行应对企业融资需求的贸易背景真实性进行审核，而且融资金额必须以贸易合同金额为限</td></tr>
<tr><td>【特别注意】跨境贸易人民币结算项下涉及的包括与跨境贸易人民币结算相关的远期信用证、海外代付、协议付款、预收延付等居民对非居民的人民币负债，不纳入现行外债管理</td></tr>
<tr><td colspan="2">跨境人民币证券投融资</td><td>（1）境内机构在境外发行人民币债券：政策性银行和国内商业银行可以在香港发行人民币债券（即点心债）
（2）境外机构在境内发行人民币债券（即熊猫债）：目前，在我国境内发行人民币债券的境外机构主要是国际开发机构。募集的资金应优先用于向中国境内的建设项目提供中长期固定资产贷款或提供股本资金</td></tr>
<tr><td rowspan="2">双边货币合作</td><td>本币结算协议（包括两类）</td><td>（1）边境贸易双边本币结算协议主要包括：①在边境贸易结算时，可以使用人民币或两国本币；②在给边境贸易提供银行结算服务时，商业银行可以相互开立本地账户；③在边境地区，商业银行可以设立两国货币的兑换点；④在海关备案后，商业银行可以跨境调运两国本币现钞
（2）一般贸易双边本币结算协议主要包括：①允许本币结算用于一般贸易商品或服务的支付与结算；②允许两国银行按照两国法律规定，办理结算与支付业务（通过互开代理账户），进行外汇买卖双方本币的互相拆借业务和其他业务；③进一步明确了双方本币现钞的跨境调运事宜</td></tr>
<tr><td>货币互换协议</td><td>（1）货币互换（即货币掉期）是指依据事先约定的协议，交易双方在未来确定期限内交换不同币种现金流的交易。主要有：价格发现、规避汇率风险、降低融资成本、设计金融产品以及管理资产负债等经济功能
（2）中央银行间开展货币互换的目标主要包括：①作为金融危机的常设预防机制；②作为应对金融危机的临时措施；③作为深化双方经济金融合作的措施</td></tr>
</table>

小试牛刀

［多选题］关于跨境人民币业务的说法，正确的有（　　）。

A. 境外直接投资人民币结算业务办理需按照“事前报备”的原则

B. 跨境贸易人民币结算项下涉及的居民对非居民的人民币负债，纳入现行外债管理

C. 政策性银行和国内商业银行可在香港特别行政区发行人民币债券

D. 境内企业服务贸易不可以选择以人民币进行结算

E. 商业银行在办理境外直接投资人民币结算业务时应履行反洗钱和反恐融资义务

[**解析**] 境外直接投资人民币结算业务办理需按照“事后管理”的原则，A 项错误。跨境贸易人民币结算项下涉及的居民对非居民的人民币负债，不纳入现行外债管理，B 项错误。境内企业服务贸易、货币（物）贸易及其他经常项目均可选择以人民币进行结算，D 项错误。

[**答案**] CE

[**单选题**] 商业银行在办理境外直接投资人民币结算业务时不需要履行的义务是（　　）。

A. 严格进行交易真实性和合规性审查

B. 对公众披露投资企业信息

C. 履行反洗钱和反恐融资义务

D. 按照规定报送信息

[**解析**] 商业银行在办理境外直接投资人民币结算业务时应履行的义务有：①严格进行交易真实性和合规性审查；②按照规定报送信息；③履行反洗钱和反恐融资义务。

[**答案**] B

第四部分 统 计

【大纲再现】

1. 统计与统计数据。理解统计学、描述统计、推断统计、变量和数据，辨别数据和变量的类型，掌握统计学、描述统计、推断统计的基本原理，辨别统计数据的来源和各种统计调查方法，理解数据科学与大数据。
2. 描述统计。理解数据特征测度，掌握集中趋势的测度指标、离散趋势的测度指标、分布形态的测度指标以及变量间关系的测度指标的计算方法，辨别常用测度数据。
3. 抽样调查。理解概率抽样和非概率抽样，辨别抽样调查的一般步骤，掌握常用基本概率抽样方法的基本原理和适用场合，理解估计量的性质，掌握不放回简单随机抽样下均值估计量方差的估计方法和样本量的计算方法，辨别概率抽样中样本量的影响因素。
4. 回归分析。理解回归模型、回归方程、回归系数，掌握最小二乘法的原理和估计方法，根据估计的回归方程进行回归系数分析，掌握决定系数以及回归模型的检验。
5. 时间序列分析。辨别时间序列的分类，掌握时间序列的水平分析、速度分析、平滑预测方法。

【大纲解读】

统计部分的考试分值在六部分中排在并列第三位，近些年来一直稳定在21分，其中，单项选择题考11题，每题1分，共11分；多项选择题考5题，每题2分，共10分。

统计主要是研究数据的收集、整理、分析等，主要包括描述统计、推断统计、统计调查、相关与回归分析以及时间序列等内容，涉及的公式、计算、基本概念、基本方法比较多，需要静心和耐心对待。从近些年的考试情况来看，虽有少量考题考得比较细，但总体来看，考试重点比较突出。相对而言，描述统计、抽样调查以及统计数据、统计调查方法、相关系数、决定系数、偏态系数、回归系数等内容考题和分值比较多。

在学习这部分内容时，因为计算公式比较多，需要一定的数学基础，在学习的过程中，一方面需要理解记忆，另一方面还要通过做高质量的练习题来强化对计算公式、基本概念、基本理论的理解和运用。统计部分相对来说，考点最少，拿分也比较容易，性价比最高。对于本部分内容要全面掌握，不留死角，尽量拿高分甚至是拿满分。

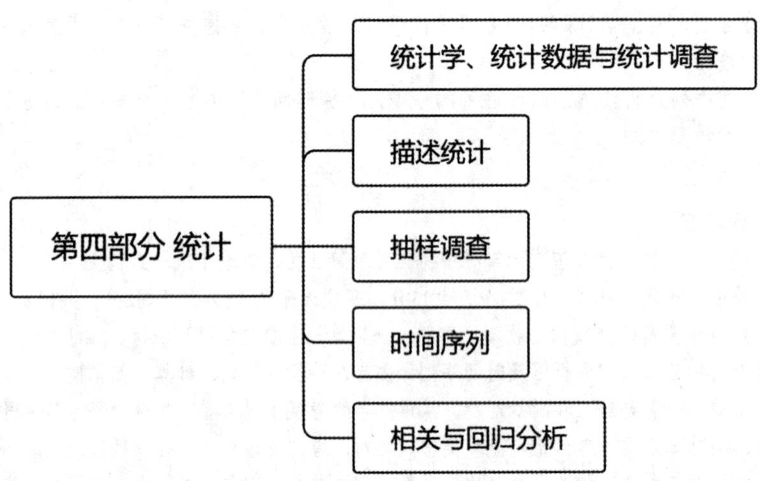
第四部分 统计
统计学、统计数据与统计调查
描述统计
抽样调查
时间序列
相关与回归分析

第二十二章　统计学、统计数据与统计调查

知识脉络

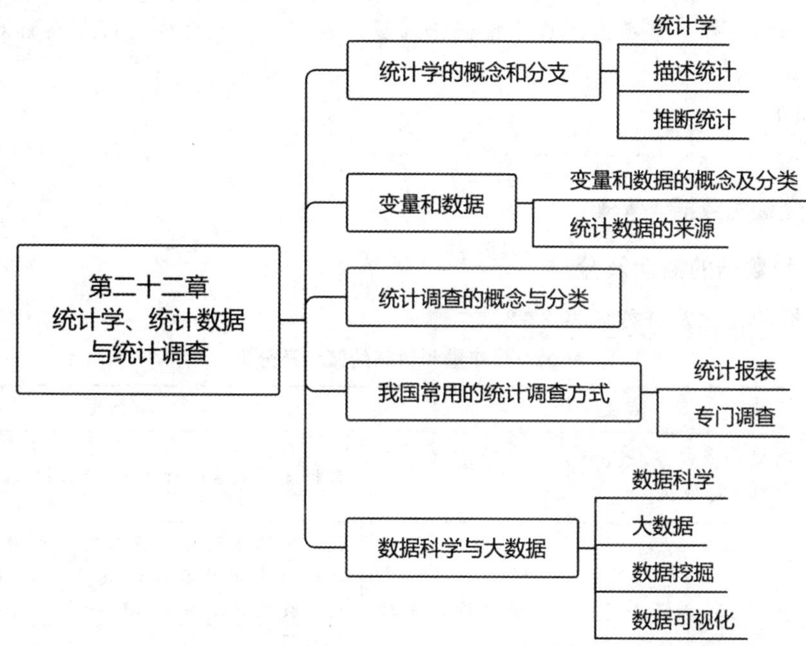

考点1　统计学的概念和分支★★★

统计学是关于数据的收集、整理、分析和从数据中得出结论的科学，有描述统计和推断统计两个分支。具体内容见表22-1。

表22-1　描述统计与推断统计

项目	具体内容	
描述统计	概念	描述统计是研究数据的收集、整理和描述的统计学方法
	内容	(1) 怎样取得所需要的数据 (2) 怎样用图表或数学方法对数据进行整理和展示 (3) 怎样描述数据的一般性特征
推断统计	概念	推断统计是研究如何利用样本数据来推断总体特征的统计学方法
	内容	(1) 假设检验——利用样本信息判断对总体的假设是否成立 (2) 参数估计——利用样本信息推断总体特征

小试牛刀

[多选题] 下列统计方法中，属于推断统计的有（　　）。

A. 利用图形展示数据的变化趋势

B. 通过假设检验验证客户总体中满意度高的客户更倾向于成为忠诚客户

C. 用样本信息判断关于总体的假设是否成立

D. 利用样本信息推断总体特征

E. 根据我国1%人口抽样调查数据推算总人口规模

[解析] 推断统计是研究如何利用样本数据来推断总体特征的统计学方法。内容包括：①参数估计——利用样本信息推断总体特征；②假设检验——利用样本信息判断对总体的假设是否成立。

[答案] BCDE

考点2 变量和数据★★★

一、变量和数据的概念及分类

变量和数据的概念及分类见表22-2。

表22-2　变量和数据的概念及分类

项目	变量	数据
概念	变量是研究对象的属性或特征，可以有两个或两个以上可能的取值	数据是对变量进行测量、观测的结果
分类	(1) 定量变量或数量变量。当变量的取值是数量时，如国内生产总值、可支配收入 (2) 分类变量。当变量的取值表现为类别时，如性别、行业类别 (3) 顺序变量。当变量的取值表现为类别且有一定顺序时，如公司信用等级、产品质量等级 【注】分类变量和顺序变量统称为定性变量	(1) 数值型数据，是对定量变量的观测结果，其取值表现为具体的数值。如GDP是100万亿。数值型数据可以进行加、减、乘、除等数学运算 (2) 分类数据，表现为类别，是分类变量的观测结果，一般用文字表述，也可用数值代码表示。比如用1表示“女生”，用2表示“男生” (3) 顺序数据，表现为类别，是对顺序变量的观测结果，一般用文字表述，也可用数值代码表示。比如用1表示“教授”，用2表示“副教授”，用3表示“讲师及以下”

小试牛刀

[单选题] 下列变量中，属于顺序变量的是（　　）。

A. 快递业务量　　B. 互联网上网人数

C. 医疗保险类型　　D. 公司信用等级

[解析] 当变量的取值表现为类别且具有一定顺序时被称为顺序变量。A、B两项为数量变量或者定量变量，C项是分类变量。

[答案] D

二、统计数据的来源

统计数据的来源见表 22-3。

表 22-3　统计数据的来源

分类标准	分类	概念	相关内容
从使用者的角度按数据的来源划分	一手数据（直接数据）	是数据的直接来源，来自直接的调查或观察和科学实验	在社会经济领域，获得一手数据的重要方式是统计调查，也是获得数据的主要方法
	二手数据（间接数据）	是数据的间接来源，来自别人的调查和科学实验	—
按数据的收集方法划分	观测数据	通过直接调查或测量而收集到的数据	几乎所有与社会经济现象有关的统计数据都是观测数据，如国内生产总值、房价、物价指数等
	实验数据	通过在实验中控制实验对象以及其所处的实验环境收集到的数据	自然科学领域的数据大多是实验数据。如某种新药疗效数据或者某种新产品使用寿命的数据

小试牛刀

［**多选题**］下列统计数据中，属于实验数据的有（　　）。

A. 某种新药疗效　　B. GDP

C. 工业总产值　　D. 某种新产品使用寿命

E. 居民收入

［**解析**］自然科学领域的数据大多是实验数据。如某种新产品使用寿命的数据、某种新药疗效的数据，A、D 两项的数据属于实验数据。几乎所有与社会经济现象有关的统计数据都是观测数据，如 GDP、CPI、房价等，B、C、E 三项的数据属于观测数据。

［**答案**］AD

考点3　统计调查的概念与分类★

统计调查是按照预定的目的和任务，运用科学的统计调查方法，有计划有组织地搜集数据信息资料的过程。具体内容见表 22-4。

表 22-4　统计调查的概念与分类

分类标准	分类内容	概念	内容或举例
按调查登记的时间是否连续划分	连续调查	是观察总体现象在一定时期内的数量变化，目的是了解社会现象在一段时期的总量	原材料的投入，工厂的产品生产，能源的消耗，人口的出生、死亡等，在调查期内必须连续登记。连续调查的资料说明了现象的发展过程
	不连续调查	是间隔一个相当长的时间所作的调查，一般是研究总体现象在一定时点上的状态	耕地面积、生产设备拥有量等，短期内数据变化不大，一般隔段时间登记其某一时点（如某一天）的数量

续表

分类标准	分类内容	概念	内容或举例
按调查对象的范围不同划分	全面调查	是对构成调查对象的所有单位进行逐一的、无一遗漏的调查	包括全面统计报表和普查
	非全面调查	是对调查对象中的一部分单位进行调查	包括抽样调查、典型调查、重点调查和非全面统计报表

小试牛刀

［多选题］下列统计调查方法中，属于全面调查的有（　　）。

A. 全面统计报表

B. 抽样调查

C. 重点调查

D. 典型调查

E. 普查

［解析］全面调查是对构成调查对象的所有单位进行逐一的、无一遗漏的调查，包括全面统计报表和普查，A、E 两项正确，B、C、D 三项属于非全面调查。

［答案］AE

考点4 我国常用的统计调查方式★★★

在我国，常用的统计调查方式有统计报表和专门调查（包括普查、抽样调查、重点调查和典型调查）。

抽样调查是实际中应用最广泛的一种调查方式和方法。

一、统计报表

统计报表的概念和种类见表 22-5。

表 22-5　统计报表的概念和种类

项目	具体内容
概念	统计报表是按照国家有关法规的规定，以一定的原始数据为基础，按照统一的表式、统一的指标、统一的报送时间和报送程序进行填报，自上而下地统一布置，自下而上地逐级提供基本统计数据的一种调查方式
种类	（1）根据调查对象范围的不同，分为全面统计报表（目前的大多数统计报表均为全面统计报表）和非全面统计报表 （2）根据报表内容和实施范围的不同，分为国家的、部门的、地方的统计报表 （3）根据报送周期长短的不同，分为日报、月报、季报、年报等

二、专门调查

（一）普查

普查的概念和特点见表 22-6。

表 22-6 普查的概念和特点

<table>
<tr><th>项目</th><th colspan="2">具体内容</th></tr>
<tr><td>概念</td><td colspan="2">普查是适合特定目的、特定对象的一种调查方式，是为某一特定目的而专门组织的一次性全面调查。主要用于了解处于某一时点状态上的社会经济现象的基本全貌，从而掌握有关国情国力的基本统计数据</td></tr>
<tr><td rowspan="4">特点</td><td>由于调查需要耗费大量的人力、物力和财力，且一般需要间隔较长的时间，所以通常是一次性的或者周期性的</td><td rowspan="2">规定统一的标准调查时间的普查有以下几种：
(1) 经济普查（第 4 次标准时间是 1 月 1 日 0 时），年份尾数逢 3、8，每 10 年两次。我国经济普查的对象是中华人民共和国境内从事第二、第三产业活动的全部法人单位、产业活动单位和个体经营户
(2) 农业普查（标准时间是 1 月 1 日 0 时），年份尾数逢 6，每 10 年一次
(3) 人口普查（前 4 次标准时间是 7 月 1 日 0 时；第 5、6 次是 11 月 1 日 0 时），年份尾数逢 0，每 10 年一次</td></tr>
<tr><td>为了避免调查数据的重复或遗漏，保证普查结果的准确性，一般需要规定统一的标准调查时间</td></tr>
<tr><td>使用范围比较窄</td><td>只能调查一些最基本及特定的现象</td></tr>
<tr><td>数据一般比较准确，规范化程度较高</td><td>可以为抽样调查或其他调查提供基本依据</td></tr>
</table>

（二）抽样调查

抽样调查的概念和特点见表 22-7。

表 22-7 抽样调查的概念和特点

<table>
<tr><th>项目</th><th colspan="2">具体内容</th></tr>
<tr><td>概念</td><td colspan="2">抽样调查是一种非全面调查，是在调查对象的总体中选取部分单位的样本做调查，根据其调查结果推断总体数量特征的调查方法</td></tr>
<tr><td rowspan="4">特点</td><td>时效性强</td><td>可以迅速、及时地获得所需要的信息</td></tr>
<tr><td>经济性</td><td>经济性是抽样调查的一个最显著优点</td></tr>
<tr><td>准确性高</td><td>由于抽样调查的工作量小，登记误差往往较小，抽样调查的数据质量有时比全面调查更高</td></tr>
<tr><td>适应面广</td><td>适用于各个领域、各种问题的调查。特别适合调查特殊现象，如医药的临床实验、农产品试验、产品质量检验等</td></tr>
</table>

（三）重点调查

重点调查的概念和特点见表 22-8。

表 22-8 重点调查的概念和特点

项目	具体内容
概念	重点调查是在所要调查的总体中选择一部分重点单位（调查这一部分单位的情况，能够大致反映被调查对象的基本情况）进行的调查。所选的重点单位就调查的标志值来说在总体中占绝大比重
特点	(1) 重点调查的适用范围很广。如果调查目的仅要求了解基本状况和发展趋势，对全面数据的掌握不作要求，调查少数重点单位就能满足需要的情况，比较适合采用重点调查 (2) 能以较少的投入、较快的速度取得某些现象主要标志的基本情况或变动趋势。如国家统计局的全国 5 000 家工业企业联网直报制度，已列入我国定期报表制度

（四）典型调查

典型调查的概念、作用、优点及局限性见表 22-9。

表 22-9 典型调查的概念、作用、优点及局限性

项目	具体内容
概念	典型调查是在对被调查对象进行全面分析的基础上，根据调查的目的与要求，有意识地选择若干具有典型意义的或有代表性的单位进行的调查
作用	（1）在一定条件下可以验证全面调查数据的真实性 （2）弥补全面调查的不足
优点	（1）能够通过调查少数典型单位来获得深入翔实的统计资料；（2）灵活机动
局限性	在很大程度上受到人们主观认识的影响，为了避免出现片面性，必须和其他调查结合起来使用

小试牛刀

［多选题］关于普查特点的说法，正确的有（　　）。

A. 普查数据规范化程度较高

B. 普查通常是一次性的或周期性的

C. 普查使用范围比较窄

D. 普查时效性强

E. 普查一般需要规定统一标准的调查时间

［解析］A、B、C、E 四项是普查的特点。时效性强是抽样调查的优点，D 项错误。

［答案］ABCE

［单选题］为及时了解全国城市商品零售价格的变动趋势，按照商品零售额排序对前 35 个大中型城市的商品零售价格变化情况进行调查，这种调查方法属于（　　）。

A. 全面调查

B. 典型调查

C. 重点调查

D. 随机调查

［解析］为了及时了解全国城市零售物价的变动趋势，对全国的 35 个大中型城市的零售物价的变化进行调查；为了及时了解全国工业企业的增加值和资产总额情况，对全国大中型工业企业进行调查，都是重点调查。对调查中所选的“35 个大中型城市”和“全国大中型工业企业”，都在总体中占绝大比重。

［答案］C

考点 5 数据科学与大数据

一、数据科学

（一）数据科学的概念

“数据科学”这个词最早由丹麦的计算机科学领域先驱彼得·诺尔提出。

数据科学是一门通过系统性研究获取与数据相关的知识体系的学科，一方面研究数据本身的特性和变化规律，另一方面通过对数据的研究为自然科学和社会科学提供一种新的方法，从而揭示自然界和人类行为的现象和规律。

数据科学研究的是从“数据”整合成“信息”进而组织成“知识”的整个过程，包含对数据进行采集、存储、处理、分析、表现等一系列活动。

（二）数据科学的研究对象、研究目标和研究范围

（1）数据科学的研究对象是数据。

（2）数据科学的研究目标是获得洞察力和理解力，通过对数据的分析，来解释、预测、洞见和决策，为现实世界服务。

（3）数据科学涉及的范围很广泛，如统计学、机器学习、计算机科学、可视化、人工智能、领域知识等。

二、大数据

（一）大数据的含义

大数据指无法在一定时间范围内用常规软件工具进行捕捉、管理和处理的数据集合，是需要新处理模式才能具有更强的决策力、洞察发现力和流程优化能力的海量、高增长率和多样化的信息资产。

（二）大数据具有“4V”特性

1. 数据量大（Volume）

大数据的起始计量单位是PB（1 024TB）、EB（1 024PB，约100万TB）或ZB（1 024EB，约10亿TB），未来甚至会达到YB（1 024ZB）或BB（1 024YB）。

2. 数据多样性（Variety）

大数据类型非常多，包括网络日志、音频、视频、图片、地理位置等各种结构化、半结构化和非结构化的数据。

（1）结构化数据是指存储在数据库里，可以用二维表结构实现表达的数据。

（2）非结构化数据是指数据结构不规则或不完整，没有预定义的数据，包括所有格式的办公文档、文本、图片、报表、图像、音频、视频等。

（3）半结构化数据是介于完全结构化数据和完全非结构化数据之间的数据，具有一定的结构性，例如员工简历，有的简历只有教育情况，有的简历包括教育、婚姻、户籍、出入境情况等很多信息。

3. 价值密度低（Value）

大数据价值密度的高低与数据总量的大小成反比。以视频为例，在连续不间断的监控中，有用数据可能仅有一两秒。原始零散、复杂多样，甚至可能有数据噪声和污染的数据需要经历价值“提纯”，才能得出信息、获取知识。

4. 数据的产生和处理速度快（Velocity）

大数据的智能化和实时性要求越来越高，对处理速度也有极严格的要求，一般要在秒级时间范围内给出分析结果，超出这个时间数据就可能失去价值，即大数据的处理要符合“1秒定律”。

三、数据挖掘

（一）数据挖掘的概念

数据挖掘是从大量的、不完全的、有噪声的、模糊的、随机的实际应用数据中，提取隐藏在其中但又有潜在价值的信息和知识的过程。

该定义包含的含义如下：

（1）数据源必须是真实的、大量的、有噪声的。

（2）发现的是用户感兴趣的知识。

（3）发现的知识是可接受、可理解、可运用的。

（4）并不要求发现放之四海而皆准的知识，仅支持特定的发现问题。

（二）数据挖掘的分类

数据挖掘以解决实际问题为出发点，核心任务是对数据关系和特征进行探索。

数据挖掘通常可以分为两类，一类是有指导学习或监督学习，另一类是无指导学习或非监督学习。

（1）监督学习是对目标需求的概念进行学习和建模，通过探索数据和建立模型来实现从观察变量到目标需求的有效解释。

（2）无监督学习没有明确的标识变量来表达目标概念，主要任务是探索数据之间的内在联系和结构。

（三）数据挖掘的算法

在大数据时代，数据挖掘的算法研究至关重要。数据挖掘常用的算法有分类、聚类分析、关联分析、趋势与演化分析、特征分析、异常分析等。

（1）分类就是确定目标对象属于哪个预定的类别，以实现对未来潜在的预测需求。例如，在邮件系统中区分出垃圾邮件，在贷款客户中判断出有风险客户等。

分类技术是一种监督学习，即使用已知类别的训练数据建立分类模型的方法，常用的分类技术包括决策树分类法、贝叶斯分类法、关联分类法、支持向量机、神经网络等。

（2）聚类分析就是把一组数据按照差异性和相似性分为几个类别，使得同类的数据相似性尽量大，不同类的数据相似性尽可能小，跨类的数据关联性尽可能低。聚类分析是一种无监督学习，常用于客户细分、文本归类、结构分组、行为跟踪等问题。

常用的聚类方法包括基于划分的方法（如 k 均值算法）、基于分层的方法、基于密度的方法、基于网格的方法和基于模型的方法。

（3）关联分析就是对数据集中反复出现的相关关系和关联性进行挖掘提取，从而可以根据一个数据项的出现预测其他数据项的出现。

购物篮分析就是一个典型的例子，其目的是发现交易数据中不同商品之间的联系规则，让营销商制定更好的营销策略。如啤酒和尿布案例，大型超市中购买啤酒的男士经常同时购买小孩的纸尿裤，超市把啤酒和纸尿裤摆放在一起，结果两种商品的销售量都有明显提升。消费者行为海量数据的关联分析在电商精准销售中广泛应用。

（4）趋势与演化分析，包括数据变化趋势、序列模式分析、周期性分析以及相似程度分析等内容，统计学的回归分析方法经常用于这类问题的分析，典型的案例有：对冲基金利用 Twitter 数据通过公众情绪预测股票市场，Farecast 系统利用近十万亿飞行数据帮助预测美国国内航班票价，谷歌利用谷歌网页信息和 Youtube 搜索量预测电影票房等。

四、数据可视化

（一）数据可视化的概念

数据可视化，即借助图形化手段清晰有效地传达与沟通信息。

（二）数据可视化的优势

数据可视化的优势在于简单，表现清晰，利用人对颜色、形状、运动的敏感，有效传递信

息，帮助用户从数据中发现关系、规律和趋势。

（三）数据可视化的分支

数据可视化包含科学可视化和信息可视化两个重点分支：

（1）科学可视化面向科学与工程领域的数据，如包含空间坐标和几何信息的三维空间测量数据、计算机模拟数据和医学影像数据，重点探索以几何、拓扑和形状特征来呈现数据中蕴含的规律。

（2）信息可视化的处理对象是非结构化、非几何的抽象数据，如文本数据、社交网络和金融交易。

传统的信息可视化起源于统计图形学，表现形式通常在二维空间，关注于在有限的展示空间以直观方式传达抽象信息。在大数据时代，信息可视化面临的挑战是要在海量、动态变化的信息空间中辅助人类理解进而挖掘信息、发现知识。

小试牛刀

[单选题] 关于数据挖掘的含义，说法错误的是（　　）。

A. 数据源必须是真实的、大量的、有噪声的

B. 发现的是用户感兴趣的知识

C. 发现的知识是可接受、可理解、可运用的

D. 要求发现放之四海而皆准的知识

[解析] 数据挖掘的定义包含的含义如下：①数据源必须是真实的、大量的、有噪声的；②发现的是用户感兴趣的知识；③发现的知识是可接受、可理解、可运用的；④并不要求发现放之四海而皆准的知识，仅支持特定的发现问题。

[答案] D

[多选题] 下列关于大数据特性的说法，正确的有（　　）。

A. 大数据的产生和处理速度快

B. 大数据类型繁多

C. 大数据具有“4V”特性

D. 大数据的价值密度低

E. 大数据都是结构化数据

[解析] 大数据具有“4V”特性，即数据量大、数据多样化、价值密度低、数据的产生和处理速度快。

[答案] ABCD

[多选题] 下列关于大数据多样性的说法，正确的有（　　）。

A. 大数据包括半结构化数据

B. 大数据必须是结构规则、完整的数据

C. 大数据包括结构化数据

D. 大数据包括非结构化数据

E. 地理位置是大数据的一种类型

[解析] 大数据类型繁多，包括网络日志、音频、视频、图片、地理位置等各种结构化、半结构化和非结构化的数据。

[答案] ACDE

第二十三章　描述统计

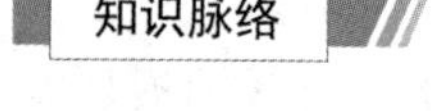
知识脉络

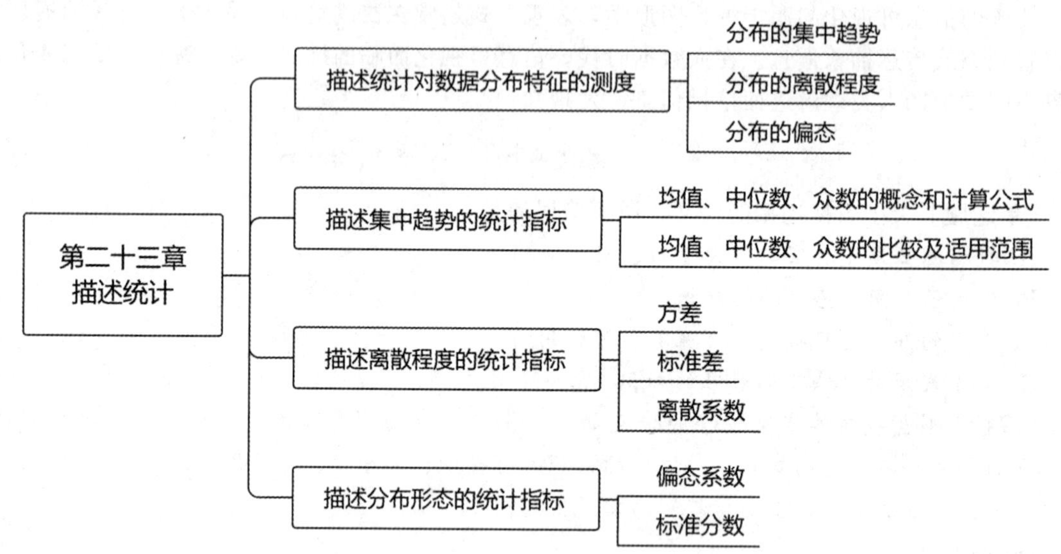

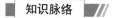

考点1 描述统计对数据分布特征的测度★★

一、分布的集中趋势

分布的集中趋势反映各数据向其中心值聚集或靠拢的程度；集中趋势的测度就是寻找数据水平的中心值或代表值。描述数据集中趋势的统计指标主要有均值（集中趋势最主要的测度值）、中位数（位置代表值）和众数（位置代表值）等。集中趋势的测度值是对数据水平的一个概括性的度量，它对一组数据的代表程度，取决于该组数据的离散水平。

二、分布的离散程度

分布的离散程度反映各数据之间的差异程度，也能反映中心值对数据的代表程度；数据的离散程度越小，集中趋势的测度值对该组数据的代表性就越好；离散程度越大，其代表性就越差。

描述数据离散程度的统计指标主要有方差、标准差及离散系数（也称为变异系数或标准差系数）等。

三、分布的偏态

分布的偏态反映数据分布的不对称性。偏度是指数据分布的偏斜方向和程度，描述的是数

据分布对称程度。

描述数据分布的偏态的统计指标主要有偏态系数和标准分数等。

小试牛刀

[**单选题**] 集中趋势的测度值对一组数据的代表程度，取决于该组数据的离散水平。数据的离散程度越大，集中趋势的测度值对该组数据的代表性（　　）。

A. 越好

B. 越差

C. 始终不变

D. 在一定区间内反复变化

[**解析**] 数据的离散程度越大，集中趋势的测度值对该组数据的代表性就越差，离散程度越小，其代表性就越好。

[**答案**] B

考点2 描述集中趋势的统计指标★★★

一、均值、中位数、众数的概念和计算公式

均值、中位数、众数的概念和计算公式见表23-1。

表23-1　均值、中位数、众数的概念和计算公式

指标	具体内容	
均值	概念	均值（即平均数），是数据组中所有数值的总和除以该组数值的个数
	公式	设一组数据为 X_1，X_2，…，X_n，平均数 $\bar{X}$ 的计算公式为：$\bar{X}=\frac{X_1+X_2+\cdots+X_n}{n}=\frac{\sum_{i=1}^{n}X_i}{n}$
中位数 M_e	概念	中位数是先把数据排序（从小到大或从大到小），再找到中间位置，中间位置上的数就是中位数
	公式	设一组数据为 X_1，X_2，…，X_n，按从小到大的顺序为 $X_{(1)}$，$X_{(2)}$，…，$X_{(n)}$，则中位数：$M_e=\begin{cases}X_{(\frac{n+1}{2})} & \text{当 } n \text{ 为奇数时}\\ \frac{1}{2}[X_{(\frac{n}{2})}+X_{(\frac{n}{2}+1)}] & \text{当 } n \text{ 为偶数时}\end{cases}$
众数 M_o	概念	众数是指一组数据中出现次数（频数）最多的变量值。有些情况下可能出现双众数、多众数或无众数，难以描述数据的集中位置

二、均值、中位数、众数的比较及适用范围

均值、中位数、众数的比较及适用范围见表23-2。

表 23-2　均值、中位数、众数的比较及适用范围

指标	具体内容
均值	适用于定量变量，不适用于分类变量和顺序变量，其优缺点如下： (1) 优点是可以充分利用数据的所有信息，均值大小受每个数据（观测值）的影响，比较稳定 (2) 缺点是易受极大值和极小值的影响，如果观测值中有明显的极端值，则均值的代表性较差
中位数	适用于顺序变量和定量变量，特别是分布不对称的数据，不适用于分类变量，其优缺点如下： (1) 优点是不受极大值和极小值的影响；尤其适用于收入这类偏斜分布的数值型数据 (2) 缺点是没有充分利用数据的所有信息，稳定性差于均值，优于众数
众数	适用于分类变量和顺序变量，不适用于定量变量，其优缺点如下： (1) 优点是不受极大值和极小值的影响，尤其是分布明显呈偏态时，众数的代表性更好 (2) 缺点是没有充分利用数据的所有信息，缺乏稳定性，而且可能不是唯一的

小试牛刀

[单选题] 2016 年某企业集团下辖 8 个分公司的销售额分别为 10 000 万元、800 万元、1 000万元、600 万元、3 000 万元、3 600 万元、2 800 万元、2 200 万元，这组数据的中位数是（　　）万元。

A. 2 200　　B. 2 800

C. 2 500　　D. 3 000

[解析] 求中位数：先排序，再找中间位置。600、800、1 000、2 200、2 800、3 000、3 600、10 000，n 为偶数，所以，第 4 和第 5 个数为中间位置，中位数＝（2 200＋2 800）/2＝2 500（万元）。

[答案] C

[多选题] 下列关于均值、中位数和众数的比较及适用范围的说法，正确的有（　　）。

A. 均值适用于定量变量，也适用于分类变量和顺序变量

B. 众数不适用于定量变量，适用于分类变量和顺序变量

C. 中位数不适用于分类变量，适用于顺序变量和定量变量

D. 众数和中位数的优点是不受极端值的影响

E. 众数、中位数和均值的缺点是没有充分利用数据的全部信息，缺乏稳定性

[解析] 均值不适用于分类变量和顺序变量，适用于定量变量，A 项错误。均值能够充分利用数据的全部信息，均值大小受每个观测值的影响，比较稳定，E 项错误。

[答案] BCD

考点 3　描述离散程度的统计指标★★

描述离散程度的统计指标见表 23-3。

表 23-3　描述离散程度的统计指标

指标	概念和计算公式		特点和适用范围
方差	概念	方差是数据组中各数值与其均值离差平方的平均数	(1) 标准差与方差是应用最广泛的统计离散程度的测度方法 (2) 方差和标准差越小，说明数据值与均值的平均距离越小，均值的代表性越好 (3) 方差、标准差与均值一样，只适用于数值型数据，对极端值也很敏感 【特别注意】标准差的大小不仅与数据的测度单位有关，还与观测值的均值大小有关，不能直接用标准差比较不同变量的离散程度
	公式	对于样本数据，常用的方差计算公式为： $s^2=\dfrac{\sum_{i=1}^{n}(X_i-\bar{X})^2}{n-1}$ 其中，分母是样本规模 n 减去 1	
标准差	概念	标准差是方差的平方根。标准差可以度量数值与均值的平均距离，并且与原始数值具有相同的计量单位	
	公式	对于样本数据，常用的标准差计算公式为： $s=\sqrt{\dfrac{\sum_{i=1}^{n}(X_i-\bar{X})^2}{n-1}}$	
离散系数	概念	离散系数也叫变异系数或标准差系数，是标准差与均值的比值。主要用于比较不同类别数据的离散程度	离散系数消除了测度单位和观测值水平不同的影响，可以直接用来比较变量的离散程度
	公式	离散系数的计算公式为： $CV=\dfrac{s}{\bar{X}}$	

小试牛刀

[多选题] 下列统计量中，容易受极端值影响的有（　　）。

A. 均值　　B. 方差　　C. 标准差　　D. 众数

E. 中位数

[解析] 标准差、方差与均值一样对极端值很敏感。中位数和众数是位置平均数，不受极端值的影响。

[答案] ABC

[单选题] 某集团的 7 个子公司客户满意度指数的样本分别为：5、7、7、8、8、7、7，这 7 个子公司客户满意度指数的样本离散系数是（　　）。

A. 1/7　　B. 1/6　　C. $\sqrt{1/7}$　　D. 7

[解析] 先求出均值，为：(5+7+7+8+8+7+7) /7=7，再把数据代入标准差的计算公式，求出这 7 个子公司客户满意度指数的标准差是 1，最后将数据代入离散系数的计算公式，即标准差/均值=1/7。

[答案] A

考点 4　描述分布形态的统计指标★★★

一、偏态系数

（一）概念

偏态系数是测度数据分布偏度的统计量。

偏态系数的绝对值越大，说明数据分布的偏斜程度越大。

（二）计算公式

偏态系数取决于离差三次方的平均数与标准差三次方的比值，计算公式为：

$$SK=\frac{n}{(n-1)\ (n-2)}\sum_{i=1}^{n}\left(\frac{X_i-\bar{X}}{s}\right)^3$$

（三）种类

(1) 若偏态系数为正值，说明数据的分布是右偏的，取值在 0 和 0.5 之间说明轻度右偏，取值在 0.5 和 1 之间说明中度右偏，取值大于 1 说明严重右偏。

(2) 若偏态系数为负值，说明数据的分布是左偏的，取值在 0 和 −0.5 之间说明轻度左偏，取值在 −0.5 和 −1 之间说明中度左偏，取值小于 −1 说明严重左偏。

(3) 若偏态系数等于 0，说明数据的分布是对称的。

二、标准分数

（一）计算公式

标准分数（即 Z 分数），是用数值减去均值所得的差除以标准差，标准分数的平均数为 0，标准差为 1。标准分数可以给出数值距离均值的相对位置，可以在均值和标准差不同时，用来比较不同变量的取值。

标准分数的计算公式为：

$$Z_i=\frac{X_i-\bar{X}}{s}$$

转变后的标准分数并没有改变数值在原分布中的位置，也没有改变数据原分布的偏度。

【举例】假设，某班期末考试，统计学的平均分是 80 分，标准差是 10 分；数学的平均分是 65 分，标准差是 5 分。某人统计学考了 85 分，数学考了 75 分，哪科考得好呢？因为标准差不同，需要转换成标准分数进行比较，统计学 85 分转化后的标准分数是 0.5，数学 75 分转化后的标准分数是 2，由此可见，数学 75 分的相对排名比统计学 85 分的相对排名高。

（二）经验法则

当数据服从正态分布（即对称的钟形分布）时，可以运用经验法则判断与均值的距离在特定倍数标准差之内的数据项所占比例。经验法则表明：

(1) 约有 99%的数据与平均数的距离在 3 个标准差之内。

(2) 约有 95%的数据与平均数的距离在 2 个标准差之内。

(3) 约有 68%的数据与平均数的距离在 1 个标准差之内。

所以，对于服从对称的钟形分布的标准分数，约有 99%的标准分数在 [−3，+3] 范围之内，约有 95%的标准分数在 [−2，+2] 范围之内，68%的标准分数在 [−1，+1] 范围内。因此根据经验法则，如果上面举例中的数学得分服从对称钟形分布，则 95%的得分都在 55 分和 75 分之间，即 [65−2×5，65+2×5]。

小试牛刀

[单选题] 当偏态系数为 0 时，说明该组数据是（　　）。

A. 对称的　　B. 右偏的

C. 左偏的　　　　　　　　　　D. 无法确定

[解析] 如果偏态系数等于0，说明数据的分布是对称的。

[答案] A

[单选题] 某公司员工年度业绩考核中，全体员工考核成绩的均值为80分，方差为25，某员工在这次业绩考核中成绩为85分，则该员工考核成绩的标准分数为（　　）。

A. 3.4　　　　　　　　　　B. 0.2

C. 1.0　　　　　　　　　　D. 17.0

[解析] 标准分数可以给出数值距离均值的相对位置，计算方法是用数值减去均值所得的差除以标准差，计算公式为：$Z_i=\frac{X_i-\bar{X}}{s}$。因为方差是25，所以标准差是5。该员工考核成绩的标准分数=（85−80）/5=1.0。

[答案] C

[多选题] 某企业客户满意度数据服从对称的钟形分布，均值为75，标准差为5。根据经验法则，关于该企业客户满意度的说法，正确的有（　　）。

A. 约有68%的客户满意度在［70，80］范围内

B. 约有68%的客户满意度在［75，85］范围内

C. 约有95%的客户满意度在［75，95］范围内

D. 约有95%的客户满意度在［65，85］范围内

E. 约有99%的客户满意度在［60，90］范围内

[解析] 当数据服从对称的钟形分布时，根据经验法则：约有68%的数据与平均数的距离在1个标准差之内，则约有68%的客户满意度在［75−1×5，75+1×5］范围内，即［70，80］；约有95%的数据与平均数的距离在2个标准差之内，则约有95%的客户满意度在［75−2×5，75+2×5］范围内，即［65，85］；约有99%的数据与平均数的距离在3个标准差之内，则约有99%的客户满意度在［75−3×5，75+3×5］范围内，即［60，90］。

[答案] ADE

第二十四章　抽样调查

知识脉络

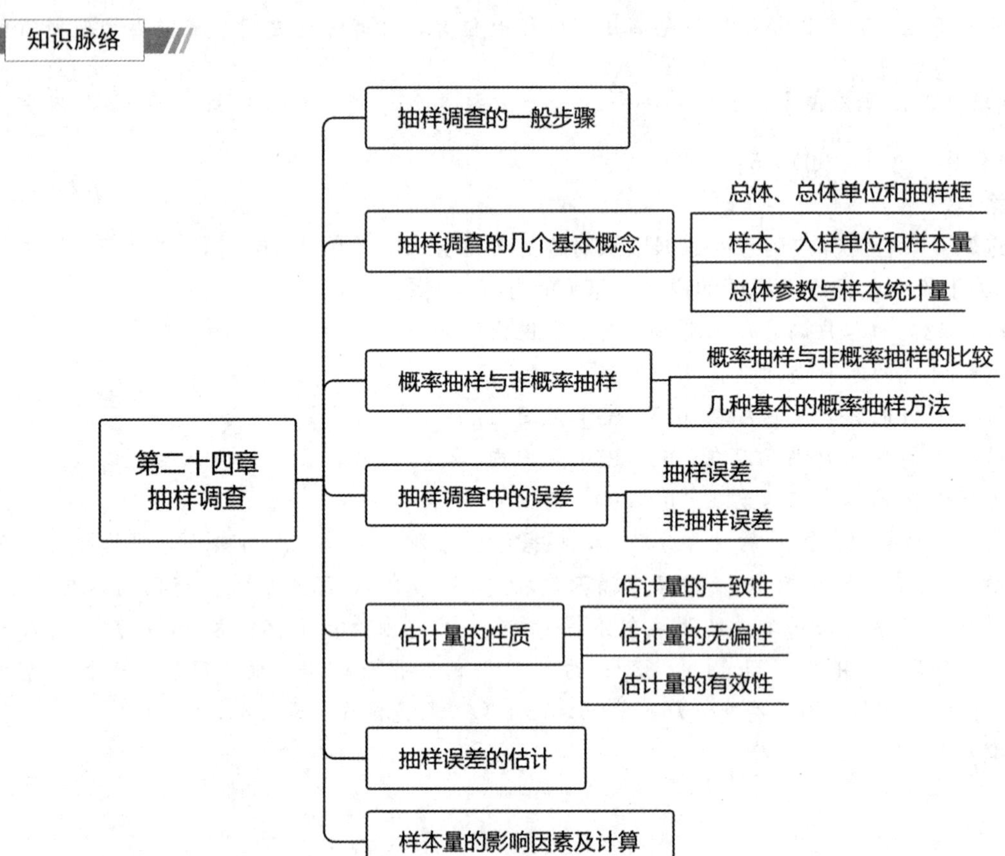

考点1　抽样调查的一般步骤★

（1）确定调查问题——为什么要做、要做什么样的调查研究。

（2）设计调查方案——明确怎样实施调查，设计抽样方案和调查问卷。

（3）实施调查过程——获得样本单元的数据，要有管理制度，关键是保证原始数据的质量。

（4）处理分析数据——检查、核对原始数据；编码、录入合格数据；预处理录入数据；统计分析数据；估计总体参数。

（5）撰写调查报告——最终成果。

考点2　抽样调查的几个基本概念★★★

以研究我国金融行业从业人员的年平均收入为例，来理解抽样调查的几个基本概念。

假设某研究机构从我国金融行业 800 万从业人员中随机抽取 8 万人来了解该行业从业人员的年平均收入。

一、总体、总体单位和抽样框

（1）总体——调查对象的全体。如我国金融行业的 800 万从业人员。

（2）总体单位或单元——组成总体的各个个体。如我国金融行业的每个从业人员。

（3）抽样框——抽样总体的具体表现，是供抽样所用的所有抽样单元的名单。如我国金融行业的所有从业人员的花名册，也可以是我国所有金融机构的名单。

抽样框可以有多种形式，但抽样框中的单位必须是有序的，便于编号。抽样框常用的形式有名录框、一张地图或其他适当形式。

二、样本、入样单位和样本量

（1）样本——总体的一部分。如抽中的 8 万金融行业从业人员。

（2）入样单位——样本中的各个个体，即每个被抽中进入样本的单位。如抽中的 8 万金融行业从业人员中的每一个人。

（3）样本量——样本中包含的入样单位的个数。如样本中有 8 万金融行业从业人员，即样本量是 8 万人。

三、总体参数与样本统计量

（1）总体参数——变量的数字特征，是根据总体中所有单位的数值计算的。如我国金融行业从业人员年平均收入。

常用的总体参数有总体总量、总体均值、总体比例、总体方差等。

（2）样本统计量（估计量）——对总体参数的估计，是根据样本中各单位的数值计算的。样本统计量取决于样本设计和正好被选入样本的单元特定组合，是一个随机变量。如抽中的 8 万金融行业从业人员年平均收入。

常用的样本统计量有样本均值、样本比例、样本方差等。

小试牛刀

[多选题] 下列统计活动中，一般在数据处理分析阶段完成的有（　　）。

A. 数据录入　　B. 抽取样本　　C. 数据编码　　D. 明确定义问题

E. 问卷设计

[解析] 本题可根据关键词“数据”来猜测选择。抽样调查的步骤包括：①确定调查问题。在这个过程中需要明确地定义问题，包括对整个问题的叙述以及确定研究问题的具体组成部分。②调查方案设计。这一阶段，要明确如何实施调查，主要包括抽样方案的设计和问卷设计。③实施调查过程。在这个过程中要获得样本单元的调查数据，关键的问题是要保证原始数据的质量，这就需要对调查过程进行有效的管理和监控。④数据处理分析。这个过程包括对调查获得的原始数据进行检查、核对，对验收合格的数据进行编码和录入，对录入的数据进行预处理，对数据进行统计分析，对总体参数进行估计等。⑤撰写调查报告。调查报告是调查活动的最终成果，是前面劳动成果的展现。

[答案] AC

[单选题] 在某市随机抽取 2 000 家企业进行问卷调查，并据此推估该市有对外合作意向

的企业比例。该抽样调查中的总体是（　　）。

A. 该市所有企业

B. 该市所有有对外合作意向的企业

C. 抽中的 2 000 家企业

D. 抽中的 2 000 家企业中有对外合作意向的企业

[解析] A 项是总体；B 项是总体参数；C 项是样本；D 项是样本统计量（估计量）。

[答案] A

考点3 概率抽样与非概率抽样★★★

一、概率抽样与非概率抽样的比较

概率抽样与非概率抽样比较的具体内容见表 24-1。

表 24-1　概率抽样与非概率抽样

项目	概率抽样（即随机抽样）	非概率抽样（即非随机抽样）
概念	调查者按照某种事先设计的程序，依据随机原则，抽取样本	调查者不是依据随机原则，而是根据自己的主观判断或方便原则抽取样本
特点	（1）按随机原则以一定的概率抽取样本 （2）每个总体单位被抽中的概率是可以计算出来或者是已知的 （3）在用样本对总体参数进行估计时，要考虑到每个样本单位被抽中的概率。若每个样本单位被抽中的概率相等，则称为等概率抽样，若不相等，则为不等概率抽样	不是依据随机原则抽取样本
主要方法	几种基本的概率抽样方法包括：（1）简单随机抽样；（2）分层抽样；（3）整群抽样；（4）系统抽样；（5）多阶段抽样	（1）方便抽样（依据方便，降低调查成本，如拦截式调查） （2）自愿样本（由自愿接受调查的单元组成，如网上调查） （3）判断抽样（调查人员人为确定样本单位） （4）配额样本（将总体单元分类，各类型中分配样本数额）

小试牛刀

[多选题] 随机抽样的特点主要包括（　　）。

A. 每个总体单元被选入样本的概率都相等

B. 总体中每个单元都有一定的机会被抽中

C. 以最大限度降低调查成本为目的

D. 调查者可以根据自己的主观判断抽取样本

E. 总体中每个单元被抽中的概率是已知或可计算的

[解析] 若是等概率抽样，则每个总体单元被选入样本的概率都相等，若是不等概率抽样，则每个总体单元被选入样本的概率就不同，A 项错误。C 项是方便抽样的特点，方便抽样属于非概率抽样。D 项是非概率抽样的特点。

[答案] BE

二、几种基本的概率抽样方法

（一）简单随机抽样

简单随机抽样操作简单，是最基本的随机抽样方法，且每个单位的入样概率相同。

简单随机抽样可以分为有放回简单随机抽样和不放回简单随机抽样，不放回简单随机抽样比有放回抽样的抽样误差低。

适合采用简单随机抽样的场合是：调查对象个体之间的差异不是很大，分布的范围不广泛，抽样框中没有更多可以利用的辅助信息。

（二）分层抽样

分层抽样也叫类型抽样，是先把总体中所有的单元按照某种规则（如性别、年龄等）分为不同的层，然后在不同的层内独立、随机地抽取样本的方法。如果每层中的抽样都是简单随机抽样，则称为分层随机抽样。

在分层抽样中，样本量在各层中分配的方法可以归为两类，即：等比例分配和不等比例分配。在条件具备时，如果各层的总体方差已知，不等比例抽样的抽样误差可能更小。

适合采用分层抽样的场合是：能够分层，即将总体单位按某种标准划分到各层之中，实现在同一层内，各单位之间的差异尽可能地小，不同层之间各单位的差异尽可能地大；另外，抽样框中有足够可以利用的辅助信息。

分层抽样的优点如下：

（1）分层抽样可以估计各层的参数，也可以估计总体参数。

（2）分层抽样中各层可以根据层内特点，分别采用不同的抽样方法，便于抽样工作的组织。

（3）分层抽样中每层都要抽取一定的样本单位，样本在总体中分布比较均匀，估计值更集中分布在总体均值周围，可以降低抽样误差。

（三）整群抽样

整群抽样是按照一定规则将总体中所有的基本单位划分为互不重叠的群，抽样时直接抽取群，对抽中的群调查其全部的基本单位，对未抽中的群不进行调查。

整群抽样只需群的抽样框，所以抽样框编制得以简化，整群抽样实施调查方便，效率高，可以节省费用和时间。不过，整群抽样抽取的样本单位比较集中，群内各单位之间存在相似性，差异比较小，而群与群之间的差别往往比较大，整群抽样的抽样误差比较大。

（四）系统抽样

系统抽样是先将总体中的全部单元按一定顺序排列，在规定范围内随机抽取一个单元作为初始单元，然后按事先规定的规则抽取其他样本单元。系统抽样操作简便，对抽样框的要求也比较简单，不过，系统抽样的方差估计比较复杂，给计算抽样误差带来一定困难。

系统抽样的估计效果与总体单位排列顺序有关，可以分为按无关标识排列系统抽样和按有关标识排列系统抽样，按有关标识排列的系统抽样精度一般比简单随机抽样的精度高。

等距抽样是最简单的系统抽样。在等距抽样中，将总体 N 个单位按直线排列，根据样本量 n 确定抽样间隔，抽样间隔为$\frac{N}{n}\approx k$，k 为最接近$\frac{N}{n}$的一个整数。在 1～k 范围内随机抽取一个整数 i，令位于 i 位置上的单位为起始单位，往后每间隔 k 抽取一个单位，直至抽满 n。

（五）多阶段抽样

多阶段抽样是对经过两个及两个以上抽样阶段抽样方法的统称，在大规模抽样调查中，首先从总体中采用随机方法抽取若干个小总体即初级单元；再在这些选中的初级单元中随机抽取若干个单位。如果经过两个阶段抽样，抽取到接受调查的最终单位，称为二阶段抽样；如果经过三个阶段才抽取到接受调查的最终单位，称为三阶段抽样，以此类推。

多阶段抽样可以节省调查中的人力和财力，抽样框也可以分级进行准备。不过，多阶段的抽样设计比较复杂，抽样误差计算也比较复杂。

【举例】在某城市的一项在职员工亚健康情况抽样调查中，调查人员先将工作单位按照行业和规模分层，然后在各层内随机抽取初始单位后又等距抽取 5 家单位，再对被抽中单位内所有员工进行体检和调查。该调查中采用的抽样方法有哪些呢？

解析：将工作单位按照行业和规模分层，用到了分层抽样方法；在各层内随机抽取初始单位，然后又等距抽取 5 家单位，用到了等距抽样方法，等距抽样是最简单的系统抽样；各层都等距抽取了 6 家单位，再对被抽中单位内所有员工进行体检和调查，用到了整群抽样方法。

小试牛刀

［**单选题**］将总体的所有单元按一定顺序排列，在规定范围内随机抽取一个初始单元，然后按事先规定的规则抽取其他样本单元的抽样方法是（　　）。

A. 系统抽样　　B. 整群抽样　　C. 简单随机抽样　　D. 分层抽样

［**解析**］系统抽样是指先将总体中的所有单位按一定顺序排列，在规定范围内随机抽取一个初始单元，然后按事先规定的规则抽取其他样本单元。

［**答案**］A

［**单选题**］某城市为调查居民对市政建设的满意度，先把该市所有居民按照行政区域划分为 4 个区，然后从每个区中随机抽取 50 个居民家庭进行入户调查。该项调查采用的抽样方法是（　　）。

A. 系统抽样　　B. 整群抽样　　C. 分层抽样　　D. 简单随机抽样

［**解析**］分层抽样是指先按照某种规则把总体分为不同的层，然后在不同的层内独立、随机地抽取样本，这样所得到的样本称为分层样本。

［**答案**］C

［**多选题**］下列抽样调查方法中，属于概率抽样的有（　　）。

A. 系统抽样　　B. 判断抽样　　C. 简单随机抽样　　D. 分层抽样

E. 方便抽样

［**解析**］概率抽样方法包括简单随机抽样、分层抽样、系统抽样、整群抽样和多阶段抽样。

［**答案**］ACD

考点 4 抽样调查中的误差★★

误差是样本统计量（估计量）和总体参数真值之间的差异，误差不可能完全避免。抽样调查中的误差可分为抽样误差和非抽样误差。

一、抽样误差

抽样误差，是由于抽样的随机性造成的误差。抽样的随机性是抽样误差产生的根本原因。

二、非抽样误差

非抽样误差，是除抽样误差以外，由于其他原因引起的误差。非抽样误差产生的原因主要有：

(1) 调查人员没有能够从被调查者那里得到所需要数据，称为无回答误差。

无回答误差可分为以下两类：

①无意不回答（随机因素造成的）：被调查者不在家或生病无法接受调查。

②有意不回答（非随机因素造成的）：被调查者不愿告诉实情，拒绝回答。这类无回答误差会造成估计量方差增大，还会带来估计偏差。

(2) 调查所获得的数据与其真值之间不一致造成的计量误差。

造成计量误差的原因可能有以下几类：

①调查人员造成的。如调查人员有意作弊；调查员诱导被调查者；调查中的提问错误或记录答案错误。

②受访者造成的。如受访者提供虚假数字或记忆不清等。

③问卷设计造成的。如受访者由于问卷的原因对调查问题的理解上有偏误。

(3) 抽样框不完善造成的抽样框误差。

如，把营业执照作为个体商业的抽样框，有些无照经营；有些虽有营业执照但已转行；还有些一摊多照。

小试牛刀

[多选题] 在城乡住户收支调查中，非抽样误差的可能来源有（　　）。

A. 抽样框遗漏掉部分城乡住户

B. 部分高收入住户拒绝接受调查

C. 调查人员有意作弊

D. 被调查住户提供虚假数据

E. 抽样的随机性

[解析] 用样本统计量估计总体参数时，由于抽样的随机性造成的误差是抽样误差，E 项属于抽样误差。

[答案] ABCD

考点5 估计量的性质★★

一、估计量的一致性

如果估计量的值随着样本量的增大，稳定于总体参数的真值，这个估计量就叫作一致估计量，具有一致性。

二、估计量的无偏性

样本均值估计量的无偏性，是指对于不放回简单随机抽样，所有可能的样本均值取值的平均值总是等于总体均值。

三、估计量的有效性

在同一抽样方案下，对某一总体参数 θ，如果有两个无偏估计量 $\hat{\theta}_1$ 和 $\hat{\theta}_2$，若 $Var(\hat{\theta}_1) <$

$Var(\hat{\theta}_2)$，即$\hat{\theta}_1$ 的方差小于 $\hat{\theta}_2$ 的方差，$\hat{\theta}_1$ 的可能样本取值较 $\hat{\theta}_2$ 更密集在总体参数真值 θ 附近，人们会认为 $\hat{\theta}_1$ 比 $\hat{\theta}_2$ 更有效。

小试牛刀

[**单选题**] 关于估计量的性质，下列说法不正确的是（　　）。

A. 对于不放回简单随机抽样，如果所有可能的样本均值取值的平均值总是等于总体均值，这就是样本均值估计量的无偏性

B. 随着样本量的增大，估计量的值如果稳定于总体参数的真值，这个估计量就有一致性

C. 在同一抽样方案下，对某一总体参数 θ，如果有两个无偏估计量 $\hat{\theta}_1$ 和 $\hat{\theta}_2$，若 $Var(\hat{\theta}_1)<Var(\hat{\theta}_2)$，则$\hat{\theta}_2$ 比 $\hat{\theta}_1$ 更有效

D. 估计量的性质包括估计量的无偏性、估计量的有效性和估计量的一致性

[**解析**] 在同一抽样方案下，对某一总体参数 θ，如果有两个无偏估计量 $\hat{\theta}_1$ 和 $\hat{\theta}_2$，若 $Var(\hat{\theta}_1)<Var(\hat{\theta}_2)$，即$\hat{\theta}_1$ 的方差小于 $\hat{\theta}_2$ 的方差，$\hat{\theta}_1$ 可能样本取值较 $\hat{\theta}_2$ 更密集在总体参数真值 θ 附近，人们会认为 $\hat{\theta}_1$ 比 $\hat{\theta}_2$ 更有效。

[**答案**] C

考点6 抽样误差的估计★★★

假设从规模为 N 的总体中抽出一个样本总量为 n 的不放回简单随机抽样样本，样本均值为 $\bar{y}$，样本方差为 s^2，实践中，总体方差是未知的，可以利用样本方差来估计，估计量 $\bar{y}$ 方差的估计公式为：

$$\hat{V}(\bar{y})=(1-\frac{n}{N})\frac{s^2}{n}$$

根据估计量方差的公式可以看出，影响抽样误差的因素有：

（1）样本量。抽样误差与样本量呈反向变动，即在其他条件相同的情况下，样本量越大，抽样误差越小。

（2）总体分布。总体单位值之间差异越小，即总体方差越小，抽样误差越小。

（3）抽样方式。不放回简单随机抽样比有放回抽样的抽样误差小。

（4）估计量的选择。利用有效辅助信息的估计量可以有效地减少抽样误差。

小试牛刀

[**多选题**] 关于不放回简单随机抽样的抽样误差的说法，正确的有（　　）。

A. 抽样误差无法避免但可计算

B. 样本量越大，抽样误差越小

C. 总体方差越大，抽样误差越小

D. 估计量的选择对抽样误差没有影响

E. 有效利用辅助信息可以减小抽样误差

［解析］抽样误差与总体分布有关，总体单位值之间差异越大，即方差越大，抽样误差就越大，C项错误。抽样误差与估计量的选择有关系，利用有效辅助信息可以有效地减小抽样误差，D项错误。

［答案］ABE

考点 7 样本量的影响因素及计算★

一、样本量的影响因素

（1）总体的规模。对于小规模的总体，总体规模越大，所需的样本量越大（不是同比例变化）。对于大规模总体，总体规模对样本量的需求几乎没有影响。

（2）总体的离散程度——同向。总体的离散程度越大即总体方差越大，所需的样本量越大。

（3）调查的精度——同向。调查的精度要求越高即可以接受的误差水平越小，所需样本量越大。

（4）经费的制约。经费越多，样本量就可能会越大。

（5）无回答情况。无回答率越高，所需样本量越大。

（6）调查的限定时间及实施调查的人力资源。限定时间越宽松，调查人员越多，样本量就可能会越大。

二、样本量的计算

不考虑费用限制、无回答情况及其他影响因素时，简单随机抽样的样本量计算公式为：

$$n_0=\frac{u_\alpha^2}{d^2}S^2，n=\frac{n_0}{1+\frac{n_0}{N}}$$

其中，u_α为标准正态分布的双侧α分位数，在置信度（$1-\alpha$）为95%时u_α值为1.96。d为绝对允许误差，用于表示一定的置信度（$1-\alpha$）下样本估计值$\hat{\theta}$与总体参数θ之间的误差不超过某一给定的最大可能范围$Pr(|\hat{\theta}-\theta|\leqslant d)=1-\alpha$，允许误差越小，表明人们就越相信抽样结果接近于“真实”。S^2为总体方差，总体方差S^2未知时，一般用样本方差s^2替代。在比例估计中，若P为总体比例，则总体方差S^2计算公式为$P(1-P)$。N为总体规模，当总体规模很大（N大于10 000）时，总体规模N对样本量n的影响较小，样本量n接近于n_0。

【例题】拥有工商管理学士学位的大学毕业生年薪的标准差大约为2 000元，假定想要估计年薪95%的置信区间，允许的估计误差不超过400元，应抽取多大的样本量？

$u_\alpha^2=1.96^2$，$d^2=400^2$，$S^2=2\ 000^2$

$$n_0=\frac{u_\alpha^2}{d^2}S^2=\frac{1.96^2}{400^2}\times 2\ 000^2=96.04\approx 97(\text{人})$$

如果允许的估计误差不超过500元，则应抽取的样本量为：

$$n_0=\frac{u_\alpha^2}{d^2}S^2=\frac{1.96^2}{500^2}\times 2\ 000^2=61.465\ 6\approx 62(\text{人})$$

随着样本量的增大，增加同等样本量所增加的精度幅度呈下降趋势。

第二十五章　时间序列

知识脉络

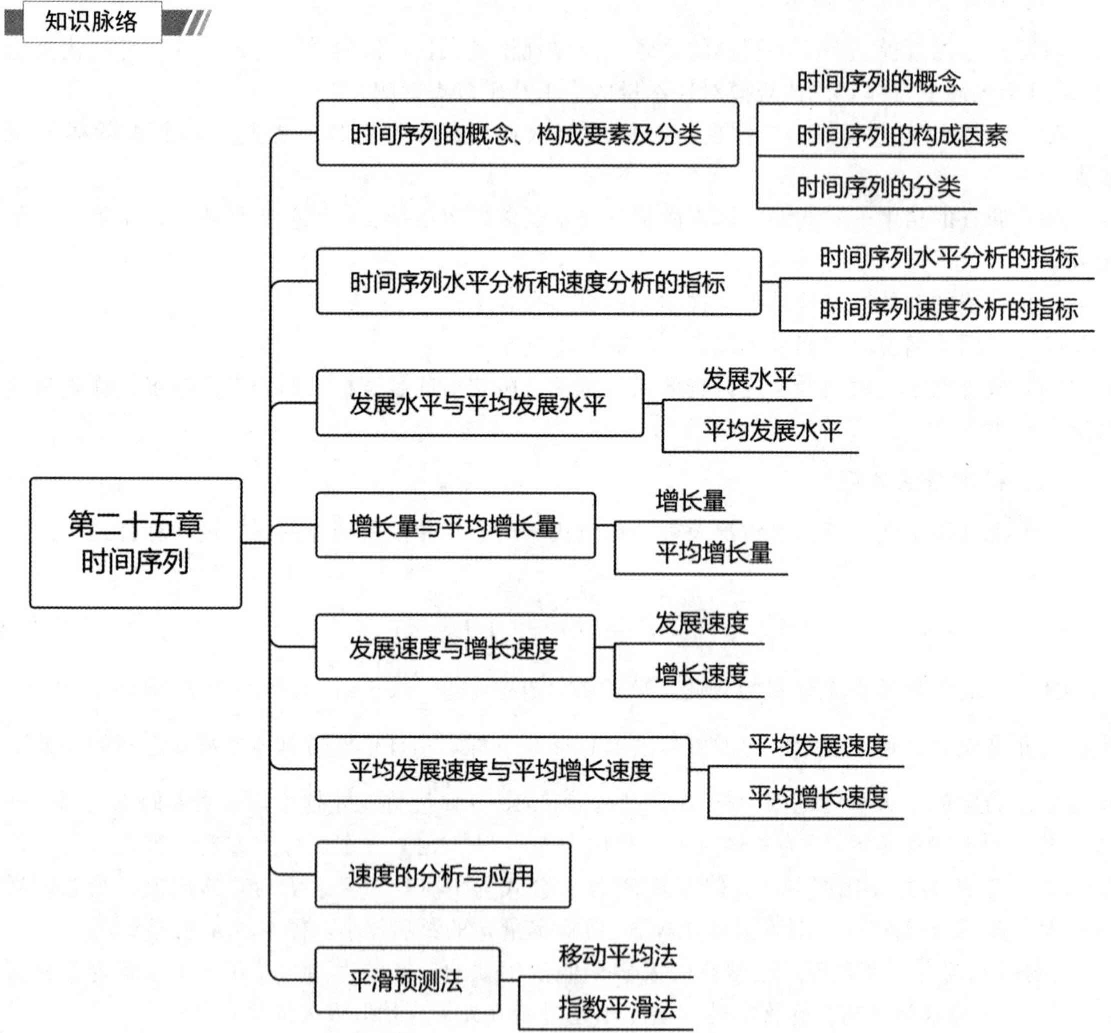

考点1　时间序列的概念、构成要素及分类★★

一、时间序列的概念

时间序列（又称动态数列），是将各个不同时间上的某一统计指标数值按时间先后顺序编制而形成的序列。

二、时间序列的构成因素

（1）所属时间——被研究对象所属时间。

（2）指标值——反映一定时间条件下的某种现象的数量特征。

同一时间序列中，各指标值的时间单位一般要求相等，可以是年、季、月、日。

三、时间序列的分类

时间序列按照其构成要素中统计指标值的表现形式，可分为：

（1）绝对数时间序列（统计指标值是绝对数）。根据指标值的时间特点又分为：①时期序列：每一指标值反映现象在一定时期内发展的结果。如某年的 GDP；②时点序列：每一指标值反映现象在一定时点上的瞬间水平。如年底职工数量。

（2）平均数时间序列（统计指标值是平均数）。如人均 GDP。

（3）相对数时间序列（统计指标值是相对数）。如男、女人口的比重。

小试牛刀

［单选题］我国 2014—2019 年期间最终消费支出对国内生产总值增长贡献率的时间序列见表 25-1。

表 25-1　我国 2014—2019 年期间最终消费支出对国内生产总值增长贡献率的时间序列

年份	2014 年	2015 年	2016 年	2017 年	2018 年	2019 年
最终消费支出对国内生产总值增长贡献率（%）	61.9	54.9	47.0	48.8	59.7	66.5

按时间序列的分类，该时间序列属于（　　）。

A. 平均数时间序列　　B. 时点序列　　C. 相对数时间序列　　D. 时期序列

［解析］统计指标值是相对数的时间序列，即为相对数时间序列。

［答案］C

考点 2　时间序列水平分析和速度分析的指标★★

一、时间序列水平分析的指标

时间序列的水平分析指标包括：发展水平、平均发展水平、增长量和平均增长量。

二、时间序列速度分析的指标

时间序列的速度分析指标包括：发展速度、平均发展速度、增长速度和平均增长速度。

小试牛刀

［多选题］下列的时间序列分析指标中，用于水平分析的有（　　）。

A. 发展水平　　B. 发展速度　　C. 平均发展水平　　D. 平均增长速度

E. 平均增长量

［解析］A、C、E 三项属于水平分析指标，B、D 两项属于速度分析指标。

［答案］ACE

考点③ 发展水平与平均发展水平★★

一、发展水平

（一）发展水平的概念

发展水平是时间序列中对应于具体时间的指标数值。

假设时间序列以 y_0，y_1，y_2，…，y_{n-1}，y_n 表示，该时间序列中的每一项指标值（如 y_0，y_1）都是一个发展水平，其中，第一项的指标值 y_0 称为最初水平；第二项到第（$n-1$）项的指标值（y_1，y_2，…，y_{n-1}）称为中间水平；第 n 项即最后一项的指标值 y_n 称为最末水平。

（二）基期水平和报告期水平

按照各期指标值在计算动态分析指标时的作用可分为基期水平和报告期水平。

（1）基期水平，是作为对比的基础时期的水平；基期水平可以选择为报告期前一期的水平，也可以选择为某一固定时期的水平（一般是选择最初水平 y_0）。

（2）报告期水平，是所要反映与研究的那一时期的水平。

二、平均发展水平

平均发展水平又称为序时平均数或动态平均数，是根据时间数列中不同时期（或时点）上的发展水平计算的平均数，它能够概括性地描述现象在一段时期内所达到的一般水平。

（一）绝对数时间序列序时平均数的计算公式

绝对数时间序列序时平均数的计算公式见表 25-2。

表 25-2　绝对数时间序列序时平均数的计算公式

<table>
<tr><th>序列</th><th colspan="2">具体类别</th><th>序时平均数的计算</th></tr>
<tr><td>时期序列</td><td colspan="2">—</td><td>简单算术平均数，公式为：
$\bar{y}=\frac{y_1+y_2+\cdots+y_n}{n}=\frac{\sum_{i=1}^{n}y_i}{n}$</td></tr>
<tr><td rowspan="4">时点序列</td><td rowspan="2">连续时点（以天为最小时间单位，1天看作一个时点）</td><td>逐日登记且逐日排列</td><td>简单算术平均数（公式同上）</td></tr>
<tr><td>指标值变动时才记录</td><td>加权算术平均数（权数为每一指标值的持续天数），公式为：
$\bar{y}=\frac{y_1f_1+y_2f_2+\cdots+y_nf_n}{f_1+f_2+\cdots+f_n}=\frac{\sum_{i=1}^{n}y_if_i}{\sum_{i=1}^{n}f_i}$</td></tr>
<tr><td rowspan="2">间断时点</td><td>间隔时间相等</td><td>两次平均：两次均为简单算术平均，公式为：
$\bar{y}=\frac{\frac{y_1+y_2}{2}+\frac{y_2+y_3}{2}+\cdots+\frac{y_{n-1}+y_n}{2}}{n-1}$</td></tr>
<tr><td>间隔时间不相等</td><td>两次平均：第一次简单算术平均；第二次加权算术平均（权数为间隔时间长度），公式为：
$\bar{y}=\frac{\frac{y_1+y_2}{2}f_1+\frac{y_2+y_3}{2}f_2+\cdots+\frac{y_{n-1}+y_n}{2}f_{n-1}}{\sum_{i=1}^{n-1}f_i}$</td></tr>
</table>

（二）相对数或平均数时间序列序时平均数的计算

分别求出分子指标和分母指标时间序列的序时平均数，然后再进行对比，用公式表示为：

$$\bar{y}=\frac{\bar{a}}{\bar{b}}$$

小试牛刀

[单选题] 某个培训班 2 月 1 日人数为 20 人，2 月 2 日为 26 人，2 月 3 日为 28 人，2 月 4 日为 30 人。该培训班平均人数为（　　）人。

A. 22　　B. 26

C. 27　　D. 28

[解析] 本题所给材料是连续时点时间序列，逐日登记且逐日排列。采用简单算术平均数来计算。平均人数 $=\frac{20+26+28+30}{4}=26$(人)。

[答案] B

[单选题] 某超市 2019 年 6 月某商品的库存记录见表 25-3，该商品的 6 月平均日库存量是（　　）台。

表 25-3　某超市 2019 年 6 月某商品的库存记录

日期	1—8 日	9—13 日	14—25 日	26—30 日
库存量（台）	55	60	40	50

A. 49　　B. 40　　C. 45　　D. 50

[解析] 本题所给材料是连续时点时间序列，且指标值变动才登记的情况。采用一次加权平均法来计算。平均库存量 $=\frac{55\times8+60\times5+40\times12+50\times5}{8+5+12+5}=49$(台)。

[答案] A

[单选题] 某企业职工人数资料（单位：人）见表 25-4。

表 25-4　某企业职工人数资料

时间	3 月 31 日	4 月 30 日	5 月 31 日	6 月 30 日
职工人数	2 000	2 500	2 300	2 200

该企业 3—6 月份平均职工人数为（　　）人。

A. 2 350　　B. 2 200　　C. 2 250　　D. 2 300

[解析] 本题所给材料是间断时点的时间序列，且间隔时间相等，每次登记的间隔都是 1 个月，采用两次平均法计算（两次都用简单算术平均）。也可以采用首尾折半法。平均职工人数＝［（2 000＋2 500）/2＋（2 500＋2 300）/2＋（2 300＋2 200）/2］/3＝2 300（人）。

[答案] D

[单选题] 某行业 2009 年至 2019 年的职工数量（年底数）的记录见表 25-5。

表 25-5　某行业 2009 年至 2019 年的职工数量（年底数）

年份	2009 年	2011 年	2016 年	2019 年
职工人数（万人）	1 000	1 400	1 500	1 300

则该行业2009年至2019年平均每年职工人数为（　　）万人。

A. 1 300　　B. 1 325

C. 1 333　　D. 1 385

[解析] 本题所给材料是间断时点的时间序列，且间隔时间不相等，采用两次平均法计算（第一次用简单算术平均，第二次用加权算术平均）。计算如下：

$$平均职工人数=\frac{\frac{1\,000+1\,400}{2}\times 2+\frac{1\,400+1\,500}{2}\times 5+\frac{1\,500+1\,300}{2}\times 3}{2+5+3}=1\,385(万人)。$$

[答案] D

考点4 增长量与平均增长量★★

一、增长量

增长量的公式为：

$$增长量=报告期水平-基期水平$$

增长量反映报告期比基期增加或减少的绝对数量。

根据基期的不同，增长量分为逐期增长量和累计增长量。

(1)逐期增长量＝报告期水平－前一期水平。

(2)累计增长量＝报告期水平－某一固定时期水平（通常是时间序列最初水平）。

【特别注意】同一时间序列中，累计增长量等于相应时期逐期增长量之和。

二、平均增长量

平均增长量的公式为：

$$平均增长量=\frac{逐期增长量的和}{逐期增长量的个数}=\frac{累计增长量}{时间序列项数-1}$$

由上面的公式可知，平均增长量是时间序列中逐期增长量的序时平均数，表明现象在一定时段内平均每期增加或减少的数量。

小试牛刀

[多选题] 关于增长量的说法，正确的有（　　）。

A. 增长量是报告期发展水平与基期发展水平之差

B. 累计增长量是报告期水平与某一固定时期水平之差

C. 逐期增长量是报告期水平与前一期水平之差

D. 同一时间序列中，累计增长量等于相应时期内逐期增长量的乘积

E. 平均增长量是时间序列中逐期增长量的序时平均数

[解析] 同一时间序列中，累计增长量等于相应时期内逐期增长量之和，D项错误。

[答案] ABCE

考点5 发展速度与增长速度★★★

一、发展速度

发展速度的公式为：

$$发展速度=\frac{报告期水平}{基期水平}$$

发展速度反映报告期水平已发展到基期水平的几倍或几分之几。

根据基期的不同，发展速度分为环比发展速度和定基发展速度。

（1）环比发展速度的公式为：

$$环比发展速度(b_i)=\frac{报告期水平(y_i)}{报告期前一期水平(y_{i-1})}$$

（2）定基发展速度的公式为：

$$定基发展速度(a_i)=\frac{报告期水平(y_i)}{某一固定时期水平(y_0)(一般是最初水平)}$$

【特别注意】相应时期的环比发展速度等于两个相邻时期定基发展速度的比率，即"环比定基比"。定基发展速度等于相应时期内各环比发展速度的连乘积，即"定基环比积"。

【举例】以 2016 年为基期，某国 2018 年、2019 年广义货币供应量的定基发展速度分别是 137.4%和 164.3%，则 2019 年与 2018 年相比的环比发展速度是多少？

根据口诀"环比定基比"即两个相邻时期定基发展速度的比率等于相应时期的环比发展速度，可得，2019 年与 2018 年环比发展速度＝2019 年定基发展速度÷2018 年定基发展速度＝164.3%÷137.4%≈119.6%。

二、增长速度

增长速度的公式为：

$$增长速度=\frac{报告期增长量}{基期水平}=\frac{报告期水平-基期水平}{基期水平}=发展速度-1$$

增长速度反映报告期水平比基期水平增长或降低了几倍或百分之几。

根据基期的不同，增长速度分为环比增长速度和定基增长速度。

（1）环比增长速度（计算时增长量用逐期增长量）的公式为：

$$环比增长速度=\frac{逐期增长量}{报告期前一期水平}=环比发展速度-1$$

（2）定基增长速度（计算时增长量用累计增长量）的公式为：

$$定基增长速度=\frac{累计增长量}{某一固定时期水平(一般是最初水平)}=定基发展速度-1$$

【特别注意】定基增长速度与环比增长速度之间并没有直接的关系，它们之间的推算，必须要通过定基发展速度与环比发展速度之间的关系才行。

【举例】已知某地区 2015—2019 年社会消费品零售总额的环比增长速度分别为 4%、6%、9%、10%，则这一时期该地区社会消费品零售总额的定基增长速度是多少？

定基增长速度与环比增长速度之间的推算，要先求环比发展速度和定基发展速度，环比发展速度＝环比增长速度＋1，根据口诀"定基环比积"，可知，定基发展速度＝相应时期内各环比发展速度的连乘积＝（1＋4%）×（1＋6%）×（1＋9%）×（1＋10%），根据公式：定基增长速度＝定基发展速度－1，可得定基增长速度＝（104%×106%×109%×110%）－1≈32.18%。

小试牛刀

［**多选题**］关于发展速度与增长速度的说法，正确的有（　　）。

A. 两个相邻时期定基发展速度的比率等于相应时期的环比发展速度

B. 定基增长速度与环比增长速度之间的推算，必须通过定基发展速度和环比发展速度才能进行

C. 两个相邻时期定基增长速度的比率等于相应时期的环比增长速度

D. 定基增长速度等于相应时期内各环比增长速度的连乘积

E. 定基发展速度等于相应时期内各环比发展速度的连乘积

［**解析**］两个相邻时期定基发展速度的比率等于相应时期的环比发展速度，C项错误。定基发展速度等于相应时期内各环比发展速度的连乘积，D项错误。

［**答案**］ABE

考点6 平均发展速度与平均增长速度★★

一、平均发展速度

平均发展速度，是一定时期内各期环比发展速度的序时平均数，反映现象在一定时期内逐期发展变化的一般程度。目前，一般采用几何平均法来计算平均发展速度，计算公式为：

$$\bar{b}=\sqrt[n]{\prod_{i=1}^{n} b_i}=\sqrt[n]{\frac{y_n}{y_0}}$$

式中，b_i 表示环比发展速度，n 表示环比发展速度的时期数，也就是时间序列项数减1，$\prod_{i=1}^{n} b_i$ 表示环比发展速度的连乘 。

二、平均增长速度

平均增长速度的计算公式为：

平均增长速度＝平均发展速度－1

平均增长速度反映现象在一定时期内逐期增长或降低的一般程度。

【特别注意】平均增长速度是通过它与平均发展速度之间的数量关系求得，不能根据一定时期的总增长速度计算，也不能根据各期的环比增长速度得到。

小试牛刀

［**多选题**］关于平均增长速度的说法，正确的有（　　）。

A. 平均增长速度＝平均发展速度－1

B. 平均增长速度可以根据一定时期的总增长速度直接计算

C. 平均增长速度反映的是现象在一定时期内逐期增长（降低）变化的一般程度

D. 时间序列中的指标值出现0或负数时不宜计算平均增长速度

E. 平均增长速度可以由各期的环比增长速度直接求得

[**解析**] 平均增长速度既不能由各期的环比增长速度求得，也不能根据一定时期的总增长速度计算，平均增长速度是通过它与平均发展速度之间的数量关系求得，B、E两项错误。

[**答案**] ACD

考点7 速度的分析与应用★★

一、速度指标在实际应用时的注意事项

(1) 当时间序列中的指标值为负数或出现零时，适宜直接用绝对数，不宜计算速度。

(2) 速度指标的数值与基数的大小关系密切。运用环比增长速度反映现象增长的快慢时，因各期的基数不同，一般需要结合"增长1%的绝对值"这一水平指标进行分析。

二、"增长1%的绝对值"指标

(1)"增长1%的绝对值"的计算公式为：

$$\text{增长}1\%\text{的绝对值}=\frac{\text{逐期增长量}}{\text{环比增长速度}}=\frac{y_i-y_{i-1}}{\frac{y_i-y_{i-1}}{y_{i-1}}\times 100}=\frac{y_{i-1}}{100}$$

(2) 在运用这个公式进行实际计算的时候，要特别注意以下几点：①环比增长速度是相对数（一般是百分数），所以在计算的时候，环比增长速度（即分母指数）乘以100，还原为绝对数，这样才能与分子逐期增长量进行比较；②增长1%的绝对值是报告期前一期发展水平的1%。反映同样的增长速度，在不同时间条件下所包含的绝对水平。

【**举例**】我国国内旅游总花费2018年为51 278.3亿元，2017年为45 660.7亿元，2018年国内旅游总花费增长1%的绝对值是多少？

根据"增长1%的绝对值"的计算公式，2018年国内旅游总花费增长1%的绝对值=2017年旅游总花费45 660.7×1%=456.607（亿元）。

小试牛刀

[**多选题**] 在对时间序列进行速度分析时，应注意的事项有（　　）。

A. 不宜采用几何平均法计算平均发展速度

B. 不需要结合水平指标进行分析

C. 速度指标数值与基数大小有密切关系

D. 时间序列指标值出现负数时不宜计算速度

E. 时间序列指标值出现0时不宜计算速度

[**解析**] 在应用速度分析实际问题时，须防止误用乃至滥用的现象，应注意：①当时间序列中的指标值出现0或负数时，不宜计算速度；②速度指标的数值与基数的大小有密切关系。

[**答案**] CDE

考点8 平滑预测法★★

平滑预测法即平滑法，是以"消除"时间序列的不规则成分所引起的随机波动为目的，适合于没有明显的趋势、季节波动和循环的平稳时间序列的预测，对数据的要求最低，简单易

用，是一种特殊的平均方法，通常对于近期（比如下一期）的预测具有较高的精度。平滑预测法包括移动平均法和指数平滑法等。

一、移动平均法

移动平均法，是使用时间数列中最近 k 期数据值的平均数（$\bar{Y}_t$）作为下一期（即 $t+1$ 期）的预测值（F_{t+1}）。

对于移动间隔为 $k(1<k<t)$，第 $t+1$ 期的简单移动平均预测值的计算公式为：

$$F_{t+1}=\bar{Y}_t=\frac{Y_{t-k+1}+Y_{t-k+2}+\cdots+Y_{t-1}+Y_t}{k}$$

【举例】企业某设备 1～6 周期的实际销售量分别为 500 台、510 台、480 台、600 台、600 台、630 台。采用移动平均法计算，取 $k=3$，则第 7 周期的销售量的预测值为多少台？

根据题意，本题采用移动平均法计算，即用最近 k 个周期实际销售量的算术平均值作为下期的预测销售量。$k=3$，则取第 4，5，6 期的值，则第 7 周期的销售量的预测值＝（600＋600＋630）÷3＝610（台）。

二、指数平滑法

指数平滑法，是利用过去时间序列值的加权平均数作为预测值。具体来讲，指数平滑法是把第 t 期实际观察值（Y_t）与第 t 期预测值（F_t）的加权平均值作为第 $t+1$ 期的预测值（F_{t+1}），观测值离预测时期越久远，其权重也变得越小，呈现出指数下降，故称为指数平滑。

若权重或平滑系数 α（取值范围为 $0<\alpha<1$），第 $t+1$ 期的指数平滑预测值的计算公式为：

$$F_{t+1}=\alpha Y_t+(1-\alpha)F_t$$

【举例】已知某国居民消费价格指数 2015 年、2016 年、2017 年、2018 年分别为 103.3，105.4，102.6，102.6，指数平滑预测值分别为 100.6，102.8，104.9，103.1，应用指数平滑法，选取平滑系数 $a=0.8$，可预测得到 2019 年的居民消费价格指数是多少？

根据指数平滑法的计算公式，2014 年的预测值为：

$F_{2019}=0.8\times Y_{2018}+(1-0.8)\times F_{2018}=0.8\times 102.6+0.2\times 103.1=102.7$。

小试牛刀

［单选题］如果以 Y_t 表示第 t 期实际观测值、F_t 表示第 t 期指数平滑预测值、α 表示平滑系数，则指数平滑预测法的计算公式为（　　）。

A. $F_{t+1}=\alpha F_t+(1-\alpha)Y_{t+1}$

B. $F_{t+1}=\alpha Y_t+(1-\alpha)F_t$

C. $F_{t+1}=\alpha(F_t+Y_t)$

D. $F_{t+1}=\alpha F_t$

［解析］指数平滑预测法的计算公式为：$F_{t+1}=\alpha Y_t+(1-\alpha)F_t$。

［答案］B

第二十六章　相关与回归分析

知识脉络

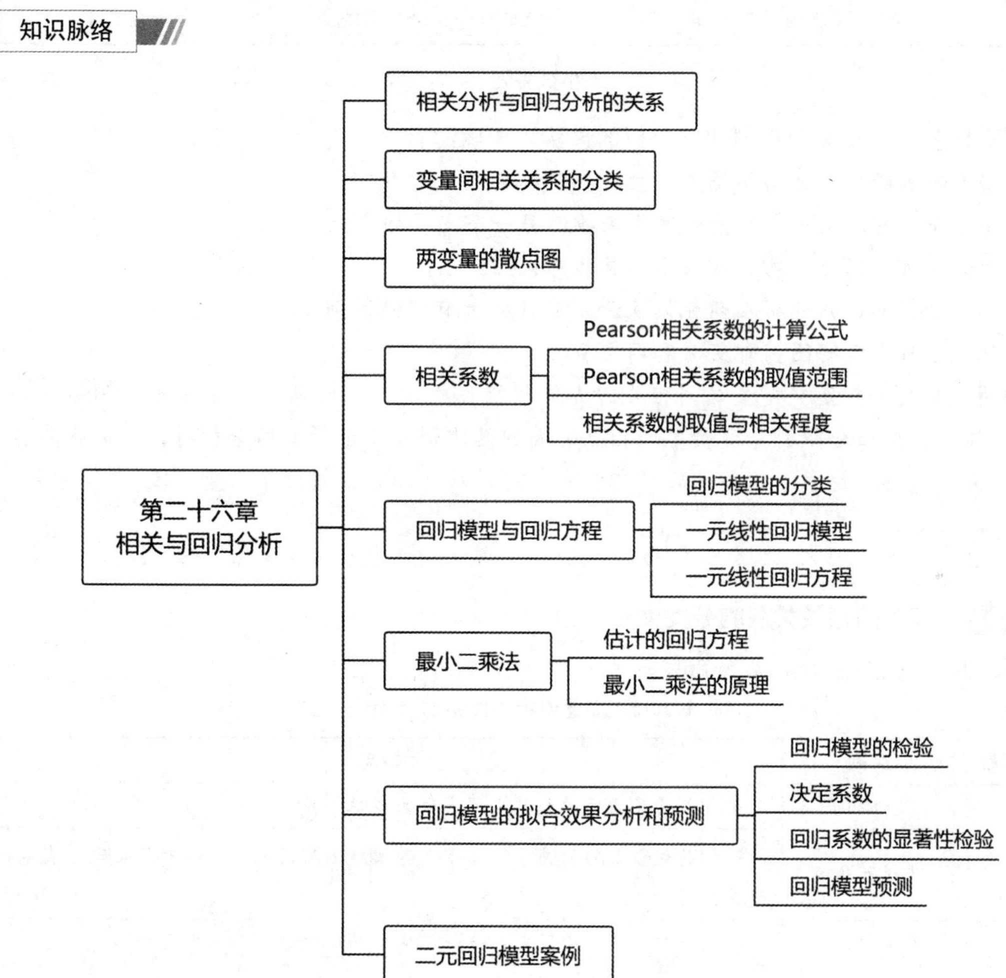

考点1 相关分析与回归分析的关系★

相关分析与回归分析的关系见表 26-1。

表 26-1　相关分析与回归分析的关系

项目	具体内容
联系	具有共同的研究对象，而且在具体应用时，二者经常必须互相补充。回归分析需要依靠相关分析来表明现象数量变化的相关程度，相关分析需要依靠回归分析来表明现象数量相关的具体形式

续表

项目	具体内容	
区别	相关分析和回归分析在研究目的和研究方法上有明显区别	
	相关分析	研究变量之间相关的方向和相关程度，不能从一个变量来推测另一个变量的变化情况 【特别注意】相关关系并不等同于因果关系
	回归分析	回归分析是研究变量间相互关系的具体形式，通过测定具有相关关系的变量间的数量联系，确定一个相关的数学方程式，根据方程式从已知量来推测未知量，从而为估算和预测提供了一个重要方法。进行回归分析时，首先需要确定自变量和因变量

小试牛刀

［多选题］关于相关分析和回归分析的说法，正确的有（　　）。

A. 相关分析研究变量间相关的方向和相关程度

B. 相关分析可以从一个变量的变化来推测另一个变量的变化

C. 回归分析研究变量间相互关系的具体形式

D. 相关分析和回归分析在研究方法和研究目的上有明显区别

E. 相关分析中需要明确自变量和因变量

［解析］相关分析研究变量之间相关的方向和相关程度，不能从一个变量来推测另一个变量的变化情况。回归分析研究变量之间相互关系的具体形式，进行回归分析时，首先确定因变量和自变量，通过确定一个相关的数学方程式，可以从已知量来推测未知量。B、E 两项错误。

［答案］ACD

考点 2 变量间相关关系的分类★★

变量间相关关系的分类见表 26-2。

表 26-2　变量间相关关系的分类

分类标准	类别	概念
相关形式	线性相关	两个相关变量之间的关系大致呈现为线性关系
	非线性相关	两个相关变量之间的关系近似于某种曲线方程的关系，而不是表现为直线的关系
相关方向	正相关	一个变量的取值由小变大，另一个变量的取值也相应由小变大
	负相关	一个变量的取值由小变大，另一个变量的取值反而由大变小
相关程度	不相关	两个变量的取值变化彼此互不影响
	完全相关	一个变量的取值变化完全由另一个变量的取值变化所确定
	不完全相关	两个变量之间的关系介于完全相关和不相关之间，这是一般情况

小试牛刀

［多选题］关于相关关系的说法，正确的有（　　）。

A. 完全相关是指一个变量的取值变化完全由另一个变量的取值变化所确定

B. 相关关系等同于因果关系

C. 正相关是指一个变量的取值随着另一个变量的取值增大而增大

D. 不相关是指两个变量的取值变化彼此互不影响

E. 相关关系等同于函数关系

［解析］相关关系不等同于因果关系，也不等同于函数关系，B、E 两项错误。

［答案］ACD

考点3 两变量的散点图★★

对于两个定量变量之间的相关分析，经常采用的描述方法是散点图和相关系数统计量。

在散点图中，每个点代表一个观测值，横纵坐标值分别代表两个变量相应的观测值。一般横坐标值表示变量 X 的观测值，纵坐标值表示变量 Y 的观测值。具体图形见图 26-1。

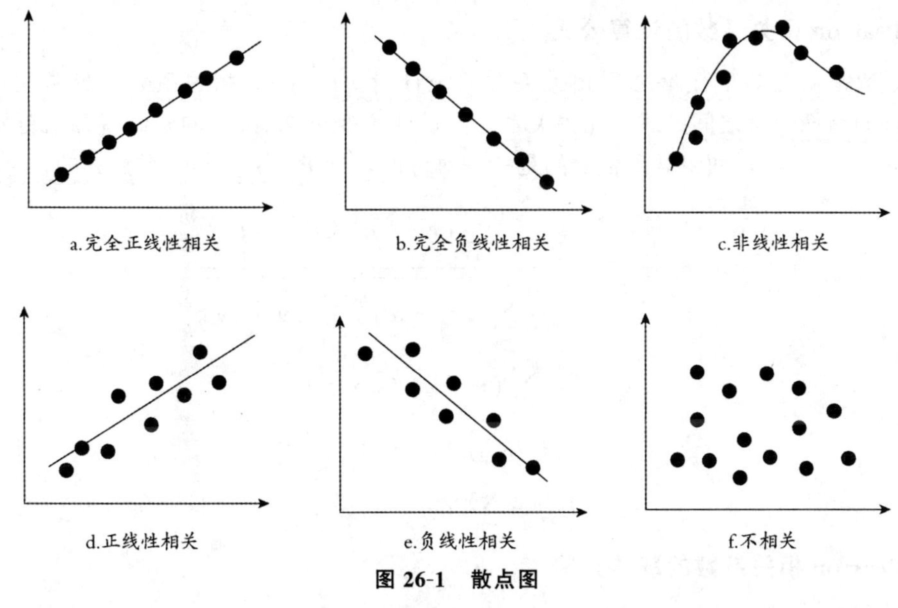

图 26-1 散点图

小试牛刀

［多选题］根据变量 X 和变量 Y 的散点图 26-1，可以看出图 26-2 这两个变量间的相关关系为（ ）。

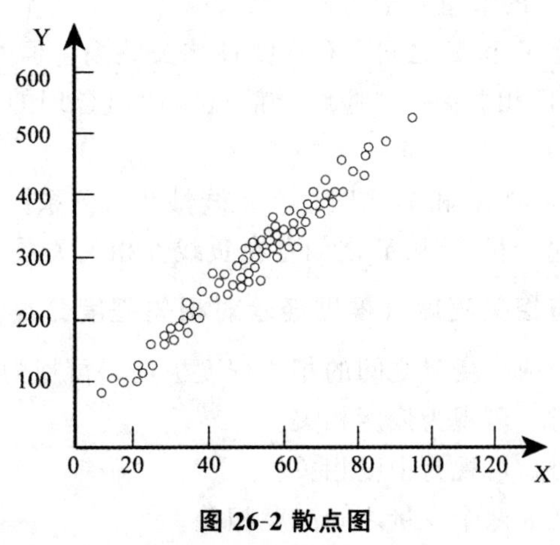

图 26-2 散点图

A. 正相关　　　　B. 不相关

C. 负相关　　　　D. 线性相关

E. 完全相关

［解析］从图 26-2 上看，X 的取值由小变大，Y 的取值也相应由小变大，两个相关变量之间的关系大致呈现为线性关系，可以看出这两个变量间的相关关系为正相关、线性相关。当一个变量的取值变化完全由另一个变量的取值变化所确定时，称这两个变量间的关系为完全相关。所以，从图形上看，这两个变量间的相关关系为不完全相关。

［答案］AD

考点4 相关系数★★★

一、Pearson 相关系数的计算公式

相关系数是研究两个变量之间相关关系的统计量。Pearson 相关系数是最常用的相关系数，它度量的是两变量之间的线性相关关系。假设两个变量 X 和 Y 的 n 组观测值分别为 x_i，y_i，$i=1, 2, \cdots, n$，两组观测值之间是一一对应的，则 Pearson 相关系数 r 的计算公式为：

$$r=\frac{L_{xy}}{\sqrt{L_{xx}L_{xy}}}=\frac{\sum_{i=1}^{n}(x_i-\bar{x})(y_i-\bar{y})}{\sqrt{\sum_{i=1}^{n}(x_i-\bar{x})^2\sum_{i=1}^{n}(y_i-\bar{y})^2}}$$

$$L_{xy}=\sum(x-\bar{x})(y-\bar{y})$$

$$L_{xx}=\sum(x-\bar{x})^2$$

$$L_{yy}=\sum(y-\bar{y})^2$$

二、Pearson 相关系数的取值范围

Pearson 相关系数的取值范围在－1 和＋1 之间，即 $-1\leqslant r\leqslant 1$。

（1）若 $r=1$，表明变量 X 和 Y 之间为完全正线性相关。

（2）若 $r=-1$，表明变量 X 和 Y 之间为完全负线性相关。

若 $|r|=1$，表明变量 Y 的取值完全依赖于 X。

（3）若 $r=0$，说明变量 X 和 Y 之间不存在线性相关关系，但并不说明变量之间没有任何关系，比如，可能存在非线性相关关系，应结合散点图做出合理的解释（Pearson 相关系数只适用于线性相关关系的判断）。

（4）若 $0<r\leqslant 1$，表明变量 X 和 Y 之间存在正线性相关关系。

（5）若 $-1\leqslant r<0$，表明变量 X 和 Y 之间存在负线性相关关系。

三、相关系数的取值与相关程度（根据经验对相关程度分类）

（1）$|r|<0.3$ 时，说明两个变量之间的相关程度极弱，可视为无线性相关关系。

（2）$0.3\leqslant|r|<0.5$ 时，可视为低度相关。

（3）$0.5\leqslant|r|<0.8$ 时，可视为中度相关。

（4）$|r|\geqslant 0.8$ 时，可视为两个变量之间高度相关。

小试牛刀

[单选题] 在相关分析中，如果两个变量间 Pearson 相关系数 $r=0$，这表示（　）。

A. 两个变量间不存在线性相关关系　　B. 两个变量间没有任何相关关系

C. 两个变量间存在中度相关关系　　D. 两个变量间存在非线性相关关系

[解析] 当 $r=0$ 时，说明两个变量之间不存在线性相关关系，但并不说明变量之间没有任何关系。

[答案] A

[多选题] 根据 2010—2017 年的统计数据，我国国内生产总值和农村贫困人口规模的相关系数 $r=-0.975$。关于这两个变量相关关系的说法，正确的有（　）。

A. 两个变量之间存在正相关关系　　B. 两个变量之间不存在线性相关关系

C. 两个变量之间完全相关　　D. 两个变量之间高度相关

E. 两个变量之间存在负相关关系

[解析] 因为相关系数 r 为 -0.975，在 -1 到 0 之间，且绝对值大于 0.8，所以两个变量之间存在负相关关系，且可视为两个变量之间高度相关，D、E 两项正确。

[答案] DE

考点 5 回归模型与回归方程★★★

一、回归模型的分类

回归分析，是根据相关关系的具体形态，选择一个合适的数学模型，来近似地表达变量间的依赖关系。进行回归分析时，首先应确定因变量和自变量，被预测或被解释的变量称为因变量，一般用 Y 表示；用来预测或解释因变量的变量称为自变量，一般用 X 表示。

根据回归模型是否线性，回归模型可以分为线性回归模型和非线性回归模型。

根据自变量的多少，回归模型可以分为一元回归模型和多元回归模型。

一元线性回归模型，只涉及一个自变量，是描述两个变量之间相关关系的最简单的回归模型。

二、一元线性回归模型

一元线性回归模型的形式为：

$$Y=\beta_0+\beta_1 X+\varepsilon$$

式中，β_0 和 β_1 为模型的参数，ε 为模型的误差项。

(1) 误差项 ε 是个随机变量，表示除 X 和 Y 的线性关系之外的随机因素对 Y 的影响，是不能由 X 和 Y 的线性关系所解释的 Y 的变异性。

(2) $(\beta_0+\beta_1 X)$ 反映了由于自变量 X 的变化而引起的因变量 Y 的线性变化。

从回归模型可以看出：因变量 Y 是自变量 X 的线性函数 $(\beta_0+\beta_1 X)$ 加上误差项 ε。

三、一元线性回归方程

描述因变量 Y 的期望 $E(Y)$ 如何依赖自变量 X 的方程称为回归方程。

一元线性回归方程的形式为：

$$E(Y)=\beta_0+\beta_1 X$$

上述方程的图示为一条直线，β_0 为回归直线的截距，β_1 为回归直线的斜率，表示自变量 X 每变动一个单位时，$E(Y)$ 的变动量。

小试牛刀

[单选题] 下列关于回归模型和回归方程的说法中，正确的是（　　）。

A. 一元线性回归方程的形式是 $Y=\beta_0+\beta_1 X+\varepsilon$

B. 回归模型中，误差项 ε 的含义是除 X 和 Y 线性关系之外的随机因素对 Y 的影响

C. 回归模型 $Y=\beta_0+\beta_1 X_1+\beta_2 X_2+\varepsilon$ 是一元线性回归模型

D. 回归模型 $Y=\beta_0+\beta_1 X_1+\beta_2{}^2 X_2{}^2+\varepsilon$ 是线性回归模型

[解析] A 项是一元线性回归模型的形式，一元线性回归方程的形式为：$E(Y)=\beta_0+\beta_1 X$；C 项的回归模型有两个自变量，是多元线性回归模型。D 项的回归模型中，自变量 X_2 是二次幂，属于非线性回归模型。

[答案] B

考点 6 最小二乘法★★★

一、估计的回归方程

一元线性回归方程中的两个待定参数 β_0 和 β_1，是需要根据实际资料（即样本数据）去估计的。如果有 X 和 Y 的 n 组观测值：x_i，y_i，$i=1, 2, \cdots, n$，则根据样本统计量 $\hat{\beta_0}$ 和 $\hat{\beta_1}$ 估计方程中的待定参数 β_0 和 β_1，就可以得到估计的回归方程：

$$\hat{y_i}=\hat{\beta_0}+\hat{\beta_1} x_i (i=1, 2, \cdots, n)$$

估计的回归直线的斜率为 $\hat{\beta_1}$，表示自变量 X 每变动一个单位时，因变量 Y 的平均变动量；估计的回归直线在 Y 轴上的截距为 $\hat{\beta_0}$。

二、最小二乘法的原理

最小二乘法是使因变量的观测值 y_i 与估计值 $\hat{y_i}$ 之间的离差（残差）平方和最小来求得 $\hat{\beta_0}$ 和 $\hat{\beta_1}$ 的方法。根据最小二乘法，使得 $Q=\sum_{i=1}^{n}(y_i-\hat{y_i})^2=\sum_{i=1}^{n}(y_i-\hat{\beta_0}-\hat{\beta_1} x_i)^2$ 最小，可求得：

$$\hat{\beta_1}=\frac{L_{xy}}{L_{xx}}=\frac{\sum_{i=1}^{n}(x_i-\bar{x})(y_i-\bar{y})}{\sum_{i=1}^{n}(x_i-\bar{x})^2}$$

$$\hat{\beta_0}=\frac{\sum_{i=1}^{n} y_i}{n}-\hat{\beta_1}\frac{\sum_{i=1}^{n} x_i}{n}=\bar{y}-\hat{\beta_1}\bar{x}$$

小试牛刀

[单选题] 在回归分析中，估计回归系数的最小二乘法的原理是（　　）。

A. 使得因变量观测值与均值之间的离差平方和最小

B. 使得因变量估计值与均值之间的离差平方和最小

C. 使得因变量观测值与估计值之间的乘积最小

D. 使得因变量观测值与估计值之间的离差平方和最小

[解析] 最小二乘法就是使因变量的观测值与估计值之间的离差平方和最小来求得 $\hat{\beta}_0$ 和 $\hat{\beta}_1$ 的方法。

[答案] D

考点7 回归模型的拟合效果分析和预测★★★

一、回归模型的检验

通常情况下，运用估计的回归方程前要对模型进行以下检验：

(1) 结合经济理论及经验，分析回归系数的经济含义的合理性。

(2) 分析估计的模型对数据的拟合效果。

(3) 对估计的模型进行假设检验。

二、决定系数（R^2）

决定系数（R^2），可以测度回归直线对样本数据的拟合程度，决定系数（R^2）的取值见表26-3。

表 26-3　决定系数 R^2 的取值

决定系数的取值	具体内容
决定系数的取值在 0 到 1 之间	大体上说明了回归模型所能解释的因变量变化占因变量总变化的比例。决定系数越低，越接近于 0，回归直线拟合效果越差；决定系数越高，越接近于 1，模型解释因变量的能力越强，模型的拟合效果越好
决定系数为 0	说明因变量的变化与自变量无关，回归直线无法解释因变量的变化
决定系数为 1	说明回归直线可以解释因变量的所有变化，所有观测点都落在回归直线上

三、回归系数的显著性检验

在大样本假定的条件下，回归系数的最小二乘估计量 $\hat{\beta}_0$ 和 $\hat{\beta}_1$ 渐进服从正态分布，可以用 t 检验方法验证自变量 X 对因变量 Y 的影响是否显著。在一元线性回归中，由于只有一个自变量，因此回归系数检验与线性关系检验是等价的。t 检验采用的是反证法的原理，在原假设 $\hat{\beta}_1=0$（自变量 X 对因变量 Y 没有影响）正确的假定下，基于 $\hat{\beta}_1$ 的抽样分布计算一次抽样情况下得到该样本或更极端样本的概率（P 值），如果 $P<0.05$，则可以在 0.05 的显著性水平下拒绝原假设，认为自变量 X 对因变量 Y 有显著影响，即 $\hat{\beta}_1 \neq 0$。

常见的统计分析软件拟合回归模型时都会给出 t 检验的 P 值，可直接比较 P 值和显著性水平（经常取 0.05），来判断回归模型的自变量对因变量是否有显著影响。

四、回归模型预测

回归分析的一个重要应用就是预测，即利用估计的回归模型预估因变量数值。

小试牛刀

［多选题］利用样本数据拟合城镇居民人均可支配收入 X（单位：元）和人均消费 Y（单位：元）的回归方程，估计方程 $\hat{Y}=1\ 293+0.6X$，R^2 为 0.99，下列说法正确的有（　　）。

A. 城镇居民家庭人均可支配收入每增加 1 元，城镇居民人均消费增加 0.6 元

B. 城镇居民家庭人均可支配收入每增加 1 元，城镇居民人均消费增加 1 293 元

C. 城镇居民可支配收入对人均消费支出的变化的解释能力较差

D. 城镇人均可支配收入可以很好地解释人均消费支出的变化

E. 城镇居民家庭人均可支配收入 X＝20 000 元时，人均消费支出 Y 预估为 13 293 元

［解析］估计方程的回归系数 0.6，表示城镇居民人均可支配收入 X 每增加 1 元，人均消费 Y 的平均增加量为 0.6 元，A 项正确、B 项错误。将 X＝20 000 代入回归方程，$\hat{Y}=1\ 293+0.6\times20\ 000=13\ 293$（元），E 项正确。本题中决定系数 R^2 为 0.99，接近于 1，可以看出回归模型的拟合效果很好，城镇人均可支配收入可以很好地解释人均消费支出的变化，C 项错误、D 项正确。

［答案］ADE

［多选题］关于回归方程决定系数的说法，正确的有（　　）。

A. 决定系数测度回归模型对样本数据的拟合程度

B. 决定系数取值越大，回归模型的拟合效果越差

C. 决定系数等于 1，说明回归模型可以解释因变量的所有变化

D. 决定系数取值在［0，1］之间

E. 如果决定系数等于 1，所有观测点都会落在回归线上

［解析］决定系数取值越大，模型的拟合效果就越好，即模型解释因变量的能力越强，B 项错误。

［答案］ACDE

考点8 二元回归模型案例

多元回归模型在实际应用中，随着自变量个数的增加，即使在有些自变量与因变量完全不相关的情况下，决定系数 R^2 也会增大。为避免因增加自变量个数而高估拟合效果的情况，多元回归模型一般使用修正了自由度的调整后 R^2。调整后 R^2 考虑了自变量个数增加带来的影响，在数值上小于 R^2。

第五部分　会　计

【大纲再现】

1. 会计概论。理解会计的目标，掌握会计要素及其确认计量的基本原则、会计的基本前提、会计信息质量要求的内容，理解会计法规的构成内容。
2. 会计循环。理解会计确认的主要内容和确认标准，掌握会计记录的方法、复式记账法的原理、借贷记账法的记账规则，辨别主要的账务处理程序类型和会计计量属性类型，掌握会计循环的主要环节，区分会计循环各环节主要会计工作。
3. 会计报表。理解会计报表的编制要求，掌握资产负债表、利润表和现金流量表的内容和编制方法，辨别将不同会计项目按照会计报表编制要求进行填列的方法。
4. 会计报表分析。理解会计报表分析的内容，掌握会计报表分析的基本方法，辨别会计报表分析中反映偿债能力、营运能力和盈利能力的主要指标的计算方法。
5. 政府会计。理解政府会计的概念，掌握政府财务会计要素和政府预算会计要素，辨别政府决算报告的概念与政府财务报告的概念。

【大纲解读】

会计部分的考试分值在六部分中排在并列第三位，近些年来一直稳定在21分，其中，单项选择题考11题，每题1分，共11分；多项选择题考5题，每题2分，共10分。

会计这部分主要包括会计的基本知识（会计的目标、会计要素及其确认计量原则、会计的基本前提、会计信息质量要求）、会计循环（会计确认内容与确认标准、会计记录方法、借贷记账法、账务处理程序等）、会计报表（资产负债表、利润表和现金流量表）及其分析（偿债、营运和盈利能力）和政府会计的内容。会计本身自成体系，对于没有会计基础的学员来说，学起来有点费劲。不过，中级经济基础考核的会计内容属于会计的精简版，考题几乎不涉及会计分录，考试难度不大，而且考试重点比较突出，尤其是会计概论以及会计记录方法、财务报表及其分析考查比较多。

在学习的过程中，应做到理解与记忆相结合，对于重点内容力求准确、全面掌握，剩余内容尽量找时间读一读。另外，为了巩固和提高水平，一定要把近几年的考试真题多做几遍，当然也可以多做一些高质量的练习题。会计部分性价比是比较高的，要尽量拿高分，少丢分。

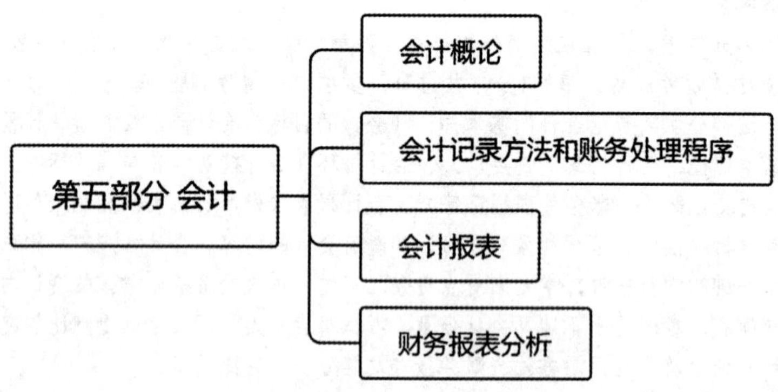
第五部分 会计
会计概论
会计记录方法和账务处理程序
会计报表
财务报表分析

第二十七章　会计概论

知识脉络

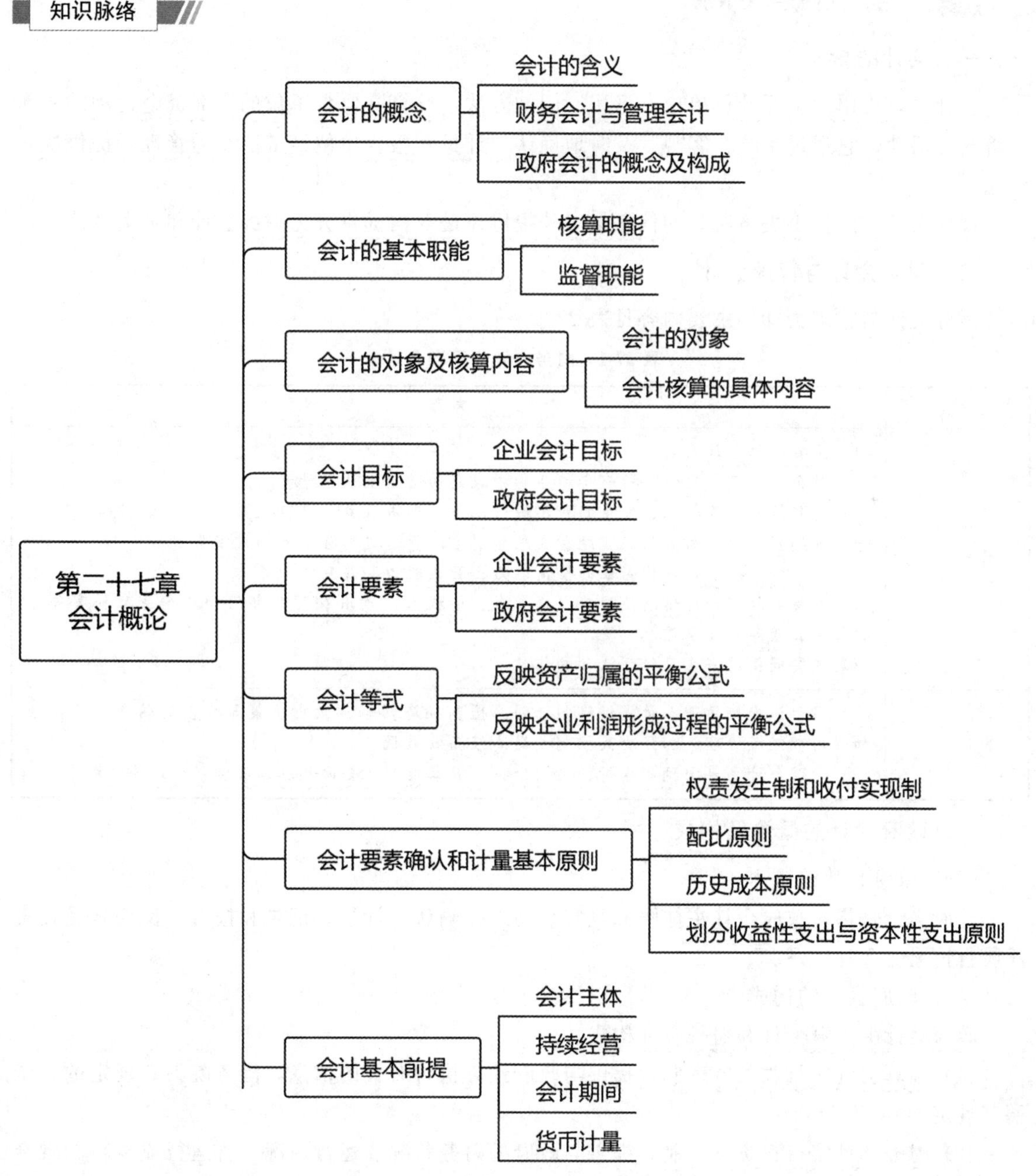

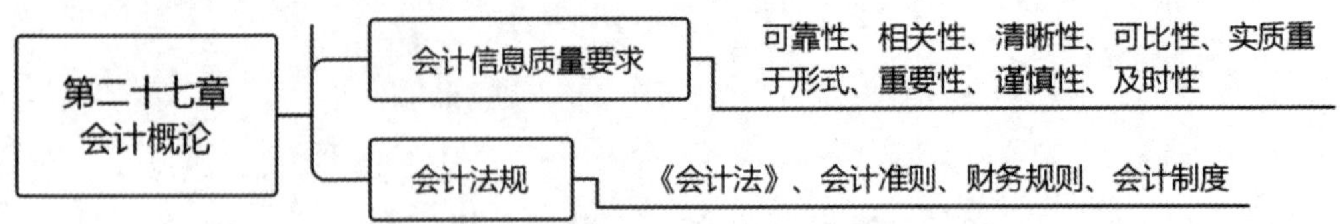

考点① 会计的概念★★★

一、会计的含义

会计是以货币为主要计量单位，运用专门的方法，核算并监督单位的全部资金运动的一种经济管理活动，它通过系统、客观、及时地确认、计量和报告单位经济活动为管理者提供决策信息。

现代会计按照提供决策所需的信息是对外提供还是对内提供分为财务会计和管理会计。

二、财务会计与管理会计

财务会计与管理会计的主要内容见表 27-1。

表 27-1 财务会计与管理会计

分类	内容
财务会计	(1) 主要依据会计准则 (2) 对企业资产、负债、所有者权益的增减变动进行确认、计量 (3) 将取得的营业收入、发生的费用进行记录，形成收益并进行收益分配 (4) 定期将企业的财务状况、经营成果和现金流量通过财务报表形式报告 (5) 通过分析报表，评价企业的偿债能力、营运能力和获利能力等 (6) 主要为外部会计信息使用者（投资者、债权人、政府及有关部门和与企业有利害关系的社会公众等）提供信息 (7) 主要提供过去生产经营活动的信息
管理会计	(1) 用于为内部管理人员提供编制计划、控制经济活动、做出决策等方面的信息，为企业加强内部经营管理、加强决策控制、提高经济效益服务 (2) 管理会计主要由预测分析、决策分析、成本控制、全面预算以及责任会计等构成

三、政府会计的概念及构成

（一）政府会计的概念

政府会计是指对政府会计主体财务收支活动进行确认、计量、记录和报告，反映其受托责任履行情况的会计体系。

（二）政府会计的构成

政府会计由预算会计和财务会计构成。

(1) 预算会计实行收付实现制，提供与政府预算执行有关的信息，国务院另有规定的，依照其规定。

(2) 财务会计实行权责发生制，提供与政府的财务状况、运行情况（含运行成本）和现金流量等有关信息。

小试牛刀

［单选题］政府预算会计记账基础是（　　）。

A. 现金制　B. 永续盘存　C. 权责发生制　D. 收付实现制

［解析］政府会计由预算会计和财务会计构成。预算会计提供与政府预算执行有关的信息，实行收付实现制，国务院另有规定的，依照其规定。财务会计提供与政府的财务状况、运行情况（含运行成本）和现金流量等有关信息，实行权责发生制。

［答案］D

［多选题］下列会计工作中，属于管理会计范畴的有（　　）。

A. 预测分析　B. 会计计量

C. 会计报告　D. 全面预算

E. 责任会计

［解析］管理会计主要包括预测分析、决策分析、全面预算、成本控制和责任会计等内容。

［答案］ADE

考点2 会计的基本职能★★★

会计具有两项基本职能，即核算职能和监督职能。

一、核算职能（最基本的职能）

会计的核算职能是指会计运用一定的方法或程序，利用货币形式从价值量方面确认、计量、记录、报告企业已经发生或完成的客观经济活动情况，为经济管理提供可靠的会计信息。会计核算具有完整性、连续性和系统性的特点。

（一）会计确认

（1）会计确认主要解决的问题有三个：①确定发生的经济业务是否需要确认；②确定何时确认该业务；③确定该业务应计入哪个会计要素。

（2）会计确认的一般标准包括：①通过经济业务活动所产生的被确认的项目的交易性质符合会计要素的要求；②能明确地评估与该项目有关的未来经济利益流入和流出企业的不确定性；③该项目根据计量的属性能够可靠计量。

根据以上标准，在确认收入时：①应当及时确认收入，并坚持权责发生制；②应当按照收入和对应发生的费用配比的要求确认费用；③确认收入和费用时需要按照权责发生制要求来合理确认。

权责发生制是确认收入和费用的基础，也是资产和负债的确认基础。

（二）会计计量（计量问题是会计的核心问题）

会计计量是指为了探明会计要素的实际状况而在会计报表中确认和计量其货币金额的过程。

会计计量包括计量单位（计量尺度）和计量属性（计量基础）两个方面。

会计的计量单位以货币量度为主，以各种实物量度为辅。

会计计量属性主要包括：历史成本、重置成本、现值、可变现净值和公允价值等。

（1）历史成本，又叫原始成本，是指取得或制造某项财物时实际发生的成本。

（2）重置成本，指按照当前市场条件，重新取得同样一项资产所需支付的现金或现金等价物的金额。

（3）现值，指对未来现金流量以恰当的折现率折现后的价值。

（4）可变现净值，指在日常活动中，以预计售价减去进一步加工成本和预计销售所需费用以及相关税费后的净值。资产负债表日，存货按成本与可变现净值孰低计量。

（5）公允价值，指在公平交易中，熟悉情况的交易双方自愿进行资产交换或者债务清偿的金额。

企业对会计要素进行计量时，一般应当采用历史成本，采用重置成本、可变现净值、现值、公允价值计量的，应当保证所确定的会计要素金额能够取得并可靠计量。

（三）会计记录

会计记录是通过账户、会计凭证和账簿等载体，运用复式记账等手段，记录确认和计量的结果，为编制财务会计报告积累数据的过程。

（四）财务会计报告（也叫财务报告）

财务会计报告是指企业对外提供的反映企业在某一特定日期财务状况和某一会计期间经营成果、现金流量等会计信息的文件。

二、监督职能

会计监督职能是指对经济事项发生的全过程，利用预算、检查、考核、分析等手段，对单位的会计核算及其经济活动的真实性、完整性、合规性和有效性进行检查与控制。

会计监督包括事前、事中和事后监督。

小试牛刀

[单选题] 会计的基本职能是（　　）。

A. 核算和监督　　B. 预测和决策

C. 统计和分析　　D. 反映和控制

[解析] 会计的基本职能包括核算和监督。

[答案] A

[单选题] 我国《企业会计准则第 1 号——存货》规定，存货在资产负债表日的计量基础是（　　）。

A. 现值　　B. 成本与可变现净值孰低

C. 公允价值　　D. 历史成本

[解析] 我国《企业会计准则第 1 号——存货》规定，资产负债表日，存货应当按照成本与可变现净值孰低法计量，对可变现净值低于存货成本的差额，应当计提存货跌价准备，计入当期损益。

[答案] B

[多选题] 会计监督的主要手段有（　　）。

A. 检查　　B. 考核　　C. 报告　　D. 预算

E. 记录

[解析] 会计监督的主要手段有预算、检查、考核、分析等，A、B、D 三项属于会计监督的主要手段。会计核算的主要手段有确认、计量、记录、报告等，C、E 两项属于会计核算的

主要手段。

［答案］ABD

考点3 会计的对象及核算内容★★★

一、会计的对象

会计对象即会计的客体，是特定对象以货币表现的经济活动，也叫资金的运动或价值运动，即会计核算和监督的内容。

以工业企业为例，资金运动过程如下：

（1）资金投入（企业所有者投入、企业债权人投入）。

（2）资金的循环与周转（供应过程、生产过程、销售过程）。

资金周转过程：货币资金→储备资金→生产资金→成品资金→货币资金，上述循环过程周而复始的不断循环。

（3）资金的退出（缴纳税金、偿还债务、向投资者分配股利和利润）。

二、会计核算的具体内容

在单位内部发生的各类具有经济影响的事项即为经济事项，如报销差旅费、支付职工工资、计提折旧等。

单位与其他单位和个人之间发生的各种经济利益的交换称为经济业务，也叫经济交易，如销售商品、购买固定资产、上缴税收等。

经济业务事项就是单位在日常生产经营和业务活动中的资金运动，即会计核算的具体内容。根据《中华人民共和国会计法》（以下简称《会计法》）规定，下列经济业务事项，应当办理会计手续，进行会计核算：

（1）款项和有价证券（流动性最强的资产）的收付。

款项主要指现金、银行存款以及银行汇票存款、银行本票存款、信用卡存款、信用证存款等；有价证券是指具有一定价格和代表某种所有权或债权的凭证，如国库券、股票、企业债券等。

（2）财物的收发、增减和使用。

（3）债权、债务的发生和结算。

（4）资本的增减。

（5）收入、支出、费用、成本的计算。

（6）财务成果的计算和处理。

（7）需要办理会计手续、进行会计核算的其他事项。

小试牛刀

［多选题］企业资金的投入一般包括（　　）。

A. 企业所有权得到的分红　　B. 企业上交的税费

C. 企业债权人投入的资金　　D. 企业所有者投入的资金

E. 企业支付工人的工资

［解析］缴纳税金、偿还债务、向投资者分配股利或利润属于资金的退出，A、B 两项属于资金的退出。E 项“企业支付工人的工资”属于资金的循环与周转。

［答案］CD

［单选题］下列会计概念中，属于有价证券的是（　　）。

A. 现金　　B. 国库券

C. 银行存款　　D. 银行汇票存款

［解析］有价证券包括国库券、股票、企业债券等。

［答案］B

考点4 会计目标★

会计工作预期达到的最终结果即为会计目标。

一、企业会计目标

（1）向会计信息使用者提供企业财务状况、经营成果和现金流量等有关的信息，帮助会计信息使用者作出经济决策。

①会计信息的内容：a. 通过资产负债表反映有关企业财务状况的信息；b. 通过利润表反映有关企业经营成果的信息；c. 通过现金流量表反映有关企业现金流量的信息。

②会计信息使用者：a. 企业内部管理人员；b. 外部使用者（投资者；政府及其有关部门；债权人；社会公众；其他使用者，如企业职工、监管部门）。

（2）反映企业管理层的受托责任履行情况，有助于评价企业的经营管理责任以及资源使用的有效性。

二、政府会计目标

政府会计的目标是向使用者提供财务状况、业绩和现金流量的信息，有助于广大使用者对资源分配作出决策以及评价，反映会计主体对受托资源管理责任，提供持续经营所需资源、持续经营所产生资源以及风险和不确定性的信息，有助于使用者预测。

小试牛刀

［多选题］企业财务会计信息的主要内容包括有关（　　）的信息。

A. 财务状况　　B. 经营成果

C. 现金流量　　D. 管理水平

E. 财务人员水平

［解析］企业财务会计信息的主要内容包括有关财务状况、经营成果、现金流量的信息。

［答案］ABC

考点5 会计要素★★★

一、企业会计要素

企业会计要素包括：①资产负债表要素（资产、负债和所有者权益，反映企业财务状况）；②利润表要素（收入、费用和利润，反映企业生产经营成果）。

（一）资产

资产是指企业过去的交易或事项形成的并由企业拥有或者控制的，预期会给企业带来经济

利益的资源。

（1）资产的特征包括：①资产是过去的交易或事项形成的，即必须是现实的资产，而不是预期的资产。如计划购买的机器设备，因尚未购置，不能作为企业的资产。②资产是企业拥有或控制的资源。如企业融资租入的设备属于企业的资产。③资产预期能够直接或间接给企业带来经济利益。如待处理的无价值的报废产品等不能作为企业的资产。

（2）资产的确认条件包括：①要符合资产定义；②与该资源有关的经济利益很可能流入企业；③该资源的成本或者价值能够可靠地计量。

（3）资产的分类见表 27-2。

表 27-2　资产的分类（按流动性划分）

分类	含义	范围
流动资产	资产满足下列条件之一的，应当归类为流动资产： （1）预计在一个正常营业周期中变现、出售或耗用 （2）主要为交易目的而持有 （3）预计在资产负债表日起 1 年内（含 1 年）变现 （4）自资产负债表日起 1 年内，交换其他资产或清偿负债的能力不受限制的现金或现金等价物	货币资金、交易性金融资产、应收票据、应收账款、其他应收款、预付款项、存货等
非流动资产	流动资产以外的资产	长期股权投资、固定资产、在建工程、无形资产、开发支出等

（二）负债

负债是指过去的交易、事项形成的，预期会导致经济利益流出企业的现时义务。

（1）负债的特征包括：①负债是过去的交易活动或本期经济业务所形成的现时义务。企业与供应商签订的在未来可能形成负债的采购合同，在当前不能作为负债。②负债是能够用货币额反映的价值量。③负债预期都会导致经济利益流出企业。

（2）负债的确认条件包括：①符合负债的定义；②与该义务有关的经济利益很可能流出企业；③未来流出的经济利益的金额能够可靠地计量。

（3）负债的分类见表 27-3。

表 27-3　负债的分类（按流动性划分）

分类	内容	范围
流动负债	负债满足下列条件之一的，应当归类为流动负债： ①预计在一个正常营业周期中清偿 ②主要为交易目的而持有 ③自资产负债表日起 1 年内（含 1 年）到期应予以清偿 ④企业无权自主地将清偿推迟至资产负债表日后 1 年以上	短期借款、应付票据、应付账款、应付职工薪酬、应交税费、预收款项、其他应付款等
非流动负债	流动负债以外的负债	长期借款、应付债券等

（三）所有者权益（又称为股东权益）

所有者权益是指资产扣除负债后由所有者享有的剩余收益。

（1）所有者权益的来源包括：①所有者投入的资本；②直接计入所有者权益的利得和损失；③留存收益（历年净利润留存于企业的部分）包括盈余公积和未分配利润。

（2）所有者权益包括：①实收资本（股本）；②资本公积；③盈余公积；④未分配利润。

（四）收入

收入是指企业在日常活动中形成的，会导致所有者权益增加的，与所有者投入资本无关的经济利益的总流入。

（1）收入的特征包括：①收入是企业在日常活动中形成的（销售商品、提供劳务及让渡资产使用权）；②收入最终会导致所有者权益的增加，但与所有者投入资本无关；③收入会导致企业经济利益流入。

（2）收入的确认条件包括：①符合收入定义；②与收入有关的经济利益很可能流入企业；③经济利益流入企业会导致企业资产增加或者负债减少；④经济利益的流入额能够可靠计量。

只有流入本企业的经济利益才属于本企业的收入，为第三方代收的款项不属于本企业收入。

（五）费用

费用是指企业在日常活动中发生的，会导致所有者权益减少的，与向所有者分配利润无关的经济利益的总流出。

（1）费用的特征包括：①费用是企业日常活动中发生的；②费用最终会导致所有者权益的减少，但与向所有者分配的利润无关；③费用会导致经济利益的流出。

（2）费用的确认条件包括：①符合费用的定义；②与费用有关的经济利益很可能流出企业；③经济利益流出企业的结果会导致企业资产减少或者负债增加；④经济利益的流出额能够可靠计量。

（3）费用的构成：①营业费用即狭义的费用，是指发生的与提供商品和劳务有关的各种资产耗费；②工业企业的营业费用包括制造成本和期间费用。

（六）利润

利润是指企业在一定会计期间内的经营成果。

利润包括收入减去费用后的净额、直接计入当期利润的利得和损失等。

利润余额的确定取决于收入和费用、直接计入当期利润的利得和损失金额的计量。

利润项目应当列入利润表。

二、政府会计要素

（一）政府财务会计要素

政府财务会计要素包括资产、负债、净资产、收入和费用。具体内容见表27-4。

资产负债表中列示资产、负债和净资产项目，收入费用表中列示收入和费用项目。

表27-4　政府会计要素

会计要素	含义及分类	
资产	含义	资产是指政府会计主体过去的经济业务或者事项形成的，由政府会计主体控制的，预期能够产生服务潜力或者带来经济利益流入的经济资源
	分类	政府会计主体的资产按照流动性，分为流动资产和非流动资产： (1) 流动资产是指预计在1年内（含1年）耗用或者可以变现的资产，包括货币资金、短期投资、应收及预付款项、存货等 (2) 非流动资产是指流动资产以外的资产，包括固定资产、无形资产、长期投资、在建工程、公共基础设施、文物文化资产、政府储备资产、自然资源资产和保障性住房等

续表

会计要素	含义及分类	
负债	含义	负债是指政府会计主体过去的经济业务或者事项形成的，预期会导致经济资源流出政府会计主体的现时义务
	分类	政府会计主体的负债按照流动性，分为流动负债和非流动负债： (1) 流动负债是指预计在1年内（含1年）偿还的负债，包括应付及预收款项、应付职工薪酬、应缴款项等 (2) 非流动负债是指流动负债以外的负债，包括长期应付款、应付政府债券和政府依法担保形成的债务等
净资产	政府会计主体资产扣除负债后的净额	
收入	收入是指报告期内导致政府会计主体净资产增加的、含有服务潜力或者经济利益的经济资源的流入	
费用	费用是指报告期内导致政府会计主体净资产减少的、含有服务潜力或者经济利益的经济资源的流出	

（二）政府预算会计要素

政府预算会计要素包括预算收入、预算支出和预算结余，具体内容见表27-5。

表27-5 政府预算会计要素

会计要素	具体内容
预算收入	是指政府会计主体在预算年度内依法取得并纳入预算管理的现金流入。预算收入一般在实际收到时予以确认，以实际收到的金额计量
预算支出	是指政府会计主体在预算年度内依法发生并纳入预算管理的现金流出。预算支出一般在实际支付时予以确认，以实际支付的金额计量
预算结余	是指政府会计主体预算年度内预算收入扣除预算支出后的资金余额，以及历年滚存的资金余额
	预算结余包括结余资金和结转资金： (1) 结余资金是指年度预算执行终了，预算收入实际完成数扣除预算支出和结转资金后剩余的资金 (2) 结转资金是指预算安排项目的支出年终尚未执行完毕或者因故未执行，且下年需要按原用途继续使用的资金

预算收入、预算支出和预算结余应当列入政府决算报表。

小试牛刀

[单选题] 下列会计要素中，能够反映企业财务状况的是（ ）。

A. 利润　　B. 负债

C. 费用　　D. 结余

[解析] 能够反映企业财务状况的会计要素是资产、负债和所有者权益。

[答案] B

[单选题] 下列负债中，属于企业非流动负债的是（ ）。

A. 应付债券　　B. 短期借款

C. 应付票据　　D. 预付款项

[解析] 非流动性负债是指流动负债以外的负债，主要包括长期借款、应付债券等。流动负债包括短期借款、应付票据及应付账款、预收款项、应付职工薪酬、应交税费、其他应付款等。

[答案] A

[单选题] 下列各项中不属于政府预算会计要素的是（　　）。

A. 收入　　B. 预算收入

C. 预算支出　　D. 预算结余

[解析] 政府预算会计要素包括预算收入、预算支出和预算结余。

[答案] A

考点6 会计等式★★

一、反映资产归属关系的平衡公式

资产、负债、所有者权益三者关系：

资产＝负债＋所有者权益

该平衡公式反映了企业资产的归属关系，是复式记账法的理论基础，也是编制资产负债表的基础。

任何经济业务的发生，都不会破坏上述资产与负债和所有者权益之间的平衡关系。

二、反映企业利润形成过程的平衡公式

在不考虑直接计入当期利润的利得和损失等的情况下：

收入－费用＝利润

上述关系是编制利润表的基础，反映了企业利润的形成过程。

小试牛刀

[单选题] 收回某单位所欠货款 10 000 元，存入银行。这项经济业务所引起的会计要素变动情况属于（　　）。

A. 一项资产与一项负债同时增加

B. 一项资产与一项负债同时减少

C. 一项资产增加，另一项资产减少

D. 一项负债增加，另一项负债减少

[解析] 某单位所欠货款为一项债权资产，收回债权引起债权这项资产减少，收回的货款存入银行，表示银行存款这项资产的增加，所以此项经济业务引起一项资产增加，另一项资产减少。

[答案] C

考点7 会计要素确认和计量基本原则★★

一、权责发生制和收付实现制

权责发生制和收付实现制的具体内容见表 27-6。

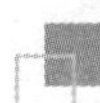

表 27-6　权责发生制和收付实现制

项目	权责发生制	收付实现制
含义	也叫应计制，按收入的权利和支出的义务是否属于本期确认收入、费用的入账时间，具体要求为： (1) 凡是当期已经实现的收入和已经发生或应当负担的费用，无论款项是否收付，均应作为当期的收入和费用处理 (2) 凡是不属于当期的收入和费用，即使款项已经在当期收付，也不应作为当期的收入和费用	也叫现金制，以收到款项或支付款项作为确认收入、费用的基础，具体要求为： (1) 凡是本期实际收到款项，均应作为本期的收入而不论其是否归属于本期 (2) 凡是本期实际支付的款项，均应作为本期的费用，而不论其是否在本期收入中得到补偿
适用范围	(1) 企业会计 (2) 行政事业单位财务会计核算，国务院另有规定的，依照其规定	行政事业单位预算会计核算

二、配比原则

配比原则是指对一个会计期间的收入和与之相关的成本、费用应当在该会计期间内确认，相互配比，以便计算本期损益。

(一) 配比方式

(1) 收入与费用在时间上配比（把一定时期的收入和同时期的成本费用相配比）。

(2) 收入与费用在逻辑因果关系上直接配比（把收入和其对应的成本费用相配比）。

(二) 配比原则要求

同一个会计期间内的收入和与其相关的成本、费用，应当在同一会计期间内确认、计量和记录，不能提前或者延后。递延一切预支款项的成本、费用到有关的收入取得时列支；在本期内预提与本期收入有关的一切未来费用，来达到配比的目的。

三、历史成本原则（也叫实际成本原则或原始成本原则）

历史成本原则是指企业的各项财产在取得时应当按照实际成本计量。其后，各项财产如果发生减值，应当按照规定计提相应的减值准备。除法律、行政法规和国家统一的会计制度另有规定者外，企业一律不得自行调整其账面价值。币值稳定是历史成本原则的前提。

历史成本原则的优点：

(1) 取得比较容易，也比较客观。

(2) 可以防止企业随意更改。

(3) 便于查证。

(4) 会计核算手续简化，不必经常调整账目。

四、划分收益性支出与资本性支出原则

收益性支出与资本性支出的具体内容见表 27-7。

表 27-7　收益性支出与资本性支出

项目	收益性支出	资本性支出
含义	本期发生的支出只与本期收益有关且在本期已实现的收益中得到补偿	为当期发生的与本期收益及以后会计期间收益有关的，应当在以后若干会计期间的收益中得到补偿的支出

续表

项目	收益性支出	资本性支出
划分要求	支出的效益仅惠及本会计年度（或一个营业周期）的，应当作为收益性支出，如管理费用、销售费用、财务费用等。收益性支出计入当期损益，列入利润表中	支出的效益惠及几个会计年度（或几个营业周期）的，应当作为资本性支出。如购入固定资产支出、购入无形资产支出，固定资产更新改造支出，应当作为资产列入资产负债表中。该支出通过折旧、摊销等逐期转化为各期的费用
其他注意事项	（1）如果将资本性支出按收益性支出处理了，就会少计资产价值而多计费用，会出现资产价值偏低，净收益降低，甚至亏损的结果 （2）如果将收益性支出按资本性支出处理了，就会少计费用多计资产价值，会出现虚增资产价值和净收益的现象	

小试牛刀

［单选题］在对会计要素进行确认和计量时，凡是当期已经实现的收入和已经发生或应当负担的费用，不论款项是否收付，都应当作为当期的收入和费用，凡是不属于当期已经实现的收入和已经发生或应当负担的费用，即使款项已在当期收付，也不应当作为当期的收入和费用，这种会计处理方法叫（　　）。

A. 权责发生制　　B. 收付实现制

C. 永续盘存制　　D. 实地盘存制

［解析］权责发生制，也称应计制。这种处理方法要求，凡是当期已经实现的收入和已经发生或应当负担的费用，不论款项是否收付，都应当作为当期的收入和费用；凡是不属于当期的收入和费用，即使款项已在当期收付，也不应当作为当期的收入和费用。

［答案］A

［单选题］企业在取得各项财产时应当按照实际成本计算。其后，如果各项财产发生减值，应当按规定计算相应的减值准备。除法律法规和国家统一的会计制度另有规定外，企业一律不得自行调整其账面价值。这一会计确认和计量原则是（　　）。

A. 历史成本原则　　B. 配比原则

C. 实质重于形式原则　　D. 权责发生制原则

［解析］历史成本原则也称为实际成本原则或原始成本原则，是指企业的各项财产，在取得时应当按照实际成本计量。其后，各项财产如果发生减值，应当按照规定计提相应的减值准备。除法律、行政法规和国家统一的会计制度另有规定者外，企业一律不得自行调整其账面价值。

［答案］A

考点 8 会计基本前提★★★

会计主体、持续经营、会计分期、货币计量是会计的基本前提。

一、会计主体

会计主体是会计所服务的特定单位，明确了会计确认、计量和报告的空间范围。

为了把会计主体的经济业务与其他会计主体以及投资者的经济业务划分开，就需要明确界定会计主体。

（一）会计主体与法律主体的关系

一般来说，法律主体一定是会计主体，但会计主体不一定是法律主体。会计主体既可以是一个独立的法律主体，也可以不是一个独立的法律主体，既可以是营利性组织，也可以不是营利性组织，如会计主体可以是企业、企业内部独立的某个生产车间、企业的分支机构、可以作为费用报销单位的企业内部职能部门、由多个法人组成的企业集团、行政事业单位、合伙企业等。

（二）政府会计主体

政府会计主体是各级政府以及与本级政府财政部门直接或间接发生预算拨款关系的国家机关、军队、政党组织、社会团体、事业单位和其他单位。

二、持续经营

持续经营是指企业的生产经营活动在可以预见的将来，会按当前的规模和状态持续经营下去，不会停产或破产清算，也不会大规模削减业务。

在持续经营的前提下，企业的资产才会以历史成本计价；企业的资产和负债才区分为流动的和长期的；才要正确区分资本与负债；才要进行会计分期，为采用权责发生制奠定基础。

三、会计期间（又称为会计分期，建立在持续经营基础上）

会计期间是指把企业持续不断的生产经营过程划分为若干连续的、期间相同的会计期间，以方便分期结算账目，计算盈亏，按期编制会计报表，从而提供有用的会计信息。

会计期间一般分为年度和中期，我国均按公历起讫日期确定。中期一般是指短于一个完整的会计年度的报告期间，包括半年度、季度和月度。

有了会计分期，才产生了当期和其他期间（包括以前期间和以后期间）的差别，才产生了收付实现制和权责发生制，才能正确贯彻配比原则。

四、货币计量

货币计量是指企业在进行会计确认、计量、记录和报告时以货币作为主要计量单位，反映企业的财务状况、经营成果和现金流量，并且假定货币的币值保持不变。

我国《企业会计准则》规定，企业会计应当以货币计量。以货币作为统一计量单位还包含着币值稳定的假设。货币作为主要计量单位，并不意味着货币是会计核算中唯一的计量单位，在会计核算中也可以以实物数量等计量单位作为辅助计量单位。

小试牛刀

[多选题] 下列会计概念中，属于会计基本前提的有（　　）。

A. 历史成本　　B. 权责发生制

C. 货币计量　　D. 会计主体

E. 持续经营

[解析] 会计基本前提包括会计主体、持续经营、会计分期、货币计量。

[答案] CDE

[单选题] 在会计核算的基本前提中，界定会计核算空间范围的是（　　）。

A. 持续经营　　B. 会计期间

C. 会计主体　　　　D. 货币计量

[解析] 会计主体是指会计确认、计量和报告的空间范围，是会计所服务的特定单位。

[答案] C

[单选题] 会计分期是建立在（　　）基础上的。

A. 会计主体　　　　B. 货币计量

C. 持续经营　　　　D. 权责发生制

[解析] 在持续经营的前提下，企业的资产和负债才区分为流动的和长期的；企业资产才能以历史成本计价，而不是以现行成本或清算价格计价；才有必要和可能进行会计分期，并为采用权责发生制奠定基础；才使正确区分资本与负债成为必要。

[答案] C

考点9 会计信息质量要求★★★

会计信息质量要求的具体内容见表 27-8。

表 27-8　会计信息质量要求

会计信息质量要求	具体内容
可靠性	可靠性要求企业应当以实际发生的交易或事项为依据进行会计确认、计量和报告，如实反映符合确认和计量要求的各项会计要素及其他相关信息，如实反映企业的财务状况、经营成果和现金流量，保证会计信息的可靠、内容完整。可靠性包括真实性和客观性。在实际会计核算中，主要是以各种原始凭证和仪表记录等来证明客观事实
相关性	相关性又叫有用性，企业提供的会计信息应当与财务会计报告使用者的经济决策需要相关，有助于财务会计报告使用者对企业过去、现在或者未来的情况作出评价或者预测
清晰性	清晰性又叫可理解性，要求企业提供的会计信息应当清晰明了，便于财务会计报告使用者理解和使用
可比性	(1) 纵向比较：要求同一企业不同时期发生相同或者相似的交易或者事项，应当采用一致的会计政策，不得随意变更。确需变更的，应当在附注中说明 (2) 横向比较：不同企业发生的相同或者相似的交易或者事项，应当采用规定的会计政策和会计处理办法，确保会计信息口径一致
实质重于形式	根据《企业会计准则》第十六条规定，企业应当按照交易或事项的经济实质进行会计确认、计量和报告，不应仅以交易或者事项的法律形式为依据。如融资租赁方式租入的固定资产，从法律上看，企业并不拥有其所有权，但从经济实质上看，企业拥有该资产的实际控制权，所以在会计核算上视为承租企业的资产
重要性	(1) 重要性要求企业提供的会计信息应当反映与企业财务状况、经营成果和现金流量等有关的所有重要交易或者事项 (2) 重要的会计事项必须在财务会计报告中予以充分、准确地披露；次要的会计事项，可以适当简化或合并反映，前提是不误导财务会计报告使用者作出正确判断、不影响会计信息真实性 (3) 重要性的应用主要从项目的性质和金额大小两个方面来判断，这需要依赖会计人员的职业判断。一般情况下，重要项目对决策者的利益关联度高而且金额占总业务量比重较大，需要在财务报表上进行单独反映

续表

会计信息质量要求	具体内容
谨慎性	谨慎性又称为稳健性，要求企业对交易或者事项进行会计确认、计量和报告时应当保持应有的谨慎，不应高估资产或者收益、低估负债或者费用
	谨慎性的体现： (1) 对固定资产采用加速折旧法 (2) 采用成本与可变现净值孰低法对存货进行期末计价 (3) 对应收账款计提坏账准备 (4) 对相关资产损失计提减值准备 (5) 存货在物价上涨时采用后进先出法计价
及时性	及时性要求企业对于已经发生的交易或者事项，应当及时进行会计确认、计量和报告，不得提前或者延后

小试牛刀

[多选题] 下列会计核算要求中，属于我国《企业会计准则》规定的会计信息质量要求的有（　　）。

A. 持续经营

B. 可靠性

C. 权责发生制

D. 相关性

E. 实质重于形式

[解析]《企业会计准则》对企业提供的会计信息的质量要求包括（8个）：可靠性、相关性、清晰性、可比性、实质重于形式、重要性、谨慎性和及时性。

[答案] BDE

[单选题] 企业在一个会计年度内发出存货按实际成本计价时，既采用先进先出法，又采用移动加权平均法，在年度会计报表附注中也未进行说明，这违反了会计核算的（　　）。

A. 历史成本　　B. 谨慎性

C. 可比性　　D. 客观性

[解析] 可比性要求同一企业不同时期发生的相同或者相似的交易或者事项，应当采用一致的会计政策，不得随意变更。确需变更的，应当在附注中说明，以便进行不同时期的纵向比较。

[答案] C

考点10 会计法规★

会计法规的具体内容见表27-9。

表27-9 会计法规

会计法规	具体内容
《会计法》	是我国会计工作的基本法律，也是我国会计法规体系中最高层次的法律，它是制定其他会计法规的基本依据，也是指导会计工作的最高准则

续表

会计法规	具体内容
会计准则	(1)《企业会计准则》，由财政部制定，包括基本准则和具体准则 (2)《事业单位会计准则》 (3)《政府会计准则》主要规定了政府会计信息质量要求、政府预算会计要素、政府财务会计要素、政府决算报告和财务报告等
财务规则	《行政单位财务规则》《事业单位财务规则》
会计制度	(1)《企业会计制度》 (2)《政府会计制度》，主要内容包括：行政事业单位会计核算的目标、适用范围、会计要素、会计科目运用、财务报表和预算会计报表的编制要求和编制说明等

第二十八章　会计记录方法和账务处理程序

知识脉络

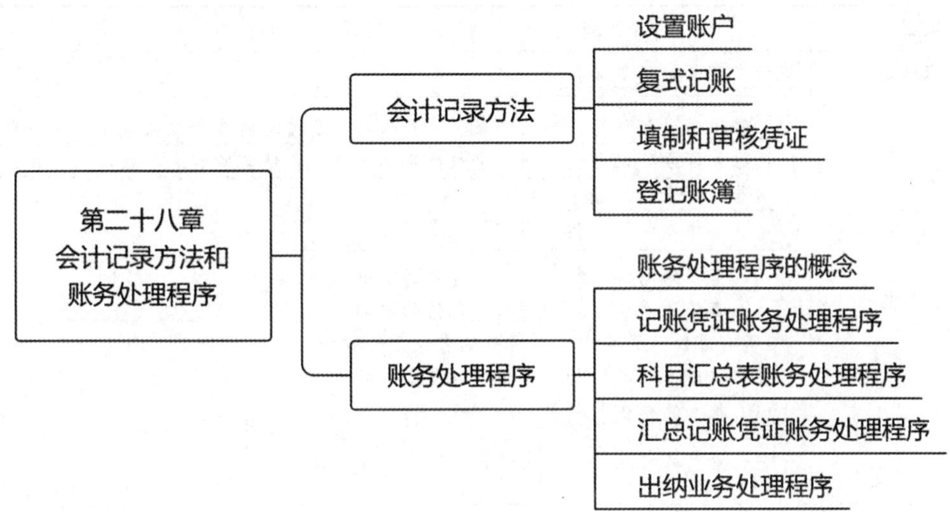

考点1 会计记录方法★★★

一、设置账户

（一）账户的含义

账户是指根据会计科目设置的，具有一定的格式和结构，用于分类反映会计要素各项目增减变动情况及其结果的载体。

会计科目是对会计要素对象的具体内容进行分类核算的项目。

（二）账户分类

（1）账户按照提供信息的详细程度及其统驭关系分为总分类账户和明细分类账户。

（2）账户按照反映会计要素的具体内容分为资产类、负债类、所有者权益类、收入类、成本类、费用类和损益类。

（三）账户结构

账户金额基本关系为：期末余额＝期初余额＋本期增加发生额－本期减少发生额

（1）对于资产、成本、费用类账户：借方登记增加、贷方登记减少。

期末余额＝期初余额＋本期借方发生额－本期贷方发生额

（2）对于负债、所有者权益、收入类账户：借方登记减少、贷方登记增加。

期末余额＝期初余额＋本期贷方发生额－本期借方发生额

二、复式记账

复式记账法是对每一项经济业务都要以相等的金额，同时计入两个或两个以上相互关联的账户的一种记账方法。

复式记账法主要包括借贷记账法、收付记账法和增减记账法，其中被普遍接受并广泛使用的是借贷记账法。

借贷记账法是以“借”和“贷”作为记账符号，反映经济业务增减变化的一种复式记账方法。具体内容见表 28-1。

表 28-1　借贷记账法

<table>
<tr><th>项目</th><th>内容</th></tr>
<tr><td>记账规则</td><td>有借必有贷，借贷必相等</td></tr>
<tr><td>账户结构</td><td>（1）账户借方登记资产期初余额、资产增加、负债与所有者权益减少和资产期末余额
（2）账户贷方登记负债与所有者权益期初余额、负债与所有者权益增加、资产减少和负债与所有者权益期末余额
<table>
<tr><th>借方</th><th>账户名称　　贷方</th></tr>
<tr><td>资产的增加
负债的减少
所有者权益的减少
费用（成本）的增加
收入的减少</td><td>资产的减少
负债的增加
所有者权益的增加
费用（成本）的减少
收入的增加</td></tr>
<tr><td>资产的余额</td><td>负债、所有者权益的余额</td></tr>
</table></td></tr>
<tr><td>试算平衡</td><td>（1）发生额试算平衡法公式：
全部账户本期借方发生额合计＝全部账户本期贷方发生额合计
（2）余额试算平衡法公式：
全部账户借方期初余额合计＝全部账户贷方期初余额合计
全部账户借方期末余额合计＝全部账户贷方期末余额合计</td></tr>
</table>

三、填制和审核凭证

会计凭证是指记录经济业务、明确经济责任的书面证明，也是登记账簿的依据。填制和审核会计凭证是会计工作的起点。

会计凭证按照其填制程序和用途可以分为原始凭证和记账凭证。

（1）原始凭证是在经济业务发生时取得或填制的，用以证明经济业务的发生或完成情况的会计凭证。原始凭证是记账的原始依据。

（2）记账凭证是会计人员根据审核无误的原始凭证或汇总原始凭证填制的，对经济业务加以归类确定会计分录，并据以登记会计账簿的凭证。

填制和审核会计凭证的作用为：①控制经济活动；②为记账提供了可靠依据，保证了会计资料真实准确、会计记录真实可靠；③明确了经济责任。

四、登记账簿

（1）账簿以会计凭证为依据，是由具有一定格式的账页组成的，用来全面、系统、连续地记录各项经济业务的簿籍。

（2）设置和登记账簿是填制会计凭证和编制财务会计报告的中间环节。

（3）按照账簿的用途不同，账簿可分为序时账簿、分类账簿和备查账簿。

（4）为了确保会计账簿所提供的会计资料真实、完整，会计人员要定期对账，至少每年一次，做到账证相符、账账相符、账实相符、账表相符。

小试牛刀

［单选题］在采用借贷记账法进行记账时，负债类账户的记录规则是（　　）。

A. 借方记录增加额，期末余额在贷方　　B. 借方记录增加额，贷方记录减少额

C. 借方记录减少额，贷方记录增加额　　D. 借方记录减少额，期末余额在借方

［解析］在采用借贷记账法进行记账时，资产、成本、费用类账户借方登记增加、贷方登记减少。资产类账户期末余额在借方。对于负债、所有者权益、收入类账户，借方登记减少、贷方登记增加。负债、所有者权益类账户期末余额在贷方。

［答案］C

［单选题］会计人员用来确定经济业务应借、应贷的会计科目和金额而填制的，作为登记账簿直接依据的凭证是（　　）。

A. 原始凭证　　B. 记账凭证

C. 账簿　　D. 会计凭证

［解析］记账凭证是会计人员根据审核无误的原始凭证或汇总原始凭证，用来确定经济业务应借、应贷的会计科目和金额而填制的，作为登记账簿直接依据的会计凭证。

［答案］B

［单选题］为了保证会计账簿所提供的会计资料真实、完整，会计人员在登记时，需要定期做好对账工作，做到账证相符、账账相符、账表相符，对账工作至少（　　）。

A. 每季一次　　B. 每年一次　　C. 每天一次　　D. 每月一次

［解析］为了保证会计账簿所提供会计资料的真实、完整，会计人员要定期对账，做到账证相符、账账相符、账实相符、账表相符，对账工作至少每年进行一次。

［答案］B

考点2　账务处理程序★★

一、账务处理程序的概念

账务处理程序是指对会计数据的记录、归类、汇总、报告的步骤和方法，也叫会计核算组织程序。其基本模式为：原始凭证—记账凭证—会计账簿—会计报表。

目前，我国通常采用的账务处理程序主要有五种：

（1）记账凭证账务处理程序。

（2）科目汇总表账务处理程序。

（3）汇总记账凭证账务处理程序。

（4）日记总账账务处理程序。

（5）多栏式日记账账务处理程序。

各种会计账务处理程序的主要区别在于登记总分类账的依据和方法不同。

二、记账凭证账务处理程序

记账凭证账务处理程序的具体内容见表 28-2。

表 28-2 记账凭证账务处理程序

项目	内容
含义	记账凭证账务处理程序是指对发生的经济业务事项，根据审核无误的原始凭证或汇总原始凭证编制记账凭证，然后直接根据记账凭证逐笔登记总分类账的一种账务处理程序
适用范围	规模较小、经济业务量较少的企业单位
优点	简单明了、便于理解；可以通过总分类账详细的记录来反映经济业务的发生状况
缺点	在登记总分类账时，工作量较大

三、科目汇总表账务处理程序

科目汇总表账务处理程序的具体内容见表 28-3。

表 28-3 科目汇总表账务处理程序

项目	具体内容
含义	科目汇总表账务处理程序又叫记账凭证汇总表账务处理程序，是根据原始凭证或汇总原始凭证编制记账凭证，根据记账凭证定期编制科目汇总表，再根据科目汇总表登记总分类账的一种账务处理程序
适用范围	经济业务较多的企业单位
优点	能做到简洁易懂、方便易学、试算平衡，可以减少登记总分类账时的工作量
缺点	不便于查对账目，不能反映账户对应关系

四、汇总记账凭证账务处理程序

汇总记账凭证账务处理程序的具体内容见表 28-4。

表 28-4 汇总记账凭证账务处理程序

项目	具体内容
含义	汇总记账凭证账务处理程序是根据原始凭证或汇总原始凭证编制记账凭证，根据记账凭证定期分类编制汇总收款凭证、汇总付款凭证和汇总转账凭证，再根据汇总记账凭证登记总分类账的一种账务处理程序
适用范围	规模较大和经济业务较多的企业单位
优点	便于了解各账户之间的对应关系；减少登记总分类账时的工作量
缺点	不利于日常分工。在会计核算时需要按照每一个贷方科目来编制汇总转账凭证，故在转账凭证较多的时候，工作量较大

五、出纳业务处理程序

（1）根据原始凭证或汇总原始凭证填制收款凭证、付款凭证；若遇到转账投资有价证券业务，需要根据汇总原始凭证或原始凭证，登记有价证券明细分类账，如股票投资明细分类账、债券投资明细分类账等。

（2）根据收款凭证、付款凭证，逐日逐笔登记现金日记账和银行存款日记账以及有价证券明细分类账。

（3）现金日记账的余额与库存现金需每日进行核对，与现金总分类账定期进行核对；银行存款日记账与开户银行的银行对账单至少每月进行一次逐笔核对，银行日记账的余额与银行存款总分类账定期进行核对；有价证券明细分类账与库存有价证券要定期进行核对。

（4）根据现金日记账、银行存款日记账、有价证券明细分类账、开户银行的银行对账单等，编制出纳报告，提供出纳核算信息。

小试牛刀

［单选题］按照记账凭证账务处理程序进行记账时，正确的做法是（　　）。

A. 根据原始凭证编制记账凭证　　B. 根据账簿记录编制记账凭证

C. 根据明细账编制记账凭证　　D. 根据会计报表记录总分类账

［解析］记账凭证账务处理程序下，根据原始凭证或汇总原始凭证编制记账凭证，根据记账凭证逐笔登记总分类账。

［答案］A

第二十九章　会计报表

知识脉络

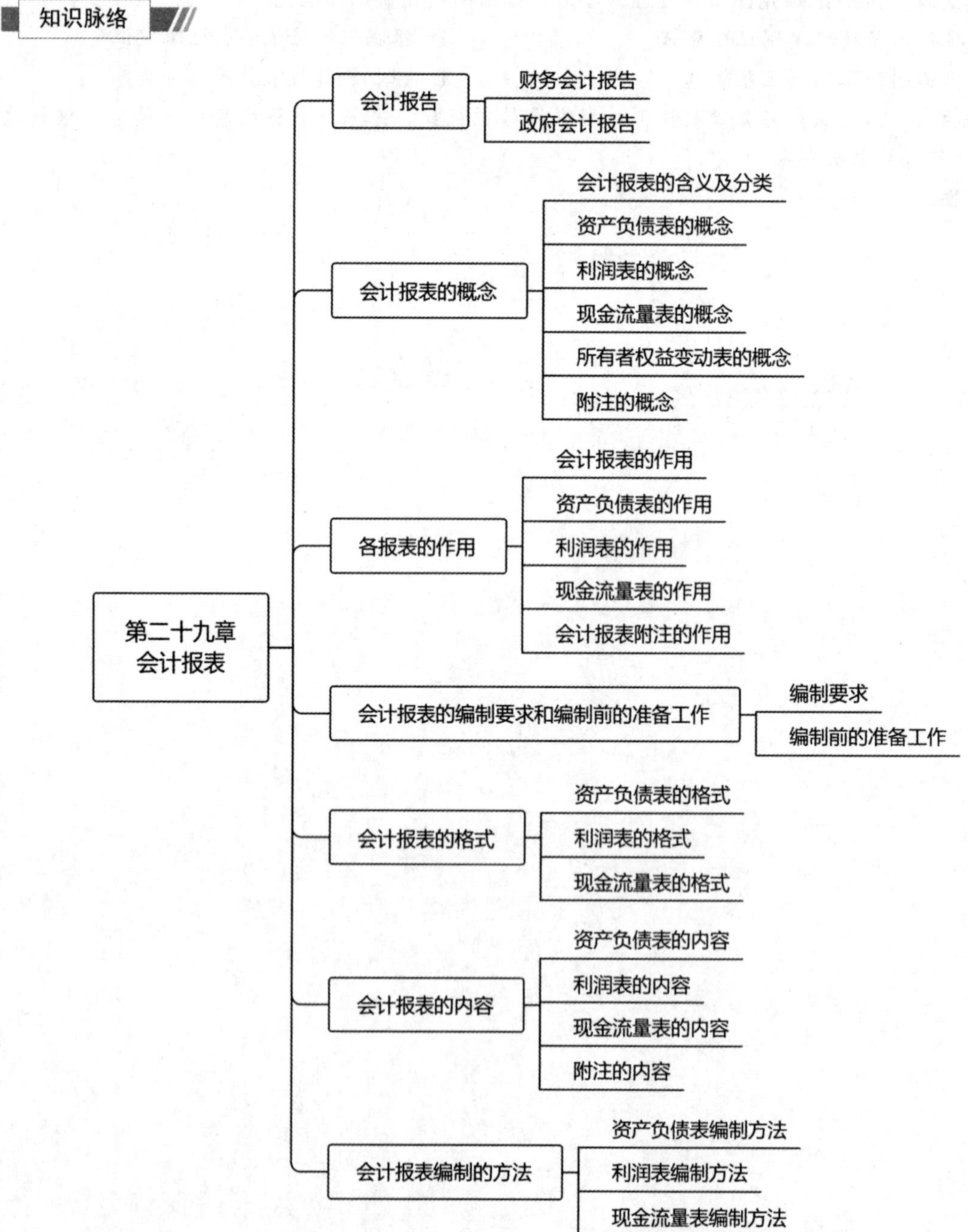

考点1 会计报告★★

一、财务会计报告

（一）财务会计报告的含义

根据《企业会计准则》第四十四条规定，财务会计报告，是指企业对外提供的反映企业在某一特定日期的财务状况和某一会计期间经营成果、现金流量等会计信息的文件，又称财务报告。

对账簿记录资料进行再加工形成会计报告，所以为了保证报告的数字真实可靠，在编制财务会计报告之前，必须进行财产清查，做到账证相符、账账相符、账实相符。

（二）财务会计报告的内容

财务会计报告包括会计报表、会计报表附注和其他应当在会计报告中披露的相关信息和资料。

根据《企业会计准则》第四十四条规定，我国企业对外提供的会计报表至少应当包括资产负债表、利润表、现金流量表等。小企业编制的会计报表可以不包括现金流量表。

二、政府会计报告

政府会计主体应当编制决算报告和财务报告，具体内容见表29-1。

表29-1 政府决算报告和政府财务报告

种类	内容	
政府决算报告	含义	政府决算报告是综合反映政府会计主体年度预算收支执行结果的文件。政府决算报告应当包括政府决算报表和其他应当在政府决算报告中反映的相关信息和资料
	目标	政府决算报告的目标是向政府决算报告使用者提供与政府预算执行情况有关的信息，综合反映政府会计主体预算收支的年度执行结果，有助于政府决算报告使用者进行监督和管理，并为编制后续年度预算提供参考依据
	使用者	政府决算报告使用者包括各级人民代表大会及其常务委员会、各级政府及其有关部门、政府会计主体自身、社会公众和其他利益相关者
政府财务报告	含义	根据《政府会计准则》第四十九条规定，政府财务报告是反映政府会计主体某一特定日期的财务状况和某一会计期间的运行情况和现金流量等信息的文件
	分类	根据《政府会计准则》第五十条规定，政府财务报告包括政府综合财务报告和政府部门财务报告。政府综合财务报告是指由政府财政部门编制的，反映各级政府整体财务状况、运行情况和财政中长期可持续性的报告。政府部门财务报告是指政府各部门、各单位按规定编制的财务报告 【注】政府部门财务报告包括财务报表和财务分析。财务报表是对政府会计主体财务状况、运行情况等信息的结构性表述。财务报表包括会计报表和报表附注。会计报表至少应当包括资产负债表、收入费用表、当期盈余与预算结余差异表和净资产差异表
	目标	根据《政府会计准则》第五条规定，政府财务报告的目标是向政府财务报告使用者提供与政府的财务状况、运行情况（含运行成本）和现金流量等有关信息，反映政府会计主体公共受托责任履行情况，有助于政府财务报告使用者作出决策或者进行监督和管理
	使用者	根据《政府会计准则》第五条规定，政府财务报告使用者包括各级人民代表大会常务委员会、债权人、各级政府及其有关部门、政府会计主体自身和其他利益相关者

小试牛刀

［多选题］我国企业对外提供的会计报表至少应当包括（　　）。

A. 资产负债表　　B. 利润表

C. 现金流量表　　D. 成本费用明细表

E. 所有者权益变动表

［解析］我国企业对外提供的会计报表至少应当包括资产负债表、利润表、现金流量表等报表。小企业编制的会计报表可以不包括现金流量表。

［答案］ABC

［多选题］政府部门会计报表至少应当包括（　　）。

A. 资产负债表　　B. 利润表

C. 收入费用表　　D. 当期盈余与预算结余差异表

E. 净资产差异表

［解析］政府部门会计报表至少应当包括资产负债表、收入费用表、当期盈余与预算结余差异表和净资产差异表。

［答案］ACDE

［多选题］下列关于政府会计业务的说法中，错误的有（　　）。

A. 政府会计由预算会计和财务会计构成

B. 政府部门编制的财务报表中不包括现金流量表

C. 政府财务报告可以综合反映政府会计主体预算收支的年度执行结果

D. 政府部门不需要编制资产负债表

E. 政府会计主体应当编制政府决算报告和政府财务报告

［解析］政府决算报告可以综合反映政府会计主体预算收支的年度执行结果，C 项错误。政府财务会计报表包括资产负债表，D 项错误。

［答案］CD

考点② 会计报表的概念★★

一、会计报表的含义及分类

（一）会计报表的含义

会计报表是以会计账簿资料为主要依据编制，总括反映企业财务状况、经营成果和现金流量等会计信息的书面文件。会计报表是会计核算的最终成果，也是最后一个环节，是会计循环过程的终点。

企业会计准则规定，一套完整的会计报表至少应当包括资产负债表、利润表、现金流量表、所有者权益（或股东权益）变动表以及附注。

（二）会计报表的分类

会计报表的分类具体见表 29-2。

表 29-2　会计报表的分类

<table>
<tr><th>分类标准</th><th colspan="2">具体分类</th></tr>
<tr><td rowspan="3">按照会计报表反映经济内容的不同</td><td colspan="2">反映财务状况的报表</td></tr>
<tr><td colspan="2">反映经营成果的报表</td></tr>
<tr><td colspan="2">反映现金流量的报表</td></tr>
<tr><td rowspan="3">按照会计报表编制时间范围的不同</td><td colspan="2">月度会计报表</td></tr>
<tr><td colspan="2">季度会计报表</td></tr>
<tr><td colspan="2">年度会计报表</td></tr>
<tr><td rowspan="3">按照会计报表编报主体的不同</td><td colspan="2">个别会计报表</td></tr>
<tr><td colspan="2">合并会计报表</td></tr>
<tr><td colspan="2">【提示】企业对外投资如占被投资企业资本总额半数（50%）以上，或者实质上拥有被投资企业控制权的，应当编制合并会计报表</td></tr>
<tr><td rowspan="2">按照会计报表报送对象的不同</td><td>对内会计报表</td><td>企业根据内部需要自行规定和设计</td></tr>
<tr><td>对外会计报表</td><td>财政部统一制定其格式、种类和编制方法</td></tr>
</table>

二、资产负债表的概念

资产负债表是反映企业在某一特定日期财务状况的会计报表。资产负债表是反映静态财务状况的报表，依据的会计等式是“资产＝负债＋所有者权益”。

三、利润表的概念

利润表是反映企业在一定会计期间经营成果的报表。利润表是动态的会计报表，根据权责发生制和配比原则，把一定会计期间的营业收入和同一会计期间的营业费用（成本）相配比，根据会计等式“收入－费用＝利润”，把各项收入、费用以及构成利润的各个项目分类分项编制。

四、现金流量表的概念

现金流量表是反映企业在一定会计期间内有关现金和现金等价物的流入和流出的报表。

现金、现金等价物和现金流量的具体内容见表 29-3。

表 29-3　现金、现金等价物和现金流量

<table>
<tr><th>项目</th><th>含义及内容</th></tr>
<tr><td>现金</td><td>是指企业的库存现金及可以随时用于支付的存款，包括库存现金、银行存款、其他货币资金（如外埠存款、银行汇票存款、银行本票存款等）</td></tr>
<tr><td>现金等价物</td><td>是指企业持有的期限短、流动性强、易于转换为已知金额的现金、价值变动风险很小的投资，通常包括 3 个月内到期的债券投资等</td></tr>
<tr><td rowspan="2">现金流量</td><td>现金流量表应当分别对经营活动、投资活动和筹资活动列报现金流量
（1）经营活动是指企业投资活动和筹资活动以外的所有交易和事项
（2）投资活动是指企业长期资产的购建和不包括在现金等价物范围内的投资及其处置活动
（3）筹资活动是指导致企业资本及债务规模和构成发生变化的活动</td></tr>
<tr><td>（1）企业发生的经济业务如只涉及现金各项目之间的变动或非现金项目之间的增减变动，就不会影响现金流量。如：从银行提取现金或将现金存入银行；以固定资产清偿债务、用原材料或固定资产对外投资等业务
（2）发生的经济业务涉及现金各项目与非现金各项目之间的增减变动，才会影响现金流量。如用银行存款购买原材料、用银行存款对外投资、收回长期债券投资等</td></tr>
</table>

五、所有者权益变动表的概念

所有者权益变动表是反映构成所有者权益的各组成部分当期增减变动情况的报表。

六、附注的概念

会计报表附注是指对在资产负债表、利润表、现金流量表等会计报表中列示项目的文字描述或明细资料，以及对未能在这些报表中列示项目的说明等。

小试牛刀

［单选题］确定企业是否需要编制合并会计报表的界限是企业对被投资企业投资总额占被投资企业资本总额的（　　）。

A. 30%　　　　B. 40%

C. 50%　　　　D. 60%

［解析］合并会计报表是指企业对外投资总额占被投资企业的资本总额50%以上的情况下，将被投资企业和本企业视为一个整体，将其有关经济指标与本企业的数字合并而编制的会计报表。

［答案］C

［单选题］反映企业在一定会计期间经营成果的会计报表是（　　）。

A. 资产负债表

B. 利润表

C. 所有者权益变动表

D. 现金流量表

［解析］利润表是反映企业在一定会计期间经营成果的报表。

［答案］B

［单选题］下列经济业务中，会导致企业现金流量表中现金流量发生变化的是（　　）。

A. 将现金存入银行

B. 以设备清偿债务

C. 购入材料款未付

D. 到期偿还银行贷款

［解析］若企业发生的经济业务只涉及现金各项目之间的变动或只涉及非现金项目之间的变动，则不会影响现金流量。

［答案］D

考点③ 各报表的作用★★

一、会计报表的作用

（1）通过会计报表提供的会计信息，企业的管理者可以掌握有关财务状况、经营成果和现金流量的情况，以便考核和分析企业财务成本计划或预算的完成情况，总结和分析企业经营中所取得的成绩和存在的问题，评价企业的经济效益，作出改进生产经营管理的决策。

（2）通过会计报表提供的会计信息，企业的投资者和债权人可以了解企业的财务状况、经

营成果和现金流量，据以进行正确的投资决策和信贷决策。投资者还可以据以评估企业管理层对受托资源的经营管理责任的履行情况。

(3) 通过对企业提供的会计报表资料进行汇总分析，国家有关部门可以了解和掌握各部门、各地区的经济运行情况、各项财经法律制度的执行情况，并针对存在的问题，采取各种经济杠杆和政策进行必要的宏观调控，促进社会资源的有效配置。

二、资产负债表的作用

(1) 资产负债表可以总括反映企业资金的来源渠道和构成情况。

(2) 报表使用者根据资产负债表中提供的企业所拥有和控制掌握的经济资源及其分布和构成情况的信息，为经营者分析资产分布是否合理提供依据。

(3) 通过对本期和上期资产负债表的对比分析，经营者、投资者和债权人可以了解企业资金结构的变化情况，据此可以掌握企业财务状况的变化情况和变化趋势。

(4) 通过对资产负债表项目的分析，可以了解企业的财务状况，判断企业的偿债能力和支付能力。

三、利润表的作用

(1) 通过对利润表的分析，可以评价企业的经济效益、盈利能力，评价或考核企业经营管理者的经营业绩和盈利能力。

(2) 通过利润表可以了解企业利润的形成情况，据以分析、考核企业经营目标及利润指标的完成情况，分析企业利润增减变动情况及其原因。

四、现金流量表的作用

(1) 现金流量表能够说明企业一定期间内现金流入和流出的原因，说明企业的偿债能力和支付股利的能力。

(2) 现金流量表提供的信息，能够分析企业未来获取现金的能力，分析企业投资和理财活动对经营成果和财务状况的影响，有助于对企业的整体财务状况作出客观评价。

(3) 现金流量表可以使报表使用者了解和评价企业获取现金和现金等价物的能力，并据以预测企业未来现金流量。

五、会计报表附注的作用

附注可以反映作为整个会计报表组成部分的非数量信息以及其他比报表本身更为详细的信息，说明报表中个别项目的质量和条件限制等，以便于增进会计信息的可理解性，突出会计信息的重要性，提高会计信息的可比性。

小试牛刀

[单选题] 资产负债表的作用不包括（　　）。

A. 通过分析资产负债表可以了解企业的偿债能力和支付能力

B. 为报表使用者提供企业所拥有和控制的经济资源及其分布和构成情况的信息

C. 通过资产负债表可以了解企业利润的形成过程，评价企业的盈利能力

D. 通过前后期资产负债表的对比可以了解企业资金结构和财务状况的变化情况和趋势

[解析] 资产负债表的作用包括：①资产负债表为报表使用者提供企业所拥有和控制掌握

的经济资源及其分布和构成情况的信息，为经营者分析资产分布是否合理提供依据；②资产负债表总括反映企业资金的来源渠道和构成情况；③通过对资产负债表的分析，可以了解企业的财务状况，判断企业的偿债能力和支付能力；④通过对前后期资产负债表的对比分析，可以了解企业资金结构的变化情况，经营者、投资者和债权人据此可以掌握企业财务状况的变化情况和变化趋势。

［答案］C

考点4 会计报表的编制要求和编制前的准备工作★

一、编制要求

（1）会计报表的编制应当符合《会计法》和国家统一会计制度有关会计报表的编制要求、提供对象和提供期限的规定。

（2）编制会计报表之前应当依法记录并审核会计账簿，包括总账、明细账、日记账和其他辅助性账簿。

（3）企业编制的会计报表应当全面完整、真实可靠、便于理解、编制及时。具体内容见表29-4。

表 29-4　会计报表编制要求

编制要求	具体内容
全面完整	指企业会计报表应当全面披露企业的财务状况、经营成果和现金流量，完整地反映出企业经济活动的全过程和结果
真实可靠	指会计报表应当根据经过审核的会计账簿记录和有关资料编制，真实地反映交易或事项的实际情况，不能人为扭曲，这是保证会计报表质量的重要环节
便于理解	可理解性是指会计报表提供的信息可以为使用者所理解。企业编制的会计报表应当清晰明了，便于财务报表使用者理解和使用
编报及时	企业应当依照法律、行政法规和国家统一会计制度有关会计报表提供期限的规定，及时编制、提供会计报表

二、编制前的准备工作

（1）全面财产清查。企业应该在清查、核实后，将其结果和处理方法报告给董事会（或相应机构），再按照国家统一会计制度规定作会计处理。

（2）检查会计事项的处理结果。如账簿与凭证内容等是否一致、是否进行了结账、核算是否符合国家统一会计制度的规定、是否对差错和会计事项变更涉及的相关项目进行了调整等。

小试牛刀

［单选题］企业会计报表应当全面披露企业的财务状况、经营成果和现金流量，完整地反映出企业经济活动的过程和结果，体现了会计报表的（　　）要求。

A. 真实可靠　　B. 编报及时

C. 全面完整　　D. 便于理解

［解析］会计报表的全面完整是指企业会计报表应当全面披露企业的财务状况、经营成果

和现金流量，完整地反映出企业经济活动的过程和结果。

[答案] C

考点5 会计报表的格式★★

一、资产负债表的格式

资产负债表的基本格式有：账户式和报告式。我国资产负债表的格式采用的是账户式。

(1) 账户式资产负债表分为左右两方。

(2) 报告式资产负债表按上下顺序依次排列资产、负债和所有者权益项目。

二、利润表的格式

利润表的基本格式有：单步式和多步式。我国企业利润表的格式大多采用多步式。

(1) 单步式利润表是指把本期发生的全部收入、全部成本及费用分别汇总在一起，再用合计收入减合计成本费用，最后计算出本期净利润。

(2) 多步式利润表是将利润表的内容做多项分类，通过多步计算分别计算出营业收入、营业利润、利润总额和净利润，有利于不同企业之间的比较。

三、现金流量表的格式

我国企业使用的现金流量表，由报表正表和补充资料两部分组成，正表采用报告式。

小试牛刀

[单选题] 我国资产负债表采用的编制格式是（　　）。

A. 账户式　　B. 报告式

C. 单步式　　D. 多步式

[解析] 资产负债表的基本格式包括账户式和报告式。我国采用账户式。

[答案] A

考点6 会计报表的内容★★★

一、资产负债表的内容

资产负债表中的资产以流动资产、非流动资产列式；负债以流动负债、非流动负债列式。

(1) 资产类项目按流动性（即变现速度）进行排列，排在前面的流动性强，项目越靠前，变现速度越快；排在后面的流动性差，项目越靠后，变现速度越慢。资产类项目按流动资产和非流动资产分项列示，流动资产在前。具体内容见表 29-5。

表 29-5　资产类项目

项目	内容及排列顺序
流动资产	货币资金、应收票据及应收账款、预付款项、其他应收款、存货和待摊费用等
非流动资产	长期股权投资、固定资产、在建工程、无形资产和其他非流动资产等

(2) 负债类项目按到期日远近进行排列，排在前面的先到期（或需要立刻清偿的债务），排在后面的后到期；负债类项目分别按照流动负债、非流动负债列式，流动负债在前面。具体

内容见表29-6。

表29-6 负债类项目

项目	内容及排列顺序
流动负债	短期借款、应付票据及应付账款、预收款项、应付职工薪酬、应交税费、应付股利、其他应付款、持有待售负债和一年内到期的非流动负债
非流动负债	长期借款、应付债券、长期应付款和其他非流动负债等

（3）所有者权益在资产负债表上排列顺序为：实收资本（或股本）、资本公积、盈余公积和未分配利润。

根据会计等式，资产负债表中资产类项目金额合计与负债和所有者权益项目金额合计一定相等。

二、利润表的内容

利润表分为正表和补充资料两大部分。

利润表包括构成营业利润、利润总额、净利润的各项要素三个方面的内容。

利润表中的计算公式为：

（1）营业利润＝营业收入－营业成本－税金及附加－销售费用－管理费用－研发费用－财务费用－资产减值损失－信用减值损失＋其他收益＋投资收益＋公允价值变动收益＋资产处置收益。

（2）利润总额＝营业利润（亏损以“－”号填列）＋营业外收入－营业外支出。

（3）净利润＝利润总额（亏损以“－”号填列）－所得税费用。

三、现金流量表的内容

我国的现金流量表，由报表正表和补充资料两部分组成。

（1）正表采用报告式，按现金流量的性质依次分类反映经营活动产生的现金流量、投资活动产生的现金流量和筹资活动产生的现金流量，最后汇总反映企业现金及现金等价物的净增加额。

（2）补充资料包括：①按间接法编制经营活动现金流量（即将净利润调节为经营活动的现金流量）；②未涉及现金收支的投资和筹资活动；③现金及现金等价物净增加情况。

四、附注的内容

（1）企业的基本情况。

（2）财务报表的编制基础。

（3）遵循企业会计准则的声明。

（4）重要会计政策的说明。

（5）重要会计估计的说明。

（6）会计政策和会计估计变更以及差错更正的说明。

（7）会计报表重要项目的进一步说明。

（8）或有和承诺事项、资产负债表日后非调整事项、关联方关系及其交易等需要说明的事项。

（9）资产负债表日后、财务报告批准报出日前提议或宣布发放的股利总额和每股股利总额。

小试牛刀

[单选题] 资产负债表中，资产类项目的排列顺序是（　　）。

A. 按照流动性进行排列，流动性强的排在后面

B. 按照到期日的远近进行排列，后到期的排在前面

C. 按照流动性进行排列，流动性强的排在前面

D. 按照到期日的远近进行排列，先到期的排在前面

[解析] 资产类项目按流动性（即变现速度）进行排列，流动性强的排在前面，流动性差的项目排在后面；并按流动资产和非流动资产分项列示，流动资产在前。

[答案] C

[多选题] 关于利润的计算公式，正确的有（　　）。

A. 净利润＝营业收入－营业成本－所得税费用

B. 利润总额＝营业利润＋营业外收入－营业外支出

C. 利润总额＝营业利润－所得税费用

D. 营业利润＝营业收入－营业成本－税金及附加－销售费用－研发费用－管理费用－信用减值损失＋其他收益＋投资收益＋公允价值变动收益＋资产处置收益

E. 净利润＝利润总额－所得税费用

[解析] 营业利润＝营业收入－营业成本－税金及附加－销售费用－管理费用－研发费用－财务费用－资产减值损失－信用减值损失＋其他收益＋投资收益＋公允价值变动收益＋资产处置收益；利润总额＝营业利润＋营业外收入－营业外支出；净利润＝利润总额－所得税费用。

[答案] BE

考点7 会计报表编制的方法★★★

一、资产负债表编制方法

（1）在资产负债表中，各项目分别列示“年初余额”“期末余额”。

根据资产负债表上年末的期末余额填列“年初余额”；根据相应总账科目的期末余额填列“期末余额”。

如果本年度资产负债表各个项目的名称和内容同上年度不同，应对上年末资产负债表各项目的名称和数字按本年度规定进行调整，按调整后的数字填入资产负债表“年初余额”栏内。

（2）资产负债表的项目期末余额有两种填列方法：直接填列法和分析计算填列法。具体内容见表29-7。

表29-7　资产负债表的填列

编制方法	具体方法	报表项目
直接填列	根据总账科目的期末余额直接填列	如短期借款、应付职工薪酬、应交税费、实收资本、资本公积、盈余公积等

续表

编制方法	具体方法	报表项目
分析计算填列（将总账科目和明细科目的期末余额，按照资产负债表项目的内容进行分析、计算以后填列期末余额的方法）	根据若干总账科目期末余额分析计算填列	(1)“货币资金”根据“库存现金”“银行存款”“其他货币资金”科目期末余额的合计数填列 (2)“未分配利润”根据“本年利润”和“利润分配”科目期末余额之和（同为贷方余额时）或之差（余额方向相反时）填列；贷方余额大于借方余额时，直接填列差额，借方余额大于贷方余额时，差额用负数填列
	根据总账科目和明细科目余额分析计算填列	(1)“一年内到期的非流动负债”项目根据“长期借款”和“其他非流动负债”中一年内到期的金额填列 (2)“存货”项目根据“原材料”“物资采购”“生产成本”“库存商品”“包装物”“低值易耗品”“自制半成品”“材料成本差异”等科目的期末借方余额总和，减去“存货跌价准备”科目的金额填列
	根据明细账期末余额分析计算填列	(1)“预收款项”项目根据“预收账款”和“应收账款”账户所属明细账贷方余额总和填列 (2)“其他应付款”项目根据“其他应付款”和“其他应收款”所属明细科目期末贷方余额总和填列
	根据总账科目期末余额与其备抵科目（减值准备）抵销后的数据填列	如固定资产、在建工程、无形资产、长期股权投资、其他应收款和持有待售资产等

二、利润表编制方法

利润表设有“本月数”和“本年累计数”两栏。编制年度报表时将“本月数”栏改成“上年数”栏。

“本月数”栏反映各项目的本月实际发生数。

“本年累计数”栏反映的是从年初到本月末，各项目的累计实际发生数，编制报表按照有关损益类科目的本期累计发生额填列。

“上年数”填列上年全年累计实际发生数，如果上年度利润表与本年度利润表的项目名称和内容不一致，应对上年度利润表项目的名称和数字按本年度的规定进行调整。

根据有关损益类科目的本期发生额分析计算填列利润表中各项目的金额。

三、现金流量表编制方法

（一）“经营活动产生的现金流量”各项目的内容和编制方法

经营活动现金流量的编制方法包括直接法（编制现金流量正表）和间接法（补充资料中使用）两种。

1. 直接法

根据现金收入和支出的主要类别列示企业经营活动的现金流量的一种列报方法。一般以利润表中的本期营业收入为起点，按照现金流入和流出总额反映，调整与经营活动有关项目的增减变动，计算出经营活动现金流量。

2. 间接法

以本期净利润为起点，调整不涉及现金的收入、费用、营业外收支、应收应付等项目的增

减变动，调整不属于经营活动的现金收支项目，据此计算并列示经营活动的现金流量的一种方法。

正表中按照直接法反映的经营活动现金流量和在补充资料中按照间接法计算调整的经营活动现金流量应进行核对，金额应相等。

根据《企业会计准则》第31号第十条规定，经营活动产生的现金流量至少应当单独列示反映下列信息的项目：

（1）销售商品、提供劳务收到的现金。

（2）收到的税费返还。

（3）收到的其他与经营活动有关的现金。

（4）购买商品、接受劳务支付的现金。

（5）支付给职工以及为职工支付的现金。

（6）支付的各项税费。

（7）支付其他与经营活动有关的现金。

（二）投资活动产生的现金流量各项目的内容（根据《企业会计准则》第31号第十三条规定）

（1）收回投资收到的现金。

（2）取得投资收益收到的现金。

（3）处置固定资产、无形资产和其他长期资产收回的现金净额。

（4）处置子公司及其他营业单位收到的现金净额。

（5）收到其他与投资活动有关的现金。

（6）购置固定资产、无形资产和其他长期资产支付的现金。

（7）投资支付的现金。

（8）取得子公司及其他营业单位支付的现金净额。

（9）支付其他与投资活动有关的现金。

（三）筹资活动产生的现金流量各项目的内容（根据《企业会计准则》第31号第十五条规定）

（1）吸收投资收到的现金。

（2）取得借款收到的现金。

（3）收到的其他与筹资活动有关的现金。

（4）偿还债务支付的现金。

（5）分配股利、利润或偿付利息支付的现金。

（6）支付其他与筹资活动有关的现金。

（四）“汇率变动对现金及现金等价物的影响”项目

该项目根据当期发生的外币业务逐项计算。

（五）现金流量表附注披露的内容

1. 将净利润调节为经营活动的现金流量

以净利润为基础，运用间接法加以调整的项目共分为4类：（1）没有实际收到现金的收益；（2）没有实际支付现金的费用；（3）经营性应收应付项目的增减变动；（4）不属于经营活动的损益。

2. 不涉及现金收支的投资和筹资活动

不涉及现金收支的投资和筹资活动包括债务转为资本、一年内到期的可转换企业债券、融资租入固定资产。

3. 现金流量净增加额

补充资料中的“现金及现金等价物净增加额”项目可以通过对“库存现金”“银行存款”“其他货币资金”科目以及现金等价物的期初余额与期末余额的比较得出。

现金及现金等价物净增加额=（现金的期末余额－现金的期初余额）+（现金等价物的期末余额－现金等价物的期初余额）

【注】补充资料中“现金及现金等价物净增加额”与现金流量表正表中的“现金及现金等价物净增加额”项目的金额应当相等。

小试牛刀

［单选题］下列可根据总账科目期末余额直接填到资产负债表中的项目是（　　）。

A. 固定资产　　B. 实收资本

C. 预收款项　　D. 货币资金

［解析］实收资本根据总账科目期末余额直接填列。固定资产根据总账科目期末余额与其备抵科目（减值准备）抵销后的数据填列。预收款项根据“应收账款”和“预收款项”账户所属明细账贷方余额之和填列。货币资金根据“库存现金”“银行贷款”和“其他货币资金”科目余额的合计数填列。

［答案］B

［单选题］下列经济业务产生的现金流量中，属于经营活动产生的现金流量的是（　　）。

A. 取得投资收益收到现金　　B. 吸收投资收到的现金

C. 取得借款收到的现金　　D. 购买商品支付现金

［解析］A 项属于投资活动产生的现金流量。B、C 两项属于筹资活动产生的现金流量。

［答案］D

［多选题］下列企业经营活动产生的现金变动中，属于“投资活动产生的现金流量”的有（　　）。

A. 销售商品收到现金　　B. 支付职工工资付出现金

C. 收回投资收到现金　　D. 处置固定资产收到现金

E. 取得银行借款收到现金

［解析］A、B 两项属于经营活动产生的现金流量。C、D 两项属于投资活动产生的现金流量。E 项属于筹资活动产生的现金流量。

［答案］CD

第三十章　财务报表分析

知识脉络

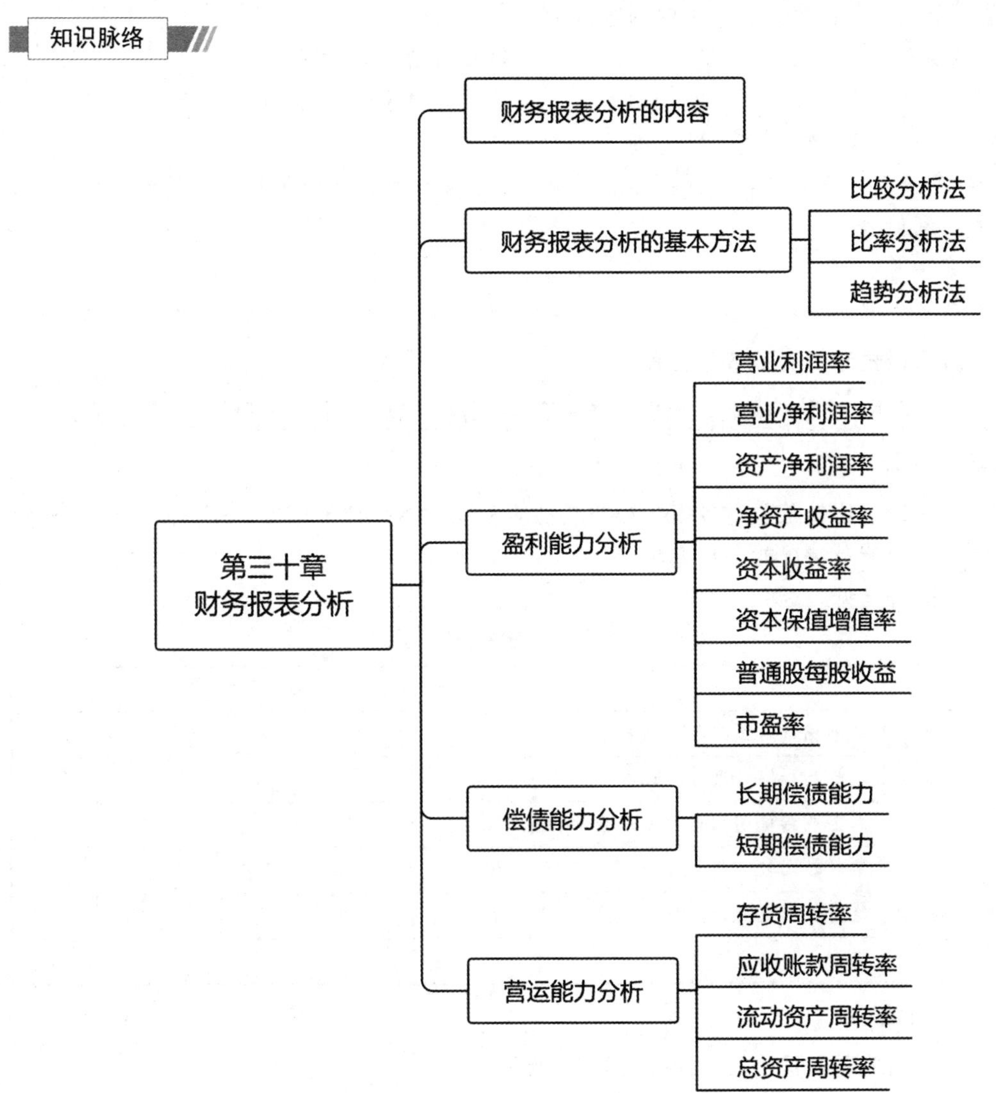

考点1　财务报表分析的内容★

（1）分析企业资产的分布情况和周转使用情况，估量企业对资产的利用效率，评价企业资产的营运能力。营运能力是企业财务目标实现的物质基础。

（2）分析企业权益的结构，评价企业归还债务的能力，估量企业对债务资金的利用程度，分析企业的偿债能力。偿债能力是企业财务目标实现的稳健保证。

（3）分析企业利润目标的完成情况和不同年度盈利水平的变动情况，评价企业的盈利能力。盈利能力对偿债能力和营运能力的增强起着推动作用。分析企业发展的方向和发展潜力，评价企业的发展能力。

小试牛刀

［多选题］企业财务报表分析的主要内容包括（　　）。

A. 企业的偿债能力　　B. 企业技术水平

C. 企业资产的营运能力　　D. 企业的盈利能力

E. 企业会计人员工作能力

［解析］财务报表分析的内容包括：①分析企业的偿债能力；②评价企业资产的营运能力；③评价企业的盈利能力。

［答案］ACD

考点2 财务报表分析的基本方法★

财务报表分析常用的方法包括比较分析法（最基本的分析方法）、比率分析法、趋势分析法。

一、比较分析法

比较分析法是通过比较某项财务指标和与其性质相同的指标评价标准，来揭示企业财务状况、经营成果和现金流量情况的分析方法。

比较分析法的分类见表30-1。

表30-1　比较分析法的分类

分类标准	具体分类
按比较标准的不同划分	本期指标与上期指标比较
	实际指标同计划指标比较
	本企业指标同国内外先进企业指标比较
按比较对象的不同划分	绝对数比较分析
	绝对数增减变动分析
	百分比增减变动分析

二、比率分析法

比率分析法是相关联项目比较，计算关联项目的比率。

常用的三种比率有结构比率、效率比率和相关比率。具体内容见表30-2。

表30-2　常用的三种比率

比率	含义
结构比率	即构成比率，某项目数值占各项目总和的比率，反映部分与总体的关系。如存货与流动资产的比率

续表

比率	含义
效率比率	反映投入与产出的关系，用来计算某项经济活动的所费与所得的比例。如主营业务利润率、成本利润率和净资产利润率
相关比率	是以同一时期会计报表及有关资料中某个项目和与它不同但又有关的项目进行比较所得的相关数值的比率。如资产负债率

三、趋势分析法

趋势分析法是指利用会计报表提供的数据资料，把两期或多期连续的相同指标或比率进行定基对比和环比对比，从而得出它们增减变动的数额、方向和幅度，来揭示企业财务状况、经营成果和现金流量变化趋势的一种分析方法。

将不同时期的财务指标进行比较，可计算出动态比率指标，根据选择的基期不同，可以有两种方法：① 定基动态比率＝分析期数额 / 固定基期数额 ；② 环比动态比率＝分析期数额 / 前期数额 。

小试牛刀

[多选题] 财务报表分析的主要方法有（　　）。

A. 比率分析法　　B. 比较分析法

C. 趋势分析法　　D. 偿债能力分析法

E. 营运能力分析法

[解析] 财务报表分析常用的方法包括比率分析法、比较分析法和趋势分析法。

[答案] ABC

考点 3　盈利能力分析★★★

盈利能力分析主要运用的财务比率指标见表 30-3。

表 30-3　盈利能力分析主要运用的财务比率指标

财务比率指标	公式	说明
营业利润率	营业利润率＝营业利润/营业收入（或销售收入）×100%	该指标越高，说明企业盈利能力越强
营业净利润率	营业净利润率＝净利润/营业收入净额×100%	该指标越高，说明企业盈利能力越强
资产净利润率	资产净利润率＝净利润/平均资产总额×100%	该指标越高，说明企业盈利能力越强
净资产收益率（净资产利润率或所有者权益报酬率）	净资产收益率＝净利润/所有者权益平均余额×100%	该指标说明企业所有者权益的盈利能力，在我国，该指标既是上市公司对外必须披露的信息内容，也是决定上市公司能否配股进行再融资的重要依据

续表

财务比率指标	公式	说明
资本收益率	资本收益率＝净利润/实收资本（或股本）×100％	反映企业资本的盈利能力，影响该指标的因素包括影响净利润的各项因素和企业负债经营的规模。在不明显增加财务风险的条件下，负债越多，资本收益率越高，负债经营规模的大小会直接影响该项指标的高低。资本收益率越高，企业资本的盈利能力越强，对股份有限公司来说意味着股票升值
资本保值增值率	资本保值增值率＝期末所有者权益/期初所有者权益×100％	反映企业资本保值和增值的情况，是评价企业经济效益状况的辅助指标
普通股每股收益	普通股每股收益＝（净利润－优先股股利）/发行在外的普通股股数	反映普通股每股的盈利能力，影响该指标的因素包括企业的获利水平和企业的股利发放政策
市盈率	市盈率＝普通股每股市场价格/普通股每股收益	该指标高，表明投资者对公司未来充满信心，通常认为该指标在 5 到 20 之间是正常的，当人们预期将发生通货膨胀或提高利率时，股票的市盈率普遍下降；当人们预期公司利润将增长时，市盈率通常会上升；债务比重大的公司，股票市盈率通常较低

小试牛刀

[单选题] 甲公司 2020 年的营业收入为 200 万元，营业成本为 150 万元，发生销售费用为 10 万元，实现营业利润为 40 万元，则该公司 2020 年的营业利润率为（　　）。

A. 75％　　B. 26.67％

C. 20％　　D. 80％

[解析] 营业利润率＝营业利润/营业收入×100％＝40/200×100％＝20％。

[答案] C

[多选题] 下列财务分析指标中，属于反映企业盈利能力的有（　　）。

A. 资产负债率　　B. 总资产周转率

C. 资本保值增值率　　D. 净资产收益率

E. 市盈率

[解析] 盈利能力指标包括：①营业利润率；②营业净利润率；③资本收益率；④净资产收益率；⑤资产净利润率；⑥普通股每股收益；⑦市盈率；⑧资本保值增值率。C、D、E 三项属于衡量企业盈利能力的指标。A 项“资产负债率”是反映偿债能力的指标；B 项“总资产周转率”是反映营运能力的指标。

[答案] CDE

考点④ 偿债能力分析★★★

偿债能力包括长期偿债能力和短期偿债能力。

一、长期偿债能力

长期偿债能力的指标见表 30-4。

表 30-4 长期偿债能力分析

财务比率指标	公式	说明
产权比率（又称负债对所有者权益的比率）	产权比率 = 负债总额 / 所有者权益总额 ×100%	产权比率用来反映企业基本财务结构是否稳定，一般来说，所有者提供的资本大于借入资本为好，指标越低，说明企业的长期偿债能力越强，债权人权益受保障的程度越高，承担的风险越小，同时该指标也表明债权人投入的资本受到所有者权益保障的程度，即企业清算时对债权人利益的保障程度
资产负债率（又称负债比率或举债经营比率）	资产负债率 = 负债总额 / 资产总额 ×100%	（1）该比率衡量企业长期偿债能力，反映债权人发放贷款的安全程度 （2）该比率衡量企业利用债权人提供资金进行经营活动的能力。一般来说，企业的资产总额应大于负债总额，资产负债率应小于 100%。如果企业的资产负债率在 50%以下的较低水平，说明企业有较好的偿债能力和负债经营能力 （3）在企业负债资本成本率低于资产净利润率的条件下，企业负债经营会因代价较小使所有者的收益增加
已获利息倍数（又称利息保障倍数）	已获利息倍数 = 息税前利润 / 利息费用 =（利润总额 + 利息费用）/ 利息费用	（1）利息费用包括财务费用中的利息和计入固定资产成本的资本化利息 （2）反映企业用经营所得支付债务利息的能力。用来衡量盈利能力对债务偿付的保证程度 （3）一般来说，已获利息倍数至少应等于 1。已获利息倍数越高，支付债务利息的能力越强，企业长期偿债能力越强

二、短期偿债能力

短期偿债能力的指标见表 30-5。

表 30-5 短期偿债能力分析

财务比率指标	公式	说明
现金比率	现金比率 = 现金 / 流动负债	（1）现金包括现金和现金等价物 （2）该比率反映企业的即刻变现能力
速动比率（也叫酸性实验比率）	（1）速动比率 = 速动资产 / 流动负债 （2）速动资产 = 流动资产 − 存货 = 货币资金 + 短期投资 + 应收账款	（1）计算该比率要排除存货的原因是：存货是流动资产中流动性最差的一种 （2）该比率反映企业在短期内可变现资产偿还短期内到期债务的能力 （3）一般情况下，速动比率越高，表明企业偿还流动负债的能力越强 （4）一般认为，速动比率应维持在 1∶1 左右较理想

续表

财务比率指标	公式	说明
流动比率	流动比率＝流动资产/流动负债	(1) 反映企业在短期内可转变为现金的流动资产偿还到期债务的能力 (2) 流动比率是衡量短期风险的指标，是衡量短期债务清偿能力最常用的比率 (3) 流动比率越高，资产的流动性越大、短期偿债能力越强 (4) 一般认为流动比率维持在2∶1左右比较合适

小试牛刀

[单选题] 流动比率反映的是（　　）。

A. 企业用可以短期内变现的流动资产偿还到期流动负债的能力

B. 企业用可在短期内变现的速动资产偿还短期内到期债务的能力

C. 企业立即偿还到期债务的能力

D. 企业利用债权人提供的资金进行经营活动的能力

[解析] A项是“流动比率”；B项是“速动比率”；C项是“现金比率”；D项是“资产负债率”。

[答案] A

[单选题] 下列财务分析指标中，不属于分析企业偿债能力的是（　　）。

A. 资产负债率

B. 净资产收益率

C. 流动比率

D. 已获利息倍数

[解析] 偿债能力包括短期偿债能力和长期偿债能力。短期偿债能力的比率有：流动比率、速动比率和现金比率；长期偿债能力的比率有：资产负债率、产权比率、已获利息倍数。B项“净资产收益率”属于盈利能力分析指标。

[答案] B

考点5 营运能力分析★★

营运能力分析指标的具体内容见表30-6。

表30-6　营运能力分析

财务比率指标	公式	说明
存货周转率	(1) 存货周转次数＝营业成本/平均存货 (2) 存货周转天数＝360/存货周转次数＝平均存货余额×360÷营业成本	(1) 反映存货周转速度的比率 (2) 存货周转次数多、周转天数少，说明存货周转快，企业实现的利润会相应增加

续表

财务比率指标	公式	说明
应收账款周转率	(1) 应收账款周转次数＝营业收入净额/应收账款平均余额 其中，营业收入净额＝营业收入－销售退回、折让和折扣 (2) 应收账款周转天数＝360/应收账款周转次数＝（应收账款平均余额×360）/营业收入净额	(1) 反映应收账款周转速度的比率 (2) 应收账款周转次数越多，周转天数少，表明应收账款周转快，企业信用销售严格
流动资产周转率	流动资产周转率＝营业收入净额/流动资产平均余额	反映企业流动资产的利用效率
总资产周转率	总资产周转率＝营业收入净额/总资产平均余额	反映企业全部资产的使用效率

小试牛刀

[多选题] 下列财务指标中，能够反映企业营运能力的有（　　）。

A. 市盈率　　B. 流动资产周转率

C. 存货周转率　　D. 应收账款周转率

E. 已获利息倍数

[解析] 营运能力指标（周转率、周转天数、周转次数）包括：①应收账款周转率；②存货周转率；③流动资产周转率；④总资产周转率。B、C、D 三项是反映营运能力的指标。A 项“市盈率”是反映盈利能力的指标。E 项“已获利息倍数”是反映偿债能力的指标。

[答案] BCD

第六部分　法　律

【大纲再现】

1. 法律对经济关系的调整。理解法律调整机制的基本原理，掌握我国法律对经济关系的调整方式，辨别调整经济的主要法律的种类。
2. 物权法律制度。理解物权法律制度的基本内容，掌握所有权、担保物权、用益物权、建设用地使用权的取得方式和适用规则。
3. 合同法律制度。理解合同、要约、承诺，掌握合同的订立、履行和终止、担保和保全、转让和变更的适用条件。
4. 公司法律制度。掌握公司和公司法的概念，理解公司的特征和分类，掌握公司设立的条件和程序，掌握公司组织机构和股东权利的内容，掌握董事、监事和高级管理人员的任职资格和义务，辨别公司合并、分立、解散、清算的相关规定。
5. 其他法律制度。掌握专利法律制度、商标法律制度、劳动合同法律制度、消费者权益保护法律制度、反垄断法律制度、反不正当竞争法律制度、产品质量法律制度的基本原理和主要内容。

【大纲解读】

法律部分的考试分值在六部分中排在并列第二位，近些年来一直稳定在23分，其中，单项选择题考11题，每题1分，共11分；多项选择题考6题，每题2分，共12分。

法律部分主要是民商法和经济法，一般情况下，物权法律制度、合同法律制度以及公司法律制度考题和考试分值都比较高，法律部分涉及的法律条文比较多，记忆压力比较大，考试出题也比较灵活，尤其是近几年案例题考查频率较高。

在学习这部分内容时，最好是理论联系实际，结合案例来加强对法律条文的理解和运用，同时配合一定的练习题来巩固和提高水平。本部分内容以背诵记忆为主，当然，在理解的基础上记忆效果更好。法律部分的性价比不高，对于本部分内容应尽量拿分。

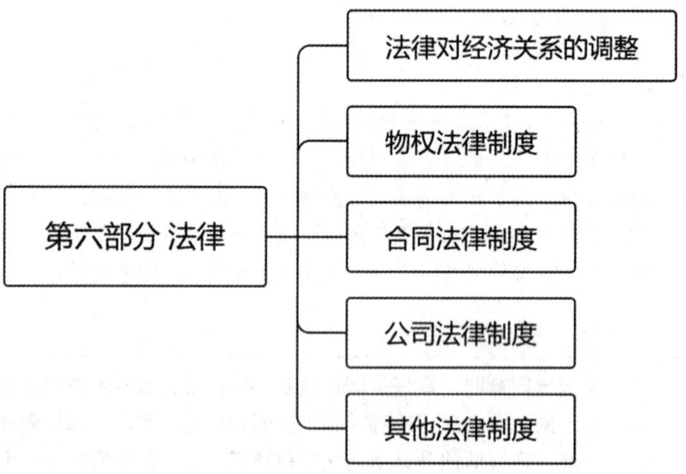
第六部分 法律
法律对经济关系的调整
物权法律制度
合同法律制度
公司法律制度
其他法律制度

第三十一章　法律对经济关系的调整

知识脉络

第三十一章 法律对经济关系的调整	调整经济的法和经济法
	调整社会主义市场经济的法律体系

考点1 调整经济的法和经济法★★

社会关系是法律调整的对象。“经济法”是现代法律体系的一个重要组成部分，是与刑法、行政法、民法、商法等部门法并列的一个法律部门。

“调整经济的法”既包括传统法律体系中的民法、商法，也包括近代产生的经济法，是调整围绕社会物质财富的生产、交换、分配和消费过程所进行的各种经济关系的法律规范的总体。

法律对经济关系调整的三个阶段见表31-1。

表31-1　法律对经济关系调整的三个阶段

阶段	内容
第一阶段 （在奴隶制社会和封建社会）	法律对经济关系的调整是诸法合一，刑法、民法不分
第二阶段 （始自封建社会末期和自由资本主义阶段）	从最初诸法合一发展到十几个法律部门。这个时期民商法对经济关系调整起主导作用
第三阶段 （进入当代社会）	民法、商法和经济法共同对经济关系进行调整，同时也包括调整经济关系的辅助性法律部门，如劳动法、社会保障法、环境保护法等新兴法律部门

考点2 调整社会主义市场经济的法律体系★★

调整社会主义市场经济的法律体系见表31-2。

表31-2　调整社会主义市场经济的法律体系

体系层次	具体内容
民商法	民商法在对市场经济进行规制的法律体系中处于基本法的地位。民商法主要调整市场力量发挥作用的经济领域
	物权法律制度：人对财产的支配关系
	知识产权法律制度：是调整无形的智力成果的支配关系的法律制度，也属于调整财产支配关系的范围

续表

体系层次	具体内容
经济法	经济法是市场经济制度的基本法，主要以国家对市场经济进行宏观调控所形成的法律关系为调整对象。经济法与民商法协调互补，形成了现代市场经济社会调整经济关系的两大法律体系
	经济法的调整对象包括：(1) 市场管理关系（维护公平竞争关系、产品质量管理关系、消费者权益保护关系）；(2) 经济管理关系；(3) 组织管理性的流转和协作关系
其他法律部门	劳动和社会保障法、自然资源与环境保护法等

小试牛刀

[单选题] 经济法的调整对象不包括（　　）。

A. 经济管理关系　　B. 市场管理关系

C. 组织管理性的流转和协作关系　　D. 行政指导关系

[解析] 经济法的调整对象包括：①经济管理关系；②市场管理关系（维护公平竞争关系、产品质量管理关系、消费者权益保护关系）；③组织管理性的流转和协作关系。

[答案] D

第三十二章　物权法律制度

知识脉络

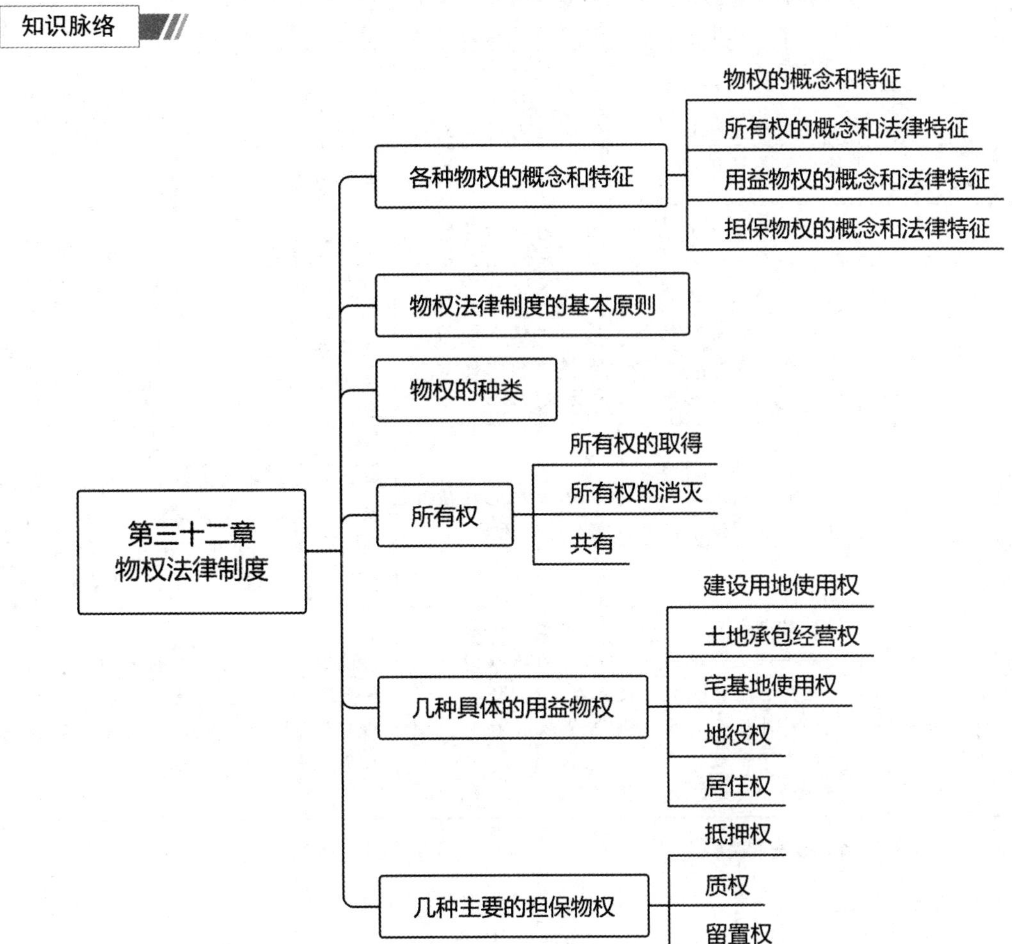

考点1　各种物权的概念和特征★★★

一、物权的概念和特征

根据《中华人民共和国民法典》（以下简称《民法典》）第一百一十四条规定，物权是权利人（特定社会人与人之间）依法对特定的物享有直接支配和排他的权利，包括所有权、用益物权和担保物权。

特定社会人与人之间对物的占有关系在法律上表现为物权，物权的特征（通过物权与债权的对比来看）见表 32-1。

表 32-1　物权的特征（与债权对比）

项目		物权	债权
权利、义务主体		物权是绝对权（对世权），权利主体是特定的，而义务主体是权利人之外的不特定的一切人	债权是相对权（对人权），权利主体和义务主体都是特定的，债权人的请求权只对特定的债务人发生效力
设定		物权是法定的，物权的设定采用法定主义。物权的种类和基本内容由法律规定，不允许当事人自由创设物权种类。物权设定必须公示	债权特别是合同债权，由当事人自由确定，不需要公示
权利属性		物权属于支配权，不必依赖他人的帮助就能行使其权利	债权属于请求权，是债权人请求债务人依照债的规定履行义务，即债权必须有相对的义务人给予协助方可顺利实现
客体		物权的客体一般为物，物权的标的是特定物、独立物、有体物，而不是行为；物权只能以独立于人身之外的物为客体。自己或是他人的身体均不可成为物权支配的对象。人体器官在未经合法程序和手段与人体分离之前，也不可成为物权的客体	债权间接涉及物，一般直接指向的是行为。在债权关系存续期间，债权人一般不直接占有债务人的财产，只有在债务人交付财产以后，债权人才能直接支配物
效力（物权具有追及效力和优先效力）	追及效力	物权的权利人需追及于物之所在地行使其权利，依法请求不法占有人返还原物	原则上债权无追及的效力。在债权的标的物未转移所有权前，债务人非法转让且被第三人占有时，债权人只可请求债务人履行债务并承担违约责任，不可以请求物的占有人归还财产
	优先效力	（1）对内优先：同一标的物上存在着两个或两个以上内容或性质相同的物权时，成立在先的物权优先于成立在后的物权 （2）对外优先：当物权与债权并存时，物权优先于债权 【例外】“买卖不破租赁”原则	债权不具有对内优先的效力，在同一物上可以设立多个债权，各个债权都具有平等的效力，在依法受偿时债权人都是平等的

二、所有权的概念和法律特征

（一）所有权的概念

所有权是指所有人依法享有对自己的不动产或者动产占有、使用、收益和处分的权利。所有权内容的核心及拥有所有权的根本标志均为处分权。

（二）所有权的法律特征

所有权的法律特征见表 32-2。

表 32-2　所有权的法律特征

法律特征	具体内容
独占性	所有人对财产享有的所有权，可以依法排斥他人的非法干涉，不允许任何人加以妨碍或者侵害。当所有权受到不法占有或者侵害时，所有人可以请求返还原物、停止侵害、排除妨碍或者赔偿损失

续表

法律特征	具体内容
存续性	一般而言，财产所有权一经合法获得，就可以永久存续。法律不限制各项所有权的存续期限
单一性	所有权是一个整体的权利，并不是占有、使用、收益和处分四项权利的简单相加
全面性	所有权是最完整、全面的一种物权形式。所有人对所有物享有占有、使用、收益和处分的完整权利，所有权人可以将四项权能中的一项或数项权能分离出去由他人享有并行使
弹力性	通过法定的方式或合同约定的方式，所有权的各项权能可以同作为整体的所有权相分离。与所有权发生分离的权能在分离期限届满后，最终还是属于所有权人

三、用益物权的概念和法律特征

（一）用益物权的概念

《民法典》第三百二十三条规定，用益物权人对他人所有的不动产或者动产，依法享有占有、使用和收益的权利。

在我国，用益物权的种类主要包括：国家集体自然资源使用权、海域使用权、探矿权、采矿权、取水权、渔业养殖捕捞权、土地承包经营权、建设用地使用权、宅基地使用权、地役权、典权等。

（二）用益物权的法律特征

用益物权的法律特征见表 32-3。

表 32-3　用益物权的法律特征

法律特征	具体内容
用益物权是具有独立性的他物权	用益物权的存在不需要具备前提条件，它是一种可以从所有权权能中分离出来单独存在于他人所有物之上的权利；担保物权存在的前提是担保权人对担保物所有人或其关系人享有债权
用益物权具有使用的目的	用益物权的目的是对他人之物的使用和收益，来取得物的使用价值；担保物权的目的是通过物之价值担保债权得以清偿，它在乎物的交换价值
用益物权是限制物权	用益物权在一定范围内使用收益，不具有所有权那样彻底支配的性质，它既受法律的一般限制，也受所有权人对其内容范围的限制
用益物权的标的物主要是不动产	用益物权使用收益的对象大多是不动产，尤其是土地；用益物权行使的前提是已占有该不动产，所有权与担保物权的行使并不是直接占有其标的物

四、担保物权的概念和法律特征

（一）担保物权的概念

担保物权是指以确保债务清偿为目的，在债务人或第三人所有的物或所属的权利上设定的、以取得担保作用的定限物权。担保物权以取得担保标的物的交换价值为实质内容。

（二）担保物权特征

担保物权的特征见表 32-4。

表 32-4 担保物权的特征

法律特征	具体内容
担保物权具有物上代位性	担保的标的物变化为其他的价值形态时，担保物权所具有的支配效力及于变形物或者代替物。担保物因毁损灭失所获得的赔偿金成为担保物的代替物，担保物权人可以就该代替物行使担保物权
担保物权具有法定性	当事人不得约定设立担保物权，也不得协议变更担保物权发生的要件和内容
担保物权具有从属性	一般情况下，担保物权从属于债权，担保物权的成立、转移和消灭以债权的成立、移转和消灭为前提。但担保物权的从属性并不是绝对的，如“最高额抵押”不以债权的存在为其发生或存在的前提条件
担保物权具有价值权性	担保物权以支配标的物的交换价值为内容，以担保债务的清偿为目的
担保物权具有不可分性	在所担保的债权未受全部清偿前，担保权人可就担保物的全部行使权利

小试牛刀

[单选题] 所有权不允许任何人非法侵害，一物不容二主，这体现了所有权的（　　）特征。

A. 弹力性　　B. 独占性

C. 存续性　　D. 全面性

[解析] 所有权的独占性表现在所有人对其财产享有的所有权，可以依法排斥他人的非法干涉，不允许其他任何人加以妨碍或者侵害。当所有权受到不法占有或者侵害时，财产所有人有权请求返还原物、停止侵害、排除妨碍或者赔偿损失。

[答案] B

[多选题] 下列关于用益物权的表述，错误的有（　　）。

A. 用益物权是具有独立性的自物权

B. 用益物权是限制的物权

C. 设置用益物权的目的在于对他人之物的使用和收益

D. 用益物权的标的物主要是动产

E. 用益物权多以不动产尤其是土地为使用收益的对象

[解析] 用益物权是具有独立性的他物权，A 项错误。用益物权的标的物主要是不动产，D 项错误。

[答案] AD

[单选题] 担保期间，担保财产毁损、灭失的，担保物权人可以就获得的赔偿金优先受偿。这体现了担保物权的（　　）特征。

A. 价值权性　　B. 从属性

C. 不可分性　　D. 物上代位性

[解析] 担保物权具有物上代位性的表现为担保标的物变化为其他的价值形态时，担保物权所具有的支配效力及于变形物或者代替物。担保物因毁损灭失所获得的赔偿金成为担保物的代替物，担保物权人可就该代替物行使担保物权。

[答案] D

考点2 物权法律制度的基本原则★★

物权法律制度的基本原则主要包括一物一权原则、物权法定原则和物权公示原则。其具体内容见表32-5。

表32-5 物权法律制度的基本原则

基本原则	具体内容
一物一权原则	(1) 所有权在一个特定的标的物上只有一个 (2) 同一物上不得设有两个以上相互冲突和矛盾的物权
物权法定原则	是指当事人不得自由地创设物权的种类、内容、效力、得丧变更及保护方法，这些均为法律直接规定的
物权公示原则	是指民事主体对物权的享有与变动须采取法律许可的方式向社会公开展示，以获得社会承认和法律保护的原则
	《民法典》第二百零九条规定，不动产物权的设立、变更、转让和消灭，经依法登记，发生效力；未经登记，不发生效力，但是法律另有规定的除外。依法属于国家所有的自然资源，所有权可以不登记。《民法典》第二百零八条规定，动产物权的设立和转让，应当依照法律规定交付
	物权公示原则的具体内容包括：(1) 物权的公示方法必须由法律规定；(2) 物权公示的效力必须由法律规定
	依照我国法律的规定，不动产的转让一经办理登记手续，便发生该不动产的所有权转移的法律后果，普通的动产一经交付，便发生所有权转移的后果

【注1】《民法典》第二百一十条规定，国家实行不动产统一登记制度。国务院国土资源主管部门负责指导、监督全国不动产登记工作。

下列不动产权利，依照《不动产登记暂行条例》的规定办理登记：

(1) 集体土地所有权。

(2) 房屋等建筑物、构筑物所有权。

(3) 森林、林木所有权。

(4) 耕地、林地、草地等土地承包经营权。

(5) 建设用地使用权。

(6) 宅基地使用权。

(7) 海域使用权。

(8) 地役权。

(9) 抵押权。

(10) 法律规定需要登记的其他不动产权利。

【注2】不动产登记的类型见表32-6。

表32-6 不动产登记的类型

类型	内容
首次登记	指首次产生不动产物权时所进行的登记。如商品房建成后第一次登记
转移登记	指发生不动产物权权利移转时所进行的不动产登记
变更登记	指不动产物权的具体内容发生变化时进行的登记
注销登记	指发生不动产物权消灭时所进行的登记。例如解除地役权时进行的注销登记

续表

类型	内容
更正登记	根据《民法典》第二百二十条规定，权利人、利害关系人认为不动产登记簿记载的事项错误的，可以申请更正登记
异议登记	根据《民法典》第二百二十条规定，不动产登记簿记载的权利人不同意更正的，利害关系人可以申请异议登记
预告登记	根据《民法典》第二百二十一条规定，当事人签订买卖房屋的协议或者签订其他不动产物权的协议，为保障将来实现物权，按照约定可以向登记机构申请预告登记。预告登记后，未经预告登记的权利人同意，处分该不动产的，不发生物权效力。预告登记后，债权消灭或者自能够进行不动产登记之日起 90 日内未申请登记的，预告登记失效
查封登记	是指作为被执行人的不动产权利人因判决或者强制执行等原因，当事人尚未向权属登记机关办理登记手续，由执行法院向登记机关提供被执行人取得财产所依据的生效判决书或者执行裁定书及协助执行通知书，由登记机关对该房屋的权属直接进行登记，然后再予以查封。它是一种特殊的不动产登记类型

【注 3】转移登记与变更登记的区别见表 32-7。

表 32-7　转移登记与变更登记的区别

区别	转移登记	变更登记
是否为权利转让行为	是一种不动产权利转让行为	不是权利转让行为
登记前后权利主体的变动情形不同（本质区别）	前后的权利主体不一致	前后的权利主体一致
是否缴税不同	属交易行为，一般应依法缴纳相关所得税、契税等税款	不属交易行为，不需缴纳税款

【注 4】更正登记和异议登记的相关规定：

《民法典》第二百二十条规定了更正登记和异议登记，该条还规定：不动产登记簿记载的权利人书面同意更正或者有证据证明登记确有错误的，登记机构应当予以更正。登记机构予以异议登记的，申请人在异议登记之日起 15 日内不提起诉讼的，异议登记失效。异议登记不当，造成权利人损害的，权利人可以向申请人请求损害赔偿。

异议登记失效后，当事人提起民事诉讼，请求确认物权归属的，法院应当依法受理。异议登记失效不影响法院对案件的实体审理。

小试牛刀

［多选题］物权法定原则的具体内容包括（　　）。

A. 物权种类法定化　　B. 物权效力法定化

C. 物权内容法定化　　D. 物权变更规则法定化

E. 物权客体使用方法法定化

［解析］物权法定原则指物权的种类、内容、效力、得丧变更及其保护的方法均源自法律的直接规定，当事人不得自由地创设。

［答案］ABCD

［单选题］不动产物权的具体内容发生变化时进行的登记称为（　　）。

A. 转移登记　　B. 变更登记

C. 预告登记　　　　　　　　　　　　D. 更正登记

[解析] 转移登记是指不动产物权发生权利移转时所进行的不动产登记。变更登记是指不动产物权的具体内容发生变化时进行的登记。预告登记是指在当事人所期待的不动产物权变动所需要的条件缺乏或者尚未成就时，即权利取得人只对未来取得物权享有请求权时，法律为保护这一请求权而为其进行的登记。权利人、利害关系人认为不动产登记簿记载的事项错误的，可以申请更正登记。

[答案] B

考点3 物权的种类★★

物权的分类见表 32-8。

表 32-8　物权的分类

分类标准	分类	含义及内容	举例
根据物权有无从属性划分	主物权	与其他权利没有从属关系，可以独立存在的物权	所有权、地上权、取水权、采矿权、永佃权
	从物权	从属于其他权利而存在的物权 【注】地役权与需役地的所有权的关系上，是从物权	质权、抵押权、留置权
根据物权的发生是否基于当事人的意思划分	法定物权	基于法律的直接规定发生的物权	法定抵押权和留置权
	意定物权	依当事人的意思发生的物权	质权、抵押权
根据物权之存续有无期限划分	有期限物权	有存续期限的物权	质权、抵押权、留置权
	无期限物权	没有期限限制的物权	所有权
根据物权的权利人行使权利的范围不同划分	自物权	权利人对自己所有的标的物依法进行全面支配（支配范围的全面性和支配时间的无限性）的物权。它是物权中最完整、最充分的权利	所有权
	他物权	权利人在他人所有的标的物上享有的被限定于某一特定期间或某一特定方面的物权	担保物权、用益物权
他物权从设立目的不同划分	用益物权	设立的目的是标的物的使用和收益	建设用地使用权、土地承包经营权、宅基地使用权、地役权、典权
	担保物权	设立的目的是实现担保债权	质权、抵押权、留置权

【注】用益物权与担保物权的区别见表 32-9。

表 32-9　用益物权与担保物权的区别

区别	用益物权	担保物权
标的物不同	主要标的物为不动产	不存在特定的标的物

续表

区别	用益物权	担保物权
设立的目的不同	实现物的使用价值	以物的交换价值担保债权的实现
权利的性质不同	多为独立性的主权利	从权利，以债权的存在为前提，所担保的债权作为其主权利
价值形态发生变化对权利人使用收益权产生的影响不同	价值形态发生变化，会对权利人的使用收益权产生影响，甚至导致权利消灭	标的物价值形态发生变化，担保物权继续存在，以变化后的物为标的。即担保物权具有物上代位性

小试牛刀

［多选题］根据物权的分类，抵押权属于（　　）。

A. 他物权　　B. 主物权　　C. 担保物权　　D. 意定物权

E. 有期限物权

［解析］抵押权属于担保物权、他物权、意定物权、有期限物权。

［答案］ACDE

考点4 所有权★★★

一、所有权的取得

所有权的合法取得方式有原始取得与继受取得两种。

（一）（原始取得首次产生或不依赖于他人既存的权利和意志，直接根据法律规定取得）

（1）因物权首次产生而获得所有权：①生产，指民事主体利用劳动创造得到新的财产，并因此取得其所有权的方式；②孳息，指由原物所产生的收益，分为天然孳息（如果实、幼畜等）和法定孳息（如利息、租金等）。

根据《民法典》第三百二十一条规定，天然孳息，由所有权人取得；既有所有权人又有用益物权人的，由用益物权人取得。当事人有约定的，按照约定取得。法定孳息，当事人有约定的，按照约定取得；没有约定或约定不明确的，按照交易习惯取得。

（2）因公法方式获得所有权（国有化和没收）：国家根据法律、法规的强行性规定，采取强制措施将一定的财产收归国有的法律事实。如没收犯罪分子的财产归国家所有。

（3）其他直接根据法律规定确定所有权归属的方式见表32-10。

表32-10　根据法律规定确定所有权归属的方式

方式		内容
先占		民事主体通过对无主动产的占有而取得对该动产的所有权的行为
添附	加工	是指一方使用他方的财产（动产）并将该财产改造为具有更高价值的新财产，如木板加工家具
	混合	是指不同所有人的动产互相结合后识别需要的费用过大或者难以识别，所产生的所有权变动的法律事实，比如将两种饮料混在一起
	附合	是指不同所有人的财产互相结合而形成新的财产，虽然该新财产未达到混合程度，但非经撤毁不能恢复到原来的状态，如在他人的建筑物上粉刷油漆

续表

方式	内容
善意取得（动产与不动产均适用）	根据《民法典》第三百一十一条规定，无处分权人将不动产或者动产转让给受让人的，所有权人有权追回；除法律另有规定外，符合下列情形的，受让人取得该不动产或者动产的所有权（即善意取得的构成要件）：（1）受让人受让该不动产或者动产时是善意的；（2）以合理的价格转让；（3）转让的不动产或者动产依照法律规定应当登记的已经登记，不需要登记的已经交付给受让人 【注1】禁止或限制流通物如枪支弹药、黄金、麻醉品等不适用善意取得制度 【注2】货币和不记名证券是一种特殊的动产，适用善意取得制度
拾得遗失物	是指发现他人不慎丧失占有的动产而予以占有的法律事实，根据《民法典》第三百一十四至三百一十九条相关规定，拾得遗失物，应当返还权利人。拾得人应当及时通知权利人领取，或者送交公安等有关部门。有关部门收到遗失物，知道权利人的，应当及时通知其领取；不知道的，应当及时发布招领公告。拾得人在遗失物送交有关部门前，有关部门在遗失物被领取前，应当妥善保管遗失物。因故意或者重大过失致使遗失物毁损、灭失的，应当承担民事责任。权利人领取遗失物时，应当向拾得人或者有关部门支付保管遗失物等支出的必要费用。权利人悬赏寻找遗失物的，领取遗失物时应当按照承诺履行义务。拾得人侵占遗失物的，无权请求保管遗失物等支出的费用，也无权请求权利人按照承诺履行义务。遗失物自发布招领公告之日起一年内无人认领的，归国家所有。拾得漂流物、发现埋藏物或者隐藏物的，参照适用拾得遗失物的有关规定。法律另有规定的，依照其规定

（二）继受取得

继受取得是指基于法定的事实或通过一定的法律行为从原所有人处取得所有权。取得的前提条件是原所有人对该项财产的所有权。

所有权继受取得的原因主要包括：①因一定的法律行为而取得所有权，如赠与、互易和买卖合同等法律行为；②因法律行为以外的事实而取得所有权，如继承遗产；③因其他合法原因取得所有权，如合作经济组织的成员通过合股集资的方式形成新的所有权形式。

二、所有权的消灭

（1）因物权主体的原因而消灭的所有权（相对消灭）。

（2）因所有权客体的原因而消灭的所有权（绝对消灭）。

三、共有

根据《民法典》第二百九十七条规定，不动产或者动产可以由两个及以上组织、个人共有。共有包括按份共有和共同共有。

【注】共有只是由多人共同享有一个所有权，而不是多个所有权。

（一）按份共有（又叫分别共有）

根据《民法典》第二百九十八条规定，按份共有人对共有的不动产或者动产按照其份额享有所有权（享有权利并承担义务）。

（1）按份共有的共有人对共有财产享有一定的应有部分。如果根据当事人的意思及法律两种方法不能确定应有部分的比例时，则应推定为各共有人的应有部分均等。

（2）按份共有人根据其应有部分，对于共有物的全部享有使用和收益权而不是对共有物按应有部分比例享有一定部分的使用和收益权，但该用益权的行使不能损害其他共有人的权利。

（3）按份共有人享有要求分出自己应有部分的权利。

根据《民法典》第三百零五条规定，按份共有人可以转让其享有的共有的不动产或者动产份额。其他共有人在同等条件下享有优先购买的权利。根据《民法典》第三百零六条规定，按份共有人转让其享有的共有的不动产或者动产份额的，应当将转让条件及时通知其他共有人。其他共有人应当在合理期限内行使优先购买权。两个以上其他共有人主张行使优先购买权的，协商确定各自的购买比例；协商不成的，按照转让时各自的共有份额比例行使优先购买权。

共有物的处分和重大修缮须得到绝大多数共有人的同意。《民法典》第三百零一条规定，处分共有的不动产或者动产以及对共有的不动产或者动产作重大修缮、变更性质或者用途的，应当经占份额2/3以上的按份共有人或者全体共同共有人同意，但共有人之间另有约定的除外。

（二）共同共有

根据《民法典》第二百九十九条规定，共同共有人对共有的不动产或者动产共同享有所有权。

（1）共同共有发生的前提是共同共有人之间存在如夫妻关系、家庭关系等共同关系。

（2）在共同共有关系存续期间，共同共有人不能对共同共有财产确定份额。

（3）除共有人之间另有约定外，一般情况下共同共有财产的处分应经全体共有人的同意。

（4）共同共有的形式主要包括三种：①家庭共有财产；②夫妻共同财产；③遗产分割前的共有。

（三）共同共有和按份共有的区别

共同共有和按份共有的区别见表32-11。

表32-11　共同共有和按份共有的区别

区别	共同共有	按份共有
成立的原因不同	以共同关系的存在为前提	不需以共同关系的存在为前提
对共有物的管理不同	除法律规定或当事人另有约定之外，对共有物的处分和重大修缮应获得全体共有人的同意	共有人之间另有约定之外，处分共有物或对共有物作重大修缮应当经占份额2/3以上的按份共有人同意；对共有物的简易修缮和一般保存行为可单独进行
权利的享有不同	共有人的权利及于共同共有物的全部，共同共有人对共有物的使用收益应征得全体共有人的同意	共有人以其应有部分享有所有权
对第三人行使权利的不同	共有人除征得全部共有人同意外，不得擅自处分共有财产，也不得对第三人转让其共有份额	各共有人可为了全体共有人的利益就共有物的全部对第三人行使请求权（如请求排除对共有物的妨害等），也可基于其应有部分向第三人行使权利（如份额转让给第三人，要求第三人支付款项等）
分割共有物的限制不同	在共同共有关系存续期间，各共同共有人不得请求分割共有物	共有人可随时请求分割共有物，除因共有物的使用目的不能分割或有协议约定不得分割的期限外

（四）业主的建筑物区分所有权

（1）根据《民法典》第二百七十一条规定，业主的建筑物区分所有权是指业主对建筑物内的住宅、经营性用房等专有部分享有所有权，对专有部分以外的共有部分享有共有和共同管理的权利。

（2）由于专有部分和共有部分的一体性，《民法典》第二百七十二条规定，业主行使权利不得危及建筑物的安全，不得损害其他业主的合法权益。根据《民法典》第二百七十九条规定，业主不得违反法律、法规以及管理规约，将住宅改变为经营性用房。业主将住宅改变为经营性用房的，除遵守法律、法规以及管理规约外，应当经有利害关系的业主一致同意。

（3）业主对建筑物专有部分以外的共有部分享有共有和共同管理的权利（如对共有部分与共用设备设施的使用、收益、维护等事项进行管理），承担义务。业主不得以放弃权利为由不履行义务。

根据《民法典》第二百七十三条规定，业主转让建筑物内的住宅、经营性用房，其对共有部分享有的共有和共同管理的权利一并转让。

小试牛刀

［单选题］所有权的消灭包括绝对消灭和相对消灭。下列情形中，属于所有权绝对消灭的是（　　）。

A. 丁的一幅古代字画被焚毁　　B. 甲的汽车在其死后被其子继承

C. 乙的珍珠项链遗失　　D. 丙将房屋变卖

［解析］所有权的绝对消灭，是指因所有权客体的原因而消灭。

［答案］A

［单选题］处分按份共有的不动产，除共有人之间另有约定外，至少需要占份额（　　）以上按份共有人的同意。

A. 1/2　　B. 1/3　　C. 3/4　　D. 2/3

［解析］《民法典》规定，处分按份共有的不动产或者动产以及对共有的不动产或者动产作重大修缮、变更性质或者用途的，应当经占份额2/3以上的按份共有人或者全体共同共有人同意，但共有人之间另有约定的除外。

［答案］D

［多选题］下列所有权取得方式中，属于原始取得的有（　　）。

A. 发现埋藏物　　B. 拾得遗失物　　C. 先占　　D. 添附

E. 赠与

［解析］原始取得的方式包括生产、孳息、国有化和没收、先占、添附（混合、附合、加工）、发现埋藏物和隐藏物、拾得遗失物、善意取得。

［答案］ABCD

考点5　几种具体的用益物权★★

一、建设用地使用权

根据《民法典》第三百四十四条规定，建设用地使用权人依法对国家所有的土地享有占有、使用和收益的权利，有权利用该土地建造建筑物、构筑物及其附属设施。

（一）建设用地使用权的法律特征

（1）符合法定条件的公民和法人是建设用地使用权的主体。

（2）国家所有的土地是建设用地使用权的客体，包括城市和农村的属于国有的土地、荒地、滩涂、山岭、草原和林地等，但不包括上述土地之下的埋藏物或自然资源以及地上的市政公用设施。

（3）建设用地使用权这项用益物权是从国家土地所有权中分离出来的。

（4）建设用地使用权是一项独立的物权，具有排他性。

（二）取得方式

根据《民法典》第三百四十七条规定，设立建设用地使用权，可以采取出让或者划拨等方式。

（1）有偿出让建设用地使用权。

根据《民法典》第三百四十七条规定，工业、商业、旅游、娱乐和商品住宅等经营性用地以及同一土地有两个以上意向用地者的，应当采取招标、拍卖等公开竞价的方式出让。

（2）划拨建设用地使用权。

划拨须经县级以上人民政府批准，划拨的土地没有期限的限制。根据《民法典》第三百四十七条规定，严格限制以划拨方式设立建设用地使用权。采取划拨方式的，应当遵守法律、行政法规关于土地用途的规定。

二、土地承包经营权

根据《民法典》第三百三十一条规定，土地承包经营权人依法对其承包经营的耕地、林地、草地等享有占有、使用和收益的权利，有权从事种植业、林业、畜牧业等农业生产。

土地承包经营权的法律特征包括：

（1）确认土地承包经营权的主要依据是承包经营合同。

（2）公民或集体组织是土地承包经营权的主体。

（3）全民所有的土地和集体所有的土地是土地承包经营权的客体。

（4）土地承包经营权是一种新型的用益物权。土地承包经营权人权利的保护方法包括物权的方法和债权的方法。

三、宅基地使用权

根据《民法典》第三百六十二条规定，宅基地使用权人依法对集体所有的土地享有占有和使用的权利，有权依法利用该土地建造住宅及其附属设施。

宅基地使用权的法律特征包括：

（1）宅基地的所有权属于集体所有，所以宅基地使用权是一种用益物权。

（2）公民（主要是农村集体经济组织的成员）是宅基地使用权的主体。

（3）集体所有的用于建造住宅及其附属设施的土地是宅基地使用权的客体。

（4）非经法定程序，任何机关和个人都不得任意剥夺公民依法取得的宅基地使用权，宅基地使用权受国家法律的保护。

（5）遵循法定的申请程序，经过有关部门的批准后宅基地使用权方可取得。

四、地役权

根据《民法典》第三百七十二条规定，地役权人有权按照合同约定，利用他人的不动产，以提高自己的不动产的效益。

（一）地役权的法律特征

（1）地役权的目的是提高自己不动产的效益。

（2）地役权是一种利用他人的不动产的权利。

（3）设立地役权，当事人应当采取书面形式订立地役权合同。

（二）相邻关系与地役权的区别

相邻关系与地役权的区别见表32-12。

表32-12　相邻关系与地役权的区别

区别	相邻关系	地役权
利用他人不动产的程度	对不动产的作用作最低程度的调节	对他人不动产的利用程度扩大
是否由法律规定	由法律直接规定	当事人协商约定

小试牛刀

[**单选题**] 在我国，确认土地承包经营权的主要依据是（　　）。

A. 国家法律的规定　　B. 集体经济组织的规定

C. 国家土地政策　　D. 承包经营合同

[**解析**] 承包经营合同是确认土地承包经营权的主要依据。

[**答案**] D

五、居住权

《民法典》第三百六十六条规定，居住权人有权按照合同约定，对他人的住宅享有占有、使用的用益物权，以满足生活居住的需要。

《民法典》第三百六十八条规定，居住权无偿设立，但是当事人另有约定的除外。设立居住权的，应当向登记机构申请居住权登记。居住权自登记时设立。

《民法典》第三百六十九条规定，居住权不得转让、继承。设立居住权的住宅不得出租，但是当事人另有约定的除外。

设立居住权，可以按照合同约定，也可以根据遗嘱或者遗赠。

小试牛刀

[**多选题**] 居住权可以通过（　　）方式获得。

A. 合同约定　　B. 先占

C. 遗赠　　D. 法律规定

E. 遗嘱

[**解析**] 居住权无偿设立，但是当事人另有约定的除外。设立居住权，可以根据遗嘱或者遗赠，也可以按照合同约定。

[**答案**] ACE

考点6　几种主要的担保物权★★★

一、抵押权

根据《民法典》第三百九十四条规定，为担保债务的履行，债务人或者第三人不转移财产的占有，将该财产抵押给债权人的，债务人不履行到期债务或者发生当事人约定的实现抵押权的情形，债权人有权就该财产优先受偿。债务人或者第三人为抵押人，债权人为抵押权人，提供担保的财产为抵押财产。

债务人不清偿债务时，在同一抵押物上存在着数个抵押权的，先成立的抵押权优于后成立的抵押权；抵押权人对抵押物的变价款优先于无抵押权的债权人受偿。

（一）抵押权的设定

（1）法定抵押权是依照法律规定直接产生的抵押权。

根据《民法典》第三百九十七条规定，以建筑物抵押的，该建筑物占用范围内的建设用地使用权一并抵押。以建设用地使用权抵押的，该土地上的建筑物一并抵押。

（2）意定抵押权是基于抵押合同而产生的抵押权。

根据《民法典》第四百条规定，设立抵押权，当事人应当采取书面形式订立抵押合同。

根据《民法典》第四百零一条规定，抵押权人在债务履行期届满前，与抵押人约定债务人不履行到期债务时抵押财产归债权人所有的，只能依法就抵押财产优先受偿。

（二）抵押标的（也叫抵押财产）

（1）根据《民法典》第三百九十五条规定，债务人或者第三人有权处分的下列财产可以抵押：①建筑物和其他土地附着物；②建设用地使用权；③海域使用权；④生产设备、原材料、半成品、产品；⑤正在建造的建筑物、船舶、航空器；⑥交通运输工具；⑦法律、行政法规未禁止抵押的其他财产。

（2）根据《民法典》第三百九十九条规定，下列财产不得抵押：①土地所有权；②宅基地、自留地、自留山等集体所有土地的使用权，但是法律规定可以抵押的除外；③学校、幼儿园、医疗机构等为公益为目的成立的非营利法人的教育设施、医疗卫生设施和其他公益设施；④所有权、使用权不明或者有争议的财产；⑤依法被查封、扣押、监管的财产；⑥法律、行政法规规定不得抵押的其他财产。

（3）抵押登记。

根据《民法典》第四百零二条规定，以《民法典》第三百九十五条第一款第 1 项至第 3 项规定的财产，即建筑物和其他土地附着物、建设用地使用权、海域使用权，或者第 5 项规定的正在建造的建筑物抵押的，应当办理抵押登记。抵押权自登记时设立。

根据《民法典》第四百零三条，以动产抵押的，抵押权自抵押合同生效时设立；未经登记，不得对抗善意第三人。根据《民法典》第四百零四条规定，以动产抵押的，不得对抗正常经营活动中已经支付合理价款并取得抵押财产的买受人。

二、质权

根据《民法典》第四百二十五条规定，为担保债务的履行，债务人或者第三人将其动产出质给债权人占有的，债务人不履行到期债务或者发生当事人约定的实现质权的情形，债权人有权就该动产优先受偿。

债务人或者第三人为出质人，债权人为质权人，交付的动产为质押财产。

（一）质权的法律特征

（1）根据《民法典》第四百二十九条规定，质权自出质人交付质押财产时设立。是否转移占有是质权与抵押权的一个重要的区别，质权必须转移占有（特定财产还需依法办理登记手

续），抵押权不需转移占有。

（2）动产或权利是质权的标的，不包括不动产。

（3）质权具有从属性、物上代位性和不可分性。

（二）质权的类型

根据《民法典》的规定，质权分为动产质权和权利质权两种。

根据《民法典》第四百四十条规定，债务人或者第三人有权处分的下列权利可以出质（质押）：①汇票、支票、本票；②债券、存款单；③仓单、提单；④可以转让的基金份额、股权；⑤可以转让的注册商标专用权、专利权、著作权等知识产权中的财产权；⑥现有的以及将有的应收账款；⑦法律、行政法规规定可以出质的其他财产权利。

三、留置权

根据《民法典》第四百四十七条规定，债务人不履行到期债务，债权人可以留置已经合法占有的债务人的动产，并有权就该动产优先受偿。债权人为留置权人，占有的动产为留置财产。

根据《民法典》第四百五十六条规定，同一动产上已设立抵押权或者质权，该动产又被留置的，留置权人优先受偿。

根据《民法典》第四百四十九条规定，法律规定或者当事人约定不能留置的动产，不得留置。

【特别注意】留置权是一种法定的担保物权；留置权只发生在如保管合同、加工承揽合同以及运输合同等特定的合同关系中。

小试牛刀

[单选题] 以土地使用权为抵押标的设立的抵押，其抵押合同（　　）。

A. 自合同订立时生效　　B. 无效

C. 自办理抵押登记时生效　　D. 自土地管理部门批准后生效

[解析] 不动产抵押，办理登记，抵押权才能生效，抵押权自登记时设立。

[答案] C

[多选题] 根据《民法典》规定，下列权利中，可以质押的有（　　）。

A. 支票　　B. 提单

C. 可以转让的股权　　D. 不动产所有权证

E. 应收账款

[解析] 根据《民法典》第四百四十条规定，下列权利可以质押：①汇票、支票、本票；②债券存款单；③仓单、提单；④可以转让的基金份额、股权；⑤可以转让的注册商标专用权、专利权、著作权等知识产权中的财产权；⑥现有的以及将有的应收账款；⑦法律、行政法规规定可以出质的其他财产权利。

[答案] ABCE

[单选题] 同一动产上已设立抵押权或者质权，该动产又被留置的，（　　）优先受偿。

A. 留置权人　　B. 抵押权人　　C. 质权人　　D. 债务人

[解析] 同一动产上已设立抵押权或者质权，该动产又被留置的，留置权人优先受偿。

[答案] A

第三十三章　合同法律制度

知识脉络

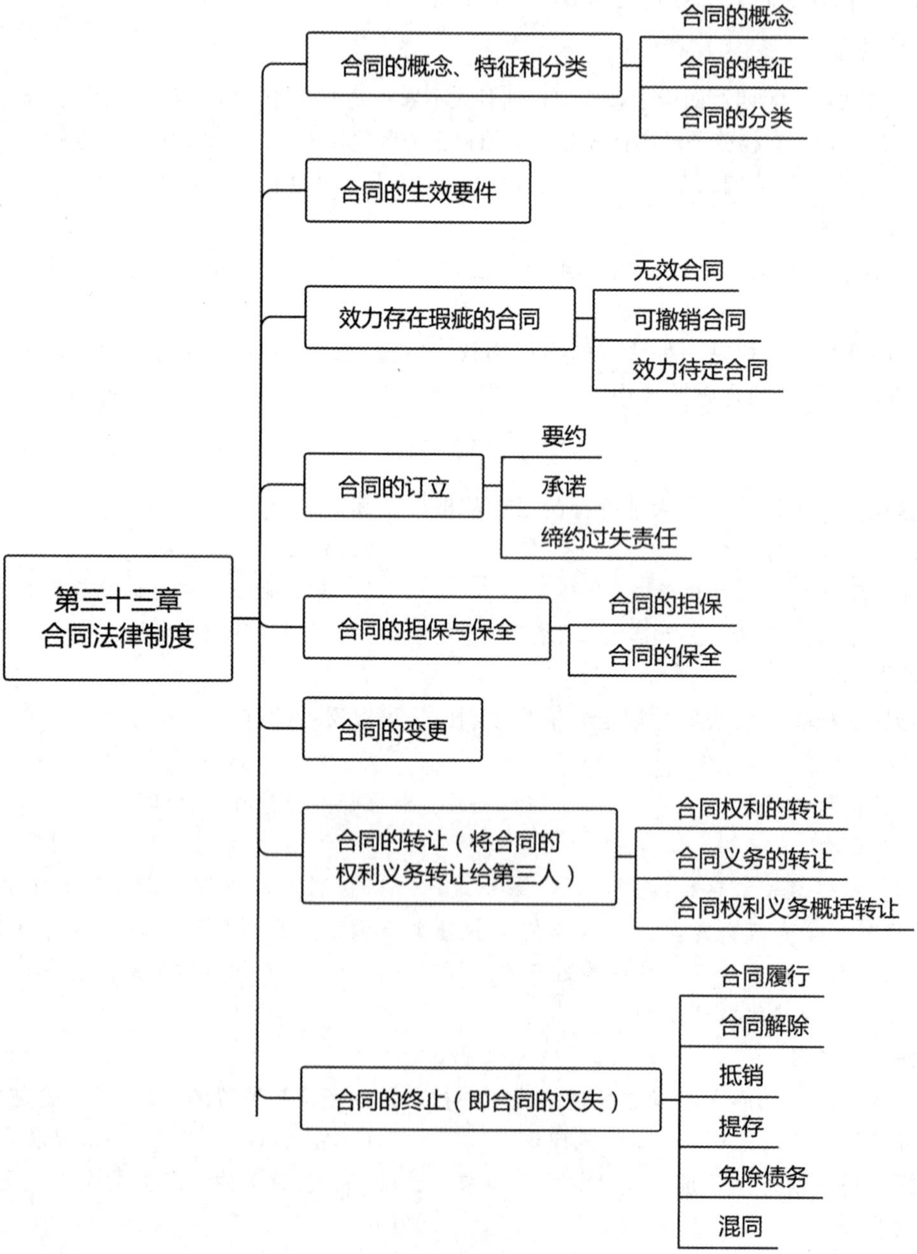

- 第三十三章 合同法律制度
  - 合同的概念、特征和分类
    - 合同的概念
    - 合同的特征
    - 合同的分类
  - 合同的生效要件
  - 效力存在瑕疵的合同
    - 无效合同
    - 可撤销合同
    - 效力待定合同
  - 合同的订立
    - 要约
    - 承诺
    - 缔约过失责任
  - 合同的担保与保全
    - 合同的担保
    - 合同的保全
  - 合同的变更
  - 合同的转让（将合同的权利义务转让给第三人）
    - 合同权利的转让
    - 合同义务的转让
    - 合同权利义务概括转让
  - 合同的终止（即合同的灭失）
    - 合同履行
    - 合同解除
    - 抵销
    - 提存
    - 免除债务
    - 混同

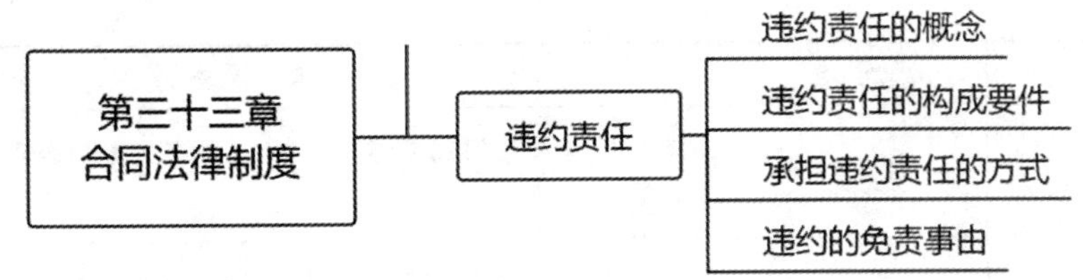

考点1 合同的概念、特征和分类★★★

一、合同的概念

根据《民法典》相关规定，合同是民事主体之间设立、变更、终止民事权利义务关系的协议。

二、合同的特征

合同具有的法律特征如下：

（1）根据《民法典》第四条规定，民事主体在民事活动中的法律地位一律平等。合同当事人的法律地位平等，一方不得将自己的意志强加给另一方。合同当事人之间不存在领导与被领导、命令和服从的关系。

（2）根据《民法典》第五条，民事主体从事民事活动，应当遵循自愿原则，按照自己的意思设立、变更、终止民事法律关系。（合同是在当事人自愿基础上进行的民事法律行为）

（3）合同是涉及双方或多方的民事法律行为。

（4）合同是有关民事权利义务关系的协议。根据《民法典》第四百六十四条规定，婚姻、收养、监护等有关身份关系的协议，适用有关该身份关系的法律规定。民事合同的内容实际是民事财产关系中的债权债务关系。

三、合同的分类

合同可以根据不同的标准进行分类，具体内容见表 33-1。

表 33-1　合同的分类

分类标准	分类	含义及举例
根据法律上是否规定一定的名称划分	有名合同（典型合同）	是指法律中有明文规定的合同。包括 19 大类，即：买卖合同，供用电、水、气、热力合同，赠与合同，借款合同，保证合同，租赁合同，融资租赁合同，保理合同，承揽合同，建设工程合同，运输合同，技术合同，保管合同，仓储合同，委托合同，物业服务合同，行纪合同，中介合同，合伙合同
	无名合同（非典型合同）	是指法律上没有确定名称和作出特别规定的合同
根据合同的成立是否以交付标的物为要件划分	诺成合同（不要物合同）	是指当事人双方意思表示一致就可以成立的合同。大多数合同都是诺成合同
	实践合同（要物合同）	是指当事人双方意思表示一致且需要有一方当事人实际交付标的物的行为才能成立的合同。如“借保定”合同（即借用合同、保管合同和定金合同）

续表

分类标准	分类	含义及举例
根据合同当事人各方权利义务的分担方式划分	双务合同	是指当事人之间相互享有权利、负有义务的合同。如买卖合同、租赁合同等
	单务合同	是指当事人一方只负有义务，另一方只享有权利的合同。如赠与合同、借用合同等
根据有关联的合同之间的主从关系划分	主合同	是指不依赖其他合同，能够独立存在的合同
	从合同（附属合同）	是指依赖主合同的存在才能成立的合同。如担保合同
根据合同的成立是否需要特定的形式划分	要式合同	合同的成立需要采取特定的方式
	非要式合同	合同的成立不需要采用特定的方式

小试牛刀

［单选题］下列合同中，属于从合同的是（　　）。

A. 保管合同　　B. 租赁合同

C. 买卖合同　　D. 抵押合同

［解析］根据有关联的合同之间的主从关系，合同分为主合同（不依赖其他合同，能够独立存在的合同）和从合同（必须以主合同的存在为前提的合同）。所有担保合同均属于从合同，从属于主债权债务的合同。

［答案］D

考点2 合同的生效要件★

合同的成立和生效不是一个概念。合同成立是当事人达成合意；合同的生效是合同符合法律规定的生效要件，这时才获得法律的保护。

合同生效的法律要件见表 33-2。

表 33-2　合同生效的法律要件

生效要件	具体内容
意思表示真实	要求行为人的内心意愿与其表达出来的意思相一致，均为自由产生
主体合格	行为人具有相应的行为能力。根据民法规定，十八周岁以上的自然人为成年人，是完全民事行为能力人，可以独立实施民事法律行为
内容合法	合同中不得有与法律强制性或禁止性规范相抵触的内容。合同行为不得违反社会公共利益和公序良俗，合同行为要遵守国家法律、国家政策
合同的形式合法	当法律规定某种合同必须采用某种形式时，如果不采用这种形式，合同就不成立或不生效，这种形式就是该合同的形式要件。如法律、行政法规规定必须办理登记、审批手续才能生效的合同

考点3 效力存在瑕疵的合同★★★

一、无效合同

不具备合同的生效条件从而不能产生当事人所预期的法律后果的合同是无效合同。

无效合同的种类有：

（1）无民事行为能力人签订的合同。

（2）行为人与相对人以虚假的意思表示签订的合同。

（3）违反法律、行政法规的强制性规定的合同。但是该强制性规定不导致该民事法律行为无效的除外。

（4）违背公序良俗的合同。

（5）行为人与相对人恶意串通损害他人合法权益而签订的合同。

根据《民法典》第一百五十五条、第一百五十六条规定，无效的或者被撤销的民事法律行为自始没有法律约束力。民事法律行为部分无效，不影响其他部分效力的，其他部分仍然有效。

二、可撤销合同

合同已成立并生效，但因合同当事人的意思表示不真实，一方当事人可以行使撤销权导致该合同自始不发生效力的合同即为可撤销合同。

（一）可撤销的合同类别

根据《民法典》第一百四十七至一百五十一条规定，可撤销合同类别如下：

（1）基于重大误解实施的民事法律行为。

（2）一方以欺诈手段，使对方在违背真实意思的情况下实施的民事法律行为，受欺诈方有权请求人民法院或者仲裁机构予以撤销。

（3）第三人实施欺诈行为，使一方在违背真实意思的情况下实施的民事法律行为，对方知道或者应当知道该欺诈行为的，受欺诈方有权请求人民法院或者仲裁机构予以撤销。

（4）一方或者第三人以胁迫手段，使对方在违背真实意思的情况下实施的民事法律行为，受胁迫方有权请求人民法院或者仲裁机构予以撤销。

（5）一方利用对方处于危困状态、缺乏判断能力等情形，致使民事法律行为显失公平的，受损害方有权请求人民法院或者仲裁机构予以撤销。

（二）撤销权消灭的情形

根据《民法典》第一百五十二条规定，有下列情形之一的，撤销权消灭：

（1）当事人自知道或者应当知道撤销事由之日起一年内、重大误解的当事人自知道或者应当知道撤销事由之日起九十日内没有行使撤销权。

（2）当事人受胁迫，自胁迫行为终止之日起一年内没有行使撤销权。

（3）当事人知道撤销事由后明确表示或者以自己的行为表明放弃撤销权。

当事人自民事法律行为发生之日起五年内没有行使撤销权的，撤销权消灭。

合同被撤销之前合同有效，只有撤销权人行使了撤销权，被撤销的合同才自始没有法律约束力。当事人未提出撤销请求，人民法院或仲裁机构不能主动撤销。

三、效力待定合同

由于不完全具备法律规定的有效条件，导致合同是否能够生效还须经权利人的承认才能确定的合同是效力待定合同。

效力待定合同的情形有：

（1）合同的主体不具有相应的民事行为能力。《民法典》第一百四十五条规定，限制民事行为能力人实施的纯获利益的民事法律行为或者与其年龄、智力、精神健康状况相适应的民事法律行为有效；实施的其他民事法律行为经法定代理人同意或者追认后有效。

（2）无权代理而订立的合同。《民法典》第一百七十一条规定，行为人没有代理权、超越代理权或者代理权终止后，仍然实施代理行为，未经被代理人追认的，对被代理人不发生效力。

相对人可以催告被代理人自收到通知之日起三十日内予以追认。被代理人未作表示的，视为拒绝追认。行为人实施的行为被追认前，善意相对人有撤销的权利。撤销应当以通知的方式作出。行为人实施的行为未被追认的，善意相对人有权请求行为人履行债务或者就其受到的损害请求行为人赔偿。但是，赔偿的范围不得超过被代理人追认时相对人所能获得的利益。相对人知道或者应当知道行为人无权代理的，相对人和行为人按照各自的过错承担责任。

效力待定合同须经权利人的承认才能生效，否则无效。

小试牛刀

［单选题］ 下列买卖合同中，根据我国法律规定确定无效的是（　　）。

A. 甲趁乙父母重病急需用钱而低价购买乙的房屋的合同

B. 甲误将乙认作丙而与之订立的合同

C. 甲与乙为逃避国家税收隐瞒真实情况虚假签订的合同

D. 甲欺骗乙称房屋具有学区指标而签订的合同

［解析］ A 项是甲利用乙处于危困状态而订立的显失公平的合同，属于可撤销合同；B 项是重大误解订立的可撤销合同；C 项是虚假意思表示订立的合同，属于无效合同；D 项是因欺诈订立的可撤销合同。

［答案］ C

考点4 合同的订立★★★

《民法典》第四百七十一条规定，当事人订立合同，可以采取要约、承诺方式或者其他方式。

一、要约

根据《民法典》第四百七十二条规定，要约是希望和他人订立合同的意思表示。发出要约的人是要约人，接受要约的人为受要约人或相对人。

（一）要约需要满足的条件

（1）发出要约的目的是订立合同。

（2）要约是要约人向希望与其缔结合同的相对人发出的意思表示。

（3）要约必须是特定人的意思表示。经本人授权代理人可以代为进行要约。

（4）必须具体确定要约的内容。内容不具体确定的提议不构成要约，而是要约邀请。

根据《民法典》第四百七十三条规定，要约邀请是希望他人向自己发出要约的表示。拍卖公告、招标公告、招股说明书、债券募集办法、基金招募说明书、商业广告和宣传、寄送的价目表等为要约邀请。商业广告和宣传的内容符合要约条件的，构成要约。

（二）要约的生效、撤回及撤销

（1）根据《民法典》第四百七十四条、一百三十七条规定，要约到达受要约人时生效。

（2）根据《民法典》第四百七十五条规定，要约可以撤回。撤回要约的通知应当在要约到达受要约人之前或者与要约同时到达受要约人（如撤回的通知后于要约到达受要约人，则不发生撤回的效力）。

（3）根据《民法典》第四百七十六条规定，要约可以撤销，但是有下列情形之一的除外：

①要约人以确定承诺期限或者其他形式明示要约不可撤销。

②受要约人有理由认为要约是不可撤销的，并已经为履行合同做了合理准备工作。

撤销要约的通知应当在受要约人发出承诺通知之前到达受要约人。

二、承诺

根据《民法典》第四百七十九条规定，承诺是受要约人同意要约的意思表示。

（一）承诺的构成要件

（1）承诺只能由受要约人向要约人作出。

（2）根据《民法典》第四百八十一条规定，承诺应当在要约确定的期限内到达要约人。要约没有确定承诺期限的，承诺应当依照下列规定到达：①要约以对话方式作出的，应当即时作出承诺；②要约以非对话方式作出的，承诺应当在合理期限内到达。

根据《民法典》第四百八十六条规定，受要约人超过承诺期限发出承诺，或者在承诺期限内发出承诺，按照通常情形不能及时到达要约人的，为新要约；但是，要约人及时通知受要约人该承诺有效的除外。

（3）承诺的内容必须与要约的内容一致（承诺最实质性的要件）：①受要约人对要约的内容作出实质性变更的，为新要约。有关合同标的、数量、质量、价款或者报酬、履行期限、履行地点和方式、违约责任和解决争议方法等的变更，是对要约内容的实质性变更。②根据《民法典》第四百八十九条规定，承诺对要约的内容作出非实质性变更的，除要约人及时表示反对或者要约表明承诺不得对要约的内容作出任何变更的以外，该承诺有效，合同的内容以承诺的内容为准。

（二）承诺生效及撤回

（1）承诺通知到达要约人时生效。

（2）承诺生效时合同成立。

（3）根据《民法典》第四百八十五条规定，承诺可以撤回。撤回承诺的通知应当在承诺通知到达要约人之前或者与承诺通知同时到达要约人。

三、缔约过失责任

缔约过失责任发生在合同成立之前。

《民法典》第五百条规定，当事人在订立合同过程中有下列情形之一，造成对方损失的，应当承担赔偿责任：

（1）假借订立合同，恶意进行磋商。

（2）故意隐瞒与订立合同有关的重要事实或者提供虚假情况。

（3）有其他违背诚实信用原则的行为。

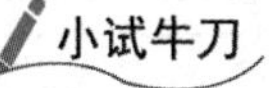

［单选题］下列关于要约的说法，错误的是（　　）。

A. 要约到达受要约人时生效　　B. 要约是以订立合同为目的的意思表示

C. 要约的内容必须具体确定　　　　D. 要约可以撤回但不能撤销

[解析] 在要约生效后，受要约人尚未发出承诺通知之前，要约人可以要求撤销该要约，所以要约可以撤销。D项错误。

[答案] D

[单选题] 甲商场向乙企业发出采购100台冰箱的要约，乙企业于5月5日寄出承诺信件，5月8日信件寄至甲商场。适逢其总经理外出，5月9日总经理知悉了该信内容，遂于5月10日电传告知乙企业收到承诺。该承诺的生效时间是（　　）。

A. 5月9日　　　　B. 5月5日

C. 5月10日　　　　D. 5月8日

[解析] 承诺通知到达要约人时生效。该题中甲商场向乙企业发出的要约后，乙企业的承诺信件于5月8日到达甲商场时承诺生效。

[答案] D

[单选题] 对于缔约过失责任的说法，正确的是（　　）。

A. 缔约过失责任人主观上没有过错

B. 缔约过失责任是一方违反诚实信用原则而产生的一种民事责任

C. 构成缔约过失责任不要求造成他方实际损失

D. 缔约过失责任可以发生在合同成立之后

[解析] 缔约过失责任，发生在合同成立前，是指在合同订立过程中，因一方当事人的过失给对方造成损失所应承担的民事责任。

[答案] B

[多选题] 根据《民法典》规定，下列文件中，属于要约邀请的有（　　）。

A. 寄送的价目表　　　　B. 招标公告

C. 悬赏广告　　　　D. 招股说明书

E. 拍卖公告

[解析] 根据《民法典》规定，寄送的价目表、拍卖公告、招标公告、招股说明书、商业广告和宣传、债券募集办法、基金招募说明书等为要约邀请。

[答案] ABDE

考点5 合同的担保与保全★★★

一、合同的担保

根据法律规定或者当事人约定的担保措施，保证合同义务人履行义务和权利人实现债权的法律制度就是合同的担保。

（一）合同担保的法律特征

合同担保的法律特征见表33-3。

表 33-3　合同担保的法律特征

法律特征	具体说明
合同担保具有自愿性和平等性	担保活动应当遵循平等、自愿、公平、诚实信用的原则

续表

法律特征	具体说明
合同担保具有从属性	担保合同是主合同的从合同，主合同无效，担保合同无效；担保合同另有约定的，按照约定
合同担保具有明确的目的性	设立担保的目的主要是实现债权人的权利和督促合同义务人履行义务

（二）合同担保的形式（担保方式为保证、抵押、质押、留置和定金）

1. 定金

定金是在合同订立时或履行前，合同当事人一方为保证合同的履行给付另一方当事人一定数额金钱的担保方式。

定金合同是实践合同。根据《民法典》第五百八十六条规定，当事人可以约定一方向对方给付定金作为债权的担保。定金合同自实际交付定金时成立。定金的数额由当事人约定；但是，不得超过主合同标的额的百分之二十，超过部分不产生定金的效力。实际交付的定金数额多于或者少于约定数额的，视为变更约定的定金数额。

定金罚则与违约金的区别见表 33-4。

表 33-4 定金罚则与违约金的区别

区别	定金	违约金
交付时间不同	合同履行前交付	在有违约行为发生后交付
效力不同	有证明合同成立和预先给付的效力	无证明合同成立和预先给付的效力
性质不同	起合同担保的作用	违约责任的一种形式

《民法典》第五百八十八条的规定，当事人既约定违约金，又约定定金的，一方违约时，对方可以选择适用违约金或者定金条款。定金不足以弥补一方违约造成的损失的，对方可以请求赔偿超过定金数额的损失。由此可见，违约金与定金的罚则不能并用，两者只能择其一适用。

2. 保证

根据《民法典》第六百八十一条规定，保证合同是为保障债权的实现，保证人和债权人约定，当债务人不履行到期债务或者发生当事人约定的情形时，保证人履行债务或者承担责任的合同。

保证人是合同当事人以外的第三人。

根据《民法典》规定，保证人的资格为：①具有代为清偿债务能力的法人、其他组织或者公民，可以作保证人；②国家机关不得为保证人，但经国务院批准为使用外国政府或者国际经济组织贷款进行转贷的除外；③学校、幼儿园、医院等以公益为目的的事业单位、社会团体不得为保证人；④企业法人的分支机构、职能部门不得为保证人。企业法人的分支机构有法人书面授权的，可以在授权范围内提供保证。

保证的方式见表 33-5。

表 33-5 保证的方式

保证方式	含义	具体规定
一般保证	只对债务人不履行债务承担补充责任	《民法典》第六百八十七条规定，当事人在保证合同中约定，债务人不能履行债务时，由保证人承担保证责任的，为一般保证

续表

保证方式	含义	具体规定
连带责任保证	债务人不履行债务时由保证人与债务人承担连带责任	《民法典》第六百八十八条规定，当事人在保证合同中约定保证人与债务人对债务承担连带责任的，为连带责任保证。连带责任保证的债务人不履行到期债务或者发生当事人约定的情形时，债权人可以请求债务人履行债务，也可以要求保证人在其保证范围内承担保证责任

根据《民法典》第六百八十六条规定，当事人对保证方式没有约定或者约定不明确的，按照一般保证承担保证责任。

二、合同的保全

合同的保全是指为防止因债务人财产的不当减少致使债权人债权的实现受到危害，而设置的保全债务人责任财产的法律制度，包括债权人撤销权制度和债权人代位权制度。

（一）合同保全的法律特征

（1）代位权和撤销权的行使是合同保全的基本方法。

（2）合同保全是合同相对性原则的例外，是债的对外效力的体现。

（3）合同保全主要发生在合同有效期内。

（二）合同保全的基本方法

1. 债权人的代位权

根据《民法典》第五百三十五条规定，因债务人怠于行使其债权或者与该债权有关的从权利，影响债权人的到期债权实现，债权人可以向人民法院请求以自己的名义代位行使债务人相对人的权利，但该权利专属于债务人自身的除外。代位权的行使范围以债权人的到期债权为限。债权人行使代位权的必要费用，由债务人负担。

代位权的行使条件包括：①债权人对债务人的债权已到期而未获清偿；②债务人对第三人享有权利；③债务人对第三人的权利为可以强制执行权利和非专属性权利；④债务人怠于行使到期权利而危及债权人的债权。

人民法院认定代位权成立的，由第三人向债权人履行清偿义务，此时债权人与债务人、债务人与第三人之间相应的债权债务关系消灭。

2. 债权人的撤销权

根据《民法典》第五百三十八条、五百三十九条、五百四十条规定，债务人以放弃其债权、放弃债权担保、无偿转让财产等方式无偿处分财产权益，或者恶意延长其到期债权的履行期限，影响债权人的债权实现的，债权人可以请求人民法院撤销债务人的行为。债务人以明显不合理的低价转让财产、以明显不合理的高价受让他人财产或者为他人的债务提供担保，影响债权人的债权实现，债务人的相对人知道或者应当知道该情形的，债权人可以请求人民法院撤销债务人的行为。撤销权的行使范围以债权人的债权为限。债权人行使撤销权的必要费用，由债务人负担。

根据《民法典》第五百四十一条、五百四十二条规定，撤销权自债权人知道或者应当知道撤销事由之日起一年内行使。自债务人的行为发生之日起五年内没有行使撤销权的，该撤销权消灭。债务人影响债权人的债权实现的行为被撤销的，自始没有法律约束力。

小试牛刀

［多选题］甲公司与乙公司签订了一份汽车买卖合同，合同标的总价款为 1 000 万元。关

于定金的收取，甲公司提出了几个不同数额的收取方案，根据《民法典》规定，下列甲公司提出的定金数额中，符合法律规定的有（　　）。

A. 310 万元　　B. 120 万元　　C. 450 万元　　D. 180 万元

E. 200 万元

[解析] 定金的数额由当事人约定，但不得超过主合同标的额的百分之二十。合同总标的为 1 000 万元。所以定金的数额应不超过 200 万元。

[答案] BDE

[单选题] 甲是债权人、乙是债务人，第三人丙是乙的债务人，现乙已无其他财产，甲欲行使代位权。关于本案的说法，正确的是（　　）。

A. 乙主动向丙追讨欠债的同时甲可以介入行使代位权

B. 甲只能以乙的名义行使代位权

C. 甲行使代位权须通过诉讼方式行使

D. 甲的代位权既是权利，也是义务

[解析] 债权人的代位权是指当债务人怠于行使其对第三人的权利而危害债权实现时，债权人享有的以自己名义代位行使债务人权利的权利。债权人的代位权必须通过诉讼方式行使，代位权的范围以债权人的债权为限，行使代位权的必要费用，由债务人负担。

[答案] C

[单选题] 根据《民法典》规定，即使下列单位具有代为清偿债务能力，但只有（　　）可以作保证人。

A. 某公立学校　　B. 某公立医院

C. 某公益社会团体　　D. 某企业法人

[解析] 保证人必须是具有代为清偿债务能力的法人、其他组织或者公民。国家机关和学校、幼儿园、医院等以公益为目的的事业单位、社会团体以及企业法人的分支机构、职能部门均不得作为保证人。

[答案] D

考点6 合同的变更★

合同的变更是指合同成立后经当事人协商一致，对已经成立的合同内容进行的变更。

合同变更的法律要件包括：

（1）合同的变更是除合同主体外的合同内容的变更。

（2）合同的变更依据当事人的约定或法律规定进行。

（3）存在合法有效的合同关系。

根据《民法典》第五百四十四条规定，当事人对合同变更的内容约定不明确的，推定为未变更。

考点7 合同的转让（将合同的权利义务转让给第三人）★★

一、合同权利的转让

《民法典》第五百四十五条规定，债权人可以将债权的全部或者部分转让给第三人，但有下列情形之一的除外：

（1）根据债权性质不得转让（如基于对特定当事人的信用而发生的债权、具有人身性质专属性的债权）。

（2）按照当事人约定不得转让。

（3）依照法律规定不得转让。

当事人约定非金钱债权不得转让的，不得对抗善意第三人。当事人约定金钱债权不得转让的，不得对抗第三人。

根据《民法典》第五百四十六条规定，债权人转让债权，未通知债务人的，该转让对债务人不发生效力。债权转让的通知不得撤销，但是经受让人同意的除外。

二、合同义务的转让（即债务的承担）

《民法典》第五百五十一条规定，债务人将债务的全部或者部分转移给第三人的，应当经债权人同意。债务人或者第三人可以催告债权人在合理期限内予以同意，债权人未作表示的，视为不同意。

三、合同权利义务概括转让（权利义务一并转让）

合同权利义务的概括转让，包括意定概括转让和法定概括转让。

（1）意定概括转让（通过转让协议）。

《民法典》第五百五十五条规定，当事人一方经对方同意，可以将自己在合同中的权利和义务一并转让给第三人。

（2）法定概括转让（根据法律规定）。

小试牛刀

[单选题] 关于合同转让的说法，正确的是（　　）。

A. 债权转让应取得债务人的同意才有效

B. 债权转让和债务转移均应取得合同相对方的同意才有效

C. 债务转移应取得债权人的同意才有效

D. 债权转让和债务转移只要通知了合同相对方就发生效力

[解析] 债权人转让权利的，应当通知债务人。未经通知，该转让对债务人不发生效力。债务人将合同的义务全部或者部分转移给第三人的，应当经债权人同意。

[答案] C

考点8 合同的终止（即合同的消灭）★★★

《民法典》第五百五十七条规定，有下列情形之一的，债权债务终止：

（1）债务已经履行（即合同履行）。

（2）债务相互抵销。

（3）债务人依法将标的物提存。

（4）债权人免除债务。

（5）债权债务同归于一人（即混同）。

（6）法律规定或者当事人约定终止的其他情形。

合同解除的，该合同的权利义务关系终止。

一、合同履行（是合同终止最正常和最主要的形式）

合同履行应当遵循全面履行原则、诚实信用原则、绿色原则等。

（一）全面履行原则

（1）履行标的适当。

（2）履行主体适当。

（3）履行地点和方式适当。

根据《民法典》第五百一十一条规定，履行地点不明确，给付货币的，在接受货币一方所在地履行；交付不动产的，在不动产所在地履行；其他标的，在履行义务一方所在地履行。履行方式不明确的，按照有利于实现合同目的的方式履行。

（4）履行期限适当。

债务人在履行期限届满后履行属于迟延履行。

根据《民法典》第五百一十一条规定，履行期限不明确的，债务人可以随时履行，债权人也可以随时要求履行，但应当给对方必要的准备时间。

（二）诚实信用原则

根据诚实信用原则，当事人在履行合同时，应积极履行以下义务：

（1）保密义务。

（2）协助履行义务。

（3）通知义务。

（三）双务合同履行中的抗辩权

双务合同中的抗辩权主要有以下几种：

（1）不安抗辩权。

《民法典》第五百二十七条规定，应当先履行债务的当事人，有确切证据证明对方有下列情形之一的，可以中止履行：①经营状况严重恶化；②转移财产、抽逃资金，以逃避债务；③丧失商业信誉；④有丧失或者可能丧失履行债务能力的其他情形。当事人没有确切证据中止履行的，应当承担违约责任。

（2）先履行抗辩权。

《民法典》第五百二十六条规定，当事人互负债务，有先后履行顺序，应当先履行债务一方未履行的，后履行一方有权拒绝其履行请求。先履行一方履行债务不符合约定的，后履行一方有权拒绝其相应的履行请求。

（3）同时履行抗辩权。

《民法典》第五百二十五条规定，当事人互负债务，没有先后履行顺序的，应当同时履行。一方在对方履行之前有权拒绝其履行请求。一方在对方履行债务不符合约定时，有权拒绝其相应的履行请求。

二、合同解除（提前消灭合同效力）

合同解除的类型见表33-6。

表33-6　合同解除的类型

种类	具体规定
协议解除	《民法典》第五百六十二条第一款规定，当事人协商一致，可以解除合同

续表

种类	具体规定
基于解除权的解除	基于解除权解除合同是合同的单方解除。包括约定解除和法定解除两种形式： (1) 约定解除。《民法典》第五百六十二条第二款规定，当事人可以约定一方解除合同的事由。解除合同的事由发生时，解除权人可以解除合同 【注】约定解除与协议解除的区别：①当事人约定解除权的，并不一定会产生解除合同的后果，而当事人通过协议解除合同的，则是已经出现了可以解除合同的事由，一旦解除合同的协议达成，就能够产生解除合同的后果；②在约定解除的场合，解除权人不必经对方同意即可解除合同；而协议解除是当事人双方通过协议解除合同，不能单方解除合同；③约定解除属于事先的约定，协议解除属于事后的约定 (2) 法定解除。《民法典》第五百六十三条规定，有下列情形之一的，当事人可以解除合同：①因不可抗力致使不能实现合同目的；②在履行期限届满之前，当事人一方明确表示或者以自己的行为表明不履行主要债务；③当事人一方迟延履行主要债务，经催告后在合理期限内仍未履行；④当事人一方迟延履行债务或者有其他违约行为致使不能实现合同目的；⑤法律规定的其他情形

三、抵销

根据《民法典》第五百六十八条规定，当事人互负到期债务，该债务的标的物种类、品质相同的，任何一方可以将自己的债务与对方的债务抵销，但根据债务性质、按照当事人约定或者依照法律规定不得抵销的除外。

法律明确规定或当事人约定不得抵销的，如与人身不可分离的债务，相互提供劳务的债务，侵权行为所生的损害赔偿债务，法律规定禁止强制执行的债务，不得抵销。

抵销的条件包括：①当事人双方必须互负债务、互享债权；②双方当事人的债务均已到履行期；③双方互负的债务应是同一种类；④应是双方当事人均可抵销的债务。

四、提存

提存是指在履行期届满时，债务人将无法给付的标的物交给提存机关，以消灭债务的行为。债务人将标的物提存后，债务即告消灭。

五、免除债务

根据《民法典》第五百七十五条规定，债权人免除债务人部分或者全部债务的，债权债务部分或者全部终止，但是债务人在合理期限内拒绝的除外。

六、混同

根据《民法典》第五百七十六条规定，债权和债务同归于一人的，债权债务终止，但损害第三人利益的除外。

发生混同的原因包括：①概括承受（混同的主要原因），即合同关系的一方当事人概括承受他人的权利与义务。常见的是企业的合并。②特定承受，即因债务人承担或债权人让与而承受权利义务。

小试牛刀

[单选题] 甲与乙在合同中，并未明确约定履行合同的先后顺序，乙要求甲先履行义务，甲拒不履行义务，但要求乙履行其义务，根据《民法典》规定，这属于（　　）。

A. 同时履行抗辩权　　B. 先履行抗辩权

C. 法定解除权　　D. 不安抗辩权

［解析］我国《民法典》第五百二十五条规定，当事人互负债务，没有先后履行顺序的，应当同时履行。一方在对方履行之前有权拒绝其履行请求。一方在对方履行债务不符合约定时，有权拒绝其相应的履行请求。

［答案］A

［单选题］关于合同约定解除与协议解除的区别的说法，错误的是（　　）。

A. 约定解除属于事先的约定，而协议解除属于事后的约定

B. 当事人约定解除权的，必然发生解除合同的后果

C. 协议解除合同以一个新的合同来解除原来订立的合同

D. 约定解除权的行使是单方行为，协议解除是双方意思表示一致的行为

［解析］当事人约定解除权的，不一定会产生解除合同的后果，只有在条件成就时，当事人依据事先的约定，行使解除权而解除合同，B项错误。

［答案］B

［单选题］甲公司借给乙公司30万元，乙公司尚未还款时，甲公司吞并了乙公司，这种合同终止的形式是（　　）。

A. 免除债务　　B. 提存　　C. 抵销　　D. 混同

［解析］混同是债权与债务同归于一人而使合同关系终止的事实，如企业合并。

［答案］D

考点9　违约责任★★★

一、违约责任的概念

《民法典》第五百七十七条规定，当事人一方不履行合同义务或履行合同义务不符合约定的，应当承担继续履行、采取补救措施或者赔偿损失等违约责任。

（1）违约责任是民事法律责任。

（2）违约责任的前提是合同义务的存在，成立的条件是不履行或者不完全履行合同义务。

（3）违约责任的产生只在合同关系当事人之间，合同以外的第三人不发生违约责任。

二、违约责任的构成要件（违约行为和主观过错）

（一）违约行为

违约行为是构成违约责任的首要条件，包括预期违约和实际违约。

（1）预期违约（是一种毁约行为，发生在合同成立后履行期届满前）。

根据《民法典》第五百七十八条规定，当事人一方明确表示或者以自己的行为表明不履行合同义务的，对方可以在履行期限届满前请求其承担违约责任。预期违约可能表现为明示的预期违约（明确表示不履行合同义务）和默示的预期违约（以自己的行为表明不履行合同义务）。

（2）实际违约（合同履行期限届满后发生的）。

预期违约与实际违约的后果不同，在损害赔偿的范围上也不同。

（二）主观过错

我国在违约责任的构成方面，实行的是严格责任。债务人只有证明自己在主观上没有过错，才可以否定违约责任的构成。

三、承担违约责任的方式（可单独适用，也可合并适用）

（1）继续履行。

（2）支付违约金。

违约金的法律特征为：

①当事人可以约定一方违约时应当根据违约情况向对方支付一定数额的违约金。

②违约金数额的条款不是绝对不变的。

约定的违约金低于造成的损失的，当事人可以请求人民法院或者仲裁机构予以增加；约定的违约金过分高于造成的损失的，当事人可以请求人民法院或者仲裁机构予以适当减少。

③合同中的违约金条款具有从合同的性质。违约金条款具有一定的独立性，由当事人一方的违约行为导致合同解除时，非违约一方有权根据约定要求违约方支付违约金。

④违约金只有在违约行为发生后才能生效。

（3）违约损害赔偿。

损害赔偿的范围以当事人的实际损失为限。

四、违约的免责事由

（一）不可抗力

不可抗力属于事件的范畴仅指客观情况，指不能预见、不能避免并不能克服的客观情况。

《民法典》第五百九十条规定，当事人一方因不可抗力不能履行合同的，根据不可抗力的影响，部分或者全部免除责任，但法律另有规定的除外。因不可抗力不能履行合同的，应当及时通知对方，以减轻可能给对方造成的损失，并应当在合理期限内提供证明。当事人迟延履行后发生不可抗力的，不免除其违约责任。这表明：

（1）只有不可抗力发生在合同履行期内，才能构成免责事由。

（2）只有不可抗力的发生影响到合同的履行时才能免责。

（二）受害人的过错

《民法典》第五百九十二条规定，当事人都违反合同的，应当各自承担相应的责任。

《民法典》第五百九十一条规定，当事人一方违约后，对方应当采取适当措施防止损失的扩大；没有采取适当措施致使损失扩大的，不得就扩大的损失要求赔偿。

（三）免责条款

《民法典》第五百零六条规定，合同中的下列免责条款无效：

（1）造成对方人身伤害的。

（2）因故意或者重大过失造成对方财产损失的。

小试牛刀

[多选题] 根据《民法典》规定，承担违约责任的方式有（　　）。

A. 违约损害赔偿　　B. 继续履行　　C. 支付违约金　　D. 赔礼道款

E. 精神损害赔偿

[解析] 承担违约责任的方式包括继续履行、支付违约金、违约损害赔偿。

[答案] ABC

第三十四章　公司法律制度

知识脉络

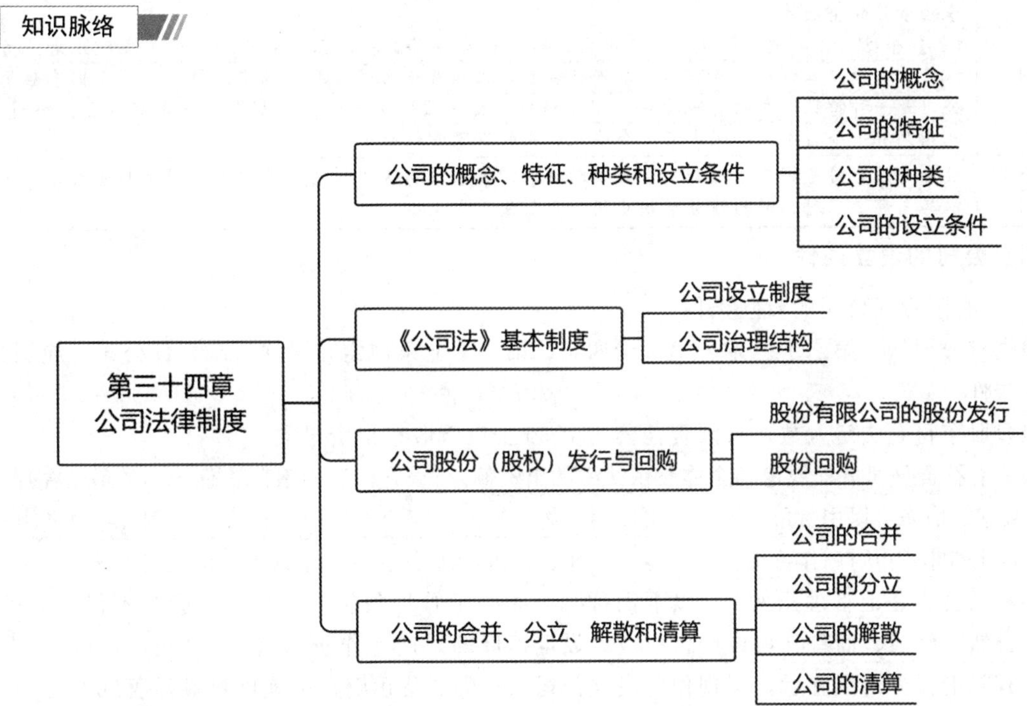

考点1 公司的概念、特征、种类和设立条件★★

一、公司的概念

公司是依照法定的程序和条件设立、股东对公司承担有限责任、以营利为目的的具备法人人格的经济组织。

二、公司的特征

（1）具有法人人格。

《中华人民共和国公司法》（以下简称《公司法》）第三条规定，公司是企业法人，有独立的法人财产，享有法人财产权。公司以其全部财产对公司的债务承担责任。

（2）股东承担有限责任。

《公司法》第三条规定，有限责任公司的股东以其认缴的出资额为限对公司承担责任；股份有限公司的股东以其认购的股份为限对公司承担责任。

（3）公司是以营利为目的的经济组织。

三、公司的种类

根据《公司法》第二条规定，公司包括有限责任公司和股份有限公司。

公司种类的具体内容见表 34-1。

表 34-1 公司种类

种类	具体内容
有限责任公司	有限责任公司是股东以其认缴的出资额为限对公司承担责任，公司以其全部资产对公司的债务承担责任的企业法人 【注】根据《公司法》第六十四条规定，国有独资公司是指国家单独出资、由国务院或者地方人民政府授权本级人民政府国有资产监督管理机构履行出资人职责的有限责任公司。国有独资公司是一种特殊形式的有限责任公司。根据《公司法》第五十七条规定，一人有限责任公司，是指只有一个自然人股东或者一个法人股东的有限责任公司
股份有限公司	股份有限公司是指其全部资本分为等额股份，股东以其认购的股份为限对公司承担责任，公司以其全部资产对公司的债务承担责任的企业法人

四、公司的设立条件

（一）有限责任公司的设立条件

根据《公司法》第二十三条、第二十四条、第二十七条规定，设立有限责任公司，应当具备下列条件：

（1）股东符合法定人数。有限责任公司由 50 个以下股东出资设立。

（2）有符合公司章程规定的全体股东认缴的出资额。《公司法》对有限责任公司的最低注册资本没有要求。股东可以用货币出资，也可以用实物、知识产权、土地使用权等可以用货币估价并可以依法转让的非货币财产作价出资；但是，法律、行政法规规定不得作为出资的财产除外。《中华人民共和国公司登记管理条例》（以下简称《公司登记管理条例》）规定，股东不得以劳务、信用、自然人姓名、商誉、特许经营权或者设定担保的财产等作价出资。《公司法》第三十条规定，有限责任公司成立后，发现作为设立公司出资的非货币财产的实际价额显著低于公司章程所定价额的，应当由交付该出资的股东补足其差额；公司设立时的其他股东承担连带责任。

（3）股东共同制定公司章程。

（4）有公司名称，建立符合有限责任公司要求的组织机构。

（5）有公司住所。

（二）股份有限公司的设立条件（根据《公司法》第七十六条至第八十六条规定）

（1）发起人符合法律人数。设立股份有限公司，应当有 2 人以上 200 人以下为发起人，其中有半数以上的发起人在中国境内有住所。股份有限公司发起人承担公司筹办事务。

（2）有符合公司章程规定的全体发起人认购的股本总额或者募集的实收股本总额。注册资本的最低限额有较高规定的，从其规定。

（3）股份发行、筹办事项符合法律规定。股份有限公司的设立，可以采取发起设立或者募集设立的方式。股份有限公司采取发起设立方式设立的，注册资本为在公司登记机关登记的全体发起人认购的股本总额。在发起人认购的股份缴足前，不得向他人募集股份。股份有限公司采取募集方式设立的，注册资本为在公司登记机关登记的实收股本总额。以募集设立方式设立股份有限公司的，发起人认购的股份不得少于公司股份总数的百分之三十五；但是，法律、行政法规另有规定的，从其规定。

（4）发起人制订公司章程，采用募集方式设立的经创立大会通过。

（5）有公司名称，建立符合股份有限公司要求的组织机构。

（6）有公司住所。

小试牛刀

[单选题] 根据《公司法》规定，设立有限责任公司应当具备的条件不包括（　　）。

A. 发起人符合法定人数

B. 有符合公司章程规定的全体股东认缴的出资额

C. 公司有名称、住所，并具有符合法律规定的组织机构

D. 股东共同制定公司章程

[解析] 有限责任公司的设立条件之一是股东符合法定人数。股份有限公司的设立条件之一是发起人符合法定人数。

[答案] A

[多选题] 关于公司特征的说法，正确的有（　　）。

A. 公司是以营利为目的的经济组织

B. 公司有独立的财产

C. 大部分公司具备法人资格，小部分公司不具有法人资格

D. 公司的财产与股东的个人财产相分离

E. 公司须依法设立

[解析] 公司是以营利为目的的经济组织，即公司设立的目的、公司的各种运营活动都是为了谋求经济利益。公司具备法人资格。C 项错误。

[答案] ABDE

考点2 《公司法》基本制度★★★

一、公司设立制度

（一）公司设立登记

1. 有限责任公司设立

根据《公司登记管理条例》第二十条规定，设立有限责任公司，应当由全体股东指定的代表或者共同委托的代理人向公司登记机关申请设立登记。申请设立有限责任公司，应当向公司登记机关提交下列文件：

（1）公司法定代表人签署的设立登记申请书。

（2）全体股东指定代表或者共同委托代理人的证明。

（3）公司章程。

（4）股东的主体资格证明或者自然人身份证明。

（5）载明公司董事、监事、经理的姓名、住所的文件以及有关委派、选举或者聘用的证明。

（6）公司法定代表人任职文件和身份证明。

（7）企业名称预先核准通知书。

（8）公司住所证明。

（9）国家工商行政管理总局规定要求提交的其他文件。

法律、行政法规或者国务院决定规定设立有限责任公司必须报经批准的，还应当提交有关批准文件。

2. 股份有限公司设立

根据《公司登记管理条例》第二十一条规定，设立股份有限公司，应当由董事会向公司登记机关申请设立登记。以募集方式设立股份有限公司的，应当于创立大会结束后30日内向公司登记机关申请设立登记。

申请设立股份有限公司，应当向公司登记机关提交下列文件：

（1）公司法定代表人签署的设立登记申请书。

（2）董事会指定代表或者共同委托代理人的证明。

（3）公司章程。

（4）发起人的主体资格证明或者自然人身份证明。

（5）载明公司董事、监事、经理姓名、住所的文件以及有关委派、选举或者聘用的证明。

（6）公司法定代表人任职文件和身份证明。

（7）企业名称预先核准通知书。

（8）公司住所证明。

（9）国家工商行政管理总局规定要求提交的其他文件。

以募集方式设立股份有限公司的，还应当提交创立大会的会议记录以及依法设立的验资机构出具的验资证明；以募集方式设立股份有限公司公开发行股票的，还应当提交国务院证券监督管理机构的核准文件。法律、行政法规或者国务院决定规定设立股份有限公司必须报经批准的，还应当提交有关批准文件。

3. 公司登记事项

根据《公司登记管理条例》第九条规定，公司的登记事项包括：

（1）名称。（《企业名称登记管理实施办法》第二十二条和二十八条规定，设立公司应当申请名称预先核准。公司名称预先核准和公司名称变更核准的有效期为6个月，有效期满，核准的名称自动失效）

（2）住所。（《公司登记管理条例》第十二条规定，公司的住所是公司主要办事机构所在地。经公司登记机关登记的公司的住所只能有一个。公司的住所应当在其公司登记机关辖区内）

（3）法定代表人姓名。

（4）注册资本。

（5）公司类型。

（6）经营范围。

（7）营业期限。

（8）有限责任公司股东或者股份有限公司发起人的姓名或者名称。

根据《公司法》第七条规定，依法设立的公司，由公司登记机关发给公司营业执照。公司营业执照签发日期为公司成立日期。公司营业执照应当载明公司的名称、住所、注册资本、经营范围、法定代表人姓名等事项。

（二）企业信息公示

（1）根据《企业信息公示暂行条例》第六条规定，工商行政管理部门应当通过企业信用信息公示系统，公示其在履行职责过程中产生的下列企业信息：

①注册登记、备案信息。

②动产抵押登记信息。

③股权出质登记信息。

④行政处罚信息。

⑤其他依法应当公示的信息。

前款规定的企业信息应当自产生之日起20个工作日内予以公示。

（2）根据《企业信息公示暂行条例》第七条规定，其他政府部门应当公示其在履行职责过程中产生的下列企业信息：

①行政许可准予、变更、延续信息。

②行政处罚信息。

③其他依法应当公示的信息。

其他政府部门可以通过企业信用信息公示系统，也可以通过其他系统公示前款规定的企业信息。工商行政管理部门和其他政府部门应当按照国家社会信用信息平台建设的总体要求，实现企业信息的互联共享。

（3）根据《企业信息公示暂行条例》第八条、第九条规定，企业应当于每年1月1日至6月30日，通过企业信用信息公示系统向工商行政管理部门报送上一年度年度报告，并向社会公示。当年设立登记的企业，自下一年起报送并公示年度报告。

企业年度报告内容包括：

①企业通信地址、邮政编码、联系电话、电子邮箱等信息。

②企业开业、歇业、清算等存续状态信息。

③企业投资设立企业、购买股权信息。

④企业为有限责任公司或者股份有限公司的，其股东或者发起人认缴和实缴的出资额、出资时间、出资方式等信息。

⑤有限责任公司股东股权转让等股权变更信息。

⑥企业网站以及从事网络经营的网店的名称、网址等信息。

⑦企业从业人数、资产总额、负债总额、对外提供保证担保、所有者权益合计、营业总收入、主营业务收入、利润总额、净利润、纳税总额信息。

前款第①项至第⑥项规定的信息应当向社会公示，第⑦项规定的信息由企业选择是否向社会公示。经企业同意，公民、法人或者其他组织可以查询企业选择不公示的信息。

二、公司治理结构

（一）股东的权利

股东是公司的出资人。

《公司法》第四条规定，公司股东依法享有资产收益、参与重大决策和选择管理者等权利。

1. 股东权利的分类（按内容）

（1）管理权：参加股东大会权、股东大会召集请求权和自行召集权、表决权、提案权、质询权、累积投票权。

（2）资产收益权：新股优先认购权、剩余财产分配请求权、股息红利分配请求权、股权转让权。

（3）代位诉讼权。

2. 股东权利的具体内容

（1）表决权。

根据《公司法》第四十二条规定，股东会会议由股东按照出资比例行使表决权；但是，公司章程另有规定的除外。

根据《公司法》第一百零三条规定，股东出席股东大会会议，所持每一股份有一表决权。但是，公司持有的本公司股份没有表决权。

（2）选举权和被选举权。

根据《公司法》第一百零五条规定，股东大会选举董事、监事，可以依照公司章程的规定或者股东大会的决议，实行累积投票制。

（3）知情权。

根据《公司法》第三十三条规定，有限责任公司股东有权查阅、复制公司章程、股东会会议记录、董事会会议决议、监事会会议决议和财务会计报告。股东可以要求查阅公司会计账簿。股东要求查阅公司会计账簿的，应当向公司提出书面请求，说明目的。公司有合理根据认为股东查阅会计账簿有不正当目的，可能损害公司合法利益的，可以拒绝提供查阅，并应当自股东提出书面请求之日起十五日内书面答复股东并说明理由。公司拒绝提供查阅的，股东可以请求人民法院要求公司提供查阅。

根据《公司法》第九十七条规定，股份有限公司股东有权查阅公司章程、股东名册、公司债券存根、股东大会会议记录、董事会会议决议、监事会会议决议、财务会计报告，对公司的经营提出建议或者质询。

（4）股息红利分配请求权。

根据《公司法》第三十四条规定，有限责任公司股东按照实缴的出资比例分取红利；公司新增资本时，股东有权优先按照实缴的出资比例认缴出资。但是，全体股东约定不按照出资比例分取红利或者不按照出资比例优先认缴出资的除外。

（5）股权转让权。

根据《公司法》第七十一条规定，有限责任公司的股东之间可以相互转让其全部或者部分股权。股东向股东以外的人转让股权，应当经其他股东过半数同意。股东应就其股权转让事项书面通知其他股东征求同意，其他股东自接到书面通知之日起满三十日未答复的，视为同意转让。其他股东半数以上不同意转让的，不同意的股东应当购买该转让的股权；不购买的，视为同意转让。经股东同意转让的股权，在同等条件下，其他股东有优先购买权。两个以上股东主张行使优先购买权的，协商确定各自的购买比例；协商不成的，按照转让时各自的出资比例行使优先购买权。公司章程对股权转让另有规定的，从其规定。

根据《公司法》第一百四十一条规定，股份有限公司发起人持有的本公司股份，自公司成立之日起一年内不得转让。公司公开发行股份前已发行的股份，自公司股票在证券交易所上市交易之日起一年内不得转让。公司董事、监事、高级管理人员应当向公司申报所持有的本公司的股份及其变动情况，在任职期间每年转让的股份不得超过其所持有本公司股份总数的百分之

二十五；所持本公司股份自公司股票上市交易之日起一年内不得转让。上述人员离职后半年内，不得转让其所持有的本公司股份。公司章程可以对公司董事、监事、高级管理人员转让其所持有的本公司股份作出其他限制性规定。

（6）股东代表诉讼权。

根据《公司法》第一百五十一条、第一百四十九条规定，董事、监事、高级管理人员执行公司职务时违反法律、行政法规或者公司章程的规定，给公司造成损失的，应当承担赔偿责任。有限责任公司的股东、股份有限公司连续一百八十日以上单独或者合计持有公司百分之一以上股份的股东，可以书面请求监事会或者不设监事会的有限责任公司的监事向人民法院提起诉讼；监事执行公司职务时违反法律、行政法规或者公司章程的规定，给公司造成损失的，前述股东可以书面请求董事会或者不设董事会的有限责任公司的执行董事向人民法院提起诉讼。监事会、不设监事会的有限责任公司的监事，或者董事会、执行董事收到前款规定的股东书面请求后拒绝提起诉讼，或者自收到请求之日起三十日内未提起诉讼，或者情况紧急、不立即提起诉讼将会使公司利益受到难以弥补的损害的，前款规定的股东有权为了公司的利益以自己的名义直接向人民法院提起诉讼。他人侵犯公司合法权益，给公司造成损失的，有限责任公司的股东、股份有限公司连续一百八十日以上单独或者合计持有公司百分之一以上股份的股东，可以依照前两款的规定向人民法院提起诉讼。

（二）股东（大）会

1. 股东（大）会的职权

根据《公司法》第三十七条、第九十九条规定，股东（大）会行使下列职权：

（1）决定公司的经营方针和投资计划。

（2）选举和更换非由职工代表担任的董事、监事，决定有关董事、监事的报酬事项。

（3）审议批准董事会的报告。

（4）审议批准监事会或者监事的报告。

（5）审议批准公司的年度财务预算方案、决算方案。

（6）审议批准公司的利润分配方案和弥补亏损方案。

（7）对公司增加或者减少注册资本作出决议。

（8）对发行公司债券作出决议。

（9）对公司合并、分立、解散、清算或者变更公司形式作出决议。

（10）修改公司章程。

（11）公司章程规定的其他职权。

2. 股东（大）会的召集和主持

（1）有限责任公司。

根据《公司法》第三十八条至第四十一条规定，首次股东会会议由出资最多的股东召集和主持，依照本法规定行使职权。股东会会议分为定期会议和临时会议。定期会议应当依照公司章程的规定按时召开。代表十分之一以上表决权的股东，三分之一以上的董事，监事会或者不设监事会的公司的监事提议召开临时会议的，应当召开临时会议。有限责任公司设立董事会的，股东会会议由董事会召集，董事长主持；董事长不能履行职务或者不履行职务的，由副董事长主持；副董事长不能履行职务或者不履行职务的，由半数以上董事共同推举一名董事主持。有限责任公司不设董事会的，股东会会议由执行董事召集和主持。董事会或者执行董事不能履行或者不履行召集股东会会议职责的，由监事会或者不设监事会的公司的监事召集和主持；监事会或者监事不召集和主持的，代表十分之一以上表决权的股东可以自行召集和主持。召开股东会会议，应当于会议召开十五日前通知全体股东；但是，公司章程另有规定或者全体股东另有约定的除外。股东会应当对所议事项的决定作成会议记录，出席会议的股东应当在会议记录上签名。

（2）股份有限公司。

根据《公司法》第一百条至一百零二条规定，股东大会应当每年召开一次年会。有下列情形之一的，应当在两个月内召开临时股东大会：

①董事人数不足本法规定人数或者公司章程所定人数的三分之二时。

②公司未弥补的亏损达实收股本总额三分之一时。

③单独或者合计持有公司百分之十以上股份的股东请求时。

④董事会认为必要时。

⑤监事会提议召开时。

⑥公司章程规定的其他情形。

股东大会会议由董事会召集，董事长主持；董事长不能履行职务或者不履行职务的，由副董事长主持；副董事长不能履行职务或者不履行职务的，由半数以上董事共同推举一名董事主持。董事会不能履行或者不履行召集股东大会会议职责的，监事会应当及时召集和主持；监事会不召集和主持的，连续九十日以上单独或者合计持有公司百分之十以上股份的股东可以自行召集和主持。

召开股东大会会议，应当将会议召开的时间、地点和审议的事项于会议召开二十日前通知各股东；临时股东大会应当于会议召开十五日前通知各股东；发行无记名股票的，应当于会议召开三十日前公告会议召开的时间、地点和审议事项。股东大会不得对前两款通知中未列明的事项作出决议。

3. 股东（大）会的议事规则见表 34-2。

表 34-2　股东（大）会的议事规则

公司类型	议事规则
有限责任公司	股东会会议作出修改公司章程、增加或者减少注册资本的决议，以及公司合并、分立、解散或者变更公司形式的决议，必须经代表 2/3 以上表决权的股东通过
股份有限公司	股东大会作出决议，必须经出席会议的股东所持表决权过半数通过。但是，股东大会作出修改公司章程、增加或者减少注册资本的决议，以及公司合并、分立、解散或者变更公司形式的决议，必须经出席会议的股东所持表决权的 2/3 以上通过

4. 会议决议效力

根据《公司法》第二十二条规定，公司股东会或者股东大会、董事会的决议内容违反法律、行政法规的无效。股东会或者股东大会、董事会的会议召集程序、表决方式违反法律、行政法规或者公司章程，或者决议内容违反公司章程的，股东可以自决议作出之日起六十日内，请求人民法院撤销。股东依照前款规定提起诉讼的，人民法院可以应公司的请求，要求股东提供相应担保。

（三）董事、董事会

1. 董事、董事会成员构成

董事及董事会的成员构成见表 34-3。

表 34-3　董事及董事会的成员构成

项目	有限责任公司	股份有限公司
董事会成员构成	根据《公司法》第四十四条规定，有限责任公司设董事会，其成员为3人至13人。股东人数较少或者规模较小的有限责任公司，可以设1名执行董事，不设董事会。执行董事可以兼任公司经理	根据《公司法》第一百零八条规定，股份有限公司设董事会，其成员为5人至19人。董事会成员中可以有公司职工代表。董事会中的职工代表由公司职工通过职工代表大会、职工大会或者其他形式民主选举产生

2. 董事会职权

根据《公司法》第四十六条规定，董事会对股东会负责，行使下列职权：

(1) 召集股东会会议，并向股东会报告工作。

(2) 执行股东会的决议。

(3) 决定公司的经营计划和投资方案。

(4) 制订公司的年度财务预算方案、决算方案。

(5) 制订公司的利润分配方案和弥补亏损方案。

(6) 制订公司增加或者减少注册资本以及发行公司债券的方案。

(7) 制订公司合并、分立、解散或者变更公司形式的方案。

(8) 决定公司内部管理机构的设置。

(9) 决定聘任或者解聘公司经理及其报酬事项，并根据经理的提名决定聘任或者解聘公司副经理、财务负责人及其报酬事项。

(10) 制定公司的基本管理制度。

(11) 公司章程规定的其他职权。

3. 董事会会议

(1) 有限责任公司。

根据《公司法》第四十七条规定，董事会会议由董事长召集和主持；董事长不能履行职务或者不履行职务的，由副董事长召集和主持；副董事长不能履行职务或者不履行职务的，由半数以上董事共同推举一名董事召集和主持。

根据《公司法》第四十八条规定，董事会的议事方式和表决程序，除本法有规定的外，由公司章程规定。董事会应当对所议事项的决定作成会议记录，出席会议的董事应当在会议记录上签名。董事会决议的表决，实行一人一票。

(2) 股份有限公司。

根据《公司法》第一百一十条规定，董事会每年度至少召开两次会议，每次会议应当于会议召开十日前通知全体董事和监事。代表十分之一以上表决权的股东、三分之一以上董事或者监事会，可以提议召开董事会临时会议。董事长应当自接到提议后十日内，召集和主持董事会会议。董事会召开临时会议，可以另定召集董事会的通知方式和通知时限。

根据《公司法》第一百一十一条规定，董事会会议应有过半数的董事出席方可举行。董事会作出决议，必须经全体董事的过半数通过。董事会决议的表决，实行一人一票。

根据《公司法》第一百一十二条规定，董事会会议应由董事本人出席；董事因故不能出席，可以书面委托其他董事代为出席，委托书中应载明授权范围。董事会应当对会议所议事项的决定作成会议记录，出席会议的董事应当在会议记录上签名。董事应当对董事会的决议承担责任。董事会的决议违反法律、行政法规或者公司章程、股东大会决议，致使公司遭受严重损失的，参与决议的董事对公司负赔偿责任。但经证明在表决时曾表明异议并记载于会议记录的，该董事可以免除责任。

（四）监事、监事会（公司经营活动的监督机构）

监事及监事会的成员构成及职权见表34-4。

表34-4 监事及监事会的成员构成及职权

内容	有限责任公司	股份有限公司
监事会成员构成	根据《公司法》第五十一条规定，有限责任公司设监事会，其成员不得少于3人。股东人数较少或者规模较小的有限责任公司，可以设1～2名监事，不设监事会。监事会应当包括股东代表和适当比例的公司职工代表，其中，职工代表的比例不得低于1/3，具体比例由公司章程规定。董事、高级管理人员不得兼任监事	根据《公司法》第一百一十七条规定，股份有限公司监事会成员不得少于3人。监事会包括股东代表和适当比例的公司职工代表，其中职工代表的比例不得低于1/3，具体比例由公司章程规定。监事会设主席1人，可以设副主席。董事、高级管理人员不得兼任监事
监事会职权	根据《公司法》第五十三条规定，监事会、不设监事会的公司的监事行使下列职权：(1) 检查公司财务；(2) 对董事、高级管理人员执行公司职务的行为进行监督，对违反法律、行政法规、公司章程或者股东会决议的董事、高级管理人员提出罢免的建议；(3) 当董事、高级管理人员的行为损害公司的利益时，要求董事、高级管理人员予以纠正；(4) 提议召开临时股东会会议，在董事会不履行本法规定的召集和主持股东会会议职责时，召集和主持股东会会议；(5) 向股东会会议提出提案；(6) 对董事、高级管理人员提起诉讼；(7) 公司章程规定的其他职权 【注】监事会行使职权所必需的费用，由公司承担	

（五）董事、监事及高级管理人员的资格和义务

1. 任职资格

根据《公司法》第一百四十六条规定，有下列情形之一的，不得担任公司的董事、监事、高级管理人员：①无民事行为能力或者限制民事行为能力；②因贪污、贿赂、侵占财产、挪用财产或者破坏社会主义市场经济秩序，被判处刑罚，执行期满未逾5年，或者因犯罪被剥夺政治权利，执行期满未逾5年；③担任破产清算的公司、企业的董事或者厂长、经理，对该公司、企业的破产负有个人责任的，自该公司、企业破产清算完结之日起未逾3年；④担任因违法被吊销营业执照、责令关闭的公司、企业的法定代表人，并负有个人责任的，自该公司、企业被吊销营业执照之日起未逾3年；⑤个人所负数额较大的债务到期未清偿。

公司违反上述规定选举、委派董事、监事或者聘任高级管理人员的，该选举、委派或者聘任无效。董事、监事、高级管理人员在任职期间出现上述所列情形的，公司应当解除其职务。

2. 公司董事、监事及高级管理人员的忠实义务和勤勉义务

根据《公司法》第一百四十七条规定，董事、监事和高级管理人员应当遵守法律、行政法规和公司章程，对公司负有忠实义务和勤勉义务。董事、监事、高级管理人员不得利用职权收受贿赂或者其他非法收入，不得侵占公司的财产。

根据《公司法》第一百四十八条规定，董事、高级管理人员不得有下列行为：①挪用公司资金；②将公司资金以其个人名义或者以其他个人名义开立账户存储；③违反公司章程的规定，未经股东会、股东大会或者董事会同意，将公司资金借贷给他人或者以公司财产为他人提供担保；④违反公司章程的规定或者未经股东会、股东大会同意，与本公司订立合同或者进行交易；⑤未经股东会或者股东大会同意，利用职务便利为自己或者他人谋取属于公司的商业机会，自营或者为他人经营与所任职公司同类的业务；⑥接受他人与公司交易的佣金归为己有；⑦擅自披露公司秘密；⑧违反对公司忠实义务的其他行为。

董事、高级管理人员违反上述规定所得的收入应当归公司所有。

（六）上市公司治理结构的特别规定

根据《公司法》第一百二十二条规定，上市公司设独立董事，具体办法由国务院规定。

根据《公司法》第一百二十三条规定，上市公司设董事会秘书，负责公司股东大会和董事会会议的筹备、文件保管以及公司股东资料的管理，办理信息披露事务等事宜。

（七）一人有限责任公司的特别规定

根据《公司法》第六十一条规定，一人有限责任公司不设股东会。股东行使职权作出决定时，应当采用书面形式，并由股东签名后置备于公司。

根据《公司法》第六十二条规定，一人有限责任公司应当在每一会计年度终了时编制财务会计报告，并经会计师事务所审计。

（八）国有独资公司的特别规定

根据《公司法》第六十五条规定，国有独资公司章程由国有资产监督管理机构制定，或者由董事会制订报国有资产监督管理机构批准。

根据《公司法》第六十六条规定，国有独资公司不设股东会，由国有资产监督管理机构行使股东会职权。国有资产监督管理机构可以授权公司董事会行使股东会的部分职权，决定公司的重大事项，但公司的合并、分立、解散、增加或者减少注册资本和发行公司债券，必须由国有资产监督管理机构决定；其中，重要的国有独资公司合并、分立、解散、申请破产的，应当由国有资产监督管理机构审核后，报本级人民政府批准。

根据《公司法》第六十七条规定，国有独资公司设董事会。董事每届任期不得超过三年。董事会成员中应当有公司职工代表。董事会成员由国有资产监督管理机构委派；但是，董事会成员中的职工代表由公司职工代表大会选举产生。董事会设董事长一人，可以设副董事长。董事长、副董事长由国有资产监督管理机构从董事会成员中指定。

根据《公司法》第七十条规定，国有独资公司监事会成员不得少于五人，其中职工代表的比例不得低于三分之一，具体比例由公司章程规定。监事会成员由国有资产监督管理机构委派；但是，监事会成员中的职工代表由公司职工代表大会选举产生。监事会主席由国有资产监督管理机构从监事会成员中指定。

小试牛刀

[单选题] 股份有限公司公开发行股份前已发行的股份，自公司股票在证券交易所上市交易之日起（　　）内不得转让。

A. 半年　　B. 三个月　　C. 两年　　D. 一年

[解析] 股份有限公司公开发行股份前已发行的股份，自公司股票在证券交易所上市交易之日起一年内不得转让。

[答案] D

[单选题] 根据《公司法》规定，有限责任公司设董事会，其成员为（　　）人。

A. 1 至 5　　B. 2 至 10　　C. 5 至 19　　D. 3 至 13

[解析] 有限责任公司设董事会，其成员为 3 人至 13 人；但是，股东人数较少或者规模较小的有限责任公司，可以设 1 名执行董事，不设董事会。

[答案] D

[单选题] 关于股份有限公司监事会的说法，正确的是（　　）。

A. 股份有限公司可以设一至二名监事，不设监事会

B. 监事会包括股东代表和适当比例的公司职工代表

C. 董事不可以兼任监事，高级管理人员可以兼任监事

D. 监事会中股东代表的比例不低于三分之一

[解析] 股份有限公司监事会成员不得少于 3 人。监事会包括股东代表和适当比例的公司职工代表，其中职工代表的比例不得低于 1/3。董事、高级管理人员不得兼任监事。

[答案] B

[单选题] 下列企业组织中，应当设立独立董事的是（　　）。

A. 有限责任公司　　B. 合伙企业　　C. 上市公司　　D. 股份有限公司

[解析] 上市公司应当设立独立董事。

[答案] C

[多选题] 根据《中华人民共和国公司法》，公司股东享有的权利有（　　）。

A. 选举权和被选举权　　B. 剩余财产优先分配权

C. 知情权　　D. 表决权

E. 股息分配请求权

[解析] 股东权利包括：①表决权；②选举权和被选举权；③知情权；④股息分红分配请求权；⑤股权转让权；⑥股东代表诉讼权。

[答案] ACDE

[多选题] 有限责任公司股东会讨论的下列事项决议中，须经代表 2/3 以上表决权的股东通过的有（　　）。

A. 变更公司的住所　　B. 解聘公司高级管理人员

C. 公司合并、分立、解散　　D. 修改公司章程

E. 增加或者减少注册资本

[解析] 下列事项必须经代表 2/3 以上表决权的股东通过：①修改公司章程；②增加或者减少注册资本的决议；③公司合并、分立、解散或者变更公司形式的决议。

[答案] CDE

考点3 公司股份（股权）发行与回购★★★

一、股份有限公司的股份发行

根据《公司法》第一百二十五条规定，股份有限公司的资本划分为股份，每一股的金额相等。公司的股份采取股票的形式。股票是公司签发的证明股东所持股份的凭证。

根据《公司法》第一百二十六条规定，股份的发行，实行公平、公正的原则，同种类的每一股份应当具有同等的权利。同次发行的同种类股票，每股的发行条件和发行价格应当相同；任何单位或者个人认购的股份，每股应当支付相同价额。

根据《公司法》第一百二十七条规定，股票发行价格可以按票面金额，也可以超过票面金额，但不得低于票面金额。

根据《公司法》第一百二十九条规定，公司发行的股票，可以为记名股票，也可以为无记名股票。公司向发起人、法人发行的股票，应当为记名股票，并应当记载该发起人、法人的名称或者姓名，不得另立户名或者以代表人姓名记名。

根据《公司法》第一百三十条规定，公司发行记名股票的，应当置备股东名册。发行无记名股票的，公司应当记载其股票数量、编号及发行日期。

根据《公司法》第一百三十三条规定，公司发行新股，股东大会应当对下列事项作出决议：①新股种类及数额；②新股发行价格；③新股发行的起止日期；④向原有股东发行新股的种类及数额。

二、股份回购

根据《公司法》第一百四十二条规定，公司不得收购本公司股份。但是，有下列情形之一的除外：①减少公司注册资本；②与持有本公司股份的其他公司合并；③将股份用于员工持股计划或者股权激励；④股东因对股东大会作出的公司合并、分立决议持异议，要求公司收购其股份；⑤将股份用于转换上市公司发行的可转换为股票的公司债券；⑥上市公司为维护公司价值及股东权益所必需。

公司因前述第①、②项情形收购本公司股份的，应当经股东大会决议；公司因前述第③、⑤、⑥项情形收购本公司股份的，可以依照公司章程的规定或者股东大会的授权，经2/3以上董事出席的董事会会议决议；属于第③、⑤、⑥项情形收购本公司股份的，公司合计持有的本公司股份不得超过本公司已发行股份总额的10%，并应当在3年内转让或注销。上市公司收购本公司股份的，应当依照《中华人民共和国证券法》的规定履行信息披露义务。上市公司因前述第③、⑤、⑥项情形收购本公司股份的，应当通过公开的集中交易方式进行。

根据《公司法》第七十四条规定，有下列情形之一的，对股东会该项决议投反对票的股东可以请求公司按照合理的价格收购其股权：①公司连续五年不向股东分配利润，而公司该五年连续盈利，并且符合本法规定的分配利润条件的；②公司合并、分立、转让主要财产的；③公司章程规定的营业期限届满或者章程规定的其他解散事由出现，股东会会议通过决议修改章程使公司存续的。自股东会会议决议通过之日起六十日内，股东与公司不能达成股权收购协议的，股东可以自股东会会议决议通过之日起九十日内向人民法院提起诉讼。

小试牛刀

［**多选题**］根据《公司法》规定，下列情形中，对公司股东会该项决议投反对票的股东，可以请求公司按照合理的价格收购其股权的有（　　）。

A. 公司连续五年不向股东分配利润，而公司该五年连续盈利，并且符合公司法规定的分配利润条件的

B. 公司合并、分立、转让主要财产的

C. 公司章程规定的营业期限届满或者章程规定的其他解散事由出现，股东会会议通过决议修改章程使公司存续的

D. 公司变更法定代表人的

E. 公司变更住所地的

［**解析**］有下列情况之一的，对股东会该项决议投反对票的股东可以请求公司按照合理的价格收购其股权：①公司连续五年不向股东分配利润，而公司该五年连续盈利，并且符合《公司法》规定的分配利润条件的；②公司合并、分立、转让主要财产的；③公司章程规定的营业期限届满或者章程规定的其他解散事由出现，股东会会议通过决议修改章程使公司存续的。

［**答案**］ABC

考点4 公司的合并、分立、解散和清算★

一、公司的合并

根据《公司法》第一百七十二条规定，公司合并可以采取吸收合并或者新设合并。一个公司吸收其他公司为吸收合并，被吸收的公司解散。两个以上公司合并设立一个新的公司为新设合并，合并各方解散。

根据《公司法》第一百七十三条规定，公司合并，应当由合并各方签订合并协议，并编制资产负债表及财产清单。公司应当自作出合并决议之日起10日内通知债权人，并于30日内在报纸上公告。债权人自接到通知书之日起30日内，未接到通知书的自公告之日起45日内，可以要求公司清偿债务或提供相应的担保。

根据《公司法》第一百七十四条规定，公司合并时，合并各方的债权、债务，应当由合并后存续的公司或者新设的公司承继。

二、公司的分立

根据《公司法》第一百七十五条规定，公司分立，其财产作相应的分割。公司分立，应当编制资产负债表及财产清单。公司应当自作出分立决议之日起10日内通知债权人，并于30日内在报纸上公告。

根据《公司法》第一百七十六条规定，公司分立前的债务由分立后的公司承担连带责任。但是，公司在分立前与债权人就债务清偿达成的书面协议另有约定的除外。

三、公司的解散

（1）根据《公司法》第一百八十条规定，公司因下列原因解散：

①公司章程规定的营业期限届满或者公司章程规定的其他解散事由出现。

②股东会或者股东大会决议解散。

③因公司合并或分立需要解散。

④依法被吊销营业执照、责令关闭或者被撤销。

⑤公司经营管理发生严重困难，继续存续会使股东利益受到重大损失，通过其他途径不能解决的，持有公司全部股东表决权10%以上的股东，可以请求人民法院解散公司。

公司因公司章程规定的营业期限届满或者公司章程规定的其他解散事由出现时，可以通过修改公司章程而存续。

（2）根据《公司法司法解释（二）》第一条规定，单独或者合计持有公司全部股东表决权百分之十以上的股东，以下列事由之一提起解散公司诉讼，并符合公司法第一百八十二条规定的，人民法院应予受理：

①公司持续两年以上无法召开股东会或者股东大会，公司经营管理发生严重困难的。

②股东表决时无法达到法定或者公司章程规定的比例，持续两年以上不能做出有效的股东会或者股东大会决议，公司经营管理发生严重困难的。

③公司董事长期冲突，且无法通过股东会或者股东大会解决，公司经营管理发生严重困难的。

④经营管理发生其他严重困难，公司继续存续会使股东利益受到重大损失的情形。

股东以知情权、利润分配请求权等权益受到损害，或者公司亏损、财产不足以偿还全部债务，以及公司被吊销企业法人营业执照未进行清算等为由，提起解散公司诉讼的，人民法院不予受理。

四、公司的清算

（一）清算组织

清算组织也叫清算机构，是清算事务的执行人。

根据《公司法》第一百八十三条规定，公司除因合并或分立需要解散以外，应当在解散事由出现之日起 15 日内成立清算组，开始清算。有限责任公司的清算组由股东组成，股份有限公司的清算组由董事或者股东大会确定的人员组成。逾期不成立清算组进行清算的，债权人可以申请人民法院指定有关人员组成清算组进行清算。人民法院应当受理该申请，并及时组织清算组进行清算。

（二）清算组的职权

根据《公司法》第一百八十四条规定，清算组在清算期间行使下列职权：

（1）清理公司财产，分别编制资产负债表和财产清单。

（2）通知、公告债权人。

（3）处理与清算有关的公司未了结的业务。

（4）清缴所欠税款以及清算过程中产生的税款。

（5）清理债权、债务。

（6）处理公司清偿债务后的剩余财产。

（7）代表公司参与民事诉讼活动。

根据《公司法》第一百八十五条规定，清算组应当自成立之日起 10 日内通知债权人，并于 60 日内在报纸上公告。债权人应当自接到通知书之日起 30 日内，未接到通知书的自公告之日起 45 日内，向清算组申报其债权。

根据《公司法》第一百八十六条规定，公司财产在分别支付清算费用、职工的工资、社会保险费用和法定补偿金，缴纳所欠税款，清偿公司债务后的剩余财产，有限责任公司按照股东的出资比例分配，股份有限公司按照股东持有的股份比例分配。清算期间，公司存续，但不得开展与清算无关的经营活动。

根据《公司法》第一百八十八条规定，公司清算结束后，清算组应当制作清算报告，报股东会、股东大会或者人民法院确认，并报送公司登记机关，申请注销公司登记，公告公司终止。

小试牛刀

[单选题] 公司分立时，公司应当自作出分立之日起（　　）日内在报纸上公告。

A. 30　　B. 10　　C. 45　　D. 60

[解析] 公司应当自作出合并（分立）决议之日起 10 日内通知债权人，并于 30 日内在报纸上公告。

[答案] A

[单选题] 根据《公司法》规定，公司解散后，有限责任公司的清算组由（　　）组成。

A. 董事　　B. 股东

C. 公司股东会确定的人员　　D. 董事和股东

[解析] 有限责任公司的清算组由股东组成，股份有限公司的清算组由董事或者股东大会确定的人员组成。

[答案] B

第三十五章　其他法律制度

知识脉络

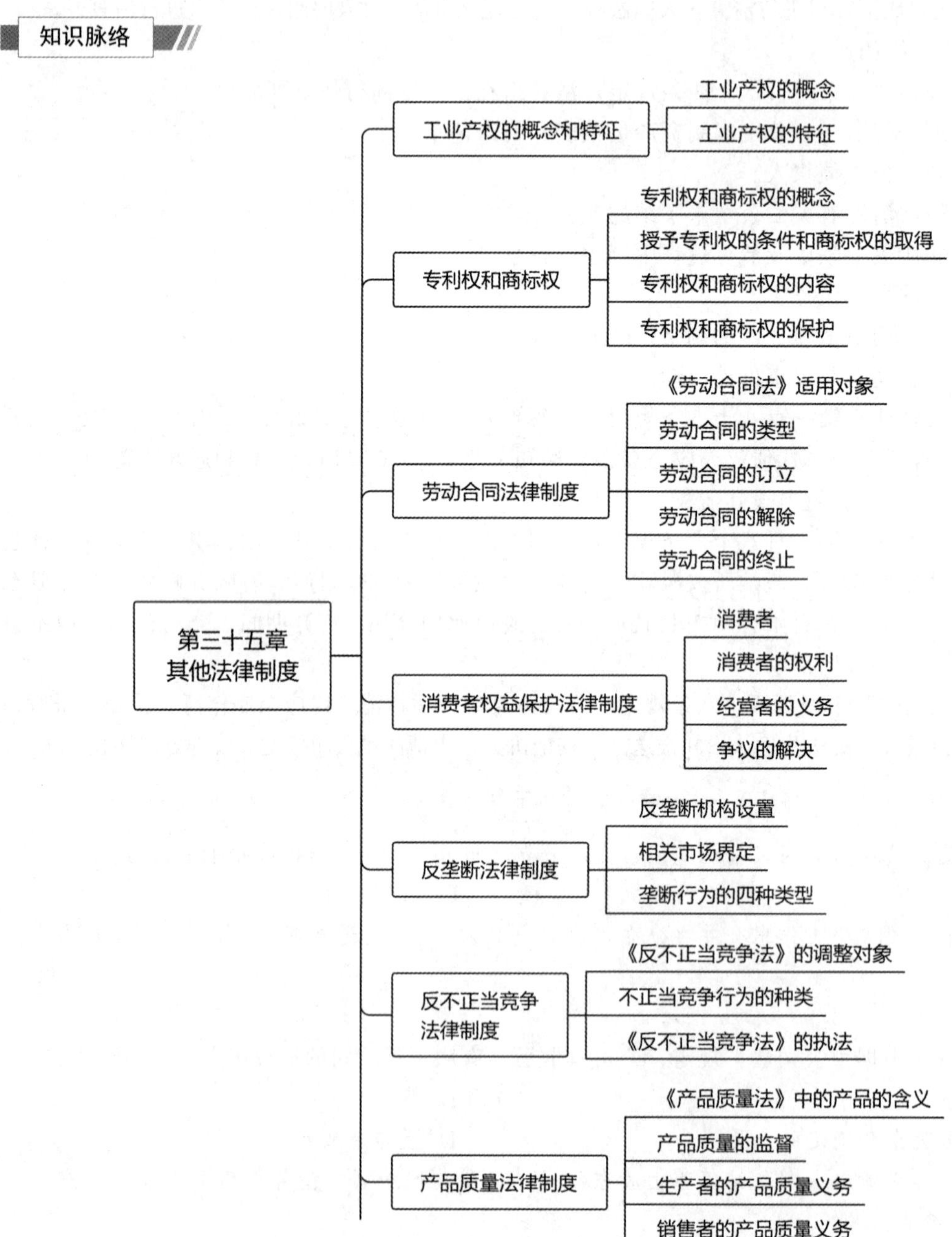

第三十五章 其他法律制度	违反相关法律的法律责任	专利侵权行为的法律责任
		违反《消费者权益保护法》的法律责任
		违反《反不正当竞争法》的法律责任
		违反《产品质量法》的法律责任

考点1 工业产权的概念和特征★

一、工业产权的概念

工业产权是指人们依法对应用于商品生产和流通中的创造发明和显著标记等智力成果，在一定地区和期限内享有的专有权。

工业产权和著作权统称为知识产权。我国的工业产权主要指商标权和专利权。

二、工业产权的特征

工业产权的特征有地域性、时间性、专有性。

考点2 专利权和商标权★★

一、专利权和商标权的概念

（一）专利权

专利权是发明创造人或其权利受让人对特定的发明创造在一定期限内依法享有的独占实施权，是知识产权的一种。

1. 专利权的主体

专利权主体的具体内容见表35-1。

表35-1　专利权的主体

主体	内容
发明人或者设计人（只能是自然人）	《中华人民共和国专利法实施细则》（以下简称《专利法实施细则》）第十三条规定，专利法所称发明人或者设计人，是指对发明创造的实质性特点作出创造性贡献的人。在完成发明创造过程中，只负责组织工作的人、为物质技术条件的利用提供方便的人或者从事其他辅助工作的人，不是发明人或者设计人
专利申请人	专利申请人就是有资格就发明创造提出专利申请的自然人、法人或者其他组织。专利申请人可以是发明人或设计人，也可以不是
专利权人	专利权人是享有专利权的主体。专利申请人提出的专利申请获得批准后，该专利申请人就成为专利权人。专利权人也可以通过继承、转让获得
职务发明的权利主体	根据《中华人民共和国专利法》（以下简称《专利法》）第六条规定，执行本单位的任务或者主要是利用本单位的物质技术条件所完成的发明创造为职务发明创造。职务发明创造申请专利的权利属于该单位，申请被批准后，该单位为专利权人。该单位可以依法处置其职务发明创造申请专利的权利和专利权，促进相关发明创造的实施和运用
	根据《专利法实施细则》第十二条规定： （1）执行本单位的任务所完成的职务发明创造，是指：①在本职工作中作出的发明创造；②履行本单位交付的本职工作之外的任务所作出的发明创造；③退休、调离原单位后或者劳动、人事关系终止后1年内作出的，与其在原单位承担的本职工作或者原单位分配的任务有关的发明创造 （2）本单位包括临时工作单位 （3）本单位的物质技术条件，是指本单位的资金、设备、零部件、原材料或者不对外公开的技术资料等

续表

主体	内容
合作发明和委托发明的权利主体、共同发明人或共同设计人	两个以上单位或者个人合作完成的发明创造、一个单位或者个人接受其他单位或者个人委托所完成的发明创造，除另有协议的以外，申请专利的权利属于完成或者共同完成的单位或者个人；申请被批准后，申请的单位或者个人为专利权人
受让人	《专利法》第十条规定，专利申请权和专利权可以转让
外国人	—

2. 专利权的客体

根据《专利法》第二条规定，专利权的客体包括发明、实用新型和外观设计三种。

发明是指对产品、方法或者其改进所提出的新的技术方案。发明包括产品发明和方法发明。

实用新型是指对产品的形状、构造或者其结合所提出的适于实用的新的技术方案。

外观设计是指对产品的形状、图案或者其结合以及色彩与形状、图案的结合所作出的富有美感并适于工业应用的新设计。

（二）商标权

商标专用权（简称商标权）是商标注册人依法支配其注册商标并禁止他人侵害的权利，包括商标注册人对其注册商标的收益权、排他使用权、续展权、处分权和禁止他人侵害的权利。

二、授予专利权的条件和商标权的取得

（一）授予专利权的条件

（1）授予发明和实用新型专利的条件。根据《专利法》第二十二条规定，授予专利权的发明和实用新型，应当具备新颖性、创造性和实用性。

（2）授予外观设计专利的条件。根据《专利法》第二十三条规定，授予专利权的外观设计，应当不属于现有设计；也没有任何单位或者个人就同样的外观设计在申请日以前向国务院专利行政部门提出过申请，并记载在申请日以后公告的专利文件中。授予专利权的外观设计与现有设计或者现有设计特征的组合相比，应当具有明显区别。授予专利权的外观设计不得与他人在申请日以前已经取得的合法权利相冲突。

（3）根据《专利法》第二十五条规定，对下列各项，不授予专利权：①科学发现；②智力活动的规则和方法；③疾病的诊断和治疗方法；④动物和植物品种（不包括动物和植物品种的生产方法）；⑤原子核变换方法以及用原子核变换方法获得的物质；⑥对平面印刷品的图案、色彩或者二者的结合作出的主要起标识作用的设计。

（二）商标权的取得

1. 商标的分类

（1）商品商标和服务商标。

（2）注册商标和未注册商标。

（3）集体商标和证明商标。

（4）平面商标（文字、图形和文字图形混合商标）、立体商标（三维标志）和声音商标（非传统商标）。

2. 商标注册的原则

根据《中华人民共和国商标法》（以下简称《商标法》）第四条、第六条规定，自然人、

法人或者其他组织在生产经营活动中，对其商品或者服务需要取得商标专用权的，应当向商标局申请商标注册。法律、行政法规规定必须使用注册商标的商品，必须申请商标注册，未经核准注册的，不得在市场销售。

所以商标注册采用自愿注册和强制注册相结合，以自愿注册为主。

《中华人民共和国烟草专卖法》规定，卷烟、雪茄烟和有包装的烟丝必须申请商标注册，未经核准注册的，不得生产、销售。

3. 商标注册的条件

商标注册的条件：申请注册的商标，应当有显著特征，便于识别，并不得与他人在先取得的合法权利相冲突。

根据《中华人民共和国商标法》（以下简称《商标法》）第十一条、十二条规定，下列标志不得作为商标注册：①仅有本商品的通用名称、图形、型号的；②仅直接表示商品的质量、主要原料、功能、用途、重量、数量及其他特点的；③其他缺乏显著特征的（①至③项所列标志经过使用取得显著特征，并便于识别的，可以作为商标注册）。以三维标志申请注册商标的，仅由商品自身的性质产生的形状、为获得技术效果而需有的商品形状或者使商品具有实质性价值的形状，不得注册。

根据《商标法》第十条规定，下列标志不得作为商标使用：①同中华人民共和国的国家名称、国旗、国徽、国歌、军旗、军徽、军歌、勋章等相同或者近似的，以及同中央国家机关的名称、标志、所在地特定地点的名称或者标志性建筑物的名称、图形相同的；②同外国的国家名称、国旗、国徽、军旗等相同或者近似的，但经该国政府同意的除外；③同政府间国际组织的名称、旗帜、徽记等相同或者近似的，但经该组织同意或者不易误导公众的除外；④与表明实施控制、予以保证的官方标志、检验印记相同或者近似的，但经授权的除外；⑤同“红十字”“红新月”的名称、标志相同或者近似的；⑥带有民族歧视性的；⑦带有欺骗性，容易使公众对商品的质量等特点或者产地产生误认的；⑧有害于社会主义道德风尚或者有其他不良影响的。

根据《商标法》第十三条、十五条和十六条规定：①就相同或者类似商品申请注册的商标是复制、摹仿或者翻译他人未在中国注册的驰名商标，容易导致混淆的，不予注册并禁止使用。②就不相同或者不相类似商品申请注册的商标是复制、摹仿或者翻译他人已经在中国注册的驰名商标，误导公众，致使该驰名商标注册人的利益可能受到损害的，不予注册并禁止使用。③未经授权，代理人或者代表人以自己的名义将被代理人或者被代表人的商标进行注册，被代理人或者被代表人提出异议的，不予注册并禁止使用。④商标中有商品的地理标志，而该商品并非来源于该标志所标示的地区，误导公众的，不予注册并禁止使用；但是，已经善意取得注册的继续有效。

4. 商标注册的申请（遵循自愿注册原则，先申请原则和优先权原则）

根据《商标法》第二十二条规定，商标注册申请人应当按规定的商品分类表填报使用商标的商品类别和商品名称，提出注册申请。商标注册申请人可以通过一份申请就多个类别的商品申请注册同一商标。

根据《商标法》第二十三条规定，注册商标需要在核定范围之外的商品上取得商标专用权的，应当另行提出注册申请。

根据《商标法》第二十五条规定，商标注册申请人自其商标在外国第一次提出商标注册申请之日起6个月内，又在中国就相同商品以同一商标提出商标注册申请的，依照该外国同中国签订的协议或者共同参加的国际条约，或者按照相互承认优先权的原则，可以享有优先权。

根据《商标法》第二十六条规定，商标在中国政府主办的或者承认的国际展览会展出的商品上首次使用的，自该商品展出之日起6个月内，该商标的注册申请人可以享有优先权。

5. 商标注册的审查和核准

对申请注册的商标，商标局应当自收到商标注册申请文件之日起9个月内审查完毕，对符合有关规定的，予以初步审定公告。对初步审定公告的商标，自公告之日起3个月内，在先权利人、利害关系人认为违反《商标法》规定的，可以向商标局提出异议。

公告期满无异议的，给予核准注册，发给商标注册证，并予公告。

三、专利权和商标权的内容

（一）专利权的内容

1. 专利权人的权利（人身权利和财产权利）

人身权利指发明创造的发明人享有署名权。

财产权利指专利权人因占有专利技术而获得物质利益的权利，包括：①实施许可权；②独占实施权；③专利权人有权转让其专利权；④专利权人有权以书面形式放弃其专利权。

2. 专利权人的义务

（1）缴纳年费。

（2）职务发明中专利权人的单位向发明人或设计人给予奖励。

3. 专利权的期限和终止

根据《专利法》第四十二条规定，发明专利权的期限为20年，实用新型专利权的期限为10年，外观设计专利的期限为15年，均自申请日起计算。

专利权的终止有正常终止（期限届满）和提前终止（期限届满以前）两种情况：

（1）有下列情形之一的，专利权在期限届满前终止：①没有按照规定缴纳年费的；②专利权人以书面声明放弃其专利权的。

（2）专利权在期限届满前终止的，由国务院专利行政部门登记和公告。

4. 专利的强制许可实施

强制许可实施是指国务院专利行政部门在一定条件下，不需要经过专利权人的同意，直接许可具备条件的申请者实施发明或实用新型专利的一种行政措施。

强制许可包括限制垄断的强制许可、合理条件的强制许可、依存专利的强制许可、紧急状态或公益目的的强制许可。

（二）商标权的内容

商标权的内容见表35-2。

表35-2　商标权的内容

内容	说明
标示权	根据《商标法》第九条规定，商标注册人有权标明“注册商标”字样或者注册标记。在商标上不便标明的，可以在商标包装、说明书或者附着物上标明
专用权	商标权人对其注册商标依法享有的自己在指定商品或服务项目上独占、排他使用的权利

续表

内容	说明
续展权	根据《商标法》第三十九条、第四十条规定，注册商标的有效期为10年，自核准注册之日起计算。注册商标有效期满，需要继续使用的，商标注册人应当在期满前12个月内按照规定办理续展手续；在此期间未能办理的，可以给予6个月的宽展期。每次续展注册的有效期为10年，自该商标上一届有效期满次日起计算。期满未办理续展手续的，注销其注册商标。商标局应当对续展注册的商标予以公告
许可使用权	根据《商标法》第四十三条规定，商标注册人可以通过签订商标使用许可合同，许可他人使用其注册商标。许可人应当监督被许可人使用其注册商标的商品质量。被许可人应当保证使用该注册商标的商品质量。经许可使用他人注册商标的，必须在使用该注册商标的商品上标明被许可人的名称和商品产地

四、专利权和商标权的保护

（一）专利权的保护

1. 专利侵权行为

专利侵权行为是指在专利权有效期内，未经专利权人许可，为了生产经营目的，侵害专利权人的实施权和标记权的行为。专利侵权的表现形式包括：

（1）根据《专利法》第十一条规定，发明和实用新型专利权被授予后，除本法另有规定的以外，任何单位或者个人未经专利权人许可，都不得实施其专利，即不得为生产经营目的制造、使用、许诺销售、销售、进口其专利产品，或者使用其专利方法以及使用、许诺销售、销售、进口依照该专利方法直接获得的产品。

（2）外观设计专利权被授予后，任何单位或者个人未经专利权人许可，都不得实施其专利，即不得为生产经营目的制造、许诺销售、销售、进口其外观设计专利产品。

（3）在非专利产品或其包装上标注他人的专利标记或专利号，以冒充他人专利的行为，即假冒他人专利。

2. 不视为侵犯专利权的行为

根据《专利法》第七十五条规定，有下列情形之一的，不视为侵犯专利权：①专利产品或者依照专利方法直接获得的产品，由专利权人或者经其许可的单位、个人售出后，使用、许诺销售、销售、进口该产品的；②在专利申请日前已经制造相同产品、使用相同方式或者已经作好制造、使用的必要准备，并且仅在原有范围内继续制造、使用的；③临时通过中国领陆、领水、领空的外国运输工具，依照其所属国家同中国签订的协议或者共同参加的国际条约，或者依照互惠原则，为运输工具自身需要而在其装置和设备中使用有关专利的；④专为科学研究和实验而使用有关专利的；⑤为提供行政审批所需要的信息，制造、使用、进口专利药品或者专利医疗器械的，以及专门为其制造、进口专利药品或者专利医疗器械的。

（二）商标权的保护

1. 商标侵权行为

根据《商标法》第五十七条规定，有下列行为之一的，均属侵犯注册商标专用权：①未经商标注册人的许可，在同一种商品上使用与其注册商标相同的商标的；②未经商标注册人的许可，在同一种商品上使用与其注册商标近似的商标，或者在类似商品上使用与其注册商标相同或者近似的商标，容易导致混淆的；③销售侵犯注册商标专用权的商品的；④伪造、擅自制造他人注册商标标识或者销售伪造、擅自制造的注册商标标识的；⑤未经商标注册人同意，更换其注册商标并将该更换商标的商品又投入市场的；⑥故意为侵犯他人注册商标专用权行为提供便利条件，帮助他人实施侵犯商标专用权的行为的；⑦给他人的注册商标专用权造成其他损害的。

2. 对商标侵权行为的法律制裁

当事人可以向人民法院起诉，也可以请求市场监督管理部门处理。

小试牛刀

[单选题] 发明专利权的期限为 20 年，自（　　）起计算。

A. 申请之日　　B. 登记之日

C. 公告之日　　D. 授予之日

[解析] 发明专利权的期限为 20 年，实用新型和外观设计专利权的期限为 10 年，均自申请之日起计算。

[答案] A

[单选题] 下列商标类型中，属于非传统商标的是（　　）。

A. 立体商标　　B. 文字商标

C. 图形商标　　D. 声音商标

[解析] 声音商标是指可以让相关消费者区别商品或服务来源的声音作为商标要素的标志。声音商标属于非传统商标。

[答案] D

[多选题] 授予发明和实用新型专利权的条件包括（　　）。

A. 新颖性　　B. 创造性

C. 实用性　　D. 富有美感

E. 保密性

[解析] 授予发明和实用新型专利的条件包括：①新颖性；②创造性；③实用性。

[答案] ABC

[多选题] 下列智力成果中，不属于《专利法》保护对象的有（　　）。

A. 动物和植物品种的生产方法　　B. 科学发现

C. 用原子核变换方法获得的物质　　D. 智力活动的规则和方法

E. 疾病的诊断和治疗方法

[解析] 动物和植物品种《专利法》不予保护，但对于动物和植物品种的生产方法，可以依法授予专利权，A 项错误。

[答案] BCDE

考点③ 劳动合同法律制度★★★

一、《劳动合同法》适用对象

（1）我国境内的企业、个体经济组织、民办非企业单位等组织（以下称用人单位）与劳动者建立劳动关系，订立、履行、变更、解除或者终止劳动合同，适用《中华人民共和国劳动合同法》（以下简称《劳动合同法》）。

（2）国家机关、事业单位、社会团体和与其建立劳动关系的劳动者，订立、履行、变更、

解除或者终止劳动合同，依照《劳动合同法》执行。

二、劳动合同的类型

根据《劳动合同法》第十二条规定，劳动合同分为固定期限劳动合同、无固定期限劳动合同和以完成一定工作任务为期限的劳动合同。

（一）固定期限劳动合同

根据《劳动合同法》第十三条规定，固定期限劳动合同，是指用人单位与劳动者约定合同终止时间的劳动合同。用人单位与劳动者协商一致，可以订立固定期限劳动合同。

（二）无固定劳动期限合同

根据《劳动合同法》第十四条规定：

（1）用人单位与劳动者协商一致，可以订立无固定期限劳动合同。

（2）有下列情形之一，劳动者提出或者同意续订、订立劳动合同的，除劳动者提出订立固定期限劳动合同外，应当订立无固定期限劳动合同：①劳动者在该用人单位连续工作满10年的；②用人单位初次实行劳动合同制度或者国有企业改制重新订立劳动合同时，劳动者在该用人单位连续工作满10年且距法定退休年龄不足10年的；③连续订立2次固定期限劳动合同，而且单位对劳动者不能依据《劳动合同法》得享法定解除权，续订劳动合同的。

（三）以完成一定工作任务为期限的劳动合同

根据《劳动合同法》第十五条规定，以完成一定工作任务为期限的劳动合同，是指用人单位与劳动者约定以某项工作的完成为合同期限的劳动合同。

三、劳动合同的订立（书面形式）

（一）劳动合同订立的原则

劳动合同的订立应当遵循如下原则：①合法原则；②公平原则；③平等自愿原则；④诚实原则；⑤协商一致。

（二）劳动合同的条款

根据《劳动合同法》第十七条规定，劳动合同应当具备以下条款（必备条款）：①用人单位的名称、住所和法定代表人或者主要负责人；②劳动者的姓名、住址和居民身份证或者其他有效身份证件号码；③劳动合同期限；④工作内容和工作地点；⑤工作时间和休息休假；⑥劳动报酬；⑦社会保险；⑧劳动保护、劳动条件和职业危害防护；⑨法律、法规规定应当纳入劳动合同的其他事项。

劳动合同除前款规定的必备条款外，用人单位与劳动者可以约定试用期、培训、保守秘密、补充保险和福利待遇等（选择性条款）其他事项。

根据《劳动合同法》第十九条规定，劳动合同期限三个月以上不满一年的，试用期不得超过一个月；劳动合同期限一年以上不满三年的，试用期不得超过二个月；三年以上固定期限和无固定期限的劳动合同，试用期不得超过六个月。同一用人单位与同一劳动者只能约定一次试用期。以完成一定工作任务为期限的劳动合同或者劳动合同期限不满三个月的，不得约定试用期。试用期包含在劳动合同期限内。劳动合同仅约定试用期的，试用期不成立，该期限为劳动合同期限。

根据《劳动合同法》第二十条规定，劳动者在试用期的工资不得低于本单位相同岗位最低档工资或者劳动合同约定工资的百分之八十，并不得低于用人单位所在地的最低工资标准。

根据《劳动合同法》第二十三条规定，用人单位与劳动者可以在劳动合同中约定保守用人单位的商业秘密和与知识产权相关的保密事项。对负有保密义务的劳动者，用人单位可以在劳动合同或者保密协议中与劳动者约定竞业限制条款，并约定在解除或者终止劳动合同后，在竞业限制期限内按月给予劳动者经济补偿。劳动者违反竞业限制约定的，应当按照约定向用人单位支付违约金。

根据《劳动合同法》第二十四条规定，竞业限制的人员限于用人单位的高级管理人员、高级技术人员和其他负有保密义务的人员。竞业限制的范围、地域、期限由用人单位与劳动者约定，竞业限制的约定不得违反法律、法规的规定。在解除或者终止劳动合同后，前款规定的人员到与本单位生产或者经营同类产品、从事同类业务的有竞争关系的其他用人单位，或者自己开业生产或者经营同类产品、从事同类业务的竞业限制期限，不得超过二年。

（三）劳动合同的形式

根据《劳动合同法》第十条规定，建立劳动关系，应当订立书面劳动合同。已建立劳动关系，未同时订立书面劳动合同的，应当自用工之日起一个月内订立书面劳动合同。用人单位与劳动者在用工前订立劳动合同的，劳动关系自用工之日起建立。

（四）劳动合同的无效

劳动合同依法成立，即具有法律效力，对当事人双方具有约束力。

根据《劳动合同法》第二十六条，下列劳动合同无效或部分无效：

（1）以欺诈、胁迫的手段或者乘人之危，使对方在违背真实意思的情况下订立或者变更劳动合同的。

（2）用人单位免除自己的法定责任、排除劳动者权利的。

（3）违反法律、行政法规强制性规定的。

对劳动合同的无效或者部分无效有争议的，由劳动争议仲裁机构或者人民法院确认。

四、劳动合同的解除

劳动合同的解除包括协商解除、劳动者单方解除和用人单位单方解除三种类型。

（一）协商解除

根据《劳动合同法》第三十六条规定，用人单位与劳动者协商一致，可以解除劳动合同。

根据《劳动合同法》第四十六条规定，用人单位向劳动者提出解除劳动合同，并与劳动者协商一致解除劳动合同的需支付经济补偿。

（二）劳动者单方解除

1. 预告解除

根据《劳动合同法》第三十七条规定，劳动者提前30日以书面形式通知用人单位，可以解除劳动合同。劳动者在试用期内提前3日通知用人单位，可以解除劳动合同。

2. 即时解除

根据《劳动合同法》第三十八条规定，用人单位以暴力、威胁或者非法限制人身自由的手段强迫劳动者劳动的，或者用人单位违章指挥、强令冒险作业危及劳动者人身安全的，劳动者可以立即解除劳动合同，不需事先告知用人单位。

（三）用人单位单方解除

1. 劳动者存在过错

根据《劳动合同法》第三十九条规定，劳动者有下列情形之一的，用人单位可以解除劳动合同：①在试用期间被证明不符合录用条件的；②严重违反用人单位的规章制度的；③严重失职，营私舞弊，给用人单位造成重大损害的；④劳动者同时与其他用人单位建立劳动关系，对完成本单位的工作任务造成严重影响，或者经用人单位提出，拒不改正的；⑤因劳动者以欺诈、胁迫的手段或者乘人之危，使对方在违背真实意思的情况下订立或变更劳动合同的；⑥被依法追究刑事责任的。

2. 劳动者无过错

根据《劳动合同法》第四十条规定，有下列情形之一的，用人单位提前30日以书面形式通知劳动者本人或者额外支付劳动者一个月工资后，可以解除劳动合同：①劳动者患病或者非因工负伤，在规定的医疗期满后不能从事原工作，也不能从事由用人单位另行安排的工作的；②劳动者不能胜任工作，经过培训或者调整工作岗位，仍不能胜任工作的；③劳动合同订立时所依据的客观情况发生重大变化，致使劳动合同无法履行，经用人单位与劳动者协商，未能就变更劳动合同内容达成协议的。

3. 经济性裁员

根据《劳动合同法》第四十一条规定，有下列情形之一，需要裁减人员20人以上或者裁减不足20人但占企业职工总数10%以上的，用人单位提前30日向工会或者全体职工说明情况，听取工会或者职工的意见后，裁减人员方案经向劳动行政部门报告，可以裁减人员：①依照企业破产法规定进行重整的；②生产经营发生严重困难的；③企业转产、重大技术革新或者经营方式调整，经变更劳动合同后，仍需裁减人员的；④其他因劳动合同订立时所依据的客观经济情况发生重大变化，致使劳动合同无法履行的。

裁减人员时，应当优先留用下列劳动者：①与本单位订立较长期限的固定期限劳动合同的；②与本单位订立无固定期限劳动合同的；③家庭无其他就业人员，有需要扶养的老人或者未成年人的。

4. 劳动合同不得解除的情形

根据《劳动合同法》第四十二条规定，劳动者有下述情形之一的，用人单位不得依照劳动者无过错的合同解除条件或经济性裁员的规定与劳动者解除劳动合同：①从事接触职业病危害作业的劳动者未进行离岗前职业健康检查，或者疑似职业病病人在诊断或者医学观察期间的；②在本单位患职业病或者因工负伤并被确认丧失或者部分丧失劳动能力的；③患病或者非因工负伤，在规定的医疗期内的；④女职工在孕期、产期、哺乳期的；⑤在本单位连续工作满15年，且距法定退休年龄不足5年的；⑥法律、行政法规规定的其他情形。

《劳动合同法》还规定，劳动合同期满，劳动者有上述情形之一的，劳动合同应当续延至相应的情形消失时终止。

五、劳动合同的终止（只有法定终止，不存在约定终止）

根据《劳动合同法》第四十四条规定，有下列情形之一的，劳动合同终止：①劳动合同期满的；②劳动者开始依法享受基本养老保险待遇的；③劳动者死亡，或者被人民法院宣告死亡或者宣告失踪的；④用人单位被依法宣告破产的；⑤用人单位被吊销营业执照、责令关闭、撤销或者用人单位决定提前解散的；⑥法律、行政法规规定的其他情形。

小试牛刀

［单选题］劳动合同包括必要条款和选择性条款，下列劳动合同事项中，属于选择性条款的是（　　）。

A. 劳动报酬　　B. 试用期条款

C. 劳动合同期限　　D. 工作时间

［解析］用人单位与劳动者可以约定试用期、培训、保守秘密、补充保险和福利待遇等选择性条款。

［答案］B

［多选题］根据《劳动合同法》规定，应签订无固定期限劳动合同的法定情形包括（　　）。

A. 劳动者在该用人单位累计工作满十年

B. 劳动者在该用人单位连续工作满十年

C. 用人单位初次实行劳动合同制度或者国有企业改制重新订立劳动合同时，劳动者在该用人单位连续工作满十年且距法定退休年龄不足十年的

D. 连续订立两次固定期限劳动合同，而且单位对劳动者依法不能享有法定解除权，续订劳动合同的

E. 劳动者在该用人单位连续工作满十年，劳动者提出订立固定期限劳动合同

［解析］订立无固定劳动期限合同有以下两种法定情形：

①协商订立。用人单位与劳动者协商一致，可以订立无固定期限劳动合同。

②法定强制。《劳动合同法》规定，有下列情形之一，劳动者提出或者同意续订、订立劳动合同的，除劳动者提出订立固定期限劳动合同外，应当订立无固定期限劳动合同：a. 劳动者在该用人单位连续工作满十年的；b. 用人单位初次实行劳动合同制度或者国有企业改制重新订立劳动合同时，劳动者在该用人单位连续工作满十年且距法定退休年龄不足十年的；c. 连续订立二次固定期限劳动合同，而且单位对劳动者不能依据《劳动合同法》得享法定解除权，续订劳动合同的。

［答案］BCD

［多选题］根据《劳动合同法》规定，用人单位可以解除与劳动者之间的劳动合同的情形有（　　）。

A. 劳动者严重违反用人单位的规章制度的

B. 劳动者在试用期间被证明不符合录用条件的

C. 劳动者患病丧失劳动能力的

D. 因劳动者以欺诈、胁迫的手段或者乘人之危，使对方在违背真实意思的情况下订立或变更劳动合同的

E. 劳动者被依法追究刑事责任的

［解析］用人单位单方解除劳动合同有三种情形：过错性解除、非过错性解除和经济性裁员。除非劳动者具备过错解除的情况，用人单位不得对劳动者采取经济性裁员或非过错性解除，包括劳动者在本单位患职业病或因工负伤并被确认丧失或部分丧失劳动能力的。

[答案] ABDE

考点4 消费者权益保护法律制度★★★

一、消费者

消费者是《中华人民共和国消费者权益保护法》（以下简称《消费者权益保护法》）保护的对象。

消费者指为个人生活消费需要购买、使用商品和接受服务的自然人。

根据《消费者权益保护法》第二条、第三条、第六十二条规定，《消费者权益保护法》的适用对象包括：

(1) 消费者为生活消费需要而购买、使用商品或者接受服务，其权益受本法保护。

(2) 经营者为消费者提供其生产、销售的商品或者提供服务，应当遵守本法。

(3) 农民购买、使用直接用于农业生产的生产资料时，参照本法执行。

二、消费者的权利

(1) 安全保障权（消费者最基本的权利）。

(2) 自主选择权。

(3) 公平交易权。

(4) 知悉真情权。

(5) 求教获知权。

(6) 依法求偿权。

(7) 依法结社权。

(8) 维护尊严权。

(9) 监督批评权。

(10) 个人信息权。

三、经营者的义务

(1) 履行法定以及约定义务，即依法依约履行义务。

(2) 接受监督的义务。

根据《消费者权益保护法》第十七条规定，经营者应当听取消费者对其提供的商品或者服务的意见，接受消费者的监督。

(3) 安全保障义务。

根据《消费者权益保护法》第十八条规定：

①对可能危及人身、财产安全的商品或者服务，应当向消费者作出真实说明和明确警示，并说明和标明正确使用商品或者接受服务的方法以及防止危害发生的方法。

②宾馆、商场、餐馆、银行、机场、车站、港口、影剧院等经营场所的经营者，应当对消费者尽到安全保障义务。

(4) 缺陷商品召回义务。

根据《消费者权益保护法》第十九条规定：

①经营者发现其提供的商品或者服务存在缺陷，有危及人身、财产安全危险的，应当立即

向有关行政部门报告和告知消费者，并采取停止销售、警示、召回、无害化处理、销毁、停止生产或者服务等措施。

②采取召回措施的，经营者应当承担消费者因商品被召回支出的必要费用。

（5）提供真实信息的义务。

根据《消费者权益保护法》第二十条规定：

①经营者向消费者提供有关商品或者服务的质量、性能、用途、有效期限等信息，应当真实、全面，不得作虚假或者引人误解的宣传。

②经营者对消费者就其提供的商品或者服务的质量和使用方法等问题提出的询问，应当作出真实、明确的答复。

③经营者提供商品或者服务应当明码标价。

（6）标明真实名称和标志的义务。

根据《消费者权益保护法》第二十一条规定，租赁他人柜台或者场地的经营者，应当标明其真实名称和标记。

（7）出具凭证或单据的义务。

根据《消费者权益保护法》第二十二条规定，经营者提供商品或者服务，应当按照国家有关规定或者商业惯例向消费者出具发票等购货凭证或者服务单据；消费者索要发票等购货凭证或者服务单据的，经营者必须出具。

（8）质量担保的义务。

根据《消费者权益保护法》第二十三条规定：

①经营者应当保证在正常使用商品或者接受服务的情况下其提供的商品或者服务应当具有的质量、性能、用途和有效期限；但消费者在购买该商品或者接受该服务前已经知道其存在瑕疵，且存在该瑕疵不违反法律强制性规定的除外。

②经营者以广告、产品说明、实物样品或者其他方式表明商品或者服务的质量状况的，应当保证其提供的商品或者服务的实际质量与表明的质量状况相符。

③经营者提供的机动车、计算机、电视机、电冰箱、空调器、洗衣机等耐用商品或者装饰装修等服务，消费者自接受商品或者服务之日起 6 个月内发现瑕疵，发生争议的，由经营者承担有关瑕疵的举证责任。

（9）履行“三包”或其他责任的义务。

根据《消费者权益保护法》第二十四条规定：

①经营者提供的商品或者服务不符合质量要求的，消费者可以依照国家规定、当事人约定退货，或者要求经营者履行更换、修理等义务。

②没有国家规定和当事人约定的，消费者可以自收到商品之日起 7 日内退货；7 日后符合法定解除合同条件的，消费者可以及时退货，不符合法定解除合同条件的，可以要求经营者履行更换、修理等义务。

③依照前款规定进行退货、更换、修理的，经营者应当承担运输等必要费用。

（10）无理由退货义务。

根据《消费者权益保护法》第二十五条规定，经营者采用网络、电视、电话、邮购等方式销售商品，消费者有权自收到商品之日起 7 日内退货，且无须说明理由，但下列商品除外：

①消费者定作的。

②鲜活易腐的。

③在线下载或者消费者拆封的音像制品、计算机软件等数字化商品。

④交付的报纸、期刊。

除前款所列商品外，其他根据商品性质并经消费者在购买时确认不宜退货的商品，不适用无理由退货。

经营者应当自收到退回商品之日起7日内返还消费者支付的商品价款。退回商品的运费由消费者承担；经营者和消费者另有约定的，按照约定。

(11) 格式条款的合理使用义务。

根据《消费者权益保护法》第二十六条规定：

①经营者在经营活动中使用格式条款的，应当以显著方式提请消费者注意商品或者服务的数量和质量、价款或者费用、履行期限和方式、安全注意事项和风险警示、售后服务、民事责任等与消费者有重大利害关系的内容，并按照消费者的要求予以说明。

②经营者不得以格式条款、通知、声明、店堂告示等方式，作出排除或者限制消费者权利、减轻或者免除经营者责任、加重消费者责任等对消费者不公平、不合理的规定，不得利用格式条款并借助技术手段强制交易。格式条款、通知、声明、店堂告示等含有前款所列内容的，其内容无效。

(12) 不得侵犯消费者人格权的义务。

根据《消费者权益保护法》第二十七条规定，经营者不得对消费者进行侮辱、诽谤，不得搜查消费者的身体及其携带的物品，不得侵犯消费者的人身自由。

(13) 信息说明义务。

根据《消费者权益保护法》第二十八条规定，采用网络、电视、电话、邮购等方式提供商品或者服务的经营者，以及提供证券、保险、银行等金融服务的经营者，应当向消费者提供经营地址、联系方式、商品或者服务的数量和质量、价款或者费用、履行期限和方式、安全注意事项和风险警示、售后服务、民事责任等信息。

(14) 消费者信息保护义务。

根据《消费者权益保护法》第二十九条规定：

①经营者收集、使用消费者个人信息，应当遵循合法、正当、必要的原则，明示收集、使用信息的目的、方式和范围，并经消费者同意。经营者收集、使用消费者个人信息，应当公开其收集、使用规则，不得违反法律、法规的规定和双方的约定收集、使用信息。

②经营者及其工作人员对收集的消费者个人信息必须严格保密，不得泄露、出售或者非法向他人提供。

③经营者应当采取技术措施和其他必要措施，确保信息安全，防止消费者个人信息泄露、丢失。在发生或者可能发生信息泄露、丢失的情况时，应当立即采取补救措施。

④经营者未经消费者同意或者请求，或者消费者明确表示拒绝的，不得向其发送商业性信息。

四、争议的解决

根据《消费者权益保护法》第三十九条规定，消费者和经营者发生消费者权益争议的，可以通过下列途径解决：

（1）与经营者协商和解。

（2）请求消费者协会或者依法成立的其他调解组织调解。

（3）向有关行政部门投诉。

（4）根据与经营者达成的仲裁协议提请仲裁机构仲裁。

（5）向人民法院提起诉讼。

小试牛刀

［**多选题**］根据《消费者权益保护法》规定，下列权利中，属于消费者法定权利的有（　　）。

A. 安全保障权　　B. 无条件退货权　　C. 自主选择权　　D. 公平交易权

E. 知悉真情权

［**解析**］消费者的权利（10项）包括：安全保障权（最基本）、知悉真情权、自主选择权、公平交易权、依法求偿权、依法结社权、求教获知权、维护尊严权、监督批评权、个人信息权。

［**答案**］ACDE

［**多选题**］根据《消费者权益保护法》规定，关于经营者义务的说法，正确的有（　　）。

A. 使用格式条款的经营者，应当以显著方式提请消费者注意与其有重大利害关系的内容

B. 经营者采用网络、邮购等方式销售商品，承担7日无理由退货义务时，退货运费由经营者承担，另有约定除外

C. 商品或者服务不符合质量要求的，经营者应当依照国家规定、当事人约定履行退货或者更换、修理等义务

D. 租赁他人柜台或者场地的经营者，应当标明其真实名称和标记

E. 经营者不得以店堂告示的方式作出减轻或免除经营者责任的不合理规定

［**解析**］经营者采用网络、邮购等方式销售商品，承担7日无理由退货义务时，退货运费由消费者承担，另有约定除外，B项错误。

［**答案**］ACDE

考点5 反垄断法律制度★★

一、反垄断机构设置

（一）反垄断机构

根据《中华人民共和国反垄断法》（以下简称《反垄断法》）第九条规定，国务院设立反垄断委员会，负责组织、协调、指导反垄断工作。国务院反垄断委员会的组成和工作规则由国务院规定。

根据《反垄断法》第十条规定，国务院规定的承担反垄断执法职责的机构（以下统称国务院反垄断执法机构）依照本法规定，负责反垄断执法工作。国务院反垄断执法机构根据工作需要，可以授权省、自治区、直辖市人民政府相应的机构，负责有关反垄断执法工作。

（二）反垄断执法机构的职权和措施

1. 职权

根据《反垄断法》第三十八条规定，反垄断执法机构依法对涉嫌垄断行为进行调查。对涉

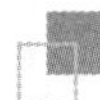

嫌垄断行为，任何单位和个人有权向反垄断执法机构举报。反垄断执法机构应当为举报人保密。举报采用书面形式并提供相关事实和证据的，反垄断执法机构应当进行必要的调查。

2. 措施

根据《反垄断法》第三十九条规定，反垄断执法机构调查涉嫌垄断行为，可以采取下列措施：①进入被调查的经营者的营业场所或者其他有关场所进行检查；②询问被调查的经营者、利害关系人或者其他有关单位或者个人，要求其说明有关情况；③查阅、复制被调查的经营者、利害关系人或者其他有关单位或者个人的有关单证、协议、会计账簿、业务函电、电子数据等文件、资料；④查封、扣押相关证据；⑤查询经营者的银行账户。

采取前述规定的措施，应当向反垄断执法机构主要负责人书面报告，并经批准。

二、相关市场界定

（一）相关市场的概念

《反垄断法》第十二条规定，相关市场是指经营者在一定时期内就特定商品或者服务（以下统称商品）进行竞争的商品范围和地域范围。

根据《关于相关市场界定的指南》第三条规定，将相关市场细分为相关商品市场、相关地域市场和时间市场。

相关商品市场是指根据商品的特性、用途及价格等因素，由需求者认为具有较为紧密替代关系的一组或一类商品所构成的市场。这些商品表现出较强的竞争关系，在反垄断执法中可以作为经营者进行竞争的商品范围。

相关地域市场是指需求者获取具有较为紧密替代关系的商品的地理区域。这些地域表现出较强的竞争关系，在反垄断执法中可以作为经营者进行竞争的地域范围。

当生产周期、使用期限、季节性、流行时尚性或知识产权保护期限等已构成商品不可忽视的特征时，界定相关市场还应考虑时间性。

（二）相关市场界定的依据和方法

1. 替代性分析

根据《关于相关市场界定的指南》第四条规定，在市场竞争中对经营者行为构成直接和有效竞争约束的，是市场里存在需求者认为具有较强替代关系的商品或能够提供这些商品的地域，因此，界定相关市场主要从需求者角度进行需求替代分析。当供给替代对经营者行为产生的竞争约束类似于需求替代时，也应考虑供给替代。

根据《关于相关市场界定的指南》第五条规定，需求替代是根据需求者对商品功能用途的需求、质量的认可、价格的接受以及获取的难易程度等因素，从需求者的角度确定不同商品之间的替代程度。

根据《关于相关市场界定的指南》第六条规定，供给替代是根据其他经营者改造生产设施的投入、承担的风险、进入目标市场的时间等因素，从经营者的角度确定不同商品之间的替代程度。

2. 假定垄断者测试

根据《关于相关市场界定的指南》第十条规定，假定垄断者测试一般先界定相关商品市场。首先从反垄断审查关注的经营者提供的商品（目标商品）开始考虑，假设该经营者是以利润最大化为经营目标的垄断者（假定垄断者），那么要分析的问题是，在其他商品的销售条件保持不变的情况下，假定垄断者能否持久地（一般为1年）小幅（一般为5%－10%）提高目标商品的价格。目标商品涨价会导致需求者转向购买具有紧密替代关系的其他商品，从而引起假定垄断者销售量下降。如果目标商品涨价后，即使假定垄断者销售量下降，但其仍然有利可图，则目标商品就构成相关商品市场。如果涨价引起需求者转向具有紧密替代关系的其他商品，使假定垄断者的涨价行为无利可图，则需要把该替代商品增加到相关商品市场中，该替代商品与目标商品形成商品集合。接下来分析如果该商品集合涨价，假定垄断者是否仍有利可图。如果答案是肯定的，那么该商品集合就构成相关商品市场；否则还需要继续进行上述分析过程。

随着商品集合越来越大，集合内商品与集合外商品的替代性越来越小，最终会出现某一商品集合，假定垄断者可以通过涨价实现盈利，由此便界定出相关商品市场。

界定相关地域市场与界定相关商品市场的思路相同。

三、垄断行为的四种类型

（一）垄断协议

垄断协议即卡特尔，指排除、限制竞争的协议、决定或者其他协同行为。

根据《反垄断法》第十三条规定，禁止具有竞争关系的经营者达成下列垄断协议：①固定或者变更商品价格；②限制商品的生产数量或者销售数量；③分割销售市场或者原材料采购市场；④限制购买新技术、新设备或者限制开发新技术、新产品；⑤联合抵制交易；⑥国务院反垄断执法机构认定的其他垄断协议。

根据《反垄断法》第十四条规定，禁止经营者与交易相对人达成下列垄断协议：①固定向第三人转售商品的价格；②限定向第三人转售商品的最低价格；③国务院反垄断执法机构认定的其他垄断协议。

根据《反垄断法》第十五条规定的豁免情形，经营者能够证明所达成的协议属于下列情形之一的，不适用《反垄断法》第十三条、第十四条的规定：①为改进技术、研究开发新产品的；②为提高产品质量、降低成本、增进效率，统一产品规格、标准或者实行专业化分工的；③为提高中小经营者经营效率，增强中小经营者竞争力的；④为实现节约能源、保护环境、救灾救助等社会公共利益的；⑤因经济不景气，为缓解销售量严重下降或者生产明显过剩的；⑥为保障对外贸易和对外经济合作中的正当利益的；⑦法律和国务院规定的其他情形。

《反垄断法》第四十六条规定，经营者主动向反垄断执法机构报告达成垄断协议的有关情况并提供重要证据的，反垄断执法机构可以酌情减轻或者免除对该经营者的处罚。这体现了宽恕制度。

（二）滥用市场支配地位

市场支配地位，是指经营者在相关市场内具有能够控制商品价格、数量或者其他交易条件，或者能够阻碍、影响其他经营者进入相关市场能力的市场地位。

根据《反垄断法》第十七条规定，禁止具有市场支配地位的经营者从事下列滥用市场支配地位的行为：①以不公平的高价销售商品或者以不公平的低价购买商品；②没有正当理由，以低于成本的价格销售商品；③没有正当理由，拒绝与交易相对人进行交易；④没有正当理由，限定交易相对人只能与其进行交易或者只能与其指定的经营者进行交易；⑤没有正当理由搭售商品，或者在交易时附加其他不合理的交易条件；⑥没有正当理由，对条件相同的交易相对人在交易价格等交易条件上实行差别待遇；⑦国务院反垄断执法机构认定的其他滥用市场支配地位的行为。

根据《反垄断法》第十八条规定，认定经营者具有市场支配地位，应当依据下列因素：①该经营者在相关市场的市场份额，以及相关市场的竞争状况；②该经营者控制销售市场或者原材料

采购市场的能力；③该经营者的财力和技术条件；④其他经营者对该经营者在交易上的依赖程度；⑤其他经营者进入相关市场的难易程度；⑥与认定该经营者市场支配地位有关的其他因素。

根据《反垄断法》第十九条规定，有下列情形之一的，可以推定经营者具有市场支配地位：①一个经营者在相关市场的市场份额达到 1/2 的；②两个经营者在相关市场的市场份额合计达到 2/3 的；③三个经营者在相关市场的市场份额合计达到3/4的。

有前款第②项、第③项规定的情形，其中有的经营者市场份额不足 1/10 的，不应当推定该经营者具有市场支配地位。

（三）经营者集中

根据《反垄断法》第二十条规定，经营者集中是指下列情形：①经营者合并；②经营者通过取得股权或者资产的方式取得对其他经营者的控制权；③经营者通过合同等方式取得对其他经营者的控制权或者能够对其他经营者施加决定性影响。

根据《反垄断法》第二十一条对经营者集中规定了事前申报制度，经营者集中达到国务院规定的申报标准的，经营者应当事先向国务院反垄断执法机构申报，未申报的不得实施集中。

根据《反垄断法》第二十二条规定，经营者集中有下列情形之一的，可以不向国务院反垄断执法机构申报：①参与集中的一个经营者拥有其他每个经营者百分之五十以上有表决权的股份或者资产的；②参与集中的每个经营者百分之五十以上有表决权的股份或者资产被同一个未参与集中的经营者拥有的。

根据《反垄断法》第二十七条规定，审查经营者集中，应当考虑下列因素：①参与集中的经营者在相关市场的市场份额及其对市场的控制力；②相关市场的市场集中度；③经营者集中对市场进入、技术进步的影响；④经营者集中对消费者和其他有关经营者的影响；⑤经营者集中对国民经济发展的影响；⑥国务院反垄断执法机构认为应当考虑的影响市场竞争的其他因素。

根据《反垄断法》第二十八条规定，经营者集中具有或者可能具有排除、限制竞争效果的，国务院反垄断执法机构应当作出禁止经营者集中的决定。

（四）滥用行政权力排除、限制竞争（又叫行政垄断，是相对于经济垄断的）

行政垄断是指行政机关或者授权的组织滥用行政权力，排除、限制市场竞争的行为。《反垄断法》第八条规定，行政机关和法律、法规授权的具有管理公共事务职能的组织不得滥用行政权力，排除、限制竞争。

根据《反垄断法》第三十二至三十七条规定，滥用行政权力排除、限制竞争的典型行为包括：①限定或者变相限定单位或者个人经营、购买、使用其指定的经营者提供的商品；②妨碍商品在地区之间的自由流通；③以设定歧视性资质要求、评审标准或者不依法发布信息等方式，排斥或者限制外地经营者参加本地的招标投标活动；④采取与本地经营者不平等待遇等方式，排斥或者限制外地经营者在本地投资或者设立分支机构；⑤强制经营者从事《反垄断法》规定的垄断行为；⑥制定含有排除、限制竞争内容的规定。

小试牛刀

[单选题] 根据《中华人民共和国反垄断法》，经营者主动向反垄断执法机构报告达成垄断协议的有关情况并提供重要证据的制度为（　　）。

A. 豁免制度　　B. 宽恕制度　　C. 和解制度　　D. 适用除外制度

[解析] 在实践中，针对垄断协议的调查存在一定困难，《反垄断法》第四十六条规定了宽

恕制度，即经营者主动向反垄断执法机构报告达成垄断协议的有关情况并提供重要证据的，反垄断执法机构可以酌情减轻或者免除对该经营者的处罚。

[答案] B

考点6 反不正当竞争法律制度★★

一、《反不正当竞争法》的调整对象

根据《中华人民共和国反不正当竞争法》（以下简称《反不正当竞争法》）第二条规定，经营者在生产经营活动中，应当遵循自愿、平等、公平、诚信的原则，遵守法律和商业道德。不正当竞争行为，是指经营者在生产经营活动中，违反本法规定，扰乱市场竞争秩序，损害其他经营者或者消费者的合法权益的行为。

二、不正当竞争行为的种类

（一）混淆行为

根据《反不正当竞争法》第六条规定，经营者不得实施下列混淆行为，引人误认为是他人商品或者与他人存在特定联系：

（1）擅自使用与他人有一定影响的商品名称、包装、装潢等相同或者近似的标识。

（2）擅自使用他人有一定影响的企业名称（包括简称、字号等）、社会组织名称（包括简称等）、姓名（包括笔名、艺名、译名等）。

（3）擅自使用他人有一定影响的域名主体部分、网站名称、网页等。

（4）其他足以引人误认为是他人商品或者与他人存在特定联系的混淆行为。

（二）商业贿赂行为

根据《反不正当竞争法》第七条规定，经营者不得采用财物或者其他手段贿赂下列单位或者个人，以谋取交易机会或者竞争优势：

（1）交易相对方的工作人员。

（2）受交易相对方委托办理相关事务的单位或者个人。

（3）利用职权或者影响力影响交易的单位或者个人。

经营者在交易活动中，可以以明示方式向交易相对方支付折扣，或者向中间人支付佣金。经营者向交易相对方支付折扣、向中间人支付佣金的，应当如实入账。接受折扣、佣金的经营者也应当如实入账。

经营者的工作人员进行贿赂的，应当认定为经营者的行为；但是，经营者有证据证明该工作人员的行为与为经营者谋取交易机会或者竞争优势无关的除外。

（三）虚假宣传行为

根据《反不正当竞争法》第八条规定，经营者不得对其商品的性能、功能、质量、销售状况、用户评价、曾获荣誉等作虚假或者引人误解的商业宣传，欺骗、误导消费者。

经营者不得通过组织虚假交易等方式，帮助其他经营者进行虚假或者引人误解的商业宣传。

以明显的夸张方式宣传商品，不足以造成相关公众误解的，不属于引人误解的虚假宣传行为。

（四）侵犯商业秘密

根据《反不正当竞争法》第九条规定，经营者不得实施下列侵犯商业秘密的行为：

（1）以盗窃、贿赂、欺诈、胁迫、电子侵入或者其他不正当手段获取权利人的商业秘密。

（2）披露、使用或者允许他人使用以前项手段获取的权利人的商业秘密。

（3）违反保密义务或者违反权利人有关保守商业秘密的要求，披露、使用或者允许他人使用其所掌握的商业秘密。

（4）教唆、引诱、帮助他人违反保密义务或者违反权利人有关保守商业秘密的要求，获取、披露、使用或者允许他人使用权利人的商业秘密。

第三人明知或者应知商业秘密权利人的员工、前员工或者其他单位、个人实施第（1）条所列违法行为，仍获取、披露、使用或者允许他人使用该商业秘密的，视为侵犯商业秘密。

商业秘密是指不为公众所知悉、具有商业价值并经权利人采取相应保密措施的技术信息、经营信息等商业信息。

通过自行开发研制或者反向工程等方式获得的商业秘密，不认定为侵犯商业秘密行为。

（五）不正当有奖销售行为

根据《反不正当竞争法》第十条规定，经营者进行有奖销售不得存在下列情形：

（1）所设奖的种类、兑奖条件、奖金金额或者奖品等有奖销售信息不明确，影响兑奖。

（2）采用谎称有奖或者故意让内定人员中奖的欺骗方式进行有奖销售。

（3）抽奖式的有奖销售，最高奖的金额超过五万元。

（六）诋毁商誉行为

根据《反不正当竞争法》第十一条规定，经营者不得编造、传播虚假信息或者误导性信息，损害竞争对手的商业信誉、商品声誉。

（七）利用网络从事不正当竞争行为

根据《反不正当竞争法》第十二条规定，经营者利用网络从事生产经营活动，应当遵守本法的各项规定。经营者不得利用技术手段，通过影响用户选择或者其他方式，实施下列妨碍、破坏其他经营者合法提供的网络产品或者服务正常运行的行为：

（1）未经其他经营者同意，在其合法提供的网络产品或者服务中，插入链接、强制进行目标跳转。

（2）误导、欺骗、强迫用户修改、关闭、卸载其他经营者合法提供的网络产品或者服务。

（3）恶意对其他经营者合法提供的网络产品或者服务实施不兼容。

（4）其他妨碍、破坏其他经营者合法提供的网络产品或者服务正常运行的行为。

三、《反不正当竞争法》的执法

根据《反不正当竞争法》第十三条规定，监督检查部门调查涉嫌不正当竞争行为，可以采取下列措施：

（1）进入涉嫌不正当竞争行为的经营场所进行检查。

（2）询问被调查的经营者、利害关系人及其他有关单位、个人，要求其说明有关情况或者提供与被调查行为有关的其他资料。

（3）查询、复制与涉嫌不正当竞争行为有关的协议、账簿、单据、文件、记录、业务函电和其他资料。

（4）查封、扣押与涉嫌不正当竞争行为有关的财物。

（5）查询涉嫌不正当竞争行为的经营者的银行账户。

采取前款规定的措施，应当向监督检查部门主要负责人书面报告，并经批准。采取前款第（4）项、第（5）项规定的措施，应当向设区的市级以上人民政府监督检查部门主要负责人书面报告，并经批准。

小试牛刀

［**多选题**］下列属于经营者利用网络从事不正当竞争行为的有（　　）。

A. 未经其他经营者同意，在其合法提供的网络产品或者服务中，插入链接、强制进行目标跳转

B. 误导、欺骗、强迫用户修改、关闭、卸载其他经营者合法提供的网络产品或者服务

C. 恶意对其他经营者合法提供的网络产品或者服务实施不兼容

D. 以盗窃、利诱、胁迫或者其他不正当手段获取权利人的商业秘密

E. 其他妨碍、破坏其他经营者合法提供的网络产品或者服务正常运行的行为

［**解析**］D 项属于侵犯商业秘密的行为。

［**答案**］ABCE

考点7 产品质量法律制度★★

一、《产品质量法》中的产品的含义

《中华人民共和国产品质量法》（2018 年修订版）（以下简称《产品质量法》）所称的“产品”，是指经过加工、制作，用于销售的产品。

（1）非用于销售的物品、天然的物品，不属于《产品质量法》所称的产品。

（2）建设工程不适用《产品质量法》规定；但是，建设工程使用的建筑材料、建筑构配件和设备，属于产品范围的，适用《产品质量法》规定。

二、产品质量的监督

（一）产品质量监督部门

根据《产品质量法》第八条规定，国务院市场监督管理部门主管全国产品质量监督工作，县级以上地方市场监督管理部门主管本行政区域内的产品质量监督工作。

《产品质量法》第十八条规定，县级以上市场监督管理部门根据已经取得的违法嫌疑证据或者举报，对涉嫌违反本法规定的行为进行查处时，可以行使下列职权：

（1）对当事人涉嫌从事违反本法的生产、销售活动的场所实施现场检查。

（2）向当事人的法定代表人、主要负责人和其他有关人员调查、了解与涉嫌从事违反本法的生产、销售活动有关的情况。

（3）查阅、复制当事人有关的合同、发票、账簿以及其他有关资料。

（4）对有根据认为不符合保障人体健康和人身、财产安全的国家标准、行业标准的产品或者有其他严重质量问题的产品，以及直接用于生产、销售该项产品的原辅材料、包装物、生产工具，予以查封或者扣押。

（二）产品质量监督制度的主要内容

（1）企业质量体系认证制度及产品质量认证制度。

（2）产品质量抽查制度。

（3）产品质量状况信息发布制度。

企业质量体系认证，是指企业根据自愿原则可以向国务院市场监督管理部门认可的或者国务院市场监督管理部门授权的部门认可的认证机构申请企业质量体系认证。经认证合格的，由认证机构颁发企业质量体系认证证书。

产品质量认证，是指企业根据自愿原则可以向国务院市场监督管理部门认可的或者国务院市场监督管理部门授权的部门认可的认证机构申请产品质量认证。经认证合格的，由认证机构颁发产品质量认证证书，准许企业在产品或者其包装上使用产品质量认证标志。

三、生产者的产品质量义务（包括作为义务和不作为义务）

（一）作为义务

（1）根据《产品质量法》第二十六条规定，产品质量应符合下列要求：①不存在危及人身、财产安全的不合理危险，有保障人体健康和人身、财产安全的国家标准、行业标准的，应当符合该标准；②具备产品应当具备的使用性能，但是，对产品存在使用性能的瑕疵作出说明的除外；③符合在产品或者其包装上注明采用的产品标准，符合以产品说明、实物样品等方式表明的质量状况。

（2）根据《产品质量法》第二十七条、第二十八条规定，产品或者其包装上的标识必须真实，并符合下列要求：①有产品质量检验合格证明。②有中文标明的产品名称、生产厂厂名和厂址。③根据产品的特点和使用要求，需要标明产品规格、等级、所含主要成分的名称和含量的，用中文相应予以标明；需要事先让消费者知晓的，应当在外包装上标明，或者预先向消费者提供有关资料。④限期使用的产品，应当在显著位置清晰地标明生产日期和安全使用期或者失效日期。⑤使用不当，容易造成产品本身损坏或者可能危及人身、财产安全的产品，应当有警示标志或者中文警示说明。⑥特殊产品的包装质量必须符合相应的要求，依据国家有关规定作出警示标志或者中文警示说明，标明储运注意事项。

裸装的食品和其他根据产品的特点难以附加标识的裸装产品，可以不附加产品标识。

（二）不作为义务

根据《产品质量法》第二十八至三十二条规定：

（1）易碎、易燃、易爆、有毒、有腐蚀性、有放射性等危险物品以及储运中不能倒置和其他有特殊要求的产品，其包装质量必须符合相应要求，依照国家有关规定作出警示标志或者中文警示说明，标明储运注意事项。

（2）生产者不得生产国家明令淘汰的产品。

（3）生产者不得伪造产地，不得伪造或者冒用他人的厂名、厂址。

（4）生产者不得伪造或者冒用认证标志等质量标志。

（5）生产者生产产品，不得掺杂、掺假，不得以假充真、以次充好，不得以不合格产品冒充合格产品。

四、销售者的产品质量义务

根据《产品质量法》第三十三至三十九条规定：

（1）销售者应当建立并执行进货检查验收制度，验明产品合格证明和其他标识。

（2）销售者应当采取措施，保持销售产品的质量。

（3）销售者销售的产品的标识应当符合《产品质量法》的规定，即产品或者其包装上的标识必须真实。

（4）①销售者不得销售国家明令淘汰并停止销售的产品和失效、变质的产品；②销售者不得伪造产地，不得伪造或者冒用他人的厂名、厂址；③销售者不得伪造或者冒用认证标志等质量标志；④销售者销售产品不得掺杂、掺假，不得以假充真、以次充好，不得以不合格产品冒充合格产品。

小试牛刀

［多选题］ 产品或者包装上的标识必须真实，并符合（　　）。

A. 有产品质量检验合格证明

B. 有中文标明的产品名称、生产厂厂名和厂址

C. 限期使用的产品，应当在显著位置清晰地标明生产日期和安全使用期限或失效日期

D. 进货验收义务

E. 裸装的食品必须附加产品标识

［解析］ 进货验收义务是销售者的产品质量义务，D 项错误；裸装的食品和其他根据产品的特点难以附加标识的裸装产品，可以不附加产品标识，E 项错误。

［答案］ ABC

考点⑧ 违反相关法律的法律责任★★

一、专利侵权行为的法律责任

专利权人发现侵权行为后，可以请求管理专利工作的部门处理，也可以直接向人民法院起诉。专利权人发现侵权行为后，根据《专利法》第七十四条规定，侵犯专利权的诉讼时效是 3 年，自专利权人或利害关系人得知或者应当得知侵权行为之日起计算。

二、违反《消费者权益保护法》的法律责任

违反《消费者权益保护法》的规定，要承担相应的法律责任，包括民事责任、行政责任和刑事责任。

三、违反《反不正当竞争法》的法律责任

根据《反不正当竞争法》第十七条规定，经营者违反本法规定，给他人造成损害的，应当依法承担民事责任。经营者的合法权益受到不正当竞争行为损害的，可以向人民法院提起诉讼。因不正当竞争行为受到损害的经营者的赔偿数额，按照其因被侵权所受到的实际损失确定；实际损失难以计算的，按照侵权人因侵权所获得的利益确定。经营者恶意实施侵犯商业秘密行为，情节严重的，可以在按照上述方法确定数额的一倍以上五倍以下确定赔偿数额。赔偿数额还应当包括经营者为制止侵权行为所支付的合理开支。

四、违反《产品质量法》的法律责任

产品质量责任包括民事责任、行政责任和刑事责任三种。

（一）产品责任的归责原则（区分生产者和销售者）

1. 生产者的严格责任

根据《产品质量法》第四十一条规定，因产品存在缺陷造成人身、缺陷产品以外的其他财

产（以下简称他人财产）损害的，生产者应当承担赔偿责任。

生产者能够证明有下列情形之一的，不承担赔偿责任：①未将产品投入流通的；②产品投入流通时，引起损害的缺陷尚不存在的；③将产品投入流通时的科学技术水平尚不能发现缺陷的存在的。

2. 销售者的过错责任

根据《产品质量法》第四十二条规定，由于销售者的过错使产品存在缺陷，造成人身、他人财产损害的，销售者应当承担赔偿责任。销售者不能指明缺陷产品的生产者也不能指明缺陷产品的供货者的，销售者应当承担赔偿责任。

（二）产品责任的求偿对象

根据《产品质量法》第四十三条规定，因产品存在缺陷造成人身、他人财产损害的，受害人可以向产品的生产者要求赔偿，也可以向产品的销售者要求赔偿。属于产品的生产者的责任，产品的销售者赔偿的，产品的销售者有权向产品的生产者追偿。属于产品的销售者的责任，产品的生产者赔偿的，产品的生产者有权向产品的销售者追偿。

（三）产品责任的赔偿范围

根据《产品质量法》第四十四条规定，因产品存在缺陷造成受害人人身伤害的，侵害人应当赔偿医疗费、治疗期间的护理费、因误工减少的收入等费用；造成残疾的，还应当支付残疾者生活自助具费、生活补助费、残疾赔偿金以及由其扶养的人所必需的生活费等费用；造成受害人死亡的，并应当支付丧葬费、死亡赔偿金以及由死者生前扶养的人所必需的生活费等费用。因产品存在缺陷造成受害人财产损失的，侵害人应当恢复原状或者折价赔偿。受害人因此遭受其他重大损失的，侵害人应当赔偿损失。

（四）产品责任的诉讼时效

根据《产品质量法》第四十五条规定，因产品缺陷造成损害要求赔偿的诉讼时效期间为 2 年，《民法典》规定的诉讼时效为 3 年，自当事人知道或者应当知道其权益受到损害时起计算。因产品存在缺陷造成损害要求赔偿的请求权，在造成损害的缺陷产品交付最初消费者满 10 年丧失；但是，尚未超过明示的安全使用期的除外。

小试牛刀

[单选题] 因产品存在缺陷造成受害人人身伤害的，侵害人应当赔偿受害人的损失。下列费用中，不属于产品责任的赔偿诉讼的是（　　）。

A. 受害人的医疗费用　　B. 受害人治疗期间的护理费

C. 受害人的残疾赔偿金　　D. 受害人在治疗期间发生的投资收益损失

[解析] 因产品存在缺陷造成受害人人身伤害的，侵害人应当赔偿医疗费、治疗期间的护理费、因误工减少的收入等费用；造成残疾的，还应当支付残疾者生活自助具费、生活补助费、残疾赔偿金以及由其扶养的人所必需的生活费等费用；造成受害人死亡的，并应当支付丧葬费、死亡赔偿金以及由死者生前扶养的人所必需的生活费等费用。因产品存在缺陷造成受害人财产损失的，侵害人应当恢复原状或者折价赔偿。受害人因此遭受其他重大损失的，侵害人应当赔偿损失。

[答案] D

经济基础知识（中级）模拟卷

一、单项选择题（共70题，每题1分。每题的备选项中，只有1个最符合题意）

1. 下列关于需求的构成要素和影响需求的主要因素的说法，错误的是（　　）。
   A. 需求的构成要素包括购买欲望和支付能力
   B. 一般来说，消费者收入增加，需求会增加，消费者的收入和需求呈同向变动
   C. 一般来说，如果预期价格将下跌，许多消费者将推迟购买
   D. 一般来说，价格是影响需求的最重要、最关键的因素，这里的价格指的是相关产品价格
2. 关于需求价格弹性和生产者或销售者总销售收入关系的说法，正确的是（　　）。
   A. 在需求弹性系数大于1时，价格下降会使销售收入增加
   B. 在需求弹性系数等于1时，价格下降会使销售收入增加
   C. 在需求弹性系数等于1时，价格下降会使销售收入减少
   D. 在需求弹性系数小于1时，价格下降会使销售收入增加
3. 下列关于效用理论的说法，错误的是（　　）。
   A. 效用是人们的心理感觉，是主观评价，没有客观标准
   B. 总效用取决于消费数量的多少，在一定范围内，消费量越大，则总效用就越大，总效用达到最大值时，边际效用为0
   C. 从数学的意义上看，边际效用就是总效用函数的斜率，边际效用是递增的
   D. 消费者效用最大化的均衡条件是商品边际替代率等于两种商品的价格之比
4. 下列关于预算线的说法，正确的是（　　）。
   A. 预算线的斜率是两种商品价格的比率
   B. 影响预算线变动的因素是消费者偏好
   C. 在相对价格不变的情况下，收入改变，会使预算线出现旋转
   D. 在收入不变的情况下，两种商品的价格同比例同方向变化，会使预算线平移
5. 关于科斯的企业形成理论的说法，错误的是（　　）。
   A. 企业的本质或者显著特征是作为市场机制或价格机制的替代物
   B. 企业存在的根本原因是交易成本的节约
   C. 企业作为生产的一种组织形式增加了需要签订的契约数量
   D. 导致市场机制和企业交易费用不同的主要因素在于信息的不完全性
6. 不论在何种市场上，企业实现利润最大化的决策原则都是（　　）。
   A. 边际成本大于边际收益　　B. 边际成本小于边际收益
   C. 边际成本等于边际收益　　D. 边际成本不等于边际收益
7. 下列关于生产要素市场理论的说法，错误的是（　　）。
   A. 边际收益产品等于边际物质产品乘以边际收益
   B. 完全竞争生产者的要素供给曲线是一条水平线，要素需求曲线是向右下方倾斜的
   C. 生产者对生产要素的需求是引致需求和联合需求

D. 生产者使用生产要素的原则是边际成本等于边际收益产品

8. 劳动供给曲线向后弯曲的原因是（　　）。

A. 消费者的收入水平　　B. 消费者的偏好

C. 工资增加的替代效应与收入效应　　D. 消费者的体力与智能的分配

9. 关于资源最优配置和市场失灵的说法，错误的是（　　）。

A. 帕累托最优状态是不存在帕累托改进的资源配置状态，也被称作经济效率

B. 经济处于一般均衡状态时资源不一定实现最优配置

C. 经济处于瓦尔拉斯均衡状态时资源实现最优配置

D. 市场失灵是指资源配置缺乏效率，导致市场失灵的原因主要有垄断、外部性、公共物品和信息不对称等

10. 下列关于国民收入核算和简单的宏观经济模型的说法，正确的是（　　）。

A. 美国经济学家弗里德曼提出的生命周期消费理论强调了消费与个人生命周期阶段之间的关系

B. 美国经济学家莫迪利安尼提出的持久收入理论认为，消费者的消费支出不是根据他的当前收入决定的，而是根据他的持久收入决定的

C. 消费函数和储蓄函数互为补数，两者之和总是等于收入

D. 投资乘数是边际消费倾向的倒数

11. 下列关于影响总需求和总供给的因素的说法，正确的是（　　）。

A. 总需求与利率、价格总水平和税收呈同向变动，与政府购买、货币供给量呈反向变动

B. 决定总供给的基本因素是企业的利润水平

C. 从长期看，总供给变动与价格总水平无关，长期总供给曲线（LRAS）是一条与横轴（总产出 Y）平行的直线

D. 长期总供给只取决于劳动、资本与技术，以及经济体制等因素

12. 当使用国内生产总值计算经济增长速度时，国内生产总值的计算应采用（　　）。

A. 期望价格　　B. 现行价格

C. 不变价格　　D. 公允价格

13. 中国特色社会主义发展基本理念的内容是（　　）。

A. 创新、协调、绿色、开放、公正

B. 创新、协调、绿色、开放、公平

C. 创新、协调、绿色、开放、共享

D. 稳定、协调、绿色、开放、共享

14. 关于就业和失业的说法，正确的是（　　）。

A. 摩擦性失业是因为劳动者找到最适合自己的偏好和技能的工作需要一定的时间而引起的失业，也就是由于劳动者从一个工作转换到另一个工作的过程中出现的失业

B. 我国统计部门计算和公布的就业和失业水平方面的指标主要是城乡登记失业率

C. 自愿失业只有摩擦性失业一种形式

D. 结构性失业是宏观经济研究关注的重点

15. 下列关于倾销和反倾销的说法，错误的是（　　）。

A. 倾销的类型包括掠夺性倾销、持续性倾销、隐蔽性倾销和偶然性倾销

B. 反倾销的措施可采用征收反倾销税，反倾销税属于贸易救济措施
C. 进口国征收反倾销税可以根据本国需要随意确定标准
D. 确定是否属于倾销行为的关键是认定产品的正常价值

16. 在纯公共物品的两大特征中，派生特征是（　　）。
A. 免费搭车　　B. 消费上的非排他性
C. 竞争性　　D. 消费上的非竞争性

17. 可能导致公共物品供给的数量不足和结构不平衡是（　　）的缺点。
A. 政府融资　　B. 私人融资
C. 强制融资　　D. 联合融资

18. 公共支出增长的内在原因是（　　）。
A. 战争　　B. 经济危机
C. 自然灾害　　D. 公众可容忍税收水平的提高

19. 各国政府财政收入的最主要形式是（　　）。
A. 税收　　B. 赠与收入
C. 社会缴款　　D. 其他收入

20. 国债的特征不包括（　　）。
A. 自愿性　　B. 有偿性
C. 灵活性　　D. 风险性

21. 证券交易中最古老的交易方式是（　　）。
A. 现货交易方式　　B. 回购交易方式
C. 期货交易方式　　D. 期权交易方式

22. 关于地方政府债务管理制度的说法，正确的是（　　）。
A. 政府债务只能通过政府及其部门举借，不得通过企事业单位等举借
B. 专项债务通过发行专项债券融资，纳入一般公共预算管理
C. 一般债务通过发行一般债券融资，纳入政府性基金预算管理
D. 地方政府举债，可用于公益性资本支出和适度归还存量债务以及经常性支出

23. 下列商品或服务中，适用增值税税率6%的是（　　）。
A. 提供交通运输服务　　B. 提供增值电信服务
C. 出口货物　　D. 提供基础电信服务

24. 关于政府预算的说法，错误的是（　　）。
A. 政府预算制度最早出现在德国
B. 政府预算是政府理财的主导环节和基本环节
C. 政府预算需要经过国家权力机关的审查和批准才能生效
D. 从政治方面看，政府预算是重大的政治行为

25. 财政政策的目标不包括（　　）。
A. 促进充分就业　　B. 物价基本稳定
C. 预算收支平衡　　D. 经济稳定增长

26. 关于财政政策的说法，错误的是（　　）。
A. 财政“自动稳定器”主要表现在累进所得税和政府福利支出的自动稳定作用

B. 相机抉择的财政政策包括汲水政策和补偿政策

C. 汲水政策是一种短期财政政策

D. 在经济萧条时期，政府可以通过增加财政收入、减少财政支出等政策

27. 以庇古为代表的现金余额数量说的货币需求函数是（　　）。

A. $MV=PT$

B. $\pi=\frac{K\times Y}{M}$

C. $\frac{M}{P}=f\ (y_p,\ w;\ r_m,\ r_b,\ r_e,\ \frac{1}{P}\cdot\frac{\mathrm{d}P}{\mathrm{d}t};\ u)$

D. $L=L_1\ (Y)\ +L_2\ (i)$

28. 基础货币指的是（　　）。

A. 中央银行发行的货币

B. 商业银行在中央银行的存款

C. 中央银行发行的货币和商业银行在中央银行的存款之和

D. 原始存款

29. 下列金融统计指标中不计入我国社会融资规模的是（　　）。

A. 非金融机构在我国 A 股市场获得的直接融资

B. 金融机构通过表外业务向实体经济提供的信托贷款

C. 保险公司向受灾的投保企业提供的损失赔偿

D. 房地产公司从地下钱庄获得的高利贷

30. 我国货币政策的目标是（　　）。

A. 保持国家外汇储备的适度增长

B. 保持国内生产总值以较快的速度增长

C. 保持货币币值稳定，并以此促进经济增长

D. 保证充分就业

31. 下列政策措施中，不属于 2019 年 12 月中央经济工作会议提出的稳健的货币政策内容是（　　）。

A. 要松紧适度

B. 要保持流动性合理充裕，要降低社会融资成本

C. 要深化金融供给侧结构性改革，疏通货币政策传导机制

D. 要更好缓解民营和中小微企业融资难、融资贵问题

32. 关于我国存款保险制度的说法，错误的是（　　）。

A. 存款保险基金的运用，应当遵循安全、流动、保值增值的原则

B. 当存款类金融机构被接管、撤销或者破产时，存款人有权要求存款保险基金管理机构在规定的限额内，使用存款保险基金偿付存款人的被保险存款

C. 存款保险最高赔付限额为人民币 50 万元，偿付额度固定不变，而且超出存款部分一律不予偿付

D. 凡吸收存款的银行业金融机构，包括商业银行（含外商独资银行和中外合资银行）、农村合作银行、农村信用合作社等，都应当投保存款保险

33. 商业银行组织资金来源的主要业务是（　　）。

A. 向中央银行借款

B. 从同业拆借市场拆借

C. 发行金融债券　　D. 吸收存款

34. 美国经济学家法玛认为，如果有关证券的历史资料不影响证券价格的变动，则证券市场达到（　　）。

A. 弱型效率　　B. 半强型效率

C. 半弱型效率　　D. 强型效率

35. 美国金融监管体制的特点是（　　）。

A. 独立于中央银行的监管体制

B. 以证券监管部门为重心，中央银行辅助监管

C. 独立于证券监管部门的监管体制

D. 以中央银行为重心，其他监管机构参与分工

36. 关于汇率制度的说法，正确的是（　　）。

A. 一般来说，国际汇率制度分为固定汇率制度和浮动汇率制度两种类型

B. 固定汇率制度下各国汇率的决定基础只能是铸币平价

C. 一般来说，经济开放程度越高、经济规模越小的国家倾向于实行浮动汇率制度

D. 金本位制度下的固定汇率是一种人为的可调整的固定汇率制度

37. 境外机构在中国境内发行的人民币债券，称为（　　）。

A. 点心债券　　B. 武士债券

C. 熊猫债券　　D. 猛犬债券

38. 下列关于变量和数据的说法，错误的是（　　）。

A. 企业销售额属于定量变量

B. 企业所属行业属于分类变量

C. 员工受教育水平属于顺序变量

D. 数值型数据和顺序数据都可以进行加、减、乘或除等数学运算

39. 下列统计数据中，属于二手数据的是（　　）。

A. 通过临床试验获得的新药疗效数据

B. 通过查阅统计年鉴获得的居民消费价格指数

C. 通过网络调查得到的网民对某项政策的支持率数据

D. 通过入户调查得到的家庭月收入数据

40. 标准分数是（　　）。

A. 方差的平方根　　B. 标准差与均值的比值

C. 将数值减去均值所得的差除以标准差　　D. 各数值与其均值离差平方的平均数

41. 偏度是数据分布的偏斜方向和程度，测度数据分布偏度的统计量称为偏态系数，以下关于偏态系数的说法，错误的是（　　）。

A. 如果偏态系数等于0，说明数据的分布是对称的

B. 如果偏态系数为负值，说明数据的分布为右偏

C. 如果偏态系数取值在0和−0.5之间说明轻度左偏

D. 偏态系数的绝对值越大，说明数据分布的偏斜程度越大

42. 下列关于相关系数r的说法，错误的是（　　）。

A. 若r在0到+1的范围内说明是正相关

B. 若 r 在－1 到 0 的范围内说明是负相关

C. 当 r＝0 时，说明两个变量没有任何关系

D. 当 r＝＋1 时，说明两个变量完全正相关

43. 某企业为家用电器生产企业，检测生产的 1 万台电冰箱的使用寿命，抽取了其中 100 台进行检测。下列表述正确的是（　　）。

A. 100 台电冰箱的平均寿命是估计量

B. 抽取的 100 台电冰箱是入样单位

C. 1 万台电冰箱的平均寿命是总体单元

D. 每个电冰箱是入样单位

44. 非概率抽样又称为非随机抽样，是调查者根据自已的方便或主观判断抽取样本的方法，以下不属于非概率方法的是（　　）。

A. 判断抽样

B. 简单随机抽样

C. 方便抽样

D. 自愿样本

45. 线性回归模型中 $Y=\beta_0+\beta_1X+\varepsilon$，误差项 ε 的含义是（　　）。

A. 回归直线的截距

B. 除 X 和 Y 线性关系之外的随机因素对 Y 的影响

C. 回归直线的斜率

D. 观测值和估计值之间的残差

46. 在回归分析中，估计回归系数的最小二乘法的原理是（　　）。

A. 使得因变量观测值与均值之间的离差平方和最小

B. 使得因变量估计值与均值之间的离差平方和最小

C. 使得观测值与估计值之间的乘积最小

D. 使得因变量观测值与估计值之间的离差平方和最小

47. 某公司的女职工数（单位：人）如下：

时间	7 月 31 日	8 月 31 日	9 月 30 日	10 月 31 日
人数	200	300	400	500

该公司 7 月至 10 月份平均女职工人数为（　　）人。

A. 300

B. 350

C. 400

D. 450

48. 企业某设备 1～6 周期的实际销售量分别为：500 台、510 台、480 台、600 台、600 台、630 台。采用移动平均法计算，取 k＝3，则第 7 周期的销售量的预测值为（　　）台。

A. 490　　B. 527　　C. 553　　D. 610

49. 下列会计要素中，反映企业生产经营成果的会计要素是（　　）。

A. 资产

B. 负债

C. 收入

D. 所有者权益

50. 明确了会计确认、计量和报告空间范围的会计基本前提是（　　）。

A. 会计主体

B. 持续经营

C. 会计分期

D. 货币计量

51. 指导我国会计工作的最高准则是（　　）。

A.《会计法》

B. 会计准则

C. 财务规则　　D. 会计制度

52. 在采用借贷记账法进行时，所有者权益类账户的记录规则是（　　）。

A. 借方记增加额，贷方记减少额

B. 借方记减少额，贷方记增加额

C. 借方记增加额，期末余额在贷方

D. 贷方记减少额，期末余额在贷方

53. 可以减轻登记总分类账的工作量，并可做到试算平衡的账务处理程序是（　　）。

A. 记账凭证账务处理程序　　B. 汇总记账凭证账务处理程序

C. 科目汇总表账务处理程序　　D. 日记总账账务处理程序

54. 关于会计报表说法，错误的是（　　）。

A. 会计报表是以日常账簿资料为主要依据编制的

B. 会计报表既是会计核算的最后一个环节，也是会计循环过程的终点

C. 会计报表是企业会计核算的最终成果，是企业对内提供信息的主要形式

D. 企业会计准则规定，一套完整的会计报表至少应当包括资产负债表、利润表、现金流量表、所有者权益（或股东权益）变动表以及附注

55. 下列报表项目中，需要根据总账科目期末余额与其备抵科目抵消后填列的是（　　）。

A. 短期借款　　B. 货币资金

C. 固定资产　　D. 未分配利润

56. 下列经济业务产生的现金流量中，属于投资活动产生的现金流量的是（　　）。

A. 购买商品支付现金

B. 吸收投资收到的现金

C. 购置固定资产所支付的现金

D. 分配股利支付的现金

57. 衡量短期债务清偿能力最常用的比率是（　　）。

A. 流动比率　　B. 速动比率

C. 现金比率　　D. 资产负债率

58. 在我国，既是上市公司对外必须披露的信息内容，也是决定上市公司能否配股进行再融资的重要依据的指标是（　　）。

A. 资本收益率　　B. 净资产收益率

C. 资产净利润率　　D. 资本保值增值率

59. 由政府财政部门编制的，反映各级政府整体财务状况、运行情况和财政中长期可持续性的报告是（　　）。

A. 政府综合财务报告　　B. 政府部门财务报告

C. 政府决算报告　　D. 财务报表

60. 关于物权和债权的说法，错误的是（　　）。

A. 物权是对世权，债权是对人权

B. 物权属于支配权，债权属于请求权

C. 物权的客体一般为物，债权一般直接指向的是行为

D. 物权不具有追及效力，债权原则上具有追及的效力

61. 下列物权中，属于从物权的是（　　）。

A. 所有权　　B. 采矿权

C. 抵押权　　D. 取水权

62. 拥有所有权的根本标志是（　　）权能。

A. 占有权　　B. 使用权

C. 收益权　　D. 处分权

63. 下列财产中，禁止抵押的是（　　）。

A. 宅基地　　B. 土地承包经营权

C. 建设用地使用权　　D. 正在建造的建筑物

64. 根据《民法典》规定，下列权利中可以进行质押是（　　）。

A. 应收账款　　B. 房屋

C. 建筑物　　D. 土地所有权

65. 下列各项中，不属于实践合同的是（　　）。

A. 保管合同　　B. 借用合同

C. 定金合同　　D. 买卖合同

66. 下列合同中属于无效合同的是（　　）。

A. 无民事行为能力人签订的合同

B. 因无权代理而订立的合同

C. 基于重大误解订立的合同

D. 一方以欺诈手段，使对方在违背真实意思的情况下订立的合同

67. 承诺最实质的要件是（　　）。

A. 承诺只能由受要约人向要约人作出

B. 承诺必须在有效期限内作出

C. 承诺的内容必须与要约的内容一致

D. 受要约人对要约的内容作出实质性变更

68. 合同终止最正常和最主要的形式是（　　）。

A. 合同履行　　B. 抵销

C. 提存　　D. 免除债务

69. 关于股份有限公司股份转让的说法，正确的是（　　）。

A. 发起人持有的本公司股份，自公司成立之日起两年内不得转让

B. 无记名股票的转让，由股东将该股票交付给受让人后即发生转让的效力

C. 公司董事、监事、高级管理人员所持本公司股份自购入之日起一年内不得转让

D. 股份有限公司的股东不可以转让其股份

70. 下列各项中，属于利用网络从事不正当竞争行为的是（　　）。

A. 恶意对其他经营者合法提供的网络产品或者服务实施不兼容

B. 擅自使用他人有一定影响的域名主体部分、网站名称、网页等

C. 通过组织虚假交易等方式，帮助其他经营者进行虚假或者引人误解的商业宣传行为

D. 经营者编造、传播虚假信息或者误导性信息，损害竞争对手的商业信誉、商品声誉

二、多项选择题（共35题，每题2分。每题的备选项中，有2个或2个以上符合题意，至少有1个错项。错选，本题不得分，少选，所选的每个选项得0.5分）

71. 下列因素中，影响供给价格弹性的有（　　）。

A. 时间　　B. 投入品的替代性大小和相似程度

C. 商品的重要性　　D. 生产周期和自然条件

E. 替代品的数量和相近程度

72. 在进行短期成本函数分析时，下列关于各种成本曲线变动规律的说法，正确的有（　　）。

A. 平均总成本、平均可变成本、平均固定成本、边际成本曲线都是先下降后上升的曲线

B. 边际成本曲线与平均可变成本曲线交于平均可变成本曲线的最低点

C. 当边际成本等于平均总成本时，边际成本曲线与平均总成本曲线交于平均总成本曲线的最低点

D. 边际成本曲线最早达到最低点，其次是平均可变成本曲线，平均总成本曲线的最低点出现得最慢，且高于边际成本曲线及平均可变成本曲线的最低点

E. 总固定成本曲线和总可变成本曲线相交于某一点

73. 下列关于市场结构的说法，正确的有（　　）。

A. 完全垄断市场上企业的需求曲线就是整个行业的需求曲线

B. 本行业内各企业生产的产品的差别程度是区分垄断竞争市场和完全竞争市场的主要依据

C. 依照竞争程度进行排序，完全竞争市场上的竞争程度最高

D. 寡头垄断市场上生产者的行为包括价格领袖制和协议价格制

E. 在完全垄断市场上，平均收益曲线、边际收益曲线与需求曲线是重合的

74. 美国经济学家科斯关于产权和外部性理论的主要观点和结论包括（　　）。

A. 很多外部性的产生都是由于产权不清晰导致的

B. 只要产权是明确的，并且交易成本为零或者很小，市场均衡的最终结果都是有效率的

C. 即使产权不明确，只要交易成本为零或者很小，市场均衡的最终结果都是有效率的

D. 明确和界定产权是解决外部性问题的重要途径

E. 不同的产权制度，会导致不同的资源配置效率

75. 中国经济新常态的三大特征包括（　　）。

A. 从高速增长转向中高速增长

B. 从规模速度型粗放增长转向质量效率型集约增长

C. 从增量扩能为主转向调整存量为主

D. 从传统增长点转向依靠出口的增长点

E. 从要素投资驱动转向创新驱动

76. 关于决定价格总水平变动因素的说法，正确的有（　　）。

A. 在其他影响因素不变的情况下，货币供应量增长，价格总水平一般会趋于上升

B. 如果总需求增长快于总供给的增长，价格总水平就有可能上升

C. 在其他影响因素不变的情况下，货币流通速度加快，就会促使价格总水平下降

D. 从长期来看，影响价格总水平的是总需求

E. 在其他因素不变的条件下，总产出增长，价格总水平一般会趋于下降

77. 下列关于主要的国际贸易理论的说法，正确的有（　　）。
A. 比较优势理论认为，决定国际贸易的因素是两个国家产品生产成本的绝对差异
B. 绝对优势理论认为，各国应该集中生产并出口具有绝对优势的产品
C. 赫克歇尔和俄林的理论认为，各国应该集中生产并出口那些能够充分利用本国充裕要素的产品
D. 规模经济贸易理论假设产品是类似的但不是同质的，市场是不完全竞争的，存在着规模经济即规模报酬递增
E. 能够用来解释具有相似资源储备国家之间或者同类工业品之间的双向贸易现象的理论是规模经济贸易理论

78. 常见的政府失灵包括（　　）。
A. 选民“理性的无知”与“理性的非理性”
B. 政治家（政党）选票极小化
C. 投票循环
D. 官僚体系无效率
E. 利益集团与寻租

79. 根据《2021 年政府收支分类科目》，下项各项中，属于一般公共预算支出功能分类科目的有（　　）。
A. 社会保障和就业支出
B. 工资福利支出
C. 住房保障支出
D. 对社会保障基金补助
E. 债务还本支出

80. 影响税负转嫁的因素有（　　）。
A. 应税商品的供给与需求弹性
B. 课税商品的性质
C. 商品的竞争程度
D. 课税商品的种类
E. 课税范围的大小

81. 政府预算按预算编制的形式分为（　　）。
A. 单式预算
B. 复式预算
C. 投入预算
D. 绩效预算
E. 规划—项目预算

82. 下列支出中，属于地方财政支出的有（　　）。
A. 公检法经费
B. 武警经费
C. 地质勘探费
D. 民兵事业费
E. 城市维护建设费

83. 关于财政政策乘数的说法，正确的有（　　）。
A. 财政乘数包括税收乘数、政府购买支出乘数和平衡预算乘数
B. 税收乘数为负值，说明税收增减与国民收入增减呈反方向变动
C. 政府购买支出乘数为正数，说明购买支出增减与国民收入增减呈正方向变动
D. 当政府同时等额增加政府支出（或投资）和税收，不会产生扩张效应
E. 同税收乘数比较，购买性支出乘数大于税收乘数，说明增加财政支出政策对经济增长的作用大于减税政策

84. 关于货币失衡的说法，正确的有（　　）。

A. 货币失衡有两大类型：总量性货币失衡和结构性货币失衡

B. 结构性货币失衡往往表现为短缺与滞留并存

C. 货币供应量相对于货币需求量偏大属于总量性货币失衡

D. 总量性货币失衡和结构性货币失衡是非此即彼的关系

E. 中央银行在宏观调控时更多关注总量性货币失衡

85. 作为银行的银行，中央银行对银行提供的服务具体表现在（　　）。

A. 集中存款准备金

B. 发行货币

C. 充当最后贷款人

D. 对国家给予信贷支持

E. 组织全国银行间的清算业务

86. 关于一般性货币政策工具的说法，正确的有（　　）。

A. 中央银行降低法定存款准备金率，扩大了商业银行的信用扩张能力

B. 商业银行掌握着再贴现政策的主动权

C. 法定存款准备金率政策作用力度强

D. 调整法定存款准备金率能迅速影响货币供应量

E. 中央银行运用公开市场操作直接影响货币供应量

87. 关于商业银行主要业务的说法，正确的有（　　）。

A. 吸收存款是商业银行外来资金的主要渠道

B. 负债业务是形成商业银行资金来源的业务

C. 结算过程中的短期资金占用是商业银行的存款业务

D. 为防范银行风险，金融管理当局对商业银行证券投资的范围一般都有限制性规定

E. 票据贴现业务在商业银行资产中的比重一般排在首位

88. 2003年《新巴塞尔资本协议》对资本要求发生了重大变化，包括（　　）。

A. 对风险范畴的进一步拓展

B. 计量方法的改进

C. 鼓励使用内部模型

D. 加快制度化进程

E. 资本约束范围扩大

89. 关于布雷顿森林体系的说法，正确的有（　　）。

A. 布雷顿森林体系是一种国际金汇兑本位制

B. 布雷顿森林体系实行的是人为的固定汇率制度

C. 布雷顿森林体系是根据《布雷顿森林协定》建立起来的以美元为中心的国际货币体系

D. 布雷顿森林体系下，美元与黄金挂钩，其他国家的货币与美元挂钩

E. 根据《布雷顿森林协定》，一国国际收支短期失衡要通过调整汇率平价来解决

90. 下列统计分析中，需要采用推断统计方法的有（　　）。

A. 利用样本信息估计总体特征

B. 如何取得所需要的数据

C. 如何描述一组数据的集中趋势

D. 利用样本信息检验对总体的假设是否成立

E. 如何利用图表或数学方法对数据进行整理和展示

91. 下列关于均值、中位数和众数的比较及适用范围的说法，正确的有（　　）。

A. 均值适用于定量变量

B. 众数不适用于定量变量，主要适用于分类和顺序变量

C. 中位数不适用于分类变量，适于顺序变量和定量变量

D. 众数和中位数的优点是不受极端值的影响，尤其是分布明显呈偏态时，代表性更好

E. 众数、中位数和均值的缺点是没有充分利用数据的全部信息，缺乏稳定性

92. 在某城市的一项在职员工亚健康情况抽样调查中，调查人员先将工作单位按照行业和规模分层，然后在各层内随机抽取初始单位后等距抽取 6 家单位，再对被抽中单位内所有员工进行体检和调查。该调查中，除了简单随机抽样，还使用到的抽样方法有（　　）。

A. 方便抽样　　B. 配额抽样

C. 分层抽样　　D. 整群抽样

E. 系统抽样

93. 非抽样误差产生的原因主要有（　　）。

A. 抽样框误差　　B. 无回答误差

C. 计量误差　　D. 参数误差

E. 系统误差

94. 下列关于决定系数的说法，正确的有（　　）。

A. 决定系数的取值在 0 到 1 之间

B. 决定系数越低，说明模型的拟合效果就越好

C. 决定系数为 1，所有观测点都落在回归直线上，说明回归直线可以解释因变量的所有变化

D. 决定系数为 0 说明回归直线无法解释因变量的变化

E. 决定系数的取值大体上说明了回归模型所能解释的因变量变化占因变量总变化的比例

95. 下列支出中，属于收益性支出的有（　　）。

A. 购入固定资产　　B. 购入无形资产

C. 广告费用　　D. 固定资产日常修理费

E. 固定资产更新改造支出

96. 会计确认主要解决的问题包括（　　）。

A. 确定某一经济业务是否需要确认

B. 确定某一经济业务应在何时进行确认

C. 确定某一经济业务通过何种载体进行记载

D. 确定某一经济业务应确认为哪个会计要素

E. 确定某一经济业务的货币金额

97. 会计凭证按照其填制程序和用途不同可以分为（　　）。

A. 原始凭证　　B. 记账凭证

C. 收款凭证　　D. 付款凭证

E. 转账凭证

98. 财务报表分析常用的方法包括（　　）。

A. 比率分析法　　B. 比较分析法

C. 因素分析法
D. 趋势分析法
E. 指数分析法

99. 应当列入政府决算报表的会计要素包括（　　）。
A. 预算收入
B. 资产
C. 预算支出
D. 负债
E. 预算结余

100. 下列各项中，属于经济管理关系的有（　　）。
A. 维护公平竞争关系
B. 产品质量管理关系
C. 财政政策关系
D. 货币政策关系
E. 消费者权益保护关系

101. 下列所有权取得的方式中，属于原始取得的有（　　）。
A. 生产
B. 孳息
C. 拾得遗失物
D. 继承遗产
E. 赠与

102. 关于共同共有和按份共有的说法，正确的有（　　）。
A. 共同共有的发生以共同共有人之间存在共同关系为前提
B. 在共同共有关系存续期间，共同共有人不能对共同共有财产确定份额
C. 一般情况下，共同共有财产的处分应经全体共有人 2/3 以上份额的同意，但共有人之间另有约定的除外
D. 夫妻共同财产属于按份共有
E. 按份共有物的处分和重大修缮，须得到绝大多数共有人的同意

103. 下列属于要约邀请的有（　　）。
A. 寄送的价目表
B. 招股说明书
C. 商业广告
D. 拍卖公告
E. 商店中标明价格的商品销售

104. 根据有限责任公司的股东会议议事规则，下列决议事项中，必须经代表 2/3 以上表决权的股东通过的有（　　）。
A. 修改公司章程
B. 减少注册资本的决议
C. 公司合并的决议
D. 发行股票的决议
E. 变更公司形式的决议

105. 根据《中华人民共和国专利法》的规定，下列有关专利权的表述正确的有（　　）。
A. 专利权的客体包括发现、实用新型和外观设计
B. 发明专利权的期限为 20 年，自申请之日起计算
C. 专利权人以口头形式声明放弃其专利权的，专利权在期限届满以前终止
D. 非职务发明创造的专利申请权属于发明人
E. 对于动物和植物品种的生产方法可以依法授予专利权

经济基础知识（中级）模拟卷参考答案及解析

一、单项选择题

1. D【解析】产品价格是指产品自身的价格。价格是影响需求的最重要、最关键的因素。一般来说，价格和需求的变动呈反方向变化。D项错误。

2. A【解析】需求价格弹性和总销售收入的关系：①在需求弹性系数大于1时，即需求富有弹性的商品，价格上升会使销售收入减少，价格下降会使销售收入增加。企业对于需求富有弹性（即需求弹性系数大于1）的商品适用实行薄利多销的方法。②在需求弹性系数小于1时，即需求缺乏弹性的商品，价格上升会使销售收入增加，价格下降会使销售收入减少。③在需求弹性系数等于1时，即需求单位弹性的商品，价格变动不会引起销售收入的变动。

3. C【解析】边际效用是消费者增加一个单位商品消费时所带来的满足程度的增加或者效用的增量。从数学的意义上看，边际效用就是总效用函数的斜率，边际效用是递减的。C项错误。

4. D【解析】预算线的斜率是两种商品价格的负比率或两种商品价格的比率负值。A项错误。影响预算线变动的因素是消费者可支配的收入和两种商品的价格。在分析消费者行为时，无差异曲线的形状是由消费者偏好决定的。B项错误。在相对价格不变的情况下，收入改变，会使预算线出现平移。C项错误。

5. C【解析】从企业产生后，企业与市场机制就是两种不同的协调生产和配置资源的方式，同时社会上就形成了两种交易：企业外部的市场交易和企业内部交易。企业作为生产的一种组织形式大大减少了需要签订的契约数量。C项错误。

6. C【解析】不论在何种市场上，企业实现利润最大化的决策原则都是边际成本 MC＝边际收益 MR，此时的产量为最优产量。

7. D【解析】所有生产者使用要素的原则都是 $MRP=MFC$，即边际收益产品等于边际要素成本。D项错误。

8. C【解析】可以用收入效应和替代效应来解释劳动供给曲线为何后弯。工资增加的替代效应是指，由于工资上升，收入增加，消费者用劳动替代闲暇，劳动供给增加。工资增加的收入效应是指，由于工资上升，收入增加，消费者相对更加富有而追求闲暇，从而会减少劳动的供给。

9. B【解析】当经济处于一般均衡状态，即瓦尔拉斯均衡状态时，资源便实现了最优配置。帕累托最优状态是不存在帕累托改进的资源配置状态。B项错误。

10. C【解析】美国经济学家莫迪利安尼提出的生命周期消费理论强调了消费与个人生命周期阶段之间的关系。A项错误。美国经济学家弗里德曼提出的持久收入理论认为，消费者的消费支出不是根据他的当前收入决定的，而是根据他的持久收入决定的。B项错误。投资乘数是边际储蓄倾向的倒数。D项错误。

11. D【解析】影响总需求的因素包括：①反向变化的（利率、价格总水平、税收）；②同向变化的（政府购买、货币供给量）；③预期（如果企业对未来的利润预期是增长的，则会扩大投资，如果居民对未来收入预期是增长的，也会增加消费，这都导致总需求增加）。A 项错误。决定总供给的基本因素是价格和成本，总供给的变动主要取决于企业的利润水平。B 项错误。从长期看，总供给变动与价格总水平无关，长期总供给曲线（*LRAS*）是一条与横轴（总产出 *Y*）相交的垂直线。C 项错误。

12. C【**解析**】计算 GDP 时可以分为按现价计算的 GDP 和按不变价计算的 GDP，即现价 GDP 和不变价 GDP。现价 GDP 可以反映一个国家或地区的经济发展规模。不变价 GDP 可以用来计算经济增长速度。

13. C【**解析**】“十三五”时期经济社会发展的基本理念：创新、协调、绿色、开放、共享。

14. A【**解析**】我国统计部门计算和公布的就业和失业水平方面的指标主要是城镇登记失业率。B 项错误。自愿失业是指劳动者不愿意接受现行的工资水平而宁愿不工作的一种状态，也可以说是当工资水平下降时劳动者自愿退出劳动力队伍的情况。自愿失业包括摩擦性失业和结构性失业两种形式。C 项错误。需求不足型失业（非自愿失业或周期性失业）是宏观经济研究关注的重点。D 项错误。

15. C【**解析**】反倾销税是在正常海关税费之外，进口国主管机关对确认倾销产品征收的一种附加税。反倾销税的税额不得超过所裁定的倾销幅度。C 项错误。

16. B【**解析**】公共物品的两个特征中，非竞争性是主要特征，非排他性是派生特征。

17. B【**解析**】私人融资的缺点是可能导致公共物品供给的数量不足和结构不平衡。

18. D【**解析**】公众可容忍税收水平的提高，是公共支出增长的内在原因。

19. A【**解析**】税收是各国政府财政收入的最主要形式，是国家为实现其职能，凭借其政治权力，依法参与单位和个人的财富分配，强制、无偿地取得财政收入的一种形式。

20. D【**解析**】国债具有自愿性、有偿性和灵活性的特征。

21. A【**解析**】现货交易方式是证券交易中最古老的交易方式，也是国债交易方式中最普通、最常用的交易方式。

22. A【**解析**】一般债务通过发行一般债券融资，纳入一般公共预算管理。专项债务通过发行专项债券融资，纳入政府性基金预算管理。B、C 两项错误。地方政府举债只能用于公益性资本支出和适度归还存量债务，不得用于经常性支出。D 项错误。

23. B【**解析**】提供增值电信服务、金融服务、生活服务以及除不动产租赁以外的现代服务，除转让土地使用权之外的销售无形资产，适用增值税 6%税率。

24. A【**解析**】政府预算制度最早出现在英国，或者说，具有现代意义的政府预算制度最早在英国建立。

25. C【**解析**】财政政策的目标包括：①促进充分就业；②物价基本稳定；③国际收支平衡；④经济稳定增长。

26. D【**解析**】在经济萧条时期，为缓解通货紧缩影响，政府通过增加财政支出、减少财政收入等政策来提升投资和消费需求，增加社会有效需求，刺激经济增长。D 项错误。

27. B【**解析**】A 项是费雪现金交易数量说提出的交易方程式；B 项是剑桥学派现金余额数量说的方程式；C 项是弗里德曼的现代货币数量说；D 项是凯恩斯货币需求理论的货币需求函数。

28. C【**解析**】基础货币包括中央银行发行的货币和商业银行在中央银行的存款。

29. D【**解析**】社会融资规模是指一定时期内（每月、每季度或每年）实体经济（即非金融企

业和住户）从金融体系获得的资金总额。具体看，社会融资规模统计指标主要由四个部分构成：①金融机构通过表内业务向实体经济提供的资金支持，包括人民币贷款和外币贷款；②金融机构通过表外业务向实体经济提供的资金支持，包括委托贷款、信托贷款和未贴现的银行承兑汇票；③实体经济利用规范的金融工具、在正规金融市场所获得的直接融资，主要包括非金融企业境内股票筹资和企业债券融资；④其他方式向实体经济提供的资金支持，主要包括保险公司赔偿、投资性房地产、小额贷款公司和贷款公司贷款。

30. C【解析】货币政策目标包括稳定物价、经济增长、充分就业、平衡国际收支。《中国人民银行法》第三条规定："货币政策目标是保持货币币值稳定，并以此促进经济增长。"

31. A【解析】2019 年 12 月中央经济工作会议提出的稳健的货币政策要灵活适度。2018 年 12 月中央经济工作会议提出的稳健的货币政策要松紧适度。A 项错误。

32. C【解析】存款保险实行限额偿付，最高偿付限额为人民币 50 万元。也就是说，同一存款人在同一家投保机构所有存款账户的本金和利息加起来在 50 万元以内的，全额赔付；超过 50 万元的部分，从该投保机构清算财产中受偿。这个限额并不是固定不变的。C 项错误。

33. D【解析】商业银行外来资金的形成渠道主要是吸收存款（活期存款、定期存款、储蓄存款、存款业务创新等）和借款业务（再贴现或向中央银行借款、同业拆借、发行金融债券、国际货币市场借款、结算过程中的短期资金占用）。

34. A【解析】证券市场效率的最低程度，如果有关证券的历史资料（如价格、交易量等）对证券的价格变动没有任何影响，则市场达到弱型效率。（历史信息——弱型效率；公开发表资料——半强型效率；所有信息——强型效率）

35. D【解析】以中央银行为重心的监管体制，美国是其中典型代表。1999 年美国《金融服务现代化法案》以金融控股公司的形式确立了美国金融混业经营的制度框架，同时赋予美联储对金融控股公司的监管权力。

36. A【解析】固定汇率制度下，市场汇率只能围绕汇率平价在很小的幅度内上下波动，B 项错误。经济开放程度越高、经济规模越小、进出口集中在某几种商品或某一国家的国家，一般倾向于固定汇率制度，C 项错误。金本位制度下的固定汇率是自发的固定汇率制度，D 项错误。

37. C【解析】境外机构在境内发行人民币债券（也称为"熊猫债券"）主要为国际开发机构。政策性银行和内地商业银行可在香港发行人民币债券。香港市场将这些人民币债券称为"点心债券"。

38. D【解析】变量的种类包括：①当变量的取值是数量时，该变量被称为定量变量或数量变量，如企业销售额；②当变量的取值表现为类别时则被称为分类变量，如企业所属行业；③当变量的取值表现为类别且有一定顺序时被称为顺序变量，如员工受教育水平。分类变量和顺序变量统称为定性变量。数值型数据可以进行加、减、乘或除等数学运算。

39. B【解析】通过查阅统计年鉴获得的居民消费价格指数属于二手数据。

40. C【解析】标准分数可以给出数值距离均值的相对位置，计算方法是用数值减去均值所得的差除以标准差。在统计上，均值和标准差不同时，不同变量的数值是不能比较的。不过，可以通过计算标准分来比较不同变量的取值。

41. B【解析】如果偏态系数等于 0，说明数据的分布是对称的；如果偏态系数为正值，说明数据的分布为右偏的，取值在 0 和 0.5 之间说明轻度右偏，取值在 0.5 和 1 之间说明中度右偏，取值大于1说明严重右偏；如果偏态系数为负值，说明数据的分布为左偏，取值在0和−0.5之间说明轻度左偏，取值在−0.5和−1之间说明中度左偏，取值小于−1说明严重左偏。

42. C【解析】相关系数是度量两个变量之间相关关系的统计量，当 $r=0$ 时，说明两个变量不存在线性关系，但不能说没有任何关系。

43. A【解析】B项是样本，C项是总体参数，D项是总体单元。

44. B【解析】非概率抽样方法包括判断抽样、方便抽样、自愿样本、配额抽样。B项属于概率抽样方法。

45. B【解析】误差项ε是随机变量，反映了除X和Y之间的线性关系之外的随机因素对Y的影响，是不能由X和Y之间的线性关系所解释的Y的变异性。

46. D【解析】最小二乘法就是使因变量的观测值 y_i 与估计值 $\hat{y}_i$ 之间的离差平方和最小来求得 $\hat{\beta}_0$ 和 $\hat{\beta}_1$ 的方法。

47. B【解析】本题属于间断时点、间隔相等的情况，利用公式 $\bar{y}=\dfrac{\dfrac{y_1+y_2}{2}+\dfrac{y_2+y_3}{2}+\cdots+\dfrac{y_{n-1}+y_n}{2}}{n-1}$，

得到 $\bar{y}=\dfrac{\dfrac{200+300}{2}+\dfrac{300+400}{2}+\dfrac{400+500}{2}}{4-1}=350$（人）。

48. D【解析】移动平均法，即用最近k个周期实际销售量的算术平均值作为下期的预测销售量。k=3，则取第4、5、6期的值，即：(600+600+630)÷3=610（台）。

49. C【解析】收入、费用和利润是反映企业生产经营成果的会计要素。

50. A【解析】会计主体是指会计确认、计量和报告的空间范围，是会计所服务的特定单位。

51. A【解析】《会计法》是我国会计工作的基本法律，是我国会计法规体系中处于最高层次的法律规范，是制定其他会计法规的基本依据，也是指导会计工作的最高准则。

52. B【解析】在借贷记账法下，负债和所有者权益类账户借方登记减少额，贷方登记增加额，期末余额一般在贷方。

53. C【解析】科目汇总表账务处理程序减轻了登记总分类账的工作量，并可做到试算平衡、简明易懂、方便易学。

54. C【解析】会计报表是企业会计核算的最终成果，是企业对外提供信息的主要形式，是对企业财务状况、经营成果和现金流量的结构性表述。

55. C【解析】固定资产、在建工程、无形资产、长期股权投资、其他应收款和持有待售资产等都是根据总账科目期末余额与其备抵科目（减值准备）抵消后的数据填列。

56. C【解析】A项属于经营活动产生的现金流量。B、D两项属于筹资活动产生的现金流量。

57. A【解析】流动比率是衡量短期债务清偿能力最常用的比率，是衡量短期风险的指标。

58. B【解析】净资产收益率越高，说明企业所有者权益的盈利能力越强。在我国，该指标既是上市公司对外必须披露的信息内容，也是决定上市公司能否配股进行再融资的重要依据。

59. A【解析】政府综合财务报告是指由政府财政部门编制的，反映各级政府整体财务状况、运行情况和财政中长期可持续性的报告。政府部门财务报告是指政府各部门、各单位按规定编制的财务报告。政府部门财务报告应当包括财务报表和财务分析。财务报表是对政府

会计主体财务状况、运行情况等信息的结构性表述。财务报表包括会计报表和报表附注。会计报表至少应当包括资产负债表、收入费用表、当期盈余与预算结余差异表和净资产差异表。政府决算报告是综合反映政府会计主体年度预算收支执行结果的文件。政府决算报告应当包括政府决算报表和其他应当在政府决算报告中反映的相关信息和资料。

60. D【**解析**】物权具有追及效力和优先效力。债权原则上不具有追及的效力。D项错误。

61. C【**解析**】从物权是从属于其他权利而存在的物权。如抵押权、质权、留置权等。

62. D【**解析**】处分权是所有权内容的核心，是拥有所有权的根本标志。

63. A【**解析**】《民法典》第三百九十九条规定，禁止抵押的财产包括：①土地所有权；②宅基地、自留地、自留山等集体所有的土地使用权，但法律规定可以抵押的除外；③学校、幼儿园、医疗机械等为公益为目的成立的非营利性法人的教育设施、医疗卫生设施和其他社会公益设施；④所有权、使用权不明或者有争议的财产；⑤依法被查封、扣押、监管的财产；⑥法律、行政法规规定不得抵押的其他财产。

64. A【**解析**】根据《民法典》第四百四十条规定，下列权利可以质押：①汇票、支票、本票；②债券、存款单；③仓单、提单；④可以转让的基金份额、股权；⑤可以转让的注册商标专用权，专利权、著作权等知识产权中的财产权；⑥现有的以及将有的应收账款；⑦法律、行政法规规定可以出质的其他财产权利。

65. D【**解析**】实践合同是指除了当事人双方意思表示一致以外，还需要有一方当事人实际交付标的物的行为才能成立的合同。如保管合同、借用合同、定金合同。

66. A【**解析**】无效合同是指不具备合同的生效条件而不能产生当事人所预期的法律后果的合同。包括：①无民事行为能力人签订的合同；②违反法律、行政法规的强制性规定的合同，但是该强制性规定不导致该民事法律行为无效的除外；③违背公序良俗的合同；④行为人与相对人以虚假的意思表示签订的合同；⑤行为人与相对人恶意串通损害他人合法权益而签订的合同。

67. C【**解析**】承诺的内容必须与要约的内容一致。这是承诺最实质性的要件。

68. A【**解析**】合同履行是合同终止最正常和最主要的形式。

69. B【**解析**】发起人持有的本公司股份，自公司成立之日起一年内不得转让。A项错误。公司董事、监事、高级管理人员所持本公司股份自公司股票上市交易之日起一年内不得转让。C项错误。股份有限公司的股东可以依法转让其股份。D项错误。

70. A【**解析**】B项属于混淆行为。C项属于虚假宣传行为。D项属于诋毁商誉行为。

二、多项选择题

71. ABD【**解析**】影响供给价格弹性的因素包括：①时间（决定供给弹性的首要因素）。短期内，供给弹性一般较小。②生产周期和自然条件。对于农产品来说，短期内供给弹性几乎为0。③投入品替代性大小和相似程度。投入品替代性大，相似程度高，则供给弹性大。影响需求价格弹性的因素包括：①替代品的数量和相近程度；②商品的重要性；③商品用途的多少；④时间。

72. BCDE【**解析**】平均总成本ATC、平均可变成本AVC、边际成本MC曲线是U型特征，即先下降后上升。平均固定成本AFC曲线随产量的增加而递减，逐渐向横轴接近，右下方倾斜。A项错误。

73. ABCD【**解析**】在完全垄断市场上，企业的平均收益等于单位产品的价格，平均收益曲线与需求曲线是重合的；但是由于单位产品价格随着销售量的增加而下降，企业的边际收益不等于平均收益或价格，而是小于平均收益，所以边际收益曲线位于平均收益曲线的下方，而且比平均收益曲线陡峭。E项错误。

74. ABDE【解析】很多外部性的产生都是由于产权不清晰导致的。科斯定理认为：只要财产权是明确的，并且交易成本是零或者很小，那么无论在开始时将财产权赋予谁，市场均衡的最终结果都是有效率的，实现资源配置的帕累托最优。一旦考虑到交易成本，产权的初始界定对于经济运行的效率就会产生十分重要的影响。从而可以引申出一个重要结论：不同产权制度，会导致不同的资源配置效率。

75. ABE【解析】中国经济新常态的三大特征：从高速增长转向中高速增长，从规模速度型粗放增长转向质量效率型集约增长，从要素投资驱动转向创新驱动。

76. ABDE【解析】价格总水平的变动与货币供给量、货币流通速度的变化成正比，而与总产出的变化成反比。C项错误。

77. BCDE【解析】比较优势理论认为，决定国际贸易的因素是两个国家产品的相对生产成本，每个国家都应该出口本国具有比较优势的产品。A项错误。

78. ACDE【解析】常见的政府失灵表现为：①选民“理性的无知”与“理性的非理性”；②政治家（政党）选票极大化；③投票循环；④官僚体系无效率；⑤利益集团与寻租。

79. ACE【解析】《2021年政府收支分类科目》中一般公共预算支出功能分类科目为：一般公共服务支出、外交支出、国防支出、公共安全支出、教育支出、科学技术支出、文化旅游体育与传媒支出、社会保障和就业支出、卫生健康支出、节能环保支出、城乡社区支出、农林水支出、交通运输支出、资源勘探信息等支出、商业服务业等支出、金融支出、援助其他地区支出、自然海洋气象等支出、住房保障支出、粮油物资储备支出、灾害防治及应急管理支出、预备费、其他支出、转移性支出、债务还本支出、债务付息支出、债务发行费用支出。B、D两项不在上述列举范围内，故错误。工资福利支出出自旧规定中一般公共预算支出经济分类项目；不存在社会保障基金补助科目。

80. ABCE【解析】影响税负转嫁的因素有：①应税商品供给与需求的弹性；②课税商品的性质；③课税与经济交易的关系；④课税范围的大小；⑤商品的竞争程度。

81. AB【解析】政府预算按预算编制的形式分，可分为单式预算和复式预算。

82. ADE【解析】B、C两项属于中央财政支出。

83. ABCE【解析】财政乘数效应表明：当政府投资或支出扩大、税收减少时，对国民收入有加倍扩大的作用，从而产生宏观经济的扩张效应；当政府投资或支出减少、税收增加时，对国民收入有加倍收缩的作用，从而产生宏观经济的紧缩效应；当政府同时等额增加政府支出（或投资）和税收，即使用平衡预算政策，仍然会产生扩张效应（效应等于1）。D项错误。

84. ABCE【解析】总量性货币失衡和结构性货币失衡并不是非此即彼的简单关系，在现实经济运行中往往是两者相互交织、相互联系，从而形成“你中有我，我中有你”的局面，以至于难以分辨。D项错误。

85. ACE【解析】央行对银行的业务主要表现在：①集中存款准备金；②充当最后贷款人；③组织全国银行间的清算业务。

86. ABCE【解析】法定存款准备金率的缺陷：①央行调整法定存款准备金率时，商业银行可

以变动其在央行的超额存款准备金，从反方向抵销法定存款准备金率政策的作用。②对货币乘数的影响很大，作用力度很强，往往被当作是一剂“猛药”。③见效较慢、时滞较长。对货币供应量和信贷量的影响要通过商业银行的辗转存贷逐级递推而实现。因此，法定存款准备金率政策往往是作为货币政策的一种自动稳定机制，而不将其当作适时调整的经常性政策工具来使用。

87. ABD【解析】借款业务包括再贴现或向中央银行借款、同业拆借、发行金融债券、国际货币市场借款、结算过程中的短期资金占用。C 项错误。贷款在银行资产中的比重一般排在首位。E 项错误。

88. ABCE【解析】2003 年《新巴塞尔资本协议》资本要求的变化包括：①对风险范畴的进一步拓展；②计量方法的改进；③鼓励使用内部模型；④资本约束范围的扩大。

89. ABCD【解析】根据《布雷顿森林协定》，一国国际收支短期失衡由国际货币基金组织提供信贷资金解决，长期失衡通过调整汇率平价来解决。E 项错误。

90. AD【解析】推断统计是研究如何利用样本数据来推断总体特征的统计学方法。内容包括：①参数估计——利用样本信息推断总体特征；②假设检验——利用样本信息判断对总体的假设是否成立。

91. ABCD【解析】均值能够充分利用数据的全部信息，均值大小受每个观测值的影响，比较稳定。E 项错误。

92. CDE【解析】抽样经历了几个阶段，用到了多阶段抽样方法；将工作单位按照行业和规模分层，用到了分层抽样方法；在各层内随机抽取初始单位，确定了初始单位，然后等距抽取 6 家单位，用到了系统抽样方法；对被抽中单位内所有员工进行体检和调查，用到了整群抽样方法。

93. ABC【解析】非抽样误差产生的原因主要有：①抽样框误差。②无回答误差（无法接受调查或拒绝回答）。③计量误差（由于调查所获得的数据与其真值之间不一致造成的误差，可能是由调查人员、问卷设计、受访者等原因造成的；调查者诱导被调查者，调查中的提问错误或记录答案错误，调查人员有意作弊；由于问卷的原因，受访者对调查问题的理解上有偏误；受访者记忆不清，受访者提供虚假数字等）。

94. ACDE【解析】决定系数越高，越接近于 1，说明模型的拟合效果就越好。B 项错误。

95. CD【解析】凡为取得本期收益而发生的支出，即支出的效益仅惠及本会计年度（或一个营业周期）的，应当作为收益性支出，如销售费用、管理费用、财务费用等。C 项属于销售费用，D 项属于管理费用。A、B、E 三项属于资本性支出。

96. ABD【解析】会计确认主要解决的问题包括：①确定某一经济业务是否需要进行确认；②确定该业务应在何时进行确认；③确定该业务应确认为哪个会计要素。

97. AB【解析】会计凭证按照其填制程序和用途可以分为原始凭证和记账凭证。

98. ABD【解析】财务报表分析常用的方法包括比率分析法、比较分析法、趋势分析法。

99. ACE【解析】预算收入、预算支出和预算结余应当列入政府决算报表。

100. CD【解析】经济管理关系是指国家作为社会管理者运用一系列手段在对宏观经济进行调控过程中所形成的社会关系。经济管理关系综合运用各种手段，如发展计划、财政政策、货币政策、产业政策等，因而可以分化出各种具体的宏观经济管理关系，如计划关系、财政政策关系、货币政策关系、产业政策关系等。

101. ABC【解析】所有权原始取得的方式主要有：①因物权首次产生而获得所有权（主要有生产和孳息）；②因为公法方式获得所有权（主要包括国有化、没收等）；③其他直接根据法律规定确定所有权归属的方式（主要包括先占、添附、发现埋藏物和隐藏物、拾得遗失物、善意取得等）。

102. ABE【解析】一般情况下，共同共有财产的处分应经全体共有人的同意，但共有人之间另有约定的除外。C 项错误。共同共有的形式主要包括：①夫妻共同财产；②家庭共有财产；③遗产分割前的共有。D 项错误。

103. ABCD【解析】《民法典》第四百七十三条规定了多种典型的要约邀请形式，即基金招募说明书、寄送的价目表、拍卖公告、招标公告、债券募集办法、招股说明书、商业广告和宣传。

104. ABCE【解析】有限责任公司的下列事项必须经代表 2/3 以上表决权的股东通过：①修改公司章程；②增加或者减少注册资本的决议；③公司合并、分立、解散或者变更公司形式的决议。

105. BDE【解析】专利权的客体包括发明、实用新型和外观设计，发现不能申请专利，A 项错误。专利权提前终止的条件之一是专利权人以书面形式声明放弃专利权，C 项错误。